ハドリアヌス

ローマの栄光と衰退

アントニー・エヴァリット［著］
草皆伸子［訳］

白水社

ドミティアヌスは有能だが、非情で横暴な支配者だった。元老院は反発したが、彼はいっそうの弾圧でそれに応えた。(カピトリーノ美術館)

生涯の大半を、ネルウァは信念も羞恥心ももたず、究極のごますりとして生きた。しかし、皇帝としては、帝政に反対する元老院の抵抗勢力との和解というめざましい業績をあげた。(ローマ、テルメ美術館)

戦勝司令官姿のトラヤヌス。この像は、ローマ人たちにとっての皇帝の理想像を示している。それは、勝利に勝利を重ねるインペリウム・シネ・フィネ（限りのない帝国）の統括者の姿だった。（ドイツ、クサンテン）

活力にあふれた壮年のハドリアヌス。将軍用の軍服を着ている。彼はギリシア式に髭を生やした最初のローマ皇帝だった。この新ファッションを多くの後継者たちが踏襲した。(大英博物館)

若いときのハドリアヌスの像であるが、治世末期に製作されたもの。アンティノウスの自己犠牲を受けて生まれ変わった自分の姿を、皇帝自身はこのように想像していたのかもしれない。ティブルのウィッラで発見された。

しかし、晩年の習作からは年をとったハドリアヌスの実際の容貌がわかる。病んで、冷めきった男の顔だ。(クレタ、ハニア考古学博物館)

アントニヌス・ピウスはハドリアヌスを後継し、彼の政策を維持した。ハドリアヌスとはちがい、“軍人”でもなければ“旅人”でもなかった。統治中にはなんら特記すべき事件もなく、彼の治世はローマ帝国の歴史において最も平和な時代のひとつだった。(マドリッド、王立サン・フェルナンド美術アカデミー)

トラヤヌス記念柱

トラヤヌス記念柱の、開戦時の様子を描く二場面。下の場面では、近衛隊旗を掲げた兵士たちがドナウ川に設置された船橋を渡っている。彼らを率いるのは、敵地に足を踏み出したトラヤヌス。その前をラッパ兵と馬から下りた騎兵たちが進む。上の場面は、野営と橋でつながる要塞を建設する兵士たち。

約30メートルにもなるトラヤヌス記念柱は彼の名を冠したフォルムの跡にそびえている。ダキアでローマが勝利した戦争の様子をコマ漫画のように見せてくれる。かつて頂上には皇帝の雄姿を刻んだ裸像があったが、後年、聖ペテロ像に置き換えられた。

東海岸のサウスシールズから西海岸のレイヴングラスまで118キロにわたってブリテン島北部を横切るハドリアヌスの長城。ローマの技術的偉業のひとつ。この写真は80か所のマイル・カッスルのひとつで、ノーサンバーランドのスティール・リグ近郊にある。

この模型を見ると、ティブル近郊にあるハドリアヌスのウィッラの巨大さがわかる。写真の右端の道は前景の長い柱廊状テラスをまわりこみ、ウィッラの正式なエントランスである建物へと続く。この建物のむこうには、カノポスと呼ばれる長い水路があり、夏には宴が催された。そのむこうには、右手のいちばん高いところに一群の建物が見える。いわゆるアカデミーで、ここに皇妃サビナが後宮を構えていた可能性がある。アンティノウス神殿はこの模型が造られたあとで発見された。エントランスへと導く道の終点近く、沿道の緑地に建っていたはずだ。(ハドリアヌスのウィッラ)

ウィッラの真ん中に、ハドリアヌスの隠れ家の跡が残っている。濠によって外界と隔絶された小さな円形の建物だ。公衆の目にさらされた豪華絢爛な世界のなかで、ここでは皇帝はひとりになれたのだった。

ハドリアヌスのウィッラにあるカノポス。エジプト、アレクサンドリア郊外の運河と、その運河沿いにある同名の人気保養地から名前がとられた。ここでは大規模な野外パーティが行なわれた。長い水路に沿って彫像が並び、水中からは海獣の彫刻が姿をのぞかせていた。運河の突き当りには半ドーム状の屋根がかかった背の高い水のモニュメントがあり、その足もとに食事用の半円形の石造りの寝いすがおかれていた。この特等席から、皇帝は招待客たちを観察していた。

ビテュニアの少年

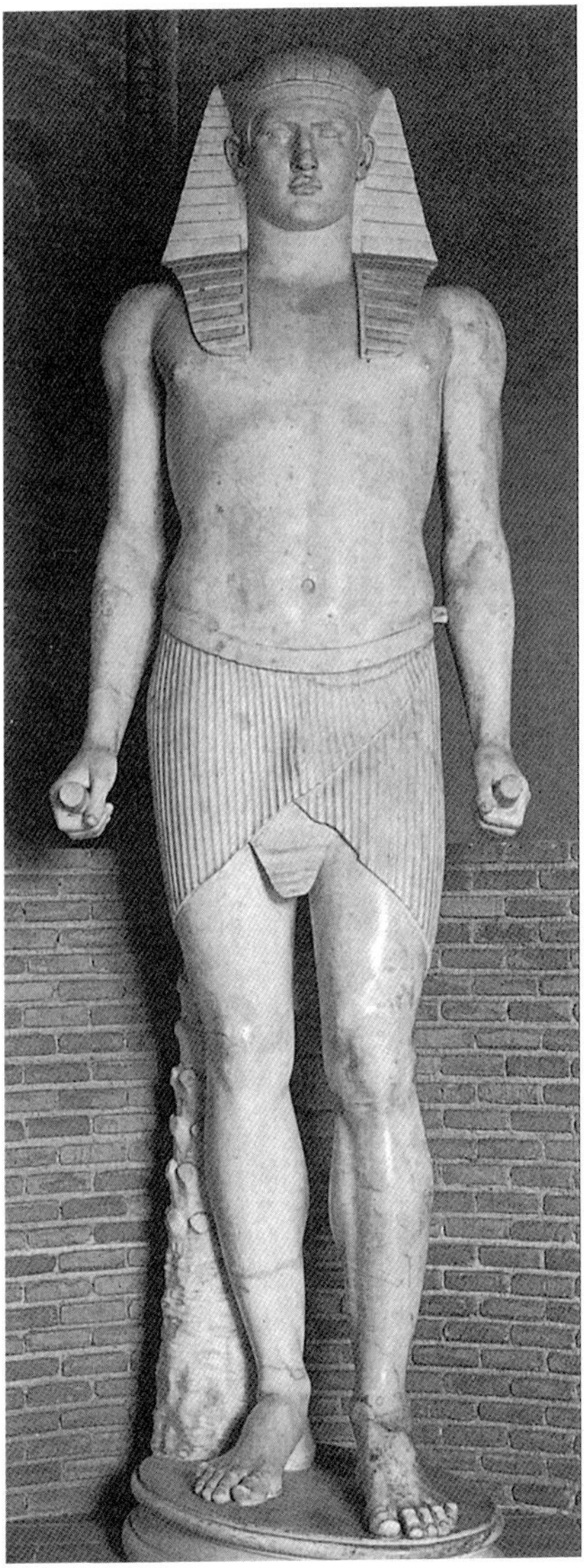

ふっくらとした顔の十代のアンティノウス。ハドリアヌスがビテュニアで初めて目をとめた当時の容貌がわかる。彼は少年に恋してしまったのだった。(大英博物館)

アンティノウスはエジプトで落命した。ハドリアヌスは死んだ愛人を神格化し、ティブルのウィッラの正門脇に彼のために建てた神殿に埋葬した。神殿にはアンティノウスの彫像がいくつも安置されていた。この彫像はそのなかのひとつ。生前は天空神ホルスを、死後は冥界神オシリスを体現する支配者ファラオの姿をしている。(ヴァチカン美術館)

アンティノウスは古代世界で作り出された男性美の最後の彫刻様式だ。官能的、メランコリック、しかも内省的という特徴をもつ。ツタとブドウでできた冠から、ディオニュソス神とオシリス神の化身として描かれていることがわかる。
（ヴァチカン美術館）

ハドリアヌスはルキウス・ケイオニウス・コンモドゥスを養子にして、後継者とし、ルキウス・アエリウス・カエサルと命名した。統治能力ではなく容貌のおかげで選ばれたと意地悪く評されている。不運なことに、彼は重病に罹っていた。結核だったようだ。まもなく他界したため、皇帝の後継計画は台無しになってしまった。

若きマルクス・アンニウス・ウェルス。まじめで礼儀正しい子どもだった彼は哲学に魅了されていた。その高潔な態度を親しみを込めてからかい、「ウェリッシムス（最も誠実な）」というあだ名をつけて、ハドリアヌスはたいへんかわいがった。アエリウス・カエサルの死後、ハドリアヌスはアントニヌス・ピウスを後継者とし、マルクスがその次の後継者になるよう手筈を整えた。皇帝としてはマルクス・アウレリウスの名で呼ばれる。（カピトリーノ美術館）

ハドリアヌスの生涯を彩った女性たち

このデナリウス銀貨に描かれているのは、トラヤヌスの姪で、ハドリアヌスの妻であるサビナの母親だったサロニナ・マティディア。ハドリアヌスは彼女のことをたいへん愛していて、その死に際しては深く悲しんだ。

このセステルティウス貨に描かれているのは、トラヤヌスの妻、ポンペイア・プロティナ。ハドリアヌスを献身的に支え、権力への道ならしをした。

ハドリアヌスと妻のウィビア・サビナはたがいに嫌悪の情を抱いていた。彼は姑のマティディアのほうをずっと深く愛していた。しかし、つねに敬意をもって皇妃を遇し、何度も旅に同行させている。
（ハドリアヌスのウィッラ）

ルキウス・ユリウス・ウルスス・セルウィアヌス。タフで冷酷なローマ人の典型ともいえるセルウィアヌスはダキア戦争でいちじるしい活躍をした。ハドリアヌスの姉のパウリナと結婚。義弟に対しては批判的だった。(ストラトフィールド・セイ保護トラスト)

ハドリアヌス廟

規格外の巨大建造物であるハドリアヌス廟は四角い構造物の上に円筒形の構造物をのせた形で、最上部には屋上庭園があり、四頭立ての巨大戦車がおかれている。皇帝が死んだとき、まだ建設中だった。外観はアウグストゥス廟によく似ているが、こちらのほうが大きい。自分のためだけでなく、後継者たちの廟としても使うつもりで建設した。中世、この墓所は要塞に造りかえられ、その後は教皇邸として使用された。現在はサンタンジェロ城として知られる。ハドリアヌスはポンス・アエリウス（アエリウス橋）も建造した。歩行者専用橋として今でも使われている。

パンテオンはもともとアウグストゥスの友人にして共同統治者だったアグリッパによって造られたが、ハドリアヌスによって丸ごと再建された。古代ローマの建築物のなかでは最も保存状態がよく、今でもキリスト教会として使われている。

ハドリアヌス――ローマの栄光と衰退

This translation is published by arrangement with Random House,
an imprint of The Random House Publishing Group, a division of Random House, Inc.
through Tuttle-Mori Agency, Inc., Tokyo

装丁　伊勢功治

トール・デ・アロサベナの魂に

凡例

一、引用文中の〔　〕は原著者による補足を表す。
一、本文中の（　）番号は原著者による注を、〔　〕は訳注を表す。

目次

まえがき

ハドリアヌスは嵐のようにスリリングな時代を生きた。二世紀にローマ帝国を統治し、古代ローマ最高のリーダーだと言われている。帝国の最盛期を体現した彼は優秀な行政官であると同時に、百戦錬磨の軍人だった。

彼には二つの理念があった。その理念のおかげで、ローマ帝国は長く栄光に満ちた未来を実現することができた。まず彼は、ローマがこれ以上拡大しつづけることは不可能だと判断した。西はスペインから東はトルコ、北は黒海から南はマグレブ〔北西アフリカ〕まで。この広大な領土を現行の統治システムで運営していくのは不可能だった。そこで、彼は征服目的の戦争はこれ以上しないことにした。そして、その意志をはっきりと示すために、河川や山脈のような自然の国境線がないところに長城を築いて国境を確定した。国境のこちら側は文明とパクス・ロマーナの世界であるが、あちら側はローマにあらざるものの世界、すなわち蛮族と見なされていた人々の住むの領域である、というわけだ。ドイツでは木の防柵で長城を築いたため、跡形もなくなってからすでに久しい。しかし、イギリス北部では木材が調達できなかったので、長城は石で築いた。そのおかげで、ローマ帝国の版図を示す象徴的な歴史遺産として、いまだ往時の姿をとどめている。

二つ目の理念はギリシアへの愛から生まれたものだ。帝国の東半分の地域ではギリシア語が話され、遠くホメロスまでさかのぼる文化が栄えていた。いっぽう、西の雄であるローマは地中海全域を支配する圧倒的な軍事力を誇っていた。ハドリアヌスは、文化と軍事、芸術と武力が対等に共存する融合国家に帝国を作り変えようとした。ギリシア人を政府の要職につけ、大規模な建設事業を行なってアテナイを再開発し、帝国の精神的な首都にした。

エドワード・ギボンが（おそらく若干おおげさに）『ローマ帝国衰亡史』に書いているように、ハドリアヌスはこれら二つの理念をもって「世界平和という公正な未来図[1]」をいち早く実現しようとした。彼が指名した二人の後継者、アントニヌス・ピウスとマルクス・アウレリウスもハドリアヌスの路線を維持した。三人は「国境の拡張を図ることなく、帝国の尊厳を保つことに専念した。ありとあらゆる高潔な手段を使って、蛮族と友好関係を築こうとした。ローマの力は征服欲を超越したところにあり、その唯一の原動力は秩序と法への強い志向だと示すことに心を砕いた[2]」。

本書は私の古代ローマ史三部作の最終巻だ。一巻目の『キケロ』は古く疲弊していた共和政の崩壊の歴史を描き、二巻目の『アウグストゥス』は独裁による統治システムが確立されていく過程を描いた。本書は、侵略を繰り返し混迷していた社会に安定と繁栄をもたらした皇帝の生き方を描くことにより、君主政においても機能的な統治が可能であることを示している。前二作で登場した人物のうちの何人かは、この時代、すでに歴史上の人物となっていたが、本書でも折に触れて存在感を示している。とりわけ、ハドリアヌスが心から敬愛し、手本としていたアウグストゥスは何度も登場する。

私はひとりの人間というよりも、ひとつの時代そのものを描きたいと思った。その時代とは、歪んだ統治システムが紆余曲折を経て少しずつバランスを取り戻していく過程にほかならなかった。共和政崩壊の歴史はよく知られているが、ネロからハドリアヌスにかけての時代は多くの読者にとってあまりなじみがないかもしれない。血なまぐさい事件がいくつかあったので、それが小説や映画に取り上げられ、センセーショナルな印象を残したことがあったくらいだ。

ハドリアヌスは根っからのギリシアびいきだったが、ローマ人のギリシアびいきは彼に始まったことではなかった。数世紀来、支配階級のエリートたちはほとんどがラテン語とギリシア語のバイリンガルだった。生粋のナルシスト詩人だったネロはハドリアヌスと同様にローマとギリシアの融合をめざした。しかし、彼には実現能力が欠けていた。

ハドリアヌスが子どもの頃、二つの忘れがたい出来事があった。かの巨大な人間屠殺場、コロッセウムの落成と、まるで世界の終末を予告するかのようなポンペイの悲劇だ。

十代後半には、ドミティアヌスが支配階級の人々を容赦なく粛清するのを目の当たりにした。皇帝が殺害されたあと、内戦はぎりぎりのところで回避され、人望が高かった将軍のトラヤヌスが権力を掌握した。かつて後見人をしてくれた一族の重鎮、トラヤヌスから、ドナウ川を挟んで対峙する蛮族の王国との二度にわたる戦争を通して、若きハドリアヌスは軍事の何たるかを学んだ。ローマにあるトラヤヌス記念柱に螺旋状に刻まれた浮彫りには、この時の熾烈な戦いが描かれている。生々しく戦況を伝える彫刻を見ていると、まるでCNNのニュースを見ているような錯覚を覚える。

その後、大きな勝利と、そして、その勝利と同じぐらい大きな惨事が訪れた。先のイラク侵攻を想起せずにはいられないのだが、トラヤヌスがパルティア王国（ほぼ、今日のイラクに重なる）を侵略したのだ。そして、この華々しいパルティア遠征の直後に、帝国の東部一帯でいっせいに騒乱が起きた。心身ともに疲弊した皇帝はハドリアヌスに指揮を委ね、ローマへ帰る途中で他界した。

軍はハドリアヌスを新皇帝として支持した。数々の修羅場をくぐり抜け、長く険しい下積みを経験したすえの皇帝就任だった。ついに、四十歳という男盛りに帝国の最高位についたハドリアヌスは新たな歴史を作ろうと意気込んだ。決意は固く、誰にも止めることはできなかった。ハドリアヌスは疲れを知らぬ旅人だった。できるかぎり多く現場を回り、ありとあらゆることをチェックし、改革した。国境は安定し、軍は鍛え上げられ、法律は成文化され、インフラは改善され、経済は発展した。

しかし、いいことずくめではなかった。ハドリアヌスは治世中に、あるおぞましい悲劇も引き起こしている。帝国の統治システムに組み込まれることを唯一拒否したユダヤ人たちがローマに対する大規模な反乱を起こしたのだ。この反乱はユダヤ人たちに悲劇的な結末をもたらした。推定数千人のユダヤ人が殺され、生き残った者たちも故郷を追われた。この粘り強く反抗的な人々を人類の記憶から抹消するため、ハドリアヌスはエルサレムを改名し、ユダヤにパレスティナという新しい地名を与えた。ユダヤ人には彼らの都であるエルサレムの市内に入ることさえ許さなかった。彼らが故郷に帰り、ふたたび独立を獲得するまで二千年の歳月がかかった。

ハドリアヌスは古代ローマ人のなかで最も謎めいた人物だ。

なぜ彼に関する著作はこれほど少ないのか？　なぜ彼の業績はこれほど過小評価されているのか？　学会では重要なテーマとして扱われながら、一般読者向けの本格的な伝記はきわめて少ない。英語で書かれた最後の伝記は一九二〇年代に出版されたものだ。彼に関する著述が極端に少ないのは、その気難しい性格に一因があった。ハドリアヌスは優秀な行政官で、胆力も知性も人並み外れていた。日々の政治判断も周到で的確だった。しかし、癇癪持ちで、自己中心的だった。玄人はだしのアマチュアにありがちなことだが、専門家の意見に意地の悪い横やりを入れて楽しむところがあった。友人たちに腹を立てて、あっさりと更迭することもあった。かの有名な十九世紀の古代史家、テオドール・モムゼンは「虫の好かない」、

「毒のある」人物だと評している。(3)

ハドリアヌスの死後の評価を低めた原因はほかにもある。ナイル川で謎の溺死を遂げたビテュニアの少年、アンティノウスとの同性愛だ。ヴィクトリア朝から二十世紀初頭にかけての歴史学者は同性愛という気まずいテーマに向き合おうとしなかった。願望を込めて、アンティノウスはハドリアヌスの庶子だったと言い出す者までいた。もちろん、婚外子を作るのは褒められたことではなかった。しかし、口にするのも憚られる同性愛に比べれば、格段にましだった。

最も深刻な問題は、古代の文献のほとんどが破損し、ちりぢりに散逸してしまい、ほんのひと握りしか伝存していないという状況だった。ハドリアヌスは自伝を書いているし、同時代の歴史家も多数の著作を残したことがわかっているが、タイトルしか確認することができない。テキスト自体は暗黒時代にキリスト教会が行なった焚書処分で焼失してしまったからだ。

というわけで、ハドリアヌスの生涯について書くという仕事は文字通り「労多くして功少なし」となることが目に見えていた。そもそも本を一冊書くだけの材料がないのだから。かくして、歴史学者は歴史作家に道を譲ることになった。さいわいにも、第二次世界大戦の直後、フランスの作家、マルグリット・ユルスナールが『ハドリアヌス帝の回想』を発表し、大好評を博した。この本は死期を悟った皇帝が次の次の皇帝となる若きマルクス・アウレリウスにあてて書いた書簡の形をとっている。ユルスナール女史は詩情と陰影に満ちた文体で、史実のわからない部分を埋め、酸いも甘いも知りつくした厭世的な独裁者の肖像をみごとに描き出した。その後長きにわたって、歴史学者たちは存在感を失い、彼女の描いたハドリアヌスがハドリアヌスの実像だと思われてきた。

それから五十年以上が経った。『ハドリアヌス帝の回想』は優れた芸術作品であり、発表当初は擬古典として高い説得力をもっていたが、時とともに色が褪せてきた感は否めない。いずれにせよ、二世紀のローマの現実を反映しているわけではなく、あくまでも二十世紀半ばのフランス文学でしかない。ユルスナールのハドリアヌスは他国趣味のロマン的合理主義者、いわば古代のアンドレ・ジッドだ。

その間、学術研究は着々と歩みを進めた。ハドリアヌスは帝国中を絶えず転々と移動しながら、劇場や神殿や水道や凱旋門などをつぎつぎと建設した。落成記念碑には、皇帝の決定や演説、公的書簡が時にきわめて正確詳細に記されている。それらは大理石に書かれた、いわば〝第二の自伝〟にほかならない。考古学者たちは研究を重ね、古典籍から得られる情報に膨大な量の新情報を追加していった。

ハドリアヌスの治世下で起きた重要な出来事のいくつかは、歴史の襞のあいだに埋没してしまっているにちがいない。即位直後に起きたブリタンニア騒乱のように、ほんのわずかな記録のみが伝わっている事件も多い。しかし、さいわいなことに、彼の人生と彼が生きた時代を知るにはじゅうぶんな史料が残されている。なんとダイナミックな時代に、なんと驚くべき人生を歩んだのだろう！　ハドリアヌスの幼年期と思春期についてはあまり情報がないものの、当時の社会状況はかなり詳細にわかっている。だから、すくなくとも、彼がどのような物や事を見、聞いたかは容易に想像することができる。幼年期から思春期にかけての章では、帝国の仕組みと、大人になったらハドリアヌスが生きていかなければならない政界の事情についても過去にさかのぼって説明してある。

近年になり、従来の悪意に満ちた偏執狂的イメージから一転、ハドリアヌスがたいへん魅力的な人物だったことがわかってきた。怒りっぽいと同時に愛嬌があり、冷酷であると同時に優しく、仕事人間であると同時に遊ぶことも大好き——彼はきわめて複雑な性格の持ち主だった。行動人でありながら美を愛し、時に残忍な面を見せながらも、総合的にはとても懐が深く円熟した人間だった。みずから詩も書けば、絵も描き、ギリシア文化を深く愛していた点で、ネロにぴったりと重なる。ネロの善帝バージョンとでも言おうか。

ここで、いくつかテクニカルな説明をしておく。古代ローマの貨幣価値を現代の貨幣価値に置き換えることは難しい。基本通貨はセステルティウスという小ぶりの銀貨だった。デナリウス銀貨は四セステルティウスに相当する。当時の物品やサービスの価格を今日の価格と単純に比較することはできない。おおよその目安として、一セステルティウスは二～四ドルに換算できる。しかし、収入や支出の例を実際に見たほうが実態がつかみやすいだろう。前一世紀にローマ一の富豪と言われていたのはマルクス・リキニウス・クラッススだ。二億セステルティウスの財産をもっていたと記されている。ハドリアヌスの時代の平均的な資産家だったガイウス・プリニウス・カエキリウス・セクンドゥス（小プリニウス）の財産はおよそ二〇〇〇万セステルティウスだった。軍団兵士の年俸は一二〇〇セステルティウス。ローマ市民がそれなりの生活をするには二万セステルティウスの年収が必要だった。意外と少なく思えるかもしれないが、これは、実質的に実業家階級を構成していた騎士《エクエス》になるための最低条件である四〇万セステルティウスの資本を有していることが前提だ。ポンペイの落書きから、一世紀半ばの小麦価格がわかる。一モディウス（十四ポンド強）は三セステルティウスだった。一ポンドのパン一切れは一アスもしなかった。アスは四分の一セステルティウスだ。ワイン用のます一個、皿一枚、ランプ一個も一アスで購入できた。公共浴場の入場料も一アスだった。賃金は現金または現金プラス現物で支払われたが、一日四セステルティウス以下になることはほとんどなかった。

固有名詞に関しては、基本的にラテン表記に統一した。ギリシア人やローマ人が帝国領外に住む人々を指して用いた蛮族という単語を便宜上何度か使用した。高度で洗練された文明をもつ民族をこのように呼ぶことが不適切であることは重々承知している。ローマ暦では紀元前七五三年が建国の年で、これを起点として年を数えるのだが、前二作と同様に本書でもイエス・キリストが誕生したとされる年を起点とする西暦を使用している。また、紀元前については前〇〇年としたが、紀元後については単に〇〇年と表記した。

ローマの人名は複雑きわまりない。一番目の名前はプラエノーメンと呼ばれ、日常的にはこの名前で呼びあった。プラエノーメンには、ガイウス、マルクス、ルキウス、プブリウス、セクストゥスなど少数の限られた名前が使われる。長男には普通父親と同じプラエノーメンがつけられた。二番目の名前はノーメン・ゲンティリキウム（氏族名）だ。続くコグノーメン（複数形はコグノーミナ）はもともと本人の個人的な特徴を表していた。たとえば、アグリコラは「農民」、タキトゥスは「静かな」を意味する。氏族の下部単位である家の名や本家に対する分家の名、嫁ぎ先の家の名をつけることもあった。ハドリアヌスの場合、プラエノーメンはプブリウス、ノーメン・ゲンティリキウムはアエリウス、それに続く二つのコグノーメンはハドリアヌスとアフェルだ。ハドリアヌスはイタリアにある母市のハドリアに由来する。アフェルはラテン語で「アフリカ」の意味だ。アエリウス氏のなかでも、アフリカ属州になんらかの縁がある家であることを示しているのかもしれない。あるいは、カルタゴの血が混じっていることを示している可能性もある。これはじゅうぶんにありえることだ。戦勝将軍にはコグノーメンが授与されることがあった。トラヤヌスはダキア王国を征服したので、ダキクスという尊称で呼ばれた。

女性はノーメン・ゲンティリキウムの女性形で呼ばれるのが原則だった。しかし、ハドリアヌスの時代、この原則はかなり緩くなっていた。だから、彼の姉はアエリウスの女性形であるアエリアではなく、母親の名前をとり、ドミティア・パウリナと呼ばれていた。

現代の人々は、ほとんどの場合、映画やテレビのシリーズ・ドラマで古代ローマの世界を知る。それはエキサイティングな剣劇の世界だ。たしかに面白いが、なにか物足りない。古代世界に現代の視点や思考様式を単純にあてはめているからだろう。たとえば、剣闘などは、理解不能な集団サディズムと捉えてしまいがちだ。しかし、観客が残酷なシーンに快感を覚えたことはまちがいないにしても、剣闘試合の目的のひとつは勇気を目に見える形で示し、観客を鼓舞して強い心を養わせることだった。ローマは軍事国家であり、ウィルトゥス（肉体的な勇気）は大きな賞賛の対象だった。

ハドリアヌスという人物についてだけでなく、当時の世界についても読者に理解してもらえたなら、本書は成功したと言える。そのために、古代ローマという未知の世界を皮膚感覚で感じ取ってもらえるよう努めたつもりだ。たとえ多少なりとも、はるか古の日々に自分自身が実際に生きているかのような現実感がなければ、本書に書かれている出来事や人物たちに読者はなんら共感を見いだせないにちがいないからだ。

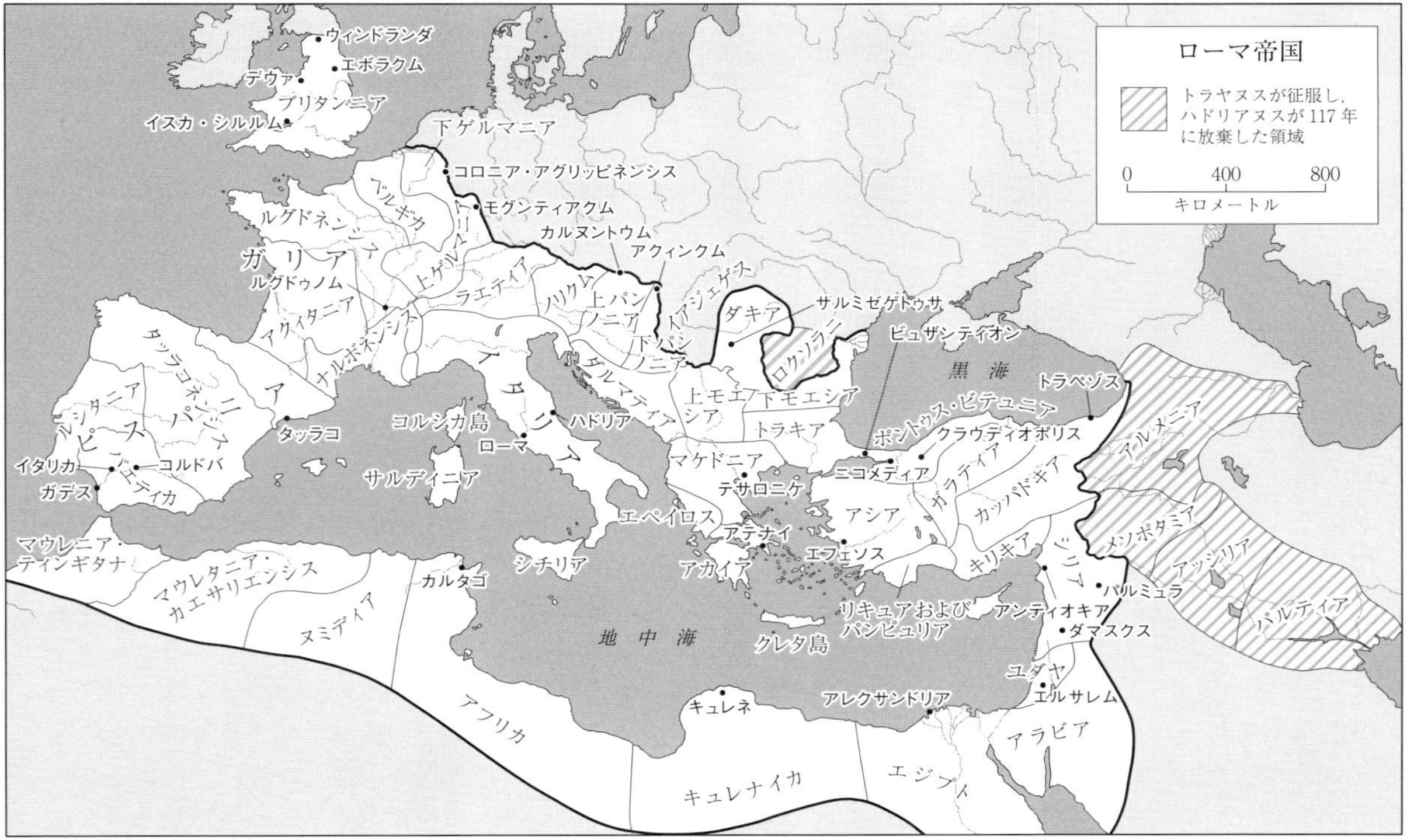
ローマ帝国
トラヤヌスが征服し，ハドリアヌスが117年に放棄した領域
0
400
800
キロメートル
ウィンドランダ
エボラクム
デウァ
ブリタンニア
イスカ・シルルム
下ゲルマニア
コロニア・アグリッピネンシス
ベルギカ
モグンティアクム
ルグドネンシス
上ゲルマニア
カルヌントゥム
アクィンクム
ガリア
ルグドゥノム
ラエティア
ノリクム
上パンノニア
ダキア
サルミゼゲトゥサ
アクィタニア
ナルボネンシス
下パンノニア
ロクソラニ
ビュザンティオン
黒海
タッラコネンシス
ヒスパニア
ルシタニア
バエティカ
イタリア
ダルマティア
上モエシア
下モエシア
トラペズス
アルメニア
タッラコ
コルシカ島
ハドリア
トラキア
ポントゥス・ビテュニア
クラウディオポリス
ローマ
マケドニア
ガラティア
イタリカ
コルドバ
ガデス
サルディニア
テサロニケ
ニコメディア
カッパドキア
エペイロス
アシア
アテナイ
メソポタミア
マウレニア・ティンギタナ
マウレタニア・カエサリエンシス
シチリア
アカイア
エフェソス
キリキア
シリア
アッシリア
カルタゴ
パルミュラ
ヌミディア
リキュアおよびパンピュリア
アンティオキア
パルティア
ダマスクス
地中海
クレタ島
ユダヤ
エルサレム
アフリカ
キュレネ
アレクサンドリア
アラビア
キュレナイカ
エジプト

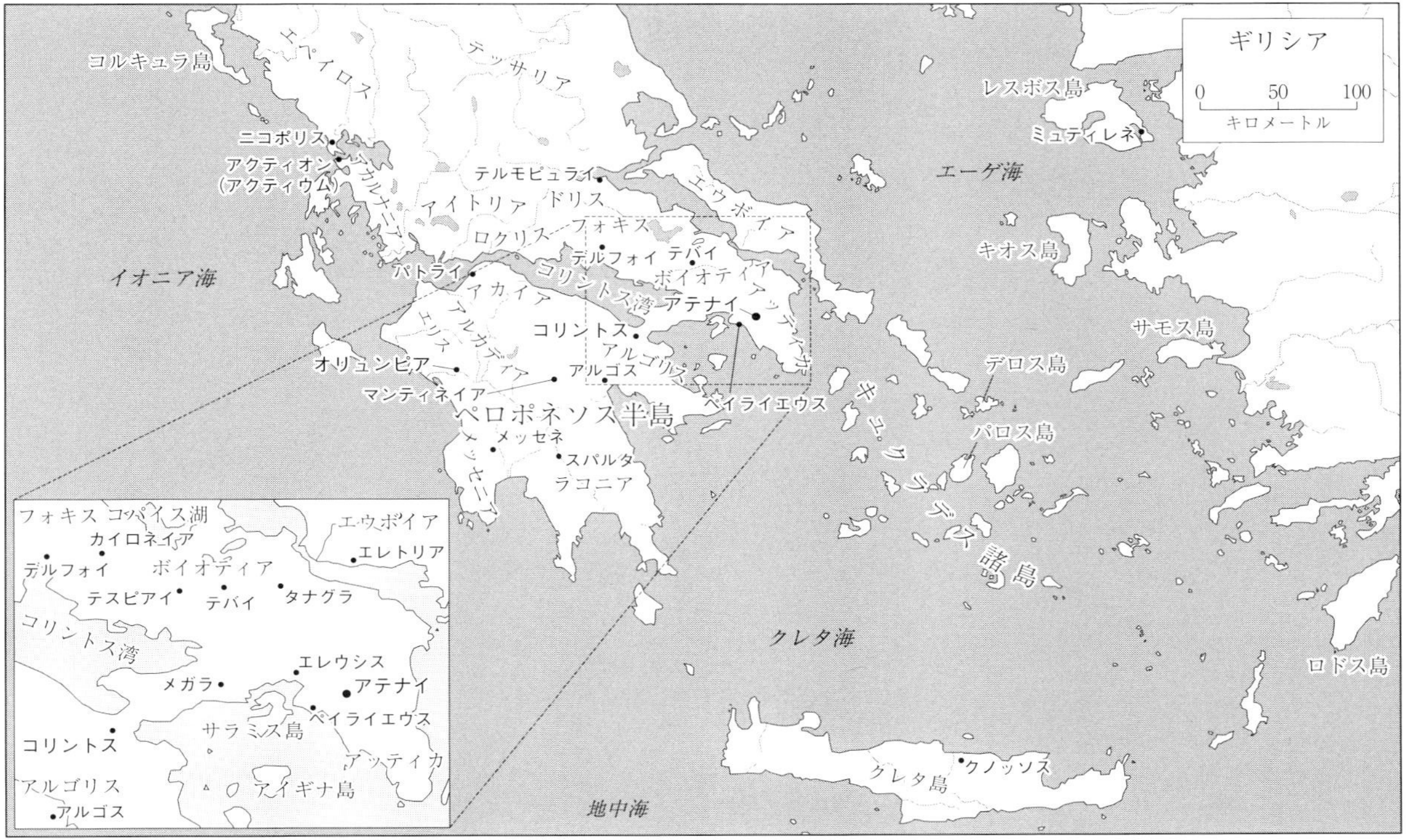
ギリシア
0 50 100
キロメートル
コルキュラ島
エペイロス
テッサリア
ニコポリス
アクティオン
(アクティウム)
アカルナニア
アイトリア
テルモピュライ
ドリス
ロクリス
フォキス
エウボイア
デルフォイ
テバイ
ボイオティア
コリントス湾
アッティカ
アテナイ
パトライ
アカイア
エリス
アルカディア
コリントス
アルゴリス
アルゴス
オリュンピア
マンティネイア
ペイライエウス
ペロポネソス半島
メッセネ
メッセニア
スパルタ
ラコニア
イオニア海
エーゲ海
レスボス島
ミュティレネ
キオス島
サモス島
デロス島
パロス島
キュクラデス諸島
クレタ海
ロドス島
クレタ島
クノッソス
地中海
フォキス
コパイス湖
カイロネイア
デルフォイ
ボイオティア
エウボイア
エレトリア
テスピアイ
テバイ
タナグラ
コリントス湾
エレウシス
メガラ
アテナイ
ペイライエウス
サラミス島
コリントス
アッティカ
アルゴリス
アイギナ島
アルゴス

序章

ここは果てしない魅惑と、そして、ミステリーにあふれた場所だ。

丘の上にむかって伸びる田舎道を一キロメートルも進まないうちに、高さ九メートルほどの崩れかけた大城壁が見えてくる。城壁が大きく途切れたところからは、長方形の人工池と、その向こうに広がる丘や谷が静かなたたずまいを見せている。イトスギ、トキワガシ、ブナ、シデ、オリーブの古木が豊かに茂り、オニマツが凍りついた緑の花火のような大きな傘を高々と広げている。

木々のあいだにはいたるところに古代ローマの遺跡があるので、まるで二十一世紀から二世紀にタイムスリップしたような感覚に襲われる。壊れた列柱、崩れたアプス〔丸屋根の張出し〕、テラスへと上がっていく階段、地下のトンネルへと下がっていく階段、水盤、壊れた噴水、柱だけが残る円形神殿、草におわれた野外劇場。

ローマから三〇キロほどのこの場所に、ヨーロッパ建築の驚異のひとつ、ハドリアヌス帝のティヴォリのウィッラの遺跡はある。古代世界の秘密に迫りたいと願うルネサンスの建築家たちにとって、ここはインスピレーションの宝庫だった。アイデアを盗もうと、彼らは大理石の化粧壁をはずし、床のモザイクをはがした。見つけた彫像はことごとく持ち去り、建てたばかりの邸宅に飾った。こうして盗まれた彫像が、少なくとも二百五十体は確認されている。往時には、ウィッラのいたるところに無数の彫像が立っていたはずだ。

皇帝像や神像に交じって、ハドリアヌスの悲運の愛人、ビテュニアの若きアンティノウスの記念像も四十体以上、壁龕《ニッチ》の中や台座の上から訪れる人を見下ろしていた。アンティノウスの像はありとあらゆる場所にあった。

ところで、ここをウィッラ〔別荘〕と呼ぶのは適切ではない。建物が一棟建っていただけではないからだ。ここはひとつの町そのものだった。三十五以上のさまざまな建物が、少なくとも一二〇ヘクタールはある広大な敷地に点在していた。まるで酔っぱらった兵士たちに征服された町のように、何世紀にもわたって什器や備品が持ち去られたあとでさえこれだけ多くのものが残っているという事実が、このウィッラのとてつもない豊かさを物語っている。

ハドリアヌスは疲れた独裁者がゆっくりと静養するための隠遁所を造りたかったわけではない。統治業務と公式行事を行なうための皇帝府そのものを造ろうとしていたのだ。だから、驚くほど多くの広間や宴会場がある。しかし、実用性から目をそらすと、かえって、このウィッラの興味深い特徴が見えてくる。それは、ハドリアヌスが見たローマ世界、より正確に言うなら、ハドリアヌスにとって大きな意味をもつ土地をミニチュアで再現しているという点だ。ここは煉瓦と石でできた、彼にとってのローマ帝国のメタファーだった。

圧倒的な存在感を示していたのはギリシアだった。ストア派哲学者が本拠地としていた、壁画で有名なアテナイのストア・ポイキレも、大プラトンが教えていたアカデメイアのオリーブ園もあった。魔法と魔術で有名なテッサリアのテンペ渓谷さえ造られていた。地球のへそを守っていた地下暗黒界の支配者、大蛇ピュトンをやっつけて、太陽神アポロンがかの有名な神託をひらいたデルフォイはこの渓谷の中にあっ

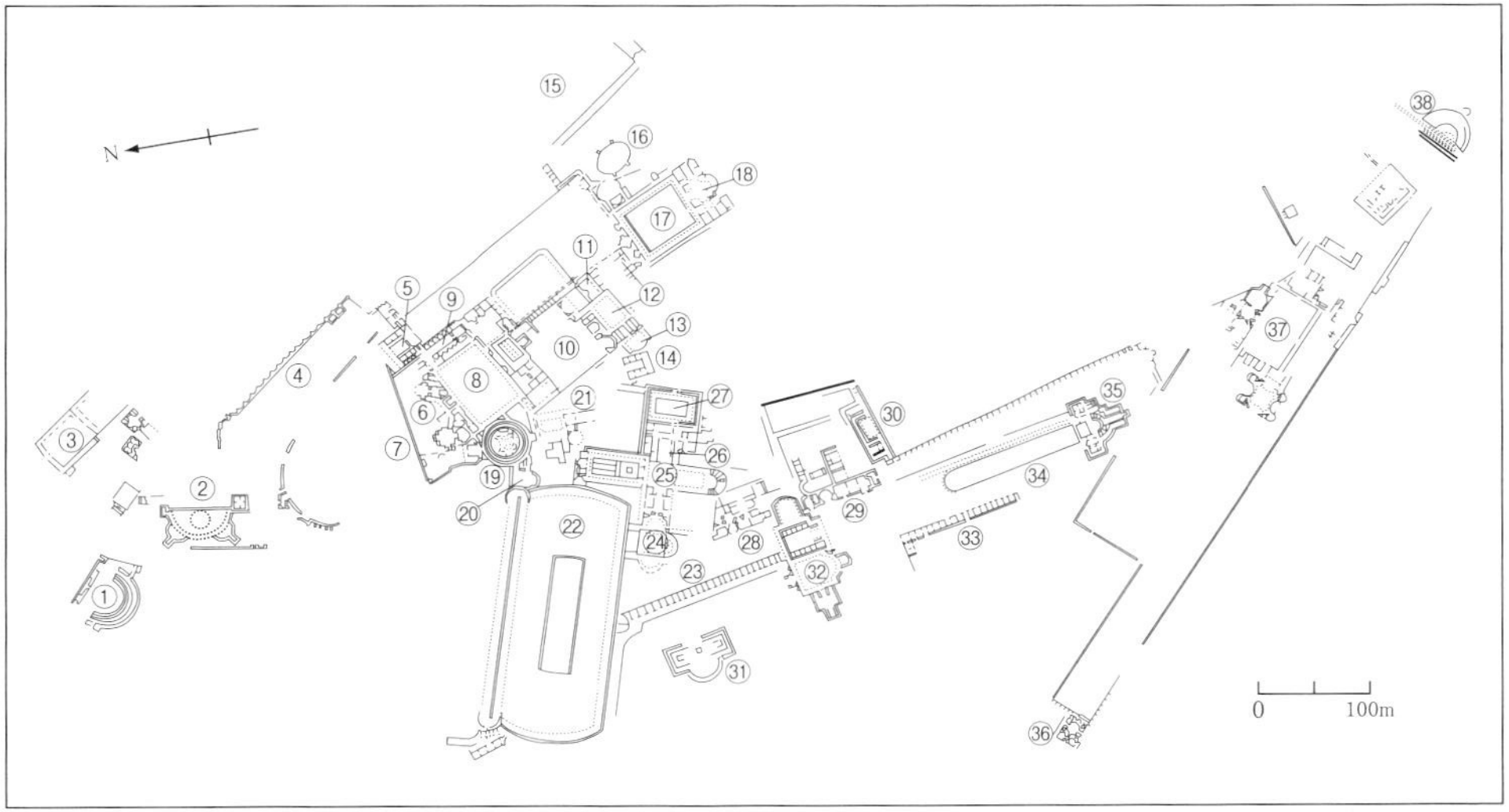

ハドリアヌスのウィッラ

① ギリシア劇場　② ウェヌス神殿　③ 体育場　④ テンペの高台　⑤ 皇帝の食堂　⑥ ラテン語図書室　⑦ ギリシア語図書室
⑧ 図書室の中庭　⑨ ホスピタリア　⑩ 皇帝の宮殿　⑪ ニュンファエウム　⑫ ドーリア式付け柱がある部屋　⑬ 玉座の間
⑭ 夜警消防隊の兵舎　⑮ 競技場　⑯ 円形闘技場　⑰ 黄金広場　⑱ ニュンファエウム　⑲ 海の劇場　⑳ 哲学者の部屋
㉑ ヘリオカミヌス　㉒ ポイキレ　㉓ 百の小部屋　㉔ 三つのエクセドラのある建物　㉕ ニュンファエウム　㉖ 冬の宮殿
㉗ 養魚池　㉘ 小浴場　㉙ 大浴場　㉚ 幕営（倉庫）　㉛ アンティノエイオン　㉜ 玄関　㉝ 商店　㉞ カノポス
㉟ セラピス神殿　㊱ ロッカブルナ塔　㊲ アカデメイア　㊳ オデオン

た。この華麗なテンペ渓谷が再現されていたのはウィッラの北端の一角だった。

別の場所には、地面の傾斜を利用した長い水路があり、両側に列柱や彫像が並んでいた。この水路はアレクサンドリア郊外の人気観光スポット、カノポス運河を再現したものだと伝えられている。水路の先端には、半円ドームのかかった壮麗な野外宴会場があった。その背後では、美しい泉盤からとうとうと水が流れ出し、涼しさを演出していた。水路には大理石のワニの彫刻が置かれていた。大理石でできたエジプトの神々は皇帝の催す夏の晩餐を優しい眼差しで見守っていた。

「何ひとつ欠けるものがないようにするために、ハドリアヌスはハデスまで造った」[1]と、古代の歴史家は書いている。ハデスとは、死者が暗い死後の世界を生きる地下世界のことだ。ウィッラのどこに造られたのかは特定されていない。ウィッラの驚くべき特徴のひとつは地下構造物の存在だった。皇帝や賓客たちが贅沢な時間を過ごしたり、会議をする館や宮殿の地下には、通路や倉庫のほか、明るい地上世界で貴人たちが何不自由なく生活できるように使用人や奴隷たちが（目にも見えず、耳にも聞こえず、気にもとめられずに）働き、寝起きするための窓もない部屋が迷路のように連なっていた。しかし、この実用的な地下設備がハドリアヌスの思い描いていたハデスだったとは考えられない。

ひとつの可能性が指摘されている。ウィッラの敷地のいちばん奥に、建物がまばらにしか建っていない高台がある。このあたりでは、ハドリアヌスが仲間たちと馬に乗って狩りをすることもあった。実は、この高台の地下で驚くべき施設が発見されている。台形に近い長方形を構成する四本の地下通路が掘られていたのだ。長さは合計八〇〇メートルにも及び、幅は馬車がゆうゆうと通れるくらいに広い。掘削には膨大な労力が費やされたはずだ。一万九八〇〇立方メートルの岩石が掘り出されたと見積もられている。天井には、明かりと空気を取り込むための穴が等間隔にあけられている。この長く薄暗い地下通路は今もハドリアヌスの時代と同じ姿を保っている。内部の空気は真夏でもひんやりと冷たい。

この地下通路は謎だらけだ。長方形の北側の一か所からしか中に入ることができない。いったい、何のための施設だったのか？　おそらく、死後の世界を再現したものだと思われる。いったん入れば方向感覚を失ってしまう空間で宗教儀式を行ない、参加者は生きながらにして偉大な祖先の霊に、あるいは死んだ愛人の霊に会おうとしたのだろう。

この地下通路と同じぐらい謎だらけなのが、こんなワンダーランドを造り上げた男だ。ローマの最も偉大な統治者のひとり、ハドリアヌスという人物のきわめて特異な人格について、このウィッラは答えよりもむしろ多くの疑問を提起する。このような人物をじゅうぶんに理解するには、彼の歩んだ人生をつぶさに見ていくしかない。

第一章　西からの侵入者

これは二つの家族と、父を失ったひとりの少年の物語だ。

アエリウス氏とウルピウス氏は、政略結婚と反目の歴史を繰り返し、世間の例に漏れず、たがいに愛憎半ばの感情を抱いていた。両家の関係は生涯にわたって少年に影響を与えつづけた。少年の名はプブリウス・アエリウス・ハドリアヌス・アフェル。生まれたのは、皇帝ウェスパシアヌスと息子のティトゥスが執政官をつとめた年の二月一日の九日まえ、(1)つまり西暦七六年一月二十四日。彼自身はローマで生まれたが、一族の本拠地はローマ帝国のはるか辺境にあった。

スペイン南部のアンダルシアは地中海から大西洋へと続く海岸沿いにある。ヨーロッパとアフリカの中継地としては絶好のロケーションだが、数百年来、ここはヨーロッパでも最も貧しい地方のひとつであり、農民たちは今日でも経済的に苦しい生活を送っている。

大きな河川の支流であるグアダルキビル川は有史前、何万年もの歳月をかけて岩肌を削り、広い谷を生み出した。沿岸には、不毛の原野と雪の冠をいただく山々、川の水で灌漑された肥沃な農地が交互に広がっている。さて、美都セビージャの十数キロ上流に、サンティポンセという、なんの変哲もない小村がある。この人口七千余人の村のアスファルト道や住宅や道沿いのカフェの下の地中深くには、ローマ時代のイタリカの旧市街の遺跡が人目に触れることなく手つかずのまま横たわっている。当時、ここには今日の人口とほぼ同じ七千人あまりの人々が住んでいた。アエリウス氏はこの辺境の属州の有力氏族のひとつで、つまり、ここここそがわれらがハドリアヌス少年のパトリア、すなわち故郷だった。

サンティポンセを見下ろす高台の上には、ハドリアヌスが旧市街の近くに建設した新市街の陽光に輝く美しい遺跡がある。雑草に覆われた広大な野原に、いく筋もの広い通りが交わりながら走っている。通りの両側には、かつては涼しい陰を作っていた列柱の土台だけが残っている。ここは多くの人々で賑わった町の中心だったが、今では数匹の蝶がふらふらと力なく飛んでいるだけだ。メインストリートに沿って、いくつもの大規模公共浴場の土台が見える。十二星座を表したモザイクの床は大金持ちの豪邸の跡だ。高い木々のあいだから、帝国でも最大級の円形劇場のひとつが見える。上部のアーチがいくつか壊れているだけで、ほとんど往時の姿をそのままとどめている。

民主政権が復活したおかげでスペインもEUの一員となり、アンダルシアもようやく長年の荒廃から復興しつつある。トラヤヌス帝の彫像がそびえ立つ展望台からは、古代の遺跡を取り囲むように蛇行する新しい自動車道が見える。近くには、ヌエヴァ・イタリカ（新イタリカ）と呼ばれる現代の新市街が建設中だ。目を引く真っ白な高層住宅や人気のない街路が新しい住人たちの到着を待っている。

二千年まえ、ここはローマ帝国の最も豊かな地方のひとつだった。グアダルキビルのラテン名はバエティス。だから、ここはバエティカ属州と呼ばれていた。一世紀初頭、大地理学者のストラボンはヒスパニア（スペイン）の大半は過酷な荒地で、「住むにはきわめて悲惨な」[2]場所であると書き、わずかな記述しか残していない。だが、バエティカは例外だ。

トゥルデタニア〔原住民の名からつけられたバエティカの別名〕は驚くほど自然に恵まれている。ありとあらゆるものが、しかも大量に生産されている。そして、輸出に適した土地柄であるため、自然の恵みが最大限に生かされている。大量の穀物、ワイン、そしてオリーブオイル。生産高が大きいだけでなく、品質も一級である。(3)

オリーブオイルはとりわけよく売れた。古代において、オリーブオイルはたいへん重要な産物で、食用だけでなく、室内の照明、化粧品、石鹸の代用品、薬品としても使われていた。ローマのような大都市における需要は膨大だったので、バエティカの農園主たちは作れば作るだけ売ることができた。

おそらく、ローマでは年間五〇〇万ガロンは消費されていただろう。それは古代世界最大の〝ごみの山〟、テスタッチョ山によっても裏付けられる。ローマ市内にあるテスタッチョ山は壊れたアンフォラ〔食糧保存用の土器製の壺〕だけでできた人工の丘で、高さは五〇メートル、直径は一〇〇〇メートルある。アンフォラの数は総計で四、五〇〇万個はあるだろう。アンフォラには、たいてい内容物と輸出者の名前が刻まれている。バエティカからのものは大半がオイル用で、毎年十三万個がこの丘に廃棄されていたと推定される。これはすくなくとも二〇〇万ガロンに相当する。アエリウス氏はヒスパニア南部の大手オイル生産者だった。

初代アエリウス、つまりアエリウス氏の祖先は、商業都市国家カルタゴとの第二次ポエニ戦争中にイタリカが建設されたときに、この地に入植した。アフリカ北部、現在のチュニジアの海辺の要衝にあったカルタゴは何世紀ものあいだ地中海西部の貿易を支配していた。

戦いは長期にわたり、戦況は思わしくなかった。史上最も優れた司令官のひとり、カルタゴの将軍ハンニバルは十年以上にわたってイタリアを縦横に駆けめぐり、連戦連勝の快進撃を続けていた。当時、ヒスパニア南部はカルタゴの植民地だったが、この地でローマ遠征軍を率いていたのが弱冠二十四歳のプブリウス・コルネリウス・スキピオだった。若き司令官は巧みな戦術を駆使して戦い、ついにイタリカからほんの数キロメートルしか離れていない地点で決戦に臨んだ。ローマ軍は数的には断然不利であったにもかかわらず、敵を圧倒した。土砂降りの雨が降りはじめるや、豪雨に打たれてびしょ濡れになったカルタゴ兵たちは敗走しはじめた。スキピオは追撃の手を緩めず、敵を徹底的に掃討した。五万人以上いたカルタゴ兵のうち、生き残ったのはわずか六千人だけだった。

スキピオはカルタゴ本国まで攻め下った。そして、ついに本拠地にハンニバルを追いつめ、ようやく戦争は終結した。その功を称え、戦勝将軍となったスキピオにはアフリカヌスという名前が与えられた。

ヒスパニアには大量の傷病兵たちが取り残された。彼らはイタリアにちなんでイタリカと名づけられた新しい町に定住するよう命じられた。これは、お荷物になった傷病兵を体よくお払い箱にするためというよりも――もちろん、それも理由のひとつではあった――、いったん回復したならば、兵士たちに地元住民を監視し、ローマ式のライフスタイルを普及させ、万一の暴動に軍事的に対応できるようにすることが目的だった。

われらがアエリウスも、戦争で使い物にならなくなった〝厄介者〟のひとりだった。もともと、彼はイタリアの東部海岸から十数キロメートルほど内陸に入ったハドリアという町の出身だった。故郷から遠く離れた異郷で余生を送らざるをえなくなった運命を、彼が喜んだのか、恨めしく思ったのか、それは定かではない。ただ、子孫たちは新天地の生活になじみ、財をなし、土地の名士になった。

初代が入植してからの約百五十年間、アエリウス氏についての消息はわからない。その間、バエティカは繁栄し、金儲けのチャンスを求めてイタリア本土からやってきた多くの移民で賑わった。

前四九年、ローマで内戦が起きた。先見の明があり、野心にあふれた型破りなカリスマ将軍、ガイウス・ユリウス・カエサルと、ローマ共和政の担い手である貴族たちのあいだの骨肉の争いだった。イタリカの名士たちの大部分は共和政府軍に加担し、負け組となった。判断を誤ったのか、あるいは単に運が悪かったのか。いずれにせよ、ヒスパニアでは、一万人以上のイタリア系住民が共和政府軍の陣営に馳せ参じ、同じローマ人のカエサル軍と二度にわたって戦った。結果は二度ともカエサル軍の勝利だった。そして、二戦目の勝利が決定打となり、カエサルは歴史の勝者となった。

この時、つまりハドリアヌスの曽祖父のさらに二代まえの時代に、アエリウス・マルリヌスという人物が一族で最初の元老院議員になった。彼は大方の同郷人たちより目先が利く男だったにちがいない。なぜなら、この出世は戦いに勝ったカエサルの推挙なしには考えられない論功行賞だったからだ。

一世紀後、ハドリアヌスの父親が生まれ、プブリウス・アエリウス・ハドリアヌス・アフェルと名づけられた（息子のハドリアヌスと同名）。のちに、ガデス出身のドミティア・パウリナと結婚している。ガデスは、カルタゴと同様に、パレスティナ沿岸のテュロスやシドン出身のフェニキア人たちが建設した植民市だ。祖先がローマの有力氏族ドミティウス氏からローマ市民権を付与されたので、ドミティアと名づけられたのだろう。もっとも、パウリナ自身はポエニ（カルタゴのこと）の血を引いていたようだ。夫妻には子どもが二人生まれた。ハドリアヌスとその姉だ。

バエティカの成長いちじるしい資産家たちの多くと同様に、父ハドリアヌスもローマ中央政界進出の野心を抱いていた。彼の経歴についてはほとんど何もわかっていないが、きっと明晰かつ有能な人物だったにちがいない。息子が生まれた年には、上席法務官《プラエトル》という公職にあったようだ。そうとう政権上層部の覚えがめでたかったのだろう。当時はまだ二十九歳か三十歳で、法務官の資格年齢に達したばかりだったからだ。法務官のほかにも、ローマで裁判官をつとめたとか、軍団司令官《レガトゥス》に任命された、という説もある。属州総督が軍団司令官をつとめるのはよくあることだった。したがって、バエティカの属州総督をつとめた可能性が高い。

アエリウス氏はもうひとつのイタリカの有力氏族、ウルピウス氏と懇意だった[4]。三世紀の歴史家、ディオ・カッシウスは、ウルピウス氏はヒスパニア出身で、彼らの血管にはローマはおろか、イタリア南部のイタリア人やギリシア人の血さえ流れていない、と軽蔑をこめて書いている。しかし、彼らは実際にはウンブリア北部、武勇の誉れ高き丘陵都市テュデル（今日のトーディ）の出身で、バエティカ創建当初からの入植者だった。

ハドリアヌスの父方の祖父はウルピウス氏の女性と結婚した。これは願ってもない結婚だった。というのも、彼女の兄、マルクス・ウルピウス・トラヤヌスは大物政治家だったからだ。トラヤヌスというコグノーメンが、バエティカの大手アンフォラ製造業者トライウス氏と姻戚だったことに由来するのはまちがいない。このトラヤヌスもバエティカ属州総督をつとめたことがあった。ハドリアヌスが生まれた当時はシリア属州総督の任に就いていたが、これはローマ帝国の地方職としては最も重要なポストのひとつだった。彼は才能に恵まれた気立てのよい息子を帯同していた。息子もローマの風習に従い、父親と同名のマルクス・ウルピウス・トラヤヌスという名前だった。後のトラヤヌス帝だ。

ウルピウス氏はたいへん裕福な名家で、トラヤヌス以前にも一族のなかから元老院議員を輩出していた。元老院議員になるには、すくなくとも一〇〇万セステルティウスの資産が必要だったが、議員になれるかどうかは皇帝の意向しだいだった。そして、いったん元老院身分《オルド・セナトリウス》を獲得すると、議員になる資格は代々男系の子孫に受け継がれていった[5]。実際に議員を出している家は帝国全体で最大でも四百ほどしかなかったと推定されている。だから、イタリカのような地方都市から複数の元老院議員が出たというのは、かなり例外的なことだった。

アエリウス氏もウルピウス氏も貴族の出ではなかった。彼らは新人《ホモ・ノウス》と呼ばれていた。ずいぶん馬鹿にした言い方だが、何世紀にもわたってローマを支配してきた貴族たちは、自分たちの狭い特権的な世界の外からやってきた無名の政治家たちに対して排他的だった。アエリウス氏とウルピウス氏は肥沃なバエティカがもつ潜在的経済力を背景に、今まさにローマの中央政界に躍り出てきたところだった。

生まれたばかりのハドリアヌスの命は風前のともし火だったと言っても過言ではない。古代世界においては、生まれてから七、八歳になるまでの幼児期が最も死亡率が高かったからだ。医学はまだ揺籃期にあった。医者はせいぜい養生論を説くか、経験則に頼って手探りの治療をするしかなかった。なかには、医学を哲学や魔術の一分野と考えている医者さえいて、患者をろくに診察もせずに、怪しげな治療法を施していた。

とりあえず分娩時の危険を乗り越えたといっても、ハドリアヌスはまだ確実な命とは見なされていなかった。古代ローマのすべての新生児たちと同様に、ハドリアヌスにも生後九日目にようやくプラエノーメンが授けられた。誕生してから一週間以内に多くの新生児が死亡するため、ローマではすぐに名前をつける習慣がなかったからだ。当時の致命的な病気といえば、まず、下痢や赤痢などの消化器系の病気が挙げられる。とくに赤痢は幼児にとって最も怖い病気のひとつだった。

乳幼児死亡率があまりに高かったので、確実に生き延びられるという確信がもてるまで、上流階級の親たちは子どもにあまり執着しないようにしていた。授乳によってこそ母性が目覚めるというのに、ほとんどの母親は母乳を与えなかった。パウリナも例外ではなかった。

だから、乳母が不可欠だった。もちろん、誰でもよいというわけではない。当時の代表的な産婦人科の医学書であるソラヌスの『ギュナエコロギア（婦人科学）』によれば、乳母は「二十歳以上四十歳未満で、二、三回の出産経験がある、血色のいい大柄で健康な女性でなければならない。中くらいの大きさで、筋肉質でなく、柔らかく、皺のない胸をもつ女性であること」[6]とされている。さらに、乳母には強い自制心が求められた。性交や飲酒は禁じられていたからだ。

パウリナはこの大役にゲルマーナという女性を選んだ[7]。乳母となるための諸条件を彼女が満たしていたことは言うまでもない。名前から判断するに、ヨーロッパ東北部出身の奴隷であったと思われる。乳母としての役目を終えたあとは、自由を得て、かなり長生きしたことがわかっている。大役を立派に果たしたということだろう。

ハドリアヌスの幼少期については、これ以上のことはほとんどわかっていない。元老院議員だった父親は、地方の公職についていないかぎり、法律によってローマ市内かその近郊に住むことが義務づけられていた。一家が市内の邸宅のほかに、ローマからかなり離れた田舎にも屋敷を構えていたことは確実だ。ヒスパニア出身の裕福な人々はティブル（今日のティヴォリ）にウィッラを建て、一大コロニーを作っていた。もちろん、アエリウス氏も例外ではない。ティブルはローマの東約三〇キロ、サビニ山群の脚下に横たわる谷の先端に建設された高級保養地だ。ちょうど、渓谷が狭まり、谷底を流れるアニオ川（今日のアニエネ川）の流れが速くなる場所にある。

川の流れはいくつもの美しい滝を作りながら、町を囲むように弧を描き、最終的にはテヴェレ川に流れ込む。そのため、ティブルは水が豊かで涼しく、爽やかな気候で有名だった。裕福なローマ人たちは首都の夏の蒸し暑さから逃れ、ティブルにやってきた。なかには、ティブルやその近郊に常住する者もいて、豪華絢爛なウィッラがいくつも建っていた。アニオ川の岸辺に広がる緑豊かな敷地に建つウィッラ・ティブルティーナについて、スタティウスという当時の流行作家が讃辞を書いている。ハドリアヌスもこの宮殿を訪れ、あまりの美しさに目を見張ったことだろう。

いったい何に驚嘆したらいいのか？　金箔を施した梁に、
それとも、戸口という戸口にムーア・シトラスの側柱が使われていることに、
それとも、輝く色大理石に、
それとも、すべての寝室に水道設備があることに？(8)

この詩には、モザイク、象牙細工や金細工、宝石を使った装飾、彫像など、贅のかぎりを尽くしたウィッラの様子が書き連ねられている。

ハドリアヌスは少年期の大半をこの美しい避暑地で過ごした。そして、この地への愛着を生涯にわたって抱きつづけた。

八歳になるまで、ハドリアヌスの養育は母の手に委ねられた。そして、八四年ごろ、ハドリアヌスは父の監督下におかれるようになり、正式な教育が始まった。家庭教師による家庭内教育だったのか、学校に通ったのかは定かでない。当時の教育界の第一人者、マルクス・ファビウス・クインティリアヌスは、どの家庭でももはやしっかりとした躾がなされていない、子どもたちはちやほやされて育つので、すっかりわがままになっている（「散らかった部屋に寝そべって暮らし、育つ」(9)）と嘆いている。そして、孤独で暗い家庭内教育よりも「明るく陽光あふれる、きちんとした学校」のほうがよいと主張する。ハドリアヌスの両親がこの忠告に従った可能性は高い。

通常、小学校は大きな広場に面した店舗を借り受けて運営されていた。だから、普通の小売り店のよう

に正面はポーチになっていて、開放されていた。授業は夜明けとともに、学校によっては夜明けまえに始まり、午後の公共浴場における入浴で終わった。授業は厳しく退屈なもので、知育よりも暗記が重視された。ハドリアヌスはクラスメートとともに文字の形を学ぶまえに、文字の呼び方を学んだ。ａからｘへ、ｘからａへと（ラテン文字にはｙもｚもない）、ＡＢＣの歌を前から後ろから繰り返し歌わされた。その後、二文字、三文字と文字の組合せを暗記し、ようやく音節や単語を学ぶのだった。学校では、実用数学の基礎も教えられた。一人前のローマ人として、日々の商取引や金銭管理に困らないようにするためだった。

書き方の練習のときには、教《ルディ》・師《マギステル》が生徒の手に自分の手を添えて字を書かせた。それができるようになると、文章を読み上げて書き取りをさせた。文字は尖筆を使って蠟板に書くか、アシの茎でできたペンとインクを使ってパピルスやダンボールほどの厚みの木板に書いた。計算には計算盤を用い、みなで九九を暗唱したりもした。

八五年か八六年、ハドリアヌスが十歳のころ、人生を変える出来事が起きた。父親が四十歳という若さで突然他界してしまったのだ。中央政界の頂点に立とうとしていた矢先のことだった。死因は記録に残っていないが、古代にしばしば猛威を振るった伝染病の犠牲になったようだ。伝染病は貧富にかかわりなく万人に等しく降りかかる災難だった。

ドミティア・パウリナは途方に暮れた。もっとも、それは彼女だけの特殊な境遇ではなかった。女性は、初潮と同時か、その直後に、たいへん若くして結婚するのが一般的で、十三歳で結婚することも珍しくなかった。いっぽう、男性はたいてい二十代半ばか後半に結婚した。女性の分娩時死亡率は高かったが、それでも、子どもが成人になるのを見届けることのできる母親の数は父親のそれを上回っていた。子どもが二十五歳になるまで父親が生きている割合は三分の一だったのに対して、母親が生きている割合は二分の一近くあったと推測されている。

ハドリアヌスの母親と一家の顧問たちは、最善の道を模索した。彼は跡取り息子だったから、成長を注意深く見守ってくれる父親的存在が必要だった。バエティカにある一家の屋敷や財産の維持管理にも男手が要った。そこで、二人の後見人が選定された。両方ともイタリカの出身者だった。ひとりは騎士《エクエス》のプブリウス・アキリウス・アッティアヌス。騎士は政界エリートである元老院議員より一ランク下の身分で、実業家や地方の名士がこれに含まれる。

もうひとりはハドリアヌスの母方の大叔父の息子で、ウルピウス氏の超大物、トラヤヌスだった。父親のもとで軍務についていたことは、すでに述べたとおり。三十二歳、[10]衆目が認める優秀な軍人だった。アレクサンドロス大王に強い憧れをもち、軍人として栄光を得るという野心に燃えていた。長身で立派な体軀、鷲鼻に広い唇、「高貴な容貌」をしていたという。[11]最近まで法務官をつとめていた彼は、そのころ、政界の頂点である栄光のポスト、執政官の座を狙っていた（もっとも、彼が大胆にも胸中で熱望していたのは皇帝位だった）。

トラヤヌスは野外の活動を好み、とくに狩猟に目がなかった。当時の趣味としては一般的でなかったが、登山も好きだったようだ。「道案内もつけず、誰の手も借りずに険しい岩山を登る」[12]ことを楽しんだ。相当の酒豪で、若い男性たちと同衾することを好んだ。[13]七八年に結婚した妻のポンペイア・プロティナ（フルネームはポンペイア・プロティナ・クラウディア・フォエベ・ピソ）とは親愛関係、すなわち、セックスレスの夫婦関係にあり、当然ながら子どもはいなかった。

トラヤヌスの人格について同時代の人々が高く評価し、敬意を払っていた点は、彼がきわめて高潔な精神の持ち主だったことだ。プライベートな利害を公務に持ち込むことはけっしてなかった。これは中央政界のエリート層においてはきわめて稀なことだった。

まだ十歳のヒスパニア出身の少年の後見人になることなど、慈愛の念をもつ近親者でもなければ、進んで引き受けたくなるような仕事ではなかった。あとになってみれば、これはアエリウス氏とウルピウス氏の運命が解きがたい結び目でひとつになった瞬間だった。そして、ローマの未来はこの結合によって決されたのだった。

第二章　危険な世界

ハドリアヌスの後見人たちは多忙のため、少年の成長を近くで見守ることができなかった。しかし、息子の将来に大きな期待を抱くドミティア・パウリナと思いは同じだった。十二歳になると、ハドリアヌスは中学校に入れられた。すくなくとも知名度という点で、そこはローマでも最高の学校のひとつだった。ちなみに、グラマティクス（中学校で教鞭をとる文法学者）は、かの有名なクイントゥス・テレンティウス・スカウルスだった。[1] スカウルスは正書法や前置詞の正しい使い方についての教科書や本を書いている。学究肌の堅物だった。

文法上の難題は高等教育を受けたローマ人たちが好んだテーマだった。バエティカ出身の若き秀才もどうやら文法が大好きだったようだ。大人になってからも本物の言語学者に負けないくらい研究に励み、二巻からなる文法書『セルモネス（会話）』（残念ながら散逸）まで執筆したくらいだ。かつての恩師と文法論争をしたこともある。obiter[2] という、「ところで」とか「ついでに言えば」というような意味の単語の解釈について、まだ現役教師だったスカウルスに議論をふっかけたのだ。彼は自分が研究して見つけた多くの文例を列挙した。そのなかには、アウグストゥス帝が継子のティベリウスにあてて書いた手紙も含まれている。この単語をあえて使わないことを批判する内容だったが、ハドリアヌスは自信満々に、皇帝はただのアマチュアだから、とコメントしている。

なんとかして専門家をやりこめようと躍起になっている、早熟で負けず嫌いの若造の姿がありありと見える。この子どもっぽい性格は生涯変わることがなかった。そして、それこそがハドリアヌスの本質だった。

学校に行くこと、正確には、グラマティクスの家に行くことは大人の危険な世界に入ることを意味した。上流階級の親たちはそれがよくわかっていたので、パエダゴグス、つまり家で子どもたちに目を配り、教室まで送り届ける家庭教師役の信頼できる奴隷をつけた。子どもたちが思春期に差しかかり、通りがかりの男たちの注意を引く年頃になると、パエダゴグスの存在はますます重要になった。男の子は女の子よりもリスクにさらされた。女の子たちは人目につく場所に出ることも少なく、通常は家庭内で教育を受けたからだ。それでも、ゆゆしき事態に遭遇することはままあった。家庭教師を買収して仲立ちさせる手が使われることもあった。つまらないプレゼントを一つか二つやれば好奇心の旺盛な子どもは、簡単に手篭めにできた。

このような脅威から息子を守るために、詩人のホラティウスの父親は学校への送迎を人任せにはしなかった。

……彼は私の純潔を守った
（それはよい性格を形成するには絶対に不可欠だった）、私を
みだらな行ないから守ってくれただけでなく、汚名からも守ってくれた。(3)

残念ながら、グラマティクスの家の玄関に入れば安全、というわけではなかった。ハドリアヌスの同時代人で、偉大な諷刺詩人のデキムス・ユニウス・ユウェナリス（フルネームは確かではなく、ユウェナリスとして知られる）の言葉が正しいとすれば、教室で少年たちはこっそりと性的な実験に精を出していたようだ。そのような行為が発覚した場合、教師には父親のような態度を取ることが求められた。彼は書いている。

［父親たちは教師に］少年たちに対して父親の役割を果たすことを求める。
生徒同士でふしだらな行為をしないよう気をつけることを。
多くの少年たちを見張るのは容易なことではない。
なにしろ、行くところまで行かないかぎり
彼らの手も目もせわしなく動きつづけるのだから。(4)

隠れて行なわれる性的暴行は身体的虐待へと進むことも多かった。教師たちも、怠惰な生徒や反抗的な生徒、あるいは単に元気すぎる生徒を日常的に鞭で叩いた。ポンペイの壁画に典型的なシーンが描かれている。左のほうには、険しい表情で立つ教師。生徒たちは静かに机に座っている。ひとりの少年がほとんど裸にされた〝罪人〟を肩に担ぎ、もうひとりが両足をつかんでいる。そして、補助教員が〝九尾の猫鞭〔こぶのついた九本の縄でできた鞭〕〟を振り上げ、今にも少年を打とうとしている。学習よりも体罰のほうが教育の中心だったので、学校に行くには年を取りすぎてしまったことを「鞭から手を引く(5)」と表現したほどだ。

ハドリアヌスが受けた教育の内容はかなり限定的だった。精神と肉体、両方の鍛錬をめざすリベラルな教育の重要性はほとんど顧みられていなかった。数学も科学も、文学以外の音楽や美術のような芸術も、学習科目には含まれていなかった。また、運動やスポーツは休日にするものとされていた。

要するに、文学と雄弁術という二つの密接に関連した科目と、ラテン語とギリシア語の二か国語しか学ばなかったのだ。ハドリアヌスもラテン語やギリシア語の古典を勉強させられた。最も重要な作品は、前八〜七世紀にひとりの、あるいは複数の口承詩人により作られたとされる、ホメロスの二大叙事詩『イリアス』と『オデュッセイア』だった。ラテン語の授業では、もっと新しい時代の作品を学んだ。セネカが「ローマ帝国に匹敵するローマ随一の財産、かの天才」[6]と称えたマルクス・トゥッリウス・キケロの演説や、ホラティウス、プブリウス・ウェルギリウス・マローの『アエネーイス』（「限りのない帝国」永遠の国ローマを褒め称える国民的な一大叙事詩）などだ。

スカウルスと彼の助手たちは文学者というわけではなかったが、一文一文、〝奥義〟を詳細に解説した。文章を細部にいたるまでくまなく読み解き、意味を説明し、韻律や構文を分析し、朗誦したときのイントネーションやリズムについても教えた。ハドリアヌスと彼のクラスメートは文意を深く理解したうえで、感情を込めて朗読することも学んだ。そして、厳しい問答形式の授業を通して、文章を構成要素（主語、動詞、目的語など）に分解しながら、作品を徹底的に読み込んだ。

このような読解の授業は退屈なものになりがちだったが、雄弁術の授業のほうは楽しかった。何世紀ものあいだ、政治家や法廷弁護人をめざすローマの上流階級の人々にとって、公衆の面前で上手に演説ができることはきわめて重要な資質だった。世に出ようとするならば、大勢の聴衆にむかって自信たっぷりに語りかけ、自説の正しさを納得させられるだけの話術が必須だった。帝政期、公職は選挙によらず、皇帝から直接任命されることが多くなっていた。それでも、雄弁術はひじょうに重要な能力だと見なされていた。

スカウルスはハドリアヌスたちに修辞学の基礎も教えた。少年たちはローマの歴史や伝説を自分たちの言葉で表現することを学んだ。詩人たちの作品からエピグラム〔機知に富んだ警句や短い諷刺詩〕を選び出し、それをもとに討論もした。また、与えられたテーマに基づき、コントロウェルシアエ（法廷弁論練習）やスアソリアエ（集会における意見発表）など、より高度な演習も行なわれた。

生徒たちは二手に分かれてディベートした。法解釈も重要だったが、それよりも倫理上の問題をいかに解決するかという観点からテーマが選定された。これは偶然ではなく、少年たちの道徳観の形成に雄弁術の勉強が大きな役割を果たしていたからだ。共和政期の模範的市民と評されていた、〝監察官《ケンソル》〟ことマルクス・ポルキウス・カトー（前二世紀）が「息子マルクスは話術に長けている故に、すぐれた人間だ(7)」と述べたくらい、雄弁術の巧拙は人格の評価に直結していた。

しかしながら、どんなテーマについてディベートを重ねようとも、実際の問題は理論だけでは解決できなかった。雄弁術で美徳へと導こうとしても限界があった。ディベートのテーマは日常生活の諸問題からは遠くかけ離れており、実感がともなわなかった。美辞麗句を駆使して執拗なまでに細部にこだわることが奨励された。間違ったサイドが正しく見えるようにわざと強引な論法をとる悪質なディベートも少なくなかった。雄弁術が現実世界から乖離していた事実は、それがもはやインテリの娯楽のひとつとなっていたことからもわかる。弁論は完璧な文章になるまで推敲され、作者たちはやがてそれを講堂で朗誦するようになった。気の利いた表現が出てくると客たちは拍手喝采した。雄弁術は芸術の一分野へと変貌していた。

ハドリアヌスがよろこんで学校に行ったかどうか、それはわからない。少年期の教育を振り返って「人生で最良の日々(8)」だったと述懐している人物がいないことはないが、当時の少年たちは学校に行くことが嫌でたまらなかったようだ。学校が好きだったかどうかは別として、ハドリアヌスは好奇心に満ちた快活な精神の持ち主だったから、勉強自体には知的好奇心を刺激されたことだろう。

ある日のこと、彼は突然ギリシアに夢中になってしまった。父親の死後まもなくのことだった。あまりの傾倒ぶりに、「ギリシアっ子」を意味するグラエクルスというあだ名がついたほど、ギリシアの勉強にのめりこんでしまったのだ。『ヒストリア・アウグスタ（ローマ皇帝群像）』に見られる短い記述[9]によれば、これには二つ理由がある。父親の死後、心に開いた穴を埋めるためにギリシアが好きになった、というのがひとつ目の理由。父親がギリシアに赴任した際に彼を帯同し、ギリシア文明の栄光を熱く語って聞かせたとすれば――これはじゅうぶんにありえる話だ――、この説は説得力をもつ。さらに、後見人の新妻プロティナの存在も彼のギリシアびいきに拍車をかけたようだ[10]。彼女はハドリアヌスをたいへんかわいがってくれたのだが、彼女自身も教養が高く、相当なギリシアびいきだった。

ハドリアヌスのギリシアびいきが人並みはずれた筋金入りだったことは、覚えておく必要がある。そもそも、ローマ人というのは現実的な人種で、実態のない抽象的な理論世界には不信感を抱いていた。ただし、数ある知的な営みのなかでも直接的な利益を生み出すものは別で、法律や建築や工学などの学問は彼らにも理解することができた。これらの学問は厳格な合理性に基づくものであり、霞のような空想を膨らませる類のものではなかったからだ。

ローマ人たちはほとんど独自の知的・文化的伝統を発達させなかった。長い歴史を誇るギリシア文明の存在は古くから知られていたが、前二世紀にギリシアを征服し、その文明を実際に目の当たりにしたとき、ローマ人たちはあまりのすばらしさに圧倒され、貪欲に吸収した。アテナイやアンティオキアやエフェソスやアレクサンドリア――エジプトの都市だが、エジプト的なものはまったくなく、完全なギリシア都市だった――の美しさ、優雅さ、輝きには度肝を抜かれ、ギリシアの哲学、科学、詩、劇にはひたすら賛嘆の念を抱くしかなかった。高等教育を受けたローマ人はたいていギリシア語を流暢に話せた。ラテン詩人たちはアテナイ文学の名作をまね、建築家たちはギリシアの神殿や回廊を模倣した。

ホラティウスの有名な一節がある。

捕われしギリシアは粗野な侵略者を支配し、ひなびたラティウム［イタリアの地方名、ここにローマがある］に芸術をもたらしたり(11)。

ホラティウスは嫌悪感をにじませながら続ける――イタリアの原始的な詩形が放つ「悪臭」は消え、澄んだ汚染されていない空気になった、と。

ハドリアヌスが魅了されたギリシアは、もはや単にギリシア本土だけのギリシア、つまり、民主都市国家アテナイと軍事都市国家スパルタの二大勢力が小さな多数の都市国家を率いてペルシアの侵攻を二度も退けた、ギリシア半島のギリシア、ソクラテスやプラトンやソフォクレスやアリストテレスを輩出したギリシアだけでなかった。また、ギリシア本土の都市国家が地中海沿岸から黒海沿岸、小アジア、北アフリカ、シチリア、南イタリアに及ぶ広大な地域に建設した無数の殖民都市までを含んだギリシア、でもなかった。

実は、〝ギリシア〟は小アジアをはるかに越え、ローマ帝国の東半分をまるまる覆う広大な地域に拡大していた。というのも、その四世紀まえに、イオニア海からインド洋にいたる広大な領土を誇っていたペルシア王国をマケドニアのアレクサンドロス大王が征服したからだ。大王の死後、部下の将軍たちは占領地を分割して、それぞれ強大な独立国家を建設し、その広大なアジアの領土にギリシア人やマケドニア人を入植させ、ギリシア語とギリシア思想を広めた。

現地人たちが出世するには、みずからをギリシア化することが不可欠だった。ピーター・グリーンは指摘する。

イギリスの統治下、ヨーロッパのクラブのメンバーになるためにインド人たちがイギリス化したように、彼らは裸でスポーツをし、馴染みのない神々を崇め、演劇のスポンサーとなった。そして、多額の財を寄進して、市政を司るローマ人たちの歓心を買おうとした(12)。

もちろん、アジア地域のギリシア化は表面的なものだった。上流階級のローマ人たちはアジア人たちのことを狡猾で卑劣で貪欲で信用がならないと考えていた。金で動くペテン師ばかりで、時にレベルの高い有意義な会話を交わせたと思えるようなことがあったとしても、多くの場合、口からでまかせ、中身のないおしゃべりばかりだ、と。

大半の保守的なローマ人たちは、ある一点において、ギリシア人に対していまだに畏怖の念を抱いていた。それは宗教観だ。ローマの国教は精神的な安寧を得るためのものではなかった。ローマ人にとっての宗教とは、パクス・デオルム(神々の寵愛と恩恵)を失わないように、私的、公的な場所で行なう煩雑な形式的儀式にすぎなかった。反対に、東方の宗教は神秘主義的で、肉体を超越したところに人々を導き、恍惚を体感させてくれるものだった。入信時に秘密の保持を誓約させられることも多かった。共和政下でも帝政下でも、あまりに狂信的な人々に対して当局は監視の目を光らせ、コンユラティオ(共通の誓文や暗黙の規約により結びついたコミュニティ)をつねに警戒していた。ローマでは、カルト集団の排除は頻繁に行なわれたが、民間宗教の人気は高く、すぐに勢力を回復した。

ハドリアヌスは心の奥深くで、ローマのわずらわしい伝統的な儀式宗教よりも外来の霊的宗教のほうに魅了されていた。それは生涯変わることがなかった。ハドリアヌスはほかにも東方からもたらされた二つのものに魅了されていた。魔術と占星術だ。違法扱いとなってからずいぶん経っていたにもかかわらず、魔術は帝政期には徐々に人気を盛り返していた。伝統医療では治らない病気を治す、敵を傷つけ、あるいは殺す、性欲を刺激する、戦車競走の勝敗を思い通りにするなど、目的は多様だった。

ある遺跡から発見された鉛板に刻まれている呪いの言葉は戦車競走にかかわるもので、二千年経った今でもただならぬ怨念のようなものを感じさせる。ダイモン（強力な霊力）を呼び起こすための呪詛だ。

> この日より、この瞬間より、緑組と白組の馬たちを苦しめよ。殺せ！　御者のグラルスとフェリックスとプリムルスとロマヌスを殺せ！　衝突させよ！　息の根をとめよ！[13]

呪文集まで出版されていた。エジプトの乾いた砂の中からは、『魔術パピルス』なるものが発掘されている。願いを叶えるためなら、人々がどれほど闇の力を手に入れたいと願っていたのかを物語るものだ。

典型的な魔術はシュンパティア（共鳴原理）と呼ばれるものだった。この魔術を使うと、パルス・プロ・トト（体の一部を利用することで体全体に影響を与えること）が可能だった。つまり、床屋で切られた髪や爪を手に入れれば、髪や爪の持ち主に魔術をかけることができるということだ。さらに踏み込んで、シミリア・シミリブス（似せ姿の原理）を使うこともできた。蠟人形に針を刺すと、対象人物は痛みを感じ、ときには死んでしまうというものだ。究極のシミリア・シミリブスは人身御供だった。誰かの命を守るため、あるいは国を救うために人間を殺したのだ。かつてはみずから進んで犠牲になる者もいたが、ハドリアヌスの時代、そのような悲劇的な儀式はほとんど行なわれていなかった。だから、まさか自分自身、あるいは自分の愛する人の身に将来そのような悲劇が実際に降りかかろうとは、想像だにしなかったにちがいない。

ハドリアヌスは占星術だけでなく、もっとマイナーな予言術にも魅了された。占星術は複雑な数学的計算に基づいていたので、星の動きを読むことは呪術やまじないよりは科学に近いものと見なされていた。根源的な不確実性を内包するものであったにもかかわらず、天文学と同類の学問と位置づけられ、れっきとした研究分野として扱われていた。占星術は人類に神の英知を与えてくれるものだった。神の英知が手に入るなら、王位さえ霞んで見えたことだろう。

占星術師たちはほんとうに未来への扉を開くことができると信じられていたので、当局は占星術を警戒していた。死期や死因を予言されてはたいへんなことになってしまうので、ホロスコープで皇帝の運勢を占うことは重い反逆罪だった。[14] しかし、ハドリアヌスはそんなことはまったく意に介さず、ほとんど専門家と言えるくらいにまで――すくなくとも、自分ではそのように考えていた――研鑽を重ねた。毎年元旦には自分の運勢を占い、その年に行なうであろう事を書きとめるのが習慣になっていた。

ハドリアヌスは相反する事柄を躊躇せずに受け入れる資質を有していた。彼のギリシア好きは基本的にギリシアの古代に向けられたものだった。憧れていたのはギリシアの栄光に満ちた歴史だった。同時に、前一世紀にローマが混乱と殺戮の歴史を刻みつつ〝自由国家〟から帝政へと変貌する以前の、古き良き共和政期のローマに対しても強いノスタルジーと畏敬の念を抱いていた。とはいえ、ウェルギリウスやキケロなど前一世紀の古典作家たちの作品を勉強することは好きではなかった。あまりに洗練された、わざとらしい作風が好みに合わなかったからだ。

むしろ、クイントゥス・エンニウスのような、もっと荒削りで骨太の作品のほうが好きだった。エンニウスは前三世紀から前二世紀初頭に活躍した作家で、ハンニバルと戦ったスキピオ・アフリカヌスの親友だった。かの有名な『年代記』（トロイア陥落後にトロイア王子のアエネアスが先史時代のイタリアに上陸してから当代までのローマの歴史を記した叙事詩）の作者だ。『アエネーイス』に取って代わられるまで、『年代記』は長きにわたり定番の教科書だった。

エンニウスは古い価値観の象徴だった。彼はみずからの哲学をきわめて簡潔なラテン語で **moribus antiquis res stat Romana virisque**(15)（ローマは古き時代の習慣と道徳と、名に恥じることなき真の男たちによって立つ）と記している。一級のラテン語は精緻で無駄がなく、英語で表現しようとすれば二倍以上の単語を使って長々と訳さなければならない。

もうひとり、ハドリアヌスが心酔していたのがマルクス・ポルキウス・カトーだ。カトーはエンニウスの個人的な知り合いで、エンニウスの叙事詩と対をなす散文作品、『起源論』（イタリア各地に都市国家が勃興した黎明期から、王政ローマに始まるローマの歴史を説いた作品。残念ながら散逸）の作者だ。カトーは彼の時代の貴族たちを、堕落した利己主義者で贅沢病にかかっていると批判し、ひどく嫌っていた。だから、ポエニ戦争（対カルタゴ戦争）について記述するにあたって、一度も固有名詞を出して誰かを称賛することはなかった。カルタゴのシュルス(16)〔シリア人の意〕という名前の、たいへん勇敢な片牙の象をのぞいては。

ハドリアヌスがこれらの作家を敬愛していたことは、一見、彼のギリシアびいきと矛盾するように見えるかもしれない。しかし、早計に判断してはならない。エンニウスの祖先はギリシア人で、イタリア南部の出身だ。イタリア南部はマグナ・グラエキアと呼ばれ、多数の有力なギリシア都市があった。『年代記』だけでなく、エンニウスはアテナイの悲劇作家エウリピデスの作品などを模倣しながらギリシア古典様式に則った戯曲も多数執筆している。

現実主義的ローマ精神の権化と言われるカトーでさえ、彼の書いた文章をよく読んでみると、ホメロス以来のギリシア文学に精通していたことがわかる。たとえば、演説に関する参考書を出版しているが、これはギリシアの修辞理論に触発されたもので、彼がギリシアの文献を広く読み込んでいたことは明らかだ。

どういうことか？ それは、つまり、カトーもエンニウスも二つの文化をつなぐ橋のような存在であり、二人ともそれぞれのやり方でその役割をじゅうぶんに果たしていたということだ。ハドリアヌスの時代になると、カトーの悲観的な予想が間違っていたことは明らかだった。彼の心配をよそに、ローマはみずからの本質を損なうことなくギリシアから思想、空想力、芸術性を取り入れることに成功していた。もっとも、軍事と政治の分野では、ギリシアから学べることは少なかった。ギリシア人とはちがい、ローマ人にとって、軍務に就き高い士気を保つこと、そして、いかなる苦難にも耐えることは根源的に重要なことだった。また、社会生活においても、慣習や法に従うことは市民生活の基礎をなしていた。実際、共和政期のローマの政治家たちは、ギリシア人に負けないぐらい広場における討論の場で高い能力を発揮し、問題を現実的に解決しながら比較的クリーンな政治を行なっていた。

少年から大人へと成長する過程で、ローマの未来により多くの恵みをもたらすには父祖代々の遺風《モス・マヨルム》を堅持して政権を運営していく必要があると、ハドリアヌスは学んだ。とはいえ、彼は生涯にわたって本質的にはグラエクルスだったが。

九〇年一月二十四日、プブリウス・アエリウス・ハドリアヌス・アフェルは十五歳の誕生日を祝った。(17)ローマでは、少年たちは通常十五歳の誕生日か、場合によっては誕生日の数か月後に成人した。精神的な成長はともかく、これはだいたいそのころに始まる第二次性徴期に一致する。成人式は通例、三月十七日のリベラリア祭の日に行なった。リベラリア祭は、イタリア古代に起源を発する二柱の豊穣神、リベル（酒神バッカスと同一視される）とリベラのための祭りだ。ちなみに、ローマのリベル・リベラ神殿には、男性器と女性器をかたどった像が奉納されていた。

その日、ハドリアヌスはトーガ・プラエテクスタ（少年たちの正装である紫色の縁のついたトーガ）を永遠に脱ぎ捨て、首からブッラ（黄金のお守り。平板な長方形のものや隆起した丸型のものがあった）を外した。そして、トーガ・ウィリリス（成人であることを意味する白い無地のトーガ）に身を包んだ。それから、家の守護神に自宅で生贄を捧げたあとで、もしローマで成人式を行なったのであれば、親戚や友人やクリエンテスらにつきそわれてカピトリウムの丘に向かったはずだ。そこは丘全体がフォルム・ロマヌムを見下ろす要塞で、最高神ユピテルの巨大神殿が建っていた。この神殿で、彼はローマの守護神に祈りを捧げた。

ローマでは、成人式を終えた少年たちはもう学校へは行かない。しかし、ハドリアヌスの場合もそうだったが、教育が終了したわけではなかった。良家の子弟は中央政界の有力者の書生をすることになっていた。今で言うところのインターンだ。雄弁術の勉強もさらに高度になったし、軍事教練もしなければならなかった。

彼には、ほかの少年たちとは違う事情があった。たとえ形式的にではあっても、いまや彼が家長であるという事情だ。そこで、アエリウス氏の人々は深刻な問題に直面せざるをえなかった。ハドリアヌスは普通ならまだ父親が健在であるはずの年齢だった。世間を知らない息子に対して睨みを利かせ、裕福な家庭の若者が遭遇するさまざまな誘惑に巻き込まれないよう導いてくれる父親が必要だった。若き家長が道を踏み外さないよう、なんらかの対策を講じる必要があった。

とりあえず、ドミティア・パウリナと二人の後見人（トラヤヌスとアッティアヌス）はハドリアヌスをバエティカに行かせ、新たな領主として領地を視察させることにしたようだ。ハドリアヌスは少年期のほとんどをローマの市内と近郊で過ごしたが、一度だけバエティカを訪れたことがあった[18]。いつのことだったかはわかっていないが、父親は法務官をつとめたあと、バエティカに赴任したと推測されており、そうだとすれば家族を帯同したにちがいない。このたびは父親のお供ではなく、一人前の領主としてひとりで故郷に戻ったわけだ。

「ひとりで」といっても、ドミティア・パウリナが世間知らずの息子をほんとうにひとりで旅させたとは思えない。彼女も同行したはずだ。そして、故郷である港町のガデスで自分の一族に息子を紹介したことだろう。その際に、ハドリアヌスは父方の大叔父にも会っているが、これは単なる形式だけの訪問には終わらなかった。というのも、この人物——彼もまたアエリウス・ハドリアヌスという名だった——が実は占星術の名人だったからだ。彼はホロスコープで少年の運勢を占い、〝皇帝力〟をもっていると見抜いた。この種の予言はたいへん危険だったので他言されることはなく、何十年ものちに初めてハドリアヌスの自伝で明らかにされた。

若き領主はイタリカから何キロか内陸に入ったところにある領地を訪れた。そこはおもにオリーブオイルの製造と輸出のために開発された農園で、この地から輸出された保存用アンフォラにはport. P.A.H.(プブリウス・アエリウス・ハドリアヌスの倉庫より)と刻印されていた。といっても、これはハドリアヌスの父親が直接農園の経営にたずさわっていたことを意味しない。したがって、ハドリアヌスもその跡を継いで農園経営をしなければならないということではなかった。元老院議員——当然、その息子も——はあまり表立って〝金儲け〟に勤しむべきではないと考えられていた。通常、領主たちは資産運用で利息を得るか、優秀な奴隷や解放奴隷《リベルティヌス》に領地の管理を任せたり、彼らの商売に投資したりした。だから、農園の経営や労働者の監督、小作人たちとの交渉には管理人があたった。

視察が終わると、ハドリアヌスは自由な時間を楽しんだ。軍務の何たるかも学んだ。といっても、軍人になったわけではなく、地元のコッレギウム（良家の十代の子弟からなる結社）のメンバーになったのだ。メンバーはユウェネス（原義は「若者」）と呼ばれ、トレーニングを受けるだけでなく、各種の労働も行なった。アフリカ属州にコッレギウムがあったことがわかっている。[19] このコッレギウムは一棟のバシリカ（裁判所や会議場、ショッピングセンターとして使われる大きな建物）と何棟かの倉庫からなっていた。

まちがいなくバエティカで、ハドリアヌスは初めて狩猟の楽しみを知った。[20] 根っからのハンターだったトラヤヌスに話ぐらいは聞いていただろうが、それ以前にはあまりこのスポーツに親しむ機会はなかった。上流階級のイタリア人の大半は狩猟を紳士の娯楽というよりは、奴隷や解放奴隷の楽しみ、あるいは円形劇場で行なわれる見世物だと考えていた。

世間の目などまったく気にすることもなく、ハドリアヌスはすぐに狩猟に夢中になった。古代世界において最も一般的な獲物はノウサギだった。セント・ハウンド（嗅覚に優れた猟犬）を使い、徒歩で網に追い込んだ。やがて、帝政期になると、サイト・ハウンド（視覚に優れた猟犬）を使用するようになった。サイト・ハウンドは足が速く、獲物を直接捕まえることができたので、網を使う必要はなかった。猟犬たちが獲物を捕まえるのを見届けるには走って追いかけるのは無理だったので、騎馬の狩猟が主流になっていった。

ノウサギよりも大きく危険な獲物は猪だった。東部の諸州やアフリカ北部では、命知らずのハンターたちがライオン、ヒョウ、オオヤマネコ、チーター、クマなどを狩った。

狩猟はローマではまだそれほどおしゃれなスポーツとして認知されていなかったが、ギリシアでは人気のスポーツだった。それもハドリアヌスが狩猟にはまったひとつの理由だった。狩猟は単なる娯楽ではなく、勇気を養うことができたし、ギリシア人たちにとっては宗教的な行為でもあった。健康によく、視覚や聴覚を高め、老化を遅らせた。そして、なによりも戦闘訓練になった。前五世紀にソクラテスのもとで学んだアテナイ人のクセノフォンは狩猟をテーマに優れた作品を書いている。その本は当時でもまだ広く読まれていた。オリュンポスの神々は自分で狩猟を楽しむだけでなく、クセノフォンによれば、人々が狩猟するのを見るのも好きだった。だから、敬虔なハンターはアポロンとアルテミス（狩猟の女神で、ローマのディアナ女神にあたる）の双子神に「よき獲物をもたらしたまえ」と祈ってから追跡を始め、終了時にも短い感謝の祈りを捧げるのだった。

　というわけで、ハドリアヌスはこの新しい趣味にかまけていることについて、立派な大義名分を示すことができた。このような言い訳をする必要があったのは、家族があまり快く思っていなかったからだ。狩猟は時間だけでなく、金もかかる趣味だった。猟犬や馬に大金をつぎ込む息子のことを嘆く友人に、プリニウスは泰然と応えている――「それは、しかたがない。誰だって間違いをするし、誰にだって一つや二つ欠点はある[21]」

　しかし、トラヤヌスは自身が狩猟好きだったにもかかわらず、狩猟三昧のハドリアヌスを大目に見てはくれなかった。少年が目に余って高慢な態度をとりはじめ、そのことがイタリカですっかり評判になっていたからだ。ギリシアをえこひいきする気取った態度が、徹底してローマ的だったトラヤヌスの癇に障った可能性もある。後年、彼が一部のギリシア系の人々を指して、ハドリアヌスの子ども時代のニックネームを使い、軽蔑を込めて「このグラエクルスらめ[22]」と言ったことが伝わっている。当時、ヒスパニア北部に駐屯する軍団の司令官をしていたトラヤヌスはすこし灸をすえる必要があると考えて、ハドリアヌスにローマへの帰還を命じた。この時以来、彼はハドリアヌスを実子《プロ・フィリオ》として扱い、愛情をかけるだけでなく、しっかりと監督もするようになった。

つかの間の自由な日々は終わった。もう二度と脱線することは許されなかった。最初は窮屈に感じたかもしれないが、ローマは刺激に満ちていた。トラヤヌスは皇帝のおぼえもめでたく、九一年には執政官もつとめ、いまや権力の頂点に登りつめつつあった。十六歳のハドリアヌスは生き馬の目を抜く中央政界の、文字通り真っただ中にいた。

第三章　希望あふれる若き紳士

ヒスパニアから戻ったハドリアヌスは、レートル（雄弁術の専門家）の指導のもとで雄弁術の勉強の仕上げに入った。学校の教師とはちがい、レートルは高い報酬を得ていたし、公衆の面前で有償で演説をすることもあった。上流階級の著名人も多く、今日の講演家なみに高額の講演料を請求することもできた。

ローマにはこのような弁論のプロが大勢いた。第一人者は教育家として名高いクインティリアヌス。彼もヒスパニア系で、出身地は今日のナヴァラだ。ローマでたいへん人気の高い弁論学校の創立者で、国から一〇万セステルティウスという異例の年俸を得ていた。当局は、責任感のある勤勉でよく鍛えられた支配階級を育てるには、彼の学校が有益だと考えていた。というのも、クインティリアヌスはカトーの教えを信奉していて、単に技術を教えるだけでなく、完全な人間を作り出すことを教育目標にしていたからだ。彼は書いている。

一市民としてほんとうに自分の役割を果たすことのできる男……優れた助言をもって国家を導き、国家の法的基盤を確立し、断固として悪を裁く男……そのような男は、まちがいなく、雄弁家以外に存在しない。[1]

執政官だったトラヤヌスは中央政界で最も影響力のある男のひとりだった。ハドリアヌスを当代一流の教師として名高いクインティリアヌスのもとで学ばせたいと思ったとしても当然だ。しかし、残念ながら、この偉大な教育者は九〇年ごろには四十代後半か五十代になっていて、執筆に専念するために教育界からほぼ完全に引退していた。もっとも、数年後のことではあるが、皇帝の二人の孫の家庭教師になっているところを見ると、もうひとりぐらい内々に生徒を取らせることにトラヤヌスが成功したとしても不思議ではない。

近世のグランド・ツアー〔教育の一環として行なわれる上流階級の子弟の大陸巡遊〕のように、古代においても、思春期後半のローマの若者たちの多くがギリシア文化圏に数か月滞在し、雄弁術の勉強の仕上げをした。クインティリアヌスか、あるいは誰かほかのレートルのもとで勉強したあと、ハドリアヌスもグランド・ツアーを行なった可能性は高い。そうだとすると、アテナイをめざしたはずだ。アテナイに行った証拠はないが、ギリシア文化を愛する少年が（すくなくとも大人になってから）初めて訪れた遊学のチャンスを逃さず、プラトンのアカデメイアを逍遥する姿を想像するのは楽しい。きっと、まっさきにアテナイに行って、かつてアイスキュロスやソフォクレスやエウリピデスが初演された大野外劇場に行き、観客に混じって劇を鑑賞したことだろう。そして、パルテノンに上って、巨大な処女神アテナ・パルテノス像をまえに祈りを捧げたことだろう。ちなみに、象牙と黄金でできたアテナ・パルテノス像は、さかのぼること五世紀以上まえに町の守護神をかたどって彫刻家のフェイディアスが作ったものだ。

帝国の政治と軍事に深くかかわっている一族の一員として、ハドリアヌスは政治の実態を詳しく知りえる環境にいた。元老院議員の息子であるということは、当然の権利として、自分も元老院議員になることを意味していた。立会人として元老院の会議に出席する資格はすでに与えられていた。さらに重要なことには、有力な政治家や雄弁家の書生をすることで、統治の仕組みについて実務的な知識を得ることができた。誰の書生になったのかは記録に残っていないが、ルキウス・リキニウス・スラが有力視されている。(2) 彼もヒスパニア系で、タッラコ（今日のタラゴナ）という北部の港町の出身だ。トラヤヌスの親友だったので、ハドリアヌスも幼いころから面識があったはずだ。

ところで、スラに関する当時のホロスコープが残っている。それによると、彼はあまり感じのよい人物ではなかったようだ。いかに複雑な数学的計算に基づいているとはいえ、占いには対象人物に対する世評が反映される。星の運行を読み解くといっても、占星術の実態は依頼者がすでに知っていることを追認して安心させることにほかならなかった。

［出生時に］このような星の配列を有している［人物］は特別な運命をもっている、［先祖も］たいへんな著名人ばかり、権威ある人物、そして多くの人々を裁く人物、そしてたいへん裕福……しかし、不公平で正義には程遠い……きわめて特別な運命の持ち主……そして、女性との交際には無関心で男性との関係に貪欲で……［双子座の］月が満ちるにつれ［天秤座の］土星と［水瓶座の］木星と三角形の星位を形成し、幸福できわめて裕福な［主題］を奏でる、父祖の地に多くの支援と恵みをもたらした人物。(3)

この文章で興味深いのは、スラもトラヤヌスと同様に男色を好んだと書かれている点だ。性的な趣味を同じくする人々が親しく集う同好会のようなものがあったのかもしれない。スラは有能な軍司令官であると同時に、文人としても有名だった。友人のマルティアリスは、スラのラテン語の文体はオールド・ファッションだと評し、「きみの古風な言葉遣いは威厳に満ちたわれわれの祖先のそれを想起させる」(4) と書いている。スラはハドリアヌスに過去のラテン作家の作品を読むよう勧めただろうし、すくなくともそれらの作家を大いに称賛したことだろう。青年の文学的嗜好に大きな影響を与えたはずだ。

実務訓練と観察を通して、ハドリアヌスには帝国がどのように機能しているのかがわかってきた。人々は相互扶助の巨大なピラミッドを形成していた。有力なローマ市民はパトロヌス（保護者）となり、ローマやイタリアは言うに及ばず地中海沿岸の広大な地域に点在する数百から数千のクリエンテス（被護民）をかかえていた。

パトロヌスはクリエンテスの利益を守った。食糧や金銭、場合によっては土地までも与え、彼らが法的なトラブルに巻き込まれれば弁護した。その代償として、選挙のときに投票したり、あらゆる種類の奉仕をするなど、クリエンテスには可能なかぎりパトロヌスを助けることが求められた。ローマでは、クリエンテスは毎朝パトロヌスの屋敷に顔を出し、いっしょにフォルムに歩いていくのが日課だった。

パトロヌスとクリエンテスの関係は法律で決められたものではなかったが、厳然たる暗黙の了解があった。各パトロヌスは父から子へと代々クリエンテスのリストを受け継いだ。誰かが奴隷を解放すると、その解放奴隷は自動的に元の主のクリエンテスになった。ハドリアヌスも父親から長大なクリエンテスのリストを相続していた。バエティカ訪問は、イタリカやその周辺に居住する多数のクリエンテスにみずからをパトロヌスとして認知させる狙いがあった。

クリエンテスは複数のパトロヌスに仕えることができたし、場合によってはパトロヌス自身がほかのパトロヌスのクリエンテスだった。この互助システムは社会階級を縦断すると同時に、ローマ市民を属州の人々と直接結びつける役割も果たしていた。最大のパトロヌスは皇帝で、彼はこのシステムを通して忠誠心と協力を担保していた。移動にたいへんな時間がかかり、各地方の行政システムも一様ではなく、法的な損害賠償も不完全だった時代にあって、このシステムは情報伝達という観点からもきわめて信頼性の高いネットワークだった。このシステムがあったからこそ、高度な国際貿易と金融が成り立ち、政治的安定が実現できたのだ。

大半の男女はきわめて貧しく、自分の属するごく限られたコミュニティのことしか知らなかった。小規模の自作農もいたが、雇用され、あるいは奴隷として他人の畑を耕す者も多かった。ほとんどの農民は生きていくのに必要な量を収穫するので精一杯だった。いっぽう、中規模農園は収量も多く、相当数の農園主が管理人を雇っていた。基本的に農民の生活は厳しく過酷だった。あるイタリアの農園でひとりの管理人が死んだとき――その管理人自身、奴隷だった――、労働者たちは死を悼み、金を出し合って墓石を購入した。なぜなら、幸運なことにその管理人の「命令のしかたは高飛車ではなかった」[5]からだ。推して知るべし、である。

都市に住む普通の人々の生活も大差はなかった。多くは失業者か、パートタイマーだった。エジプトやシチリアからローマの需要を賄うのに十分な量の小麦を輸入するために、歴代皇帝はつねに頭を悩ませなければならなかった。小麦の価格は厳しく統制され、困窮家庭には無料で配給された。やがて、配給は小麦以外の物資や現金でも行なわれるようになった。就労者の多くは、奴隷であれ解放奴隷であれ、サービス業か手工業にたずさわっていた。帝政期初期の墓石からは実にさまざまな職業形態がうかがえる[6]。さぞや多種多様な人々がローマの街路を行き交い、軒を連ねるファストフード店で軽食をとったりしていたことだろう。

運と才覚をもった人々は秘書やメイドや富裕層を相手にした床屋などになった。度胸があり、巡り合わせにも恵まれた男たちのなかには、社会的・政治的な成功をおさめる者もいた。たとえば、ティベリウス・クラウディウス・ゾシムス。解放奴隷だった彼は猜疑心の強いドミティアヌス帝の主席毒見役人にまで登りつめた。生き馬の目を抜く宮廷政治の世界になじめない人々は商売人になった。塩漬けの魚とムーア・ワインを商っていた商人の墓碑が見つかっている。そこには、部下の解放奴隷たちとともに歩んできた自分の人生を回顧した文章が刻まれている。皮なめし・製造業者のルキウス・カエリウスの墓碑からは、彼が六十一歳という当時としてはたいへんな長寿をまっとうしたことがわかる。女性の墓碑は少ない。女性たちの代表的な職業は乳母、針子、産婆だった。墓碑に刻まれた職業は、刀鍛冶、錠前師、織物・皮革商人、材木商や大理石業者、陶工、文学教師、異民族言語の通訳、船の舵手、金細工職人、銀行家など多彩で、工業化されるまえの社会における職業の実態を知ることができる。

多くの解放奴隷が帝国全土をカバーする銀行業を営んでいた。信用貸しのシステムが確立していたから、金貸しは確実な商売だった。通常は、短期のつなぎ資金融資が行なわれた。信用状を利用すれば、旅行者も旅先で必要なときに現金を引き出すことができた。大きな融資が必要な場合は、資産家同士が融通しあった。セネカは「愛すべき家族、立派な家、多くの農地をもち、多額の貸付けをしている(7)」のが好ましい人物であると定義している。

まっすぐな道路を建設して帝国全土に街道網を張り巡らせたのは軍隊の移動と駅伝制度の整備が目的だったが、街道は貿易商たちも自由に通行することができた。もっとも、陸送はきわめて経費と時間がかかり、短距離の輸送であっても利益が見込めなかった。かさ高の商品の輸送はいっそう高くついた。反対に、海運は圧倒的に安価だったが、危険であり、冬季にはまったく航行ができなくなった。

ローマ帝国の支配下で約六〇〇〇万人の男女が生活していたと推定されている。そのうち、統治に参画していたのはほんのひと握りだった。行政官としてのハドリアヌスについて語るまえに、ここで、一世紀末のローマの政治状況を確認しておこう。今を知るには、まず過去を知らなければならない。

前七五三年の伝説上の建国以来六世紀間、ローマはたいへんユニークな、しかも驚くほど機能的な政治システムを編み出して、国を運営してきた。それは、平民《プレブス》階級と貴族階級のあいだの長きにわたる確執の産物だった。市民階級の成人男性が会議で法律を決めると同時に、行政官と軍の要職を兼ねた公職者を選出するという、形式上はきわめて民主的なシステムだ。法律上は市民なら誰でも立候補できた。しかし、ごくまれに〝新人〟が選ばれることもあったが、基本的には由緒正しいひと握りの名門貴族でなければ当選の可能性はなかった。上級公職者はインペリウムと呼ばれる強大な権力を有していた。しかし、公職の任期は通常一年だったため、当初は現職の公職者と公職経験者からなる諮問機関でしかなかった元老院が時とともに権力を拡大していった。

　ローマはもともと君主政だったが、王は廃絶させられ、共和政になった。共和政を実現したローマ人たちは、たったひとりの人間が国家を好き勝手にできるようなことが二度とあってはならないと固く心に決めていた。そこで、一人の統治者の代わりに二人の執政官《コンスル》をおくことにした。執政官のもと、ローマ本国と属州の財政を管理する財務官《クアエストル》や法務官など、さまざまな上級公職者がピラミッド式に組織された。それぞれの役職は複数制で、ある公職者が行なった決定に対しては、同職の公職者なら誰でも拒否権を行使することができた。また、十人の護民官が国家から平民の利益を保護する役割を果たした。彼らはすべての公職者の決定に拒否権を行使することができた。護民官の身体は不可侵だった。また、元老院の開催を要求したり、民会に法案を提出し、それが可決されれば法律を作ることもできた。

　四、五年ごとに、執政官経験者のなかから監察官が二人、選挙で選ばれた。監察官は風紀の取締りにあたり、ローマ市民の原簿を検査した。また、元老院議員の素行を調査し、問題行動が発覚すれば免職した。

　これだけ複雑な権力分散型のチェック体制が敷かれてしまうと、何事をするにも、大勢の人々の関与と協力が必要になった。前一世紀末、巨大な帝国を統治するには、このような手間のかかる政治システムはすでに機能しなくなっていた。政治家たちの内輪もめは白熱するいっぽうだった。

誇り高き常勝軍団の兵士たちは、任期が満了し退役したら農民として生活の糧を稼げるように、小さくてもいいから土地を所有したいと考えていた。しかし、偏狭な元老院は退役軍人らに土地を与えることには消極的だった。だから、歴代の将軍たちは軍事力をちらつかせ、時には力ずくで土地を解放させた。

共和政下、有能で毅然とした武人たちは異端とされ、嘲笑の的にさえなった。そんな武人たちのうちの最後の将軍がユリウス・カエサルだった。彼は前四九年から前三一年まで相次ぐ内戦を戦い抜き、大甥にして養子のガイウス・オクタウィウス（のちの初代皇帝）に次代を託して死んだ。

その優れた才能と、二十年に及ぶ内戦に終止符を打って平和をもたらした功績を称えて、オクタウィウスには元老院から「崇高なる者」を意味するアウグストゥスという称号が与えられた。誰もが彼に感謝した。しかし、政治の世界では感謝の念などあっという間に霧散してしまう。いつのまにか、政治家たちは以前のように闘争に明け暮れるようになっていた。それに気づいたアウグストゥスは「共和政を復興させつつ」権力を掌握する方法を模索した。そうしなければ、養父と同じ運命をたどる危険があったからだ。カエサルは元老院の会議中に同僚議員たちに襲われて死んだのだった。史上最も有名な殺人事件だ。

アウグストゥスはこの難問をみごとに解決してみせた。手始めに、形式だけの共和政を復活させた。かつてのように貴族たちはそれぞれ執政官をはじめとする役職に就くことができ、おおいに満足した。いっぽう、彼自身は巧妙にもプリンケプス（第一の市民）の肩書きを名のりつづけた。自分は平等な市民のひとりにすぎない、という意思表示だ。

つぎに、アウグストゥスはいわゆるメガ属州、つまり既存のヒスパニア、ガリア、シリアの属州を合わせた広大な領土の統治権を手に入れた。そこにはローマ軍団の大部分が駐屯していたが、これはもちろん偶然ではない。アウグストゥスはこのようにして実質的に軍事力を独占することに成功した。彼はそれぞれの属州に代理の総督《レガテス》をおき、自分の代わりに属州を運営させた。いっぽう、残りの属州については、慣例に従って元老院が法務官経験者《プロプラエトル》や執政官経験者《プロコンスル》のなかから総督を任命した。しかし、アウグストゥスは最高命令権《インペリウム・マユス》を手放さなかったので、必要とあれば属州総督たちを思い通りに動かすことができた。

アウグストゥスには護民官職権も与えられた。これは負担の軽い無任所の役職だったが、護民官としてのすべての権限を行使することができた。護民官である以上、彼の身体は不可侵であり、彼に暴行を加えることは重大な禁忌を犯すことと同義だった。

彼が編み出した統治の仕組みは大きな成功をおさめた。保守層には〝真の〟共和政に戻すべきだと考える隠れた抵抗勢力が若干はあったものの、上流階級の大多数は協力的だった。アウグストゥスが構造改革した政治機構は長続きした。その後何度か手直しをされながらも、若きハドリアヌスが政治の世界に足を踏み入れた百年後、まだ健在だった。

ただ、大きく異なっている点がひとつあった。最近の研究によれば、アウグストゥスのシステムは、巧妙に隠されているとはいえ、軍事力による脅威によって支えられていた。ただ建前上は、皇帝は余人と同じく一介の元老院議員にすぎず、たまたまより大きな権力をもっている、ということになっていた。しかし、時代を経るにつれ、この建前はしだいに姿を消した。独裁であることは否定のしようのない事実だったからだ。もっとも、上流階級の人々は独裁者があまり図に乗らず、自分たちに最低限の敬意さえ払ってくれさえすればよいと考えていた。歴代皇帝のなかには、このような彼らの意向を尊重する者もいれば、しない者もいた。

政治に参加する外地（イタリア本土外）の人々、すなわち、属州の裕福な名士たちはしだいに数を増していった。元老院議員になった属州出身者はアエリウス氏とウルピウス氏だけではなかった。

共和政末期まで、公職に選任された人々はイタリア人がほとんどだった。しかし、前四〇年代、ユリウス・カエサルが採用基準を緩和した。外地で生まれた初めての皇帝、クラウディウス（在位四一―五四年）は、元老院には「すべての植民市と自治市の精華」[8]が含まれなければならないという身分規定を正式に承認した。

もっとも、初期の皇帝たちはカエサルの規定をあまり積極的に実行しようとはしなかった。しかし、一世紀も後半になると状況は一変し、多くの属州出身者が高位の公職につくようになった。五六年には、初めてギリシア人がエジプト属州総督という重要ポストに任命された。高名な宮廷占星術師のティベリウス・クラウディウス・バルビルスだ。赴任中にエジプト各地を旅し、旅行記を書いている。ハドリアヌスが生まれるころまでには、元老院の議員構成は帝国の状況を反映し、大きく変わっていた。六〇〇人の定員の約十七パーセントが外地出身だったと推定されている[9]。完全にローマ化されていたガリア南部とヒスパニア南部の属州から登用された人々だ。そのなかには、もちろんハドリアヌスの父もいた。大半が本土からの移住者を祖先にもつイタリア系だったが、このころ初めて生粋のギリシア人が二人、元老院議員に選ばれた。

元老院のすぐ下の身分は騎士階級《エクイテス》と呼ばれる。当初、騎士階級は騎馬の戦士《エクエス》として軍務に就いていた富裕層の市民たちを指した。しかし、のちには実業家や地方の名士も含まれるようになった。この身分の最低獲得資格は四〇万セステルティウスの現金、またはそれに相当する資産を有することだった。元老院議員になるには一〇〇万セステルティウス必要だったので、その半分以下だったわけだ。騎士は結社を作って、国税徴収業務を請け負っていた。しかし、当時、属州の地方都市では、市政府がこの業務を引き継ぐようになっていた。その結果、騎士は中央政府で仕事をするようになった。どんどん拡大していく官僚組織を機能させるために、アウグストゥスの時代から歴代皇帝は解放奴隷を重用してきた。解放奴隷たちは団結して一定の政治力をもつことはなかったので、自分の主に忠実であるよりほかに選択肢がなかった。もともと立場が弱いうえに、高給を食むようになると金遣いが荒くなり、派手な生活をしはじめたので、皇帝府で働く解放奴隷に対する人々の反感はどんどん高まり、とうとう危険水域に達した。そこで、皇帝たちは解放奴隷にかえて騎士たちを登用するようになった。彼らも政治的影響力はほとんどもたなかったが、解放奴隷との顕著な違いは、彼らがもともとローマ市民に敬意をもって受け入れられた存在だったということだ。

時を同じくして、帝国各地の協力的な有力者たちはローマ市民権を与えられ、公職にも就くようになっていた。これは、ローマ人たちがイタリア中部で近隣の土着部族を征服して勢力を拡大した太古にまでさかのぼる、古くからのやり方だった。ローマ人たちは打ち負かした相手を積極的に受け入れ、敵を自分たちの陣営に取り込むという手法をとっていた。ある者には数々の特権を有する完全な市民権を、ある者にはそれより権利が限定されたラテン市民権を与えた。

地中海沿岸全域に版図を広げたローマ人たちも、この昔ながらの手法を用いた。その結果、イタリア人の遺伝子をまったくもたない属州出身者たちがどんどん市民権を獲得した。そのおかげで、もしそのような手法をとらなければ占領軍に対して反抗的だったであろう人々が共通の利益を求めて団結した。いまや、帝国は一種の巨大多国籍企業のようなものになっていた。新たに市民権を獲得した人々のあいだでは、自分に市民権を与えてくれた政治家の氏族名を自分の名前に付け加える慣習があった。たとえば、ラコの息子でエウリュクレスの孫であるコリントス人で、自分のギリシア名にガイウス・ユリウスという名前を付け加えた人がいれば、それはユリウス・カエサルまたはアウグストゥスに市民権を与えられたのだとわかる。中東の出身で、ローマ中央政府で上級の公職に就き、ギリシア本土のアカイア属州総督までつとめた人物も、同じようにガイウス・ユリウス・セウェルスという名前をもっていた。彼は自分が由緒正しき中東の「王たちと属王たちの血」を引いていることを、いたく誇りに思っていた。このように、名前ほど個人の氏素性を雄弁に表すものはない。帝国のどこに行っても、それなりの地位にある人はみなラテン名をもっていた。ローマの支配が津々浦々にまで行き渡っていた証拠だ。

アントニウス・クレオパトラ連合軍に勝利したあと、アウグストゥスが築いた長い平和の時代、いわゆるパクス・ロマーナは一世紀経ってもすこしも揺るがなかった。しかし、だまされてはいけない。ローマ人たちは基本的に戦争好きだ。共和政のはじめからずっとローマはほぼ間断なく戦争をしている。すでに述べたように、政治家は軍司令官でもあった。ローマ人は個人の武勇と国家の軍事力に大きな価値をおいていた。

建前上、元老院は侵略戦争には反対した。しかし、どんな場合でも、お誂え向きの開戦理由をでっちあげるのは、それほど難しいことではなかった。そして、いったん戦場に繰り出せば、軍団兵たちはやりたい放題だった。辺境ブリタンニアに、帝国軍人たちの冷酷非道な振舞いの一端を赤裸々に描写する文献が残っている。

ブリタンニアは四三年に占領され、属州化されたが、開戦当初、ローマ軍はイングランドとウェールズの一部しか征服できなかった。何十年にも及ぶ幾多の戦闘を経て、やっと、最北部を除く島の大半がローマの支配下におかれるようになった。ハドリアヌスの年長の同時代人であるプブリウス・コルネリウス・タキトゥスはローマの最も偉大な歴史家のひとりで、愛国心が篤いことで知られるが、敵側の視点で見ることもできる人物だった。ブリタンニア遠征に参加した義父グナエウス・ユリウス・アグリコラの伝記の中に、カレドニアのリーダーであるカルガクスによる激しい演説がある。この熱情あふれる一節から、公言はしていなかったにせよ、タキトゥス自身もカルガクスの感情を共有していたことがわかる。ローマの帝国主義に対する痛烈な批判であり、今日でもそのまま通用する警告だ。

世界の強奪者［ローマ人たちのこと］は見境なく国土を荒らしつくすと、今度は海まで荒らしはじめた……金持ちだけでなく貧乏人まで襲おうとする点では、彼らはほかに類を見ない。強奪、虐殺、搾取――これを偽善者たちは帝国と呼ぶ。荒廃を招き、これを平和と呼ぶ。

ラテン語の原文では、ubi solitudinem faciunt, pacem appellant（荒廃を招き、これを平和と呼ぶ）と書かれている。実に忘れがたい一文だ。

第四章　帝国の危機

ハドリアヌスの誕生に先立つこと数年まえの六八年、ネロ帝を襲った悲劇が新しい時代の幕を開けた。属州の将軍たちが起こした反乱のため、三十二歳という若さで自殺したのだ。これにより彼の曽々祖父であるアウグストゥスが開いた王朝は断絶した。ほとんどのローマ市民にとって、ネロは悪帝の見本のようなものだった。母親を殺し、元老院の権限を縮小し、ローマに火をつけた――ただし、これは濡れ衣――からだ。しかも、詩や芸術に対する執着を隠そうとしなかった。これは不健全な、反ローマ的な資質だと見なされた。先祖伝来の質実剛健の美徳はいったいどこにいってしまったのか、というわけだ。

もっとも、ギリシア好きの人々のあいだでは、ネロは殉教者として崇められ、彼への思慕の念は長いあいだ色褪せることなく生きつづけた。ネロの伝記を書いたガイウス・スエトニウス・トランクィッルスは述べている――「長いこと、彼の墓に春の花、夏の花を供える人々が絶えなかった。彼らはネロの像を作り、房飾りのついたトーガを着せ、フォルムの演説者用の演台においた」[1]。当時の著名な評論家のひとりは「今でもみな［ネロが］生きていればいいのに、と思っている。そして、ほんとうに生きていると思っている人間はたくさんいる」[2]と記している。実は、ギリシア東部ではネロの名を騙った男たちが何人も現われ、ときおりちょっとした騒動を起こしていた。

どうしてこんなに長いあいだ人気があったかというと、理由は明白だ。弱冠十七歳で帝位についたネロは、一世代のちのハドリアヌスと同様に、たいへんなグラエクルス（ギリシアっ子）だった。子どものときから芸術に興味があり、すらすらと詩を書いたりもした。珍しいことに、きちんとした音楽教育も受けていた。大人になってからも本気で偉大な詩人、音楽家、役者になろうと考えていた。彼の美学とスポーツに対する強い関心は基本的にギリシア的なものに限られていた。五輪発祥の地であるオリュンピアで競技用戦車に乗ったり、ネロニアというギリシア風の競技祭を創設したりした。ネロニア祭では、音楽家、雄弁家、詩人、運動家が賞を争い、競い合った。また、ギリシアを訪れた際には音楽や文学、演劇のコンクールにも参加している。

ネロは「ギリシア人以外を相手に努力するのは無駄だ。彼らだけが心から音楽に耳を傾ける」[3]と言い切ったことさえある。彼のギリシア熱は芸術分野に限定されず、政治的な判断にも大きな影響を与えた。二回行なわれたギリシア訪問のうちの一回目の訪問（おそらく六七年）の際、属州アカイア、すなわち、ギリシア本土から北部のマケドニアにいたる広大な地方を解放するという驚くべき決断をしている。

ネロはこの決断をいかにも稚拙で仰々しい言い方で発表した。演説は逐一記録され、大理石の柱に刻まれたので全文が残っているのだが、こんなふうに言い放ったのだ――「過去の指導者たちは市単位で解放したが、ネロだけが属州をまるごと解放した」[4]。ギリシア人たちは歓喜した。しかし、批判的な人々は、ネロはその功績によって生まれ変わることができるだろうが、来世では腹黒い毒蛇よりもむしろ滑稽な歌う蛙になるだろう、と皮肉った[5]。もっとも、この大盤振舞いは長くは続かなかった。あとを継いだ皇帝がただちに解放令を撤回したからだ。

ハドリアヌスがネロをどのように評価していたかは不明だ。しかし、ギリシア・ローマの歴史の勉強をするうちに、ギリシア文化を復権させてペリクレスやプラトンの末裔たちをローマ人とほぼ同等の地位につけようとしたネロの試みを知り、きっと共感を覚えたにちがいない。後年、自分がそれを実現できる立場になったとき、ハドリアヌスは躊躇せずに実行した。

ハドリアヌスの生まれる数年まえ、さらに二つの重大な事件が起きている。この二つの事件は彼と彼の時代の人々にはかり知れない影響を与えることになった。ひとつは、ネロの治世末期に起きた軍事的な危機で、半世紀後、ハドリアヌスはこの事件のことを繰り返し思い出させられることになる。

六六年にユダヤで起きたローマに対する反乱だ。

被征服民族のなかでも、ユダヤ人はつねに最も扱いにくく、厄介きわまりない民族だった。だから、皇帝たちもどのように対応したらいいのか決めかね、寛容と圧力のあいだをその場しのぎで揺れ動いていた。ある時は、ヘロデ大王のような属王を通して間接的に統治した。ある時は、属州として直接統治した。四八年に実施された人口調査によると、帝国の約六〇〇〇万人の人口のうち、六九四万四〇〇〇人がユダヤ人だった。このなかに、〝バビロニアの捕囚〟で捕らえられた何千人ものユダヤ人と、ペルシア領内のユダヤ人は含まれていない。おそらく、ユダヤとその周辺地域のユダヤ人は二五〇万人ほどで、多くはローマや属州、とりわけ東方の属州に住んでいた。たとえば、出エジプトの逆コースをたどった百万人のユダヤ人がエジプトで生活していた。経済的重要度でも、ギリシア文化の研究拠点としても、アレクサンドリアは首都ローマに次ぐ第二の都市だった。そのアレクサンドリアでは、五地区のうち二地区においてユダヤ人が過半数を占めていた。人口の一〇パーセントを占めるユダヤ人は数的に無視できない存在だった。[6]

東方の属州に住むディアスポラ〔離散ユダヤ人〕の多くは他の住民たちと同様にみずから進んでギリシア化した。しかし、同化の過程で深刻な問題も多数発生した。彼らは目に見えない唯一神を信じていたから、上流階級のローマ人やギリシア化された隣人たちが信仰する多神教を公然と拒否した。にもかかわらず、皇帝は彼らの信教を尊重し、皇帝健勝祈願の供犠義務もしばしば免除し、信仰の自由を認めて軍務も免じた。そのうえ、ヘロデ大王が再建した壮麗な神殿の維持補修のために年貢をローマではなくエルサレムに送ったり、皇帝の顔ではなく好きな像を刻印して硬貨を鋳造する権利も与えていた。

寛容政策がとられていても、一般の人々がユダヤ人に対して寛容だったかというと、そうではない。帝国の大半の市民にとって、一神教は一種の無神論に見えた。ユダヤ人のあまりの頑なさには、ある意味で感心すると同時に、軽蔑と不信感も覚えずにはいられなかった。タキトゥスはこのあたりの市民感情がよく見てとれる記述を残している(7)。間違った説明や根拠のない偏見も見られるが、同時にタキトゥスが深い洞察力をもっていたことがわかる記述だ。彼はモーセの出エジプトについて、「ある国［カナンのこと］を侵略し、先住者たちを追い出した」と述べた。つまり、これこそ民族浄化の初期の一例にほかならないと冷厳に断じているのだ。

歴史家たちはこぞってユダヤ人の悪習を書き連ねたが、ユダヤ人に対する嫌悪感の真の理由を理解できる者はほとんどいなかった。タキトゥスはユダヤ人が豚肉を食べず、火葬ではなく土葬をし、非ユダヤ人との性交を行なわないと指摘している。彼によると、最悪なのは、「放浪の歴史に終止符を打てるよう」神殿にロバの像を建てるという風習――判明しているかぎり、そのような事実はない――だった。

実は、根底には二つの根本的な問題が横たわっていた。ユダヤ人にとって、ローマの帝国主義とギリシア的価値観はどうしても受け入れがたいものだった。選ばれた民であるという自意識と、絶対に他を受け入れない信仰や習慣は、信仰熱心なユダヤ人たちを敵対的ナショナリズムへ駆り立てた。その結果、ローマ帝国の一員となることを困難に、あるいは不可能にしていた。

古来より、ギリシア人であることの証として象徴的なのがギュムナシオン（運動場）とパライストラ

（レスリング場）の存在だ。ここで、男たちは大人も子どもも全裸で運動した。ちなみに、ギュムナシオンは「裸」を指すギリシア語、「ギュムノス」に由来する。走ったり、飛んだり、跳ねたり、ボクシングやレスリングをしたり、二人でタグを組んで試合をすることもあった。あまり激しい運動をしたくなければ屋内で球技をした。ギリシア人にとって、全裸になるのは当たり前のことだったが、亀頭、つまりペニスの先端まで剝きだし、人目にさらすことはタブーだった。そのため、ギリシア人は割礼に強い嫌悪感を覚えた。

運動はギリシア化されたユダヤ人にとっては大問題だった。イスラエルの歴史が始まって以来、ユダヤ人は冷厳非情な唯一神との歴史的契約を守り、その目に見える証として割礼の重要性を強く説いてきた。歴史家のヨセフスによると、早くも前二世紀には、ギリシア化したユダヤ人たちは「裸になったときでさえギリシア人に見えるように性器に施された割礼を隠した。そして、自分たちの国の風習をことごとく排除し、ほかの民族のしきたりをまねた」(8)と述べている。

割礼を隠すといっても、それは簡単にできることではなかった。生まれてすぐに包皮を切り取られてしまっているので、なんらかの方法でそれを再建しなければならなかった。それは手術で可能だった。残った包皮にメスでぐるりと切込みを入れ、いったんペニスの根元までめくりあげたうえで、ぐいと引っぱり、亀頭を包み込むのだ。炎症や感染の危険性は高かった。あるいは、あまり気の進まないやり方ではあるが、手術によらない方法もあった。残った表皮に重りをつけ、亀頭まで少しずつ皮膚を伸ばすという方法だ。

いっぽう、ギリシア化されていないユダヤ教徒は改革や妥協には徹底的に抵抗した。彼らは言った――「豚を育てる男と同じく、息子にギリシアの知恵を教える者は呪われるべし」(9)。ポール・ジョンソンはそのへんの事情をつぎのように総括している。

ローマの支配に対するユダヤの大反乱は、宗教的ナショナリズムに煽られた植民地の人々の暴動としてだけでなく、ユダヤ人とギリシア人のあいだの民族的、文化的軋轢として捉えるべきだ。外国嫌いと反ギリシアはユダヤ文学の顕著な特徴だが……同義語のようなものだった。[10]

ハドリアヌスがユダヤ教をどのように考えていたかについては記録がない。しかし、根っからのギリシア好きであったことを考えれば、この厄介なコミュニティを蔑視していたことは間違いないだろう。帝国において、唯一、ギリシア的な思想に基づいた世界観を受け入れないことをみずからのイデオロギーとし、公然とローマの支配に反抗する民族だったからだ。

エルサレムはみごとな町だった。今日の旧市街よりも大きく、人口はおそらく一〇万人ほどだった。[11] 遠くから見た旅行者が雪をいただいた山の頂と見間違えることで有名だった。[12] というのも、二つの丘の頂上にまたがって建設されたエルサレムはまばゆいばかりの白大理石で作られた壁に囲まれていたからだ。高々とそびえ立つ真の唯一神へ捧げられた神殿は陽光にきらめく金銀細工で飾り立てられていたから、天気のよい日にはまぶしくて正視できないほどだった。

神殿は高台の上に建設されていた。重厚なアーチ天井を連ねた構造で、周囲一キロ半以上に及ぶ一四ヘクタールの広大な長方形の敷地を占めていた。周りにはギリシア式の二列柱廊がめぐらされ、中央には小塔つきの壁でできた高い建物が屹立していた。この建物にはユダヤ人しか入ることが許されていなかった。一角には女性用の中庭もあり、そこから伸びる階段を上がり、アーチをくぐると男性用のエリアに行けるようになっていた。そこでは、大祭壇における供儀を見学することができた。高さが三〇メートルもある壮麗な要塞構造の神殿は、その後方に建っていた。正面のエントランスは大きくて立派だった。黄金の扉には青や真紅や紫の糸で刺繍を施した亜麻布のバビロニア製タペストリーが掛けられていた。

〝聖所〟はその中にあった。広々とした内部には、三つの高価な芸術作品が安置されていた。七枝の燭台と聖卓と香を炊くための祭壇だ。七つの灯火は惑星を、聖卓の上におかれた十二個のパンは十二宮図を表していた。そして、祭壇に捧げられた十三種の芳しい香料は、すべての物は神の所有物であり、神のためにあることを意味していた。奥の間は四・五メートル四方の照明のない部屋で、玄関に掛けられていたのと同じようなタペストリーで仕切られていた。ヨセフスによると、

ここにはなにもなかった。近づくこともできず、冒すこともできず、誰にも見ることができない。それが〝神聖中の神聖〟と呼ばれるものの正体だった。(13)

旧神殿は前六世紀にユダヤ人がバビロンに連行されたときに破壊されてしまったが、彼らの帰国と同時に再建された。その後、アウグストゥスがギリシア化された属王のヘロデ大王をユダヤ国王に据えると、彼はこの神殿を大々的に拡張して建て直した。古代世界における最大級の建造物のひとつで、六〇年代当時はちょうど新神殿の建築が最終段階に入ったところだった。

そのころ、ユダヤは不安定な状況におかれていた。経済基盤は脆弱で、富裕層と貧困層のあいだの緊張が高まっていた。政治的に立場の違うグループが真っ向から対立し、セクト間の宗教的摩擦も激しかった。おもなセクトは、神殿を独占的に運営していたサドカイ派、「カエサルのものはカエサルに返す」べきと主張するパリサイ派、そして禁欲的なエッセネ派だった。エッセネ派は、世界の終末は近づいていて、イスラエルは好戦的な救世主メシアによって暴君から救われる、と信じていた。

ユダヤは小さな属州だったので、ローマは管理官クラスの三流の、つまり無能な人物しか送り込まなかった。そこに、カエサレアという町の市民権論争が引き金となり騒乱が起きた。治安維持のための強行策が事態をますます悪化させた。五月か六月、神殿の若い祭司長（大祭司に次ぐ高位の祭司）が皇帝健勝祈願のための定期的な供犠をやめるよう当局に申し入れた。それをきっかけに、敵対する派閥間の抗争が勃発し、ローマとの戦争は回避したいと考えていた指導者たちが殺されてしまった。そして反乱勢力によって町と神殿は占拠され、駐屯していた一握りのローマ兵たちは虐殺された。

隣接するシリアの属州総督は謀反の報を聞くや、示威行動をとるべきだと考え、軍勢を率いてエルサレムにむけ、行軍を開始した。しかし、何度か中途半端な攻撃を試みただけで、撤退を決意した。高い塀で囲まれた堅固な要塞都市エルサレムを攻略するには、兵力が足りないと判断したのだ。撤退は、反乱軍が猛然と襲いかかってきたので、ほとんど敗走と呼ぶべき惨憺たるものになった。

こうして、バビロンの捕囚以来、ユダヤは初めて自由な国になった。

ローマでは、ネロが苛立っていた。ユダヤ人の反乱は断固制圧する必要があったが、誰にこの大役を任せたらいいのか？　ネロは将軍や属州総督たちを信用していなかった。大規模な軍団を指揮し、大きな勝利を勝ち取れば、帝位に対して野心を抱くようになるにちがいないと思っていたからだ。

ユダヤを奪回できる唯一の男はティトゥス・フラウィウス・ウェスパシアヌスしかいないと、彼は確信した。ウェスパシアヌスはその資格を十二分にもっていた。何よりも、すでに五十八歳であり、栄光に満ちたとは言えないまでも、それなりの成功に彩られた現役生活を終えようとしていた。名門の出身でないこともネロに安心感を与えた。反乱の制圧に成功したとしても、政治的脅威にはなりえないはずだった。

六七年六月、三個軍団を率いたウェスパシアヌスはプトレマイス（現在のアッコ）にいた。軍団のうちのひとつは血気盛んな二十八歳の息子、美丈夫のティトゥスが指揮していた。もうひとつの軍団は、二十年後にハドリアヌスの後見人になるトラヤヌスの父親、マルクス・ウルピウス・トラヤヌスが指揮していた。若きトラヤヌスは当時十四歳ぐらいだったから、父親について遠征に参加していたと思われる。

ウェスパシアヌスはエルサレムにむかって着々と南下した。そして、進路上の町や防衛拠点をひとつずつ着実に攻略し、制圧していった。この時の、ある戦闘でのエピソードを見れば、なぜウルピウス氏のヒスパニア分家が曲者ぞろいの帝国政界で頭角を現すことができたのかが理解できる。[14]

トラヤヌスはジャファという大きな要塞集落を攻略するために、騎兵千名、歩兵二千名とともに派遣された。その集落は攻めにくい場所にあっただけでなく、真新しい二重城壁によって守られていた。しかし、幸運なことに、住人の一部がローマ軍を迎撃するために城外に出てきてくれた。ローマ軍はただちに突撃し、村人たちに襲いかかった。村人たちはたまらず外側の城壁の中に逃げ込んだが、すぐ後ろから追いかけてきたトラヤヌスのローマ兵たちを城壁内に呼び込む形になってしまった。それを見て、内側の城壁の中にいた村人たちがこれ以上敵を侵入させないために門を閉めたので、ローマ兵だけでなく村人たちも門外に取り残された。パニックに陥った村人たちは門に殺到し、門番たちの名前を呼んで、中に入れてくれと懇願した。結局、追いつめられ、逃げ場を失った村人たちはひとり残らず殺された。友に見捨てられ、彼らは戦う気力を失った、とヨセフスは記録している。

トラヤヌスにはジャファがすぐに陥落することがわかったが、さっさと勝利を確定せずに、攻撃を中断した。そして、ウェスパシアヌスに伝令を送り、攻囲戦の仕上げをするためにティトゥスの応援がほしいと伝えた。ティトゥスは救援部隊とともにかけつけ、たちまち村を制圧した。この軍事的な才能と宮廷政治家のそつのなさを兼ね備えた男をウェスパシアヌス父子が高く評価したとしても不思議はない。

ユダヤ制圧作戦は、帝国の未来を大きく方向づけることになる第二の重大事件によって中止された。それは、帝国の津々浦々までもを揺るがす一大事だった。領土全域の安定を脅かす内戦がふたたび勃発したのだ。

六八年、ついにネロの最も恐れていたことが起きてしまった。複数の属州総督が蜂起し、その結果、彼とともにユリウス・クラウディウス朝は断絶した。反撃すれば当面の安定は得られたかもしれないが、いずれ最悪の事態が訪れることは明白だった。元老院からも激しく糾弾され、数人の盟友が支持してくれる以外は四面楚歌という状況のなかで、ネロは都落ちを余儀なくされた。自殺が最良の選択肢だった。追っ手はすぐそこまで迫っていた。しかし、彼には自殺する勇気がなかった。「世界はなんという偉大な芸術家を失わなければならないのか！」[15]と繰り返すばかりだった。結局、誰かが短剣に手を添えて、喉に突き刺すのを手伝ってやらなければならなかった。

アウグストゥス以降の四皇帝はすべて彼の血を引いていたから、そういう意味ではそれぞれが帝位継承権を有していた。カエサル家《ドムス・カエサルム》が断絶した今、誰の目にも明らかな後継者はなく、軍事力をバックに帝位を狙う者がつぎつぎと現われた。十八か月のあいだに、三人の人物が帝位を簒奪しては敗北し、命を失った。帝国軍団の兵士たちはたがいに血で血を洗う戦闘に明け暮れた。ついに、ユダヤで事の成り行きを見守っていたウェスパシアヌスがみずから帝位に就くことを決意した。すぐに彼に忠誠を誓う部隊がローマを制圧し、時の皇帝は殺された。

四人目にして最後の帝位簒奪者、ウェスパシアヌスに張り合おうという者はいなかった。ようやく平和が戻り、みなは安堵した。しかし、この事件はあまり過大評価しないほうがいいかもしれない。ありがたいことに嵐は短期間でおさまったし、アペニン山脈で畑を耕す農夫やナイルの船乗り、アッティカの漁師たちがそれほど影響を受けることはなかったのだから。彼らはいつもどおりの生活を続けていた。とはいえ、莫大な富が浪費され、多くの命が失われたことは事実だ。首都ローマは焼かれ、殺戮の痕跡は神殿の中にさえ残されていた。

ローマ帝政の祖につながる血筋を排除してしまった以上、有能な人物を見極め、帝位の継承を円滑に行なうための、なんらかの方法を確立する必要があった。ローマはそれまでに多くの暴君を生み出していた。ハドリアヌスが大人になったころ、ふたたび政治危機が訪れ、王朝が断絶するという事態が生じる。過去の過ちを繰り返さないために、政界有力者たちには慎重な判断が求められることになるのだが、そのへんはおいおい見ていくことにしよう。

ユダヤ人たちの反乱に話を戻そう。七〇年、みずからの王朝〔フラウィウス朝〕を開くべく海路ローマに乗り込むことにしたウェスパシアヌスは四軍団の指揮をティトゥスに委ねた。この四軍団には、属王たちから提供された派遣部隊と補助部隊が加わっていた。全部で三万から四万人の兵力だ(16)。さらに、ウェスパシアヌスは老練の将軍や政治家たちからなる顧問団《コンシリウム》も作った。軍団司令官としての激務からようやく解放されたばかりのトラヤヌスも参画していたはずだ。ティトゥスは行動力もあり勇敢だったが、軽率なところもあったので、これは賢明な措置だった。

反乱勃発からすでに四年が過ぎ、ユダヤは誇り高き独立国として歩みはじめていた。ユダヤ政府は銀貨や小額銅貨を鋳造した。その硬貨は考古学者たちにより何枚も発掘されている。あるシケル銀貨(17)の表には三つのザクロと「聖都エルサレム」の文字が、裏には聖杯と「イスラエルのシケル・二年」の文字が刻まれている。法廷の常設や貧民のための市葬システムなど、行政も整備されてきた。国家が安定してきた証拠だ。

もっとも、急進派同士の反目は続いていた。エルサレムは分割され、いくつかの対立する勢力がそれぞれの地域を支配していた。しかし、ローマ兵たちが戻ってくると、たがいに不信感を抱きながらも意見の相違はひとまず棚上げし、彼らは一致団結した。そして、巧みな戦術を駆使して攻囲軍を勇猛果敢に迎え撃った。エルサレムの防御体制を偵察しようと馬に乗って繰り出したティトゥスがうっかり城壁に近づきすぎ、突然襲ってきた敵兵たちにあやうく捕まりかける、という事件も起きた。自分を待ち受けている敵がどれほど手ごわいかを思い知らされ、彼はすっかり動揺して陣に戻った。

ざっと見たかぎり、エルサレムは難攻不落に見えた。神殿は、山の手と下町からなる旧市街の城壁は断崖絶壁の上に建設され、東側からは眼下に谷が一望できた。神殿は、それ自体が要塞のようにそびえ立ち、四つの尖塔をもつ巨大な周壁に守られていた。この周壁はヘロデ大王により建設されたもので、彼の友であったマルクス・アントニウスに敬意を表してアントニアと呼ばれていた。

エルサレムの防御のいちばん手薄な部分は市街地を囲む三番目の城壁だった。そこで、ティトゥスはまずそこを攻めることにした。砲兵たちが投石器による絶え間ない援護射撃で城壁上に陣取る守備兵たちを追い払った隙に、城壁破壊部隊は二週間かけて突破口をあけた。反乱軍も態勢を立て直し、反撃してきたが、ローマ兵たちは目のまえの障害をひとつひとつ片付けながら着実に攻め入った。

ついに、ティトゥスは最後の難関にたどりついた。アントニアだ。反乱軍は要塞の中から、ティトゥスが城壁のすぐ近くに建設した何基もの攻城塔の真下まで地下道を掘った。そして、塔の真下に可燃物をおき、坑道の支柱もろとも火をつけて、退却した。塔は炎に包まれてことごとく倒壊した。

ここで、予期せぬ事態が起きた。地下道を掘ったことにより土台が脆《もろ》くなったアントニアが突然ひとりでに崩れ落ちてしまったのだ。反乱軍の死に物狂いの迎撃にもかかわらず、ローマ軍は着実に進攻し、神殿の敷地内をじりじりと進んでいった。両軍とも手当たりしだいに火をつけながら必死に闘った。ついに、ひとりのローマ兵が燃え盛る木片を奥の殿の金ぴかの窓から投げ入れ、戦闘に決着がついた。神聖な調度は略奪され、〝聖所〟と〝神聖の中の神聖〟と呼ばれた最も奥まった一画は灰燼に帰した。

ティトゥスは神殿に残された宝物をすべて運び出させ、兵士たちにも町を焼いて略奪することを許した。タキトゥスはユダヤ人の死体は六〇万体もあったと書いている。これはいくらなんでも多すぎるが、被害者の数が膨大だったことはまちがいない。ティトゥスは〝神聖の中の神聖〟の入り口に掛けられていたタペストリーを取り外し、自分の邸宅に掛けさせた。

そして、焼失した神殿が再建されないことを明示するために、神殿維持の目的で帝国各地のユダヤ人たちが払っていた年貢をローマに新設されたフィスクス・ユダイクス（ユダヤ金庫）に人頭税として徴収することにした。

論功行賞が行なわれた。軍団司令官としての、また、将軍直轄の顧問団のメンバーとしての働きが高く評価され、トラヤヌスはエルサレムの陥落と同時か、その直後に血統貴族《パトリキ》の称号を得た。ヒスパニア系属州出身者にとって、それは輝かしい栄誉だった。パトリキとはローマの最古参の貴族のことで、伝説では、王国時代に設立された元老院の初代議員たちの末裔とされていた。パトリキの身分に取り立てられるということは、皇帝の寵愛を受けていることを意味していた。

とはいえ、ユダヤの抵抗がすぐに止んだわけではなかった。熱心党はしばらくのあいだ砂漠の要塞、マサダに立てこもったが、ローマ軍の執拗な攻囲に耐えかね、集団自決という悲劇的な最期を遂げた。こうして、戦争はようやく終結したのだった。

歴史の見方は立場の違いによって異なる。ローマでは、フォルムへと通じるウィア・サクラ（聖なる道）の突き当たりに凱旋門が建てられた。その門は今でも往時のまま残っている。次のような銘とともに――「父の指示と作戦に従い、父に見守られ、［ティトゥスは］ユダヤ民族を制圧し、エルサレムの町を破壊した。これはありとあらゆる軍人、王、民族が試みるも実現できなかった、あるいは試みることさえしなかったことである」(18)。

いっぽう、帝国内のユダヤ人たちは事態がどうしてここまで大事《おおごと》になってしまったのか理解できないでいた。たとえば、バビロニア・タルムードにこのような一節がある。

どうして最初の神殿が破壊されたのか？　偶像崇拝、淫行、殺戮という三つの罪のためである。しかし、[再建した世代は] トーラー（律法）を学び、戒律を守り、慈悲深い行ないをしたにもかかわらず、どうして第二の神殿も破壊されたのか？　根拠のない憎悪のためである。これは、根拠のない憎悪が三つの罪、すなわち偶像崇拝、淫行、殺戮と同等の重さをもっていることを証明している(19)。

ユダヤ人たちは神の教えを守った。しかし、ヨブのごとく罰を受けつづける。（神の目には自明ながら、人間の目には）不可解なことに、他人の悪意はこちらの善意など打ち砕くほどの力をもっている……と考えたのだ。

第五章　新王朝

ウェスパシアヌスが吝嗇という家の伝統を受け継いでいたことは有名だ。しかし、それは性格的な問題ではなく、おそらく単に経済的に逼迫していたのだろう。ともかく、彼は普通の人のように振舞うのが好きで、下品なジョークが得意だった。公衆便所に対する新税を導入した際に、異議を唱えた息子のティトゥスにむかって、金はにおわない〔便所税として徴収した金だって臭いわけじゃない、の意〕、と応じたと伝えられている。(1) ちなみに、布を漂白するために洗濯業者が尿をほしがったので、公衆便所業は儲かる商売だった。

フラウィウス朝の皇帝たちは統治能力が高かった。新皇帝になってから世の中がよくなったのはウェスパシアヌスが初めてだと、タキトゥスは述べている。ウェスパシアヌスはいわゆる〝四皇帝の年〟の負の遺産であるゲルマニアとブリタンニアにおける暴動を手際よく鎮圧した。増税と生活必需品の供給調整を行ない、内戦とネロの浪費が招いた国庫の巨大赤字を解消した。

ウェスパシアヌスと後続の息子たち（ティトゥス・フラウィウス・ウェスパシアヌスとティトゥス・フラウィウス・ドミティアヌス）は、帝政の祖であるカエサルの一族、とりわけネロとのつながりがないことを示すことに腐心した。

ウェスパシアヌスは上流階級との関係を修復した。その結果、上流階級からは責任感があり信頼のできる人材が多数出てきて、属州の統治や軍の指揮にあたった。たとえ暗黙のものであったとしても、彼らの支持なくしては、ひとり皇帝だけで帝国の統治を行なえないことは過去の経験から明白だった。しかし、忌むべき過去の危険な遺産はしぶとく生き残っていた。元老院にはまだ確固たる抵抗勢力があり、すくなくとも一部の議員は皇帝に非協力的だった。

ここに、ひとりの高潔で聡明で完璧な人間がいたとしよう。もし息子が目の前で溺れたら、彼はもちろん助けるために何でもするだろう。しかし、ありとあらゆる手を尽くしたにもかかわらず、もし助けられなかったとしたら、彼は苦しんだり嘆いたりすることなく現実を受け入れるだろう。そうすれば、彼の幸福は傷つかない。

このような現実認識を、ほとんどの現代人は絶対に受け入れられないだろう。しかし、ストア主義の真髄をひとつの例に集約すると、こうなる。ローマのエリート層は伝統的にこのような思想を身につけていた。アテナイのストア・ポイキレ（彩色回廊）で前四世紀末に学園を開設したキティオンのゼノンにより生み出されたことから、このように呼ばれている。ストア・ポイキレは中央広場《アゴラ》に北接する屋根つきの柱廊だ。木製の壁にはアテナイ史上の重大事件が時系列で描かれていたので、教師が生徒に講義をするには格好の場所だった。

ストア主義では、宇宙は神の息により魂を吹き込まれた物質で成り立っていた。ハドリアヌスが若かったころに書かれた聖ヨハネの福音書にも言及されているように、神の創造力をもつ火（あるいは暖気）はギリシア語でロゴス（言葉）と呼ばれていた。ロゴスは宇宙を合理的で合目的的な総体として形造ったので、個人の意思など取るに足らない、と考えられていた。

よき人生を送り、幸福を手に入れるには、このエネルギーと秩序の原則とうまく折り合いをつけつつ生きなければならない。健康、富、友情、家族など、人生において人々が普通に望むものは重大な価値をもっているが、ロゴスの命令には逆らえない。なぜならロゴスは決して誤謬をおかさないからだ。不運に思えることも、コスモス（完全体系＝宇宙）の視点から見ればそうではない。だから、不運も前向きに受け止めなければならない。そうすれば、息子に先立たれた父親も情に流されることなく冷静でいられる。宇宙には理由があるが、それがどのようなものなのかは人間にはわからない――これが、ストア主義の考え方だった。

このような思想をみごとに体現したのが哲学者のエピクテトゥスだ。彼は五五年頃に生まれた。幼少より足が不自由だった。ネロに使えていた解放奴隷のエパフロディトゥスの奴隷だったが、実はネロが自殺したときに手を貸したのがこのエパフロディトゥスだった。エピクテトゥスという名前はギリシア語で「入手した」という意味なので、おそらく誰かから譲渡されたのだろう。いつ、どのようにして奴隷身分から解放されたのかはわからない。ユリウス＝クラウディウス王朝が滅亡し、危機的な社会情勢になったとき、エパフロディトゥスが解放した可能性が高い。

エピクテトゥスのキャッチフレーズのひとつが、「我慢と忍耐」、正確には「耐えて諦めよ」というものだった。ある講義では、いかに心穏やかに処刑に臨むか、という話をしている。

つまり、こういうことだ……欲望と敵意を自在に操れるようにし、運命に翻弄されないようにする。私は死ななければならないとする。すぐに死ななければならないのなら、すぐに死ぬ。しばらく時間があるのなら、昼時なので、昼食をとってから、定められた時間に死ぬだろう。自分の最期にどのように向き合うべきか？　他人《ひと》から借りたものを返すようなものだ。(2)

エピクテトゥスはローマでも哲学の講義をした。ソクラテスと同様に彼も著作を残さなかったが、弟子のひとりがその言葉を記録していたので(3)、思想が後世に伝えられた。彼の生き方は実にシンプルで、自身についても、自身の功績についても謙虚そのものだった。子どもというのもは人間として未完成だが、それゆえに素直に一生懸命に遊ぶ。その姿に、彼は心を打たれた。そして、両手両膝をついて四つんばいになり、子どもたちと他愛のないおしゃべりをするのが大好きだった。

前世紀末、無駄な議論ばかりで内部抗争に明け暮れる中途半端な民主主義の共和政を、アウグストゥスがひとりのリーダーによる効率的な専制政治に造り変えた。以来、元老院には、時の皇帝とは距離をおき、政権批判をする勢力が少数ながらつねに存在した。歴代の皇帝たちはそれらの勢力がどこまで本気なのか真意をはかりかねていた。なかには、共和政を復活させるという積年の野心を抱きつづけている議員もいたが、賢明な政治家たちの大半は過去には戻れないことを理解していた。彼らが求めていたのは、聡明で経験豊かな皇帝による緩やかな独裁だった。

これらの反体制派はストア派抵抗勢力と呼ばれていた。彼らのおもな戦術は、無能な政権への協力を拒み、国家による処罰を甘んじて受けるというものだった。まさに、ストア主義を実践していたわけだ。もちろん、彼らもこの戦術では勝ち目がないことを彼らは知っていた。にもかかわらず、ストア主義者として、文字通りストイックにその危険な道を邁進した。

政治的に立場を同じくする名門氏族は長い年月をかけ、婚姻を通して絆を深めつつ、世代をつないでいった。女性は重要な役目を果たし、いざとなると、夫たちよりもはるかに勇敢で決断力があった。四二年、アドリア海沿岸のイリュリクム属州（だいたい、今日のアルバニアとクロアチアのあたり）の総督がクラウディウス帝に対して反乱を起こして失敗した。反乱に加担したアウルス・カエキナ・パエトゥスの妻、アリアが女傑としてよく知られている。

皇帝は暗にパエトゥスに自殺を促した（名門氏族や近親者に対しては、処刑より洗練された選択肢として自殺が許されていた）。しかし、いよいよその時になるとパエトゥスはすっかり怖気づき、誇り高きローマ人に期待される毅然とした態度がとれそうに見えなかった。[4] そこで、アリアは夫の剣を手にとり、自分の体に突き立てた。そして、「パエトゥス、痛くないわ」[5] と言い、夫の手に剣を返した。夫婦は間もなく息絶えたが、「パエトゥス、痛くないわ」は無私の勇気を表す言葉として長く伝えられた。

ウェスパシアヌスと二人の息子たちの統治は世の中をよりよい方向に導いていくように見えた。しかし、ストア派抵抗勢力は依然として非協力的だった。有能だが頑固一徹の元老院議員、ヘルウィディウス・プリスクスは、ウェスパシアヌスの機嫌をとるためだけに作られたような議案には、断固として異を唱えた。ヘルウィディウスは皇帝を即位以前の名前で呼びつづけ、ウェスパシアヌスや公職者たちを指弾する演説に熱弁をふるった。

ウェスパシアヌスがヘルウィディウスと交わした有名な会話について、エピクテトゥスが言及している。ウェスパシアヌスがヘルウィディウスに元老院の会議に出席しないよう依頼したときの話だ。ヘルウィディウスは答えた。

「あなたには私から元老院の議員資格を剝奪する権限がある。しかし、議員であるかぎり、私には会議に出席する義務がある」

「ならば、しかたがない。しかし、会議中は口をつぐんでいるように」

「では、私に意見を求めないでくれ。そうすれば、口をつぐんでいよう」

「しかし、［上席議員として］そなたの意見は求めざるをえない」
「となると、私もそれに応えて、自分の意見を述べざるをえない」
「口をひらいたら、死刑に処する」
「それなら、それでよかろう。自分が永遠不朽の命をもっているなどとは、もとより思っていない。あなたはあなたの役目を果たすがよい。私は私の役目を果たすまでだ(6)」

ほんとうにこのような会話が交わされたのかどうかはわからない。しかし、この会話はストア派抵抗勢力の強さと弱さをよく表している。彼らはどうでもいいことに向こう見ずなまでに熱くなり、真の改革をめざすのではなく批判するだけで満足していた。皇帝にとっては、いつまでも解消できない現実的な脅威だった。いくたびか迫害を受けながらも、地縁や血縁のおかげか、あるいは頑なな哲学的信念のおかげか、彼らは政界の一画を占めつづけた。皇帝は彼らと彼らにつながる人々の協力を必要としていたので、完全に排除するのもまた危険な賭けだった。

帝政ローマの永遠の課題は帝位継承問題だった。法制上、皇帝は共和国の一高官にすぎなかったので、必ずしも意中の人物を後継者にすることはできなかった。しかし、息子が二人とも優秀だったので、ウェスパシアヌスは自分の家系が引き続きローマを統治することに何の問題もないと、当然のごとく信じた。

事態はとりあえずその通りになった。七九年、皇帝は腹痛に襲われた。回復の見込みがないとわかったあとでも、彼はユーモアのセンスを失わなかった。慣例により自分が死んだら元老院が神格化してくれることがわかっていたので、こんなことを言った――「なんということだ！　私はもうすぐ神になるようだ！(7)」。彼は公務を続け、使節団を謁見しつづけた。医者たちは止めたが、「皇帝は立ったまま死ぬべし(8)」

と応じた。このエピソードについては別バージョンも伝わっている。突然下痢をともなう激しい腹痛に襲われ、ほとんど気を失いかけながらその言葉を発した。そして、力を振り絞って立ち上がると、まわりの人々に抱きかかえられた状態で息を引き取った、というものだ。

ハドリアヌスは当時まだほんの幼児だった。後年、大人になった彼は、ウェスパシアヌスは実は宴会の席上、ハンサムで優秀な息子のティトゥスにより毒を盛られたのだという噂を流した(9)。しかし、それはありえそうにないことだ。多くの史料からティトゥスが父親を愛していて、忠実だったことがわかっている。いずれにせよ、その短い統治期間にティトゥスはウェスパシアヌスの政策をそのまま踏襲した。

ウェスパシアヌスが死んでから二か月あまり経った八月二十四日、カンパニアのヴェスヴィオ山が噴火し、ヘルクラネウムとポンペイの二市を灰で覆いつくした。

この出来事は人々の心に強く焼きついた。ハドリアヌスも幼年期にこの噴火の話をよく聞かされたにちがいない。火山灰はアフリカ、シリア、エジプトにまで広がったと記録されている。ローマ上空も厚い火山灰の雲に覆われ、数日間日光が遮られた。ディオ・カッシウスによれば、「直後、人々は何が起きたかわからなかったし、想像することもできなかった。ただ、現地の人々だけでなく誰もが世界全体がひっくり返りつつあり、太陽が地球の中にめり込むと、地球が空にむかってせり上がっているのだと考えた(10)」。その日、小プリニウスはカンパニアにいた。そして、「世界全体が死につつある。世界とともに自分も死ぬのだ」と確信した(11)。

それが間違いだったことはまもなく判明したが、この世の終わりがすぐそこまで迫っているという恐怖感が、当時広まっていた千年王国思想をいっそう煽った。それは、理性だけでは克服することのできない制御不能な力によって人類の命運は決せられる、という恐るべき事実をつきつける出来事だった。

八一年、新しい円形闘技場、コロッセウムや豪華公共浴場の開設を記念する数えきれないほど多くの剣闘《ムネラ》士競技会が終了して間もなく、ティトゥスは突然高熱をともなう病に倒れ、絶命した。そして、きわめて円滑にドミティアヌスが後継した。複数の文学作品によると、彼は孤独で疑り深い気質の持ち主だった。幼少時、父と兄はネロのもとで公務に忙しく、彼が十代の頃には東方に赴任して家にはほとんどいなかった。ひとりおきざりにされ、近親者の日常的な支えも愛情も知らずに育ったようだ。

ドミティアヌスは人付き合いが下手で、狂人のふりをすることがあったという記録もある。ローマ郊外のアルバヌス丘陵に建てた広大なウィッラでの孤独な生活を好んだようだ。スエトニウスによると、

> 統治を始めてすぐのころ、彼は毎日何時間も部屋に引きこもっては、ハエを捕まえ、鋭く尖らせたペン先で突き刺す以外に何もしなかった。部屋の中に「彼といっしょに」誰かいるのかと問われたウィビウス・クリスプスはウィットを利かせて「ハエ一匹いない」と答えた(12)。

三十歳で帝位に就いたドミティアヌスは有能な為政者であることをみずから証明し、法の番人としても堅実に職務を遂行した。彼には批判的な記述が多い。元老院との関係がぎくしゃくしていたので、元老院の反感を反映した文章しか残っていないからだ。彼に対する批判は割り引いて読む必要がある。もっとも、そもそも反感を招いてしまったということが問題だ。皇帝がうまく政局を運営できないということ自体が重大な失敗だった。

ネロと同様、彼にも皇帝としての資質があきらかに欠けていた。気難しい性格のせいで他者と信頼関係を築くことができなかった。そのうえ、父帝の統治期間、公務には就いていたものの、軍隊で経験を積む

機会が与えられなかった。

横柄で極端に専制的な態度の裏側には、みずからの能力不足に帰因する不安感があったとしか思えない。ごますりの得意な取り巻きたちが大仰に「われらが主にして神《ドミヌス・エト・デウス・ノステル》」と呼びかけると、目に見えて機嫌がよくなった。ローマの帝政は、古き良きローマ共和政のひとつのバリエーションであるという方便を誰もが暗黙の了解で受け入れるという前提の上に成り立っていた。皇帝は単に平等な市民たちのうちの第一の市民にすぎない――これがアウグストゥスが編み出した帝政だった。ドミティアヌスはそんなまどろっこしいことを受け入れられるほど老練な統治者ではなかった。そのような市民性《キウイリタス》のなさこそ、元老院議員たちの反感の原因だった。

属州総督たちは基本的に歴代皇帝が決めた前例を従順に踏襲した。そんな彼らでさえ新帝には強く反発したことが記録されている。ドミティアヌスがみずから問題の解決に乗り出す際に最も顕著な特徴は、正義や能率などの議論はせず、風紀取締官のような厳しい口調になることだった。

風紀重視の統治姿勢の最たるものが、「純潔の稲妻の鞭をふるう」(13)ことを目的としたユリウス法の復活だ。結婚を奨励して家族制度を守るためのアウグストゥス帝期にできた法律や、男色を罰する古代のスカンティニウス法も施行しようとした。

終生監察官《ケンソル・ペルペトウス》として、彼は公衆道徳の取締りに精を出し、きわめて厳格に職務を遂行した。インケストゥム（違法性交）の咎で二度も〝ウェスタの処女〟を罰している。定員六名のウェスタの処女たちはローマ宗教界で唯一の女性神官だった。彼女たちの主務はローマの永遠の聖火を守ることだった。聖火が消えると、ローマの富と繁栄が危機に瀕するとされていた。

ウェスタの処女には貴族の家に生まれた少女が選ばれた。彼女たちは最高神祇官《ポンティフェクス・マキシムス》の庇護のもと、三十年間任務に励んだ。その間は、人々の尊敬を集め、贅沢な生活をすることができた。しかし、油断は禁物だった。もし男性と同衾したことが見つかれば、生き埋めという無残な最期を遂げなければならなかったからだ。ドミティアヌスの治世の初期に、定員の半数に及ぶ三名がインケストゥムで有罪判決を受けた。しかし、たまたま寛大な気分になっていた彼は彼女たちにみずからの処刑方法を選ぶことを許した。

数年後、かつてインケストゥムの咎で告発されたものの無罪判決を受けたことのある上級ウェスタのコルネリアがふたたび同じ罪状で告発された[14]。彼女はあくまでも無罪を主張したが、ドミティアヌスは裁判にかけて有罪判決を下した。最高神祇官として、彼は城壁のすぐ内側の小高い場所にあるカンプス・スケレラトゥス（犯罪にまみれた場所）に彼女を連行した。そこには、あらかじめ小さな地下室が作られていて、室内には長椅子とランプと食べ物をおいたテーブルがおいてあった。

地下室へと梯子を下りていくとき、コルネリアの服がひっかかってしまった。すると、近くにいたドミティアヌスは慇懃に手を差し伸べた。彼女は嫌悪感も露わにさっと身を引き、その腕を押しのけた。そして、優雅に身をかがめ、長椅子の上に横たわった。梯子は引き上げられ、入り口は土で塞がれた。ゆっくりと窒息するにせよ、毒かナイフで即死するにせよ、この暗闇の中で最期を迎えるべく、コルネリアはひとり取り残された。

この事件でドミティアヌスのイメージは地に落ちた。後日、ある法務官経験者がウェスタと同衾したことを無理やり告白させられたが、彼女が無実だったと考える人は多かった。

ドミティアヌスは他者に厳しかった反面、自分自身はたいへん自堕落な生活を送った[15]。ディオ・カッシウスによると、「彼は肉体的に怠惰で精神的に臆病だっただけでなく、ふしだらで女も少年もお構いなしに乱交にふけった[16]」。そして、性交のことを「ベッド・レスリング[17]」という意味のギリシア語で表現することを好んだ。

元老院議員たちにとっては都合のよいことに、ドミティアヌスは年中遠征に出かけ、ほとんどローマにいなかった。フラウィウス家の人々がみなそうであったように、彼もまた安定的な政権維持には軍事的成功が必要不可欠であると考えていた。そこで、まずライン川中流域の対岸に住むゲルマン系カッティ族を負かし、タウヌス地方を恒久的に占領した。これにより、領内に食い込んでいた厄介な敵の領土を手に入れ、国境をまっすぐにし、強化することに成功した。新たに獲得した領地はリメスで囲った。リメスとは、大小の要塞をつないで作った長城のことで、はっきりと国境を示すと同時に、その国境を守り、一歩も譲らないというローマの固い決意を示威するものだった。

ドミティアヌスは必要以上に目先の勝利にこだわった。そのため、領土を完全に平定するまでに、なお数年の歳月がかかってしまった。しかし、給料を三分の一も増額したので兵士たちには人気があった。賃上げはアウグストゥスの時代以降初めてのことだった。そのうえ、三回にわたり高額なコンギアリア（ボーナス）を与えたので、人気はさらに上がった。

ライン川流域の国境はおおかた安定したものの、ドナウ川流域はまだ不安定だった。川の北部には、険峻なカルパティア山脈に囲まれたトランシルヴァニア盆地が横たわっていた。ここが、小アジア北西部に起源を発する、裕福で強大なダキア族のホームグラウンドだった。彼らは豊富な鉱物資源、とりわけ金と銀の鉱山を経営し、近隣のケルト系部族やゲルマン系部族、黒海沿岸のギリシア都市と交易していた。

前一世紀の初頭、ブレビスタなる人物がばらばらだったダキア人たちを初めて統一して王国を作り上げ、隣接する諸部族とのあいだに同盟関係を築いた。この国がやがて強大な力をつけ、ローマに盾突くようになるのは時間の問題だった。危険を察知したユリウス・カエサルは暗殺される直前の前四四年、ブレビスタに対する遠征を計画していた。ローマにとっては幸いなことに、同年、ブレビスタが死んだので脅威は薄れた。

それから約一世紀後、「戦争の大局をつかむことに優れ、実戦においても秀でていた[18]」、才気あふれる精力的なデケバルス王が登場した。彼はダキア王国再興の野望を抱いていた。そして、ダキア族が国境においてふたたび勢力の拡大を図ればローマが黙ってはいないだろうと考え、先手を打つことにした。八四年、ダキア軍は大挙してドナウ川を渡り、モエシア属州（今日のセルビア、ブルガリア、ルーマニアの一部）を侵略し、総督を殺害した。

ドミティアヌスはただちに行動を起こし、軍を指揮するためにみずからモエシアまで出向いた。もっとも、軍団をみずから率いたわけではなく、前線からかなり離れた町にとどまり、実際の指揮はコルネリウス・フスクスに委ねた。彼はウェスパシアヌスが帝位に就いたときに尽力した人物で、近衛長官を務めていた。ユウェナリスの諷刺詩には、ごますり上手のアミキ・カエサリス（カエサルの友臣）のひとりとして名前が挙げられ、無能な主戦論者として描かれている。


大理石のウィッラでのんびりと昼寝をしながら戦いの夢を見る。

彼の内臓はダキアのハゲワシたちのご馳走になる運命。[19]

まるで予言のような感じがする文章だが、そうではない。実はこの詩は、二度目の手痛い敗北でフスクスが死に、戦争が終結したずっとあとに書かれたものだ。

当時、皇帝は深刻な状況に直面していた。支配階級は皇帝が領土拡大政策を追求することを望んでいた。だから、領土を放棄したり、軍団が敗北したり、敵と妥協的な和平を結んだりすれば、皇帝に対する信頼はたちまち失墜しかねなかった。デケバルス対策として、皇帝は軍備の増強を決めた。帝国各地から部隊がかき集められ、強力な軍団がおそらくは六個作られた。ブリタンニアからは一軍団がまるまるドナウ川に移動させられたので、結果として、せっかく大きな成果を上げていたブリタンニア遠征も後退を余儀なくされた。スコットランドに新たに築いたインチトゥティル砦も放棄されてしまった。

ここまで大軍を投入すれば、ローマ軍が大勝するのは当然だ。デケバルスはローマ軍が勢いを駆って首都サルミゼゲトゥサまで進攻するのではないかと恐れた。そこで、少ない戦力を補うため、マクベスがダンシネインで行なったトリックを先取りした。木を切り倒し、軍服を着せて、兵士の数を実際よりも多く見せたのだ。

もっとも、この作戦は結果的には必要がなかった。隣のパンノニア属州でゲルマン系部族が大規模な反乱を起こしたので、ドミティアヌスとローマ軍の注意がそちらのほうに向いたからだ。二面戦争を避けるため、皇帝はデケバルスと手を打つことにした。ダキアには毎年約八〇〇万セステルティウスという莫大な助成金が与えられることになった[20]。それだけではない。皇帝はもっと危険な譲歩をした。デケバルスの領土防衛を支援するために、軍事技師と砲兵部隊を提供することに合意してしまったのだ[21]。

皇帝はローマで凱旋式を行なったが、事情を知っていた人々の反応は冷ややかだった。そして、遠征の戦利品として展示された品々は実は皇帝の備品倉庫からもってきたものだという噂が広がった[22]。上流階級の酒席では棘を含んだジョークが飛び交った。

ウルピウス氏は出世欲が強く、老獪で強かだった。皇帝の気まぐれを巧みに受け流し、あくまでも忠臣として職務をまっとうした。かつて父トラヤヌスがウェスパシアヌスに重用されたように、息子トラヤヌスもティトゥスとドミティアヌスに重用された。彼は青年期の大半をラティクラウィウスと呼ばれる元老院議員身分軍団高級将校として過ごした。主席軍団高級将校は各軍団に六名ずつ配置されていて、軍団司令官直属の参謀としての役割を果たした。主席軍団高級将校がラティクラウィウス（「幅広の」の意）と呼ばれるのは、元老院議員が幅広の真紅の縁どりが入ったトーガを着ていたことに由来する。通常、ラティクラウィウスは元老院階級の子弟が出世の第一歩として就く役職だった。

トラヤヌスは背が高く強靭な肉体の持ち主で、優秀な軍人だった。東部戦線とゲルマン戦線で任務に就き、部下の軍人たちから絶大な敬意と信頼を得た。八六年には法務官に就任したが、同僚にハドリアヌスの父親がいた。翌年、三十一歳で初めて軍団司令官になった。第七ゲミナ軍団の司令官に任命されたのだ。この軍団は創建されてからまだ二十年も経っていない若い軍団で、ヒスパニア南部バエティカのローマ市民で編成されていた。基地はアストゥリア山脈とカンタブリア山脈の裾野の台地に位置するレギオにあった。ここは現在レオンと呼ばれる場所で、今でも古代の軍事基地の輪郭を確認することができる。ヒスパニア北西部は前一世紀になってから、半島のなかでも最後にローマ帝国に占領されたところだ。命知らずの山岳部族が跋扈していたから、つねに厳戒体制が敷かれていた。トラヤヌスの軍団の最も重要な任務は、この鉱物資源の豊富な地方からの金塊輸送路の安全確保だった。

僻地の監視任務は退屈だったが、軍における出世の階梯を上がるには有益な役職だった。やがて、トラヤヌスを政局の中心へと押し出す、思わぬ事件が起きた。これを機に、彼は皇帝の寵愛を一身に受けるようになる。

上ゲルマニア属州総督のルキウス・アントニウス・サトゥルニヌスが八九年一月一日に反旗を翻したという情報がもたらされたのだ。情報を得るや、トラヤヌスは躊躇することなく出撃を決意した。皇帝の命を受けた彼はただちに自分の軍団を率いて長距離の行軍を決行し、反乱軍と戦うべく、ガリアを横断して上ゲルマニアに向かった。

皇帝も一月十二日にローマを発ち、上ゲルマニアに向かった。しかし、いずれも無駄足に終わった。サトゥルニヌスはゲルマン系部族からの支援を期待していたのだが、支援はなかなか到着せず、先着した下ゲルマニア属州総督に制圧されてしまったからだ。反乱は一月二十五日に終結した。実にあっけない反乱劇だった。

ドミティアヌスはどんな事件でも謀略に結びつけて考えずにはいられない性格だった。「支配者はみなに嫉まれ、憎悪されている。だから、誰かが自分の暗殺を企んでいると言っても相手にしてもらえない。殺されて初めて信じてもらえるのだ」[23]――こんなことを言ったという記録もある。今回も裏で糸を引く人間がいたと考え、捜査したが、どうやらサトゥルニヌスは単独で反乱を起こしたようだ。

九一年、トラヤヌスは論功行賞として正規執政官《コンスル・オルディナリウス》に任命された[24]。フラウィウス朝の皇帝が皇族以外の人間を執政官という最高位の公職に就けるのは稀なことだった。毎年選任される正規執政官の定員は二名で、その年は両執政官の名前を冠して呼ばれることになっていた。実際の就任期間は年初からの数週間か、長くても数か月間だけで、下位の補充執政官《コンスル・スッフェクトゥス》に任期途中で交代するのが慣例だった。

伝存する史料が少ないため、執政官を務めたあとのトラヤヌスの動向については、数年間詳細がわからない。しかし、状況証拠から、ある程度の想像を働かせることはできる。皇帝が直接総督を選ぶ皇帝直轄属州は十一州あり（その他の属州の総督は元老院が選んだ）、執政官経験者は皇帝直轄属州の総督になるのが定番だった。トラヤヌスは同僚コンスルより格下だったから、ゲルマニア属州をあてがわれた可能性が高い。二年ほどしてから、軍事的にもっとやりがいのあるドナウ川沿岸の属州、おそらくはパンノニアに移動させられたものと思われる。パンノニアには強力なゲルマン系スエビ族がいて、緊張関係が続いていた。

ハドリアヌスはフラウィウス朝の皇帝たちのもとで思春期を過ごし、十代後半にはそれまでの時代の流れというものを完全に理解していた。後見人が出世街道を進むにつれ、彼もまた権力の中枢へと近づいていった。もちろん、まだ大人の判断力はなかった。疑り深く神経質な支配者のもとでは誰もが多かれ少なかれ命がけの修羅場を経験するもので、大人の判断力とはそのような経験を通して身につくものだった。だが、未経験ではあっても、鋭い観察眼をもったハドリアヌスには二つのことがわかった。

一つ目は、帝国をつつがなく運営できるかどうかは皇帝と上流階級が良好な関係を保てるかどうかにかかっているということ。信頼関係がなければ、軋轢が高じて遅かれ早かれ不幸な事件が起きるだろう。二つ目は、自発的にせよ、必要に迫られた結果にせよ、伝統的な軍事拡大路線を放棄するには、そうとう胆力のある皇帝の登場を待つしかないということだった。アウグストゥスの時代、ローマの国民的桂冠詩人ウェルギリウスはインペリウム・シネ・フィネ（限りのない帝国）を高らかに謳いあげた。あれから一世紀も経つというのに、皇帝たちは彼が描いた国境なき永遠の帝国という夢をいまだに追い求めていた。

第六章　ローマでの生活

九三年、ハドリアヌスは十九歳になった。公職に就ける年齢だ。

ハドリアヌスのような政治的野心を抱いた元老院階級の子弟は、まず二十人委員《ウィギンティウイリ》になった。二十人委員の仕事は、多忙で骨の折れるものから儀式関連の気楽なものまでさまざまだった。そのうち最も重要なトレスウィリ・モネタレス（定員三名の造幣局監督委員会）の委員には、通常貴族《パトリキ》の子弟が任命された。定員三名のうちの一名だけは、強力な政治家の後ろ盾があれば平民に割り当てられることもあった。造幣局監督委員は硬貨の鋳造を管理し、図柄を決定した。硬貨の発行は国のプロパガンダとして普遍的かつ有効な手段だったから、これはたいへんな重責だった。政府高官と緊密に連絡を取りながら仕事をしていたはずだ。

その対極にあるのが、市道整備と警察業務（逮捕、刑の執行、罰金の徴収など）の監督を担当する二つの委員会だ。誰もが、できれば避けたいと考えていた仕事だった。

ハドリアヌスは平民だったので造幣局監督委員にはなれなかったが、すくなくとも骨の折れる行政関係の委員会には入らずにすんだ。九四年、二十人委員として所属しなければならない四つの委員会のうちの四番目の委員会、デケンウィル・ストリティブス・ユディカンディス（民事裁定のための十人委員会）の委員に任命された。仕事は意外とたいへんではなかった。遺産相続などの民事案件を扱う百人法廷《ケントウンウィリ》の裁判長をつとめるのが仕事だ。百人法廷には一八〇名の陪審員が登録されていた。陪審員は規定に従い最大四つの陪審団に分けられ、裁判を分担する仕組みだった。公判はフォルムの大講堂、バシリカ・ユリアで行なわれた。アウグストゥスが単独支配者による統治システムを確立する以前、フォルムは政論を戦わせる政治と権力の檜舞台だったが、この時代にはすでに単なる裁判所兼ショッピングセンターと化していた。

裁判は多くの傍聴人でにぎわった。ほとんど司会者の役割しか担っていない若造の裁判官に興味を示す人々はいなかった。主役は弁護人たちだったからだ。弁論はおおいに聴衆を沸かした。十七世紀イギリスの説教のように、古代ローマの弁論は一種の文化イベントとしてたいへんな人気があった。「ひとりの貴族の若者が群衆にもみくちゃにされ、トゥニカをぼろぼろに引き裂かれても、トーガを一枚まとったままで七時間もじっと聞き入っている[1]」姿を見て、雄弁術はまだ死んでいないと思ったと、ある世情に詳しい人物は述べている。

デケンウィルとなったハドリアヌスには従者《ウィアトレス》と記録係の書記が与えられた。書記には、判決を下す際に的確なアドバイスができるだけの法的知識があったものと思われる。

ハドリアヌスはセウィル・トゥルマエ・エクイトゥム・ロマノルム（ローマの若い騎士たちからなる六つの騎兵大隊のうちのひとつの指揮官）にも任命された。これはたいへんな名誉であり、通常なら生え抜きでなければ騎馬大隊長にはなれなかったので、この人事からハドリアヌスが早くも出世街道に第一歩を踏み出していたことがわかる。皇帝自身か、皇帝周辺の誰かが引き立ててくれているのは明らかだった。トラヤヌスの後ろ盾があったと考えるのが自然だろう。すでに述べたように、当時彼は上ゲルマニアか下ゲルマニアの属州総督をしていたが、推薦状一通でローマの人事に介入できるだけの力を有していた。スラの推薦があったことも考えられる。

同年、おそらくは九四年の執政官(2)で、かつてトラヤヌスの父のもとで働いたこともあるトラヤヌスの友人が推薦してくれたのだろう、若きハドリアヌスはさらなる名誉に浴すことになった。プラエフェクトゥス・ウルビ・フェリアルム・ラティナルム（ラテン祭首都長官）に任命されたのだ。ラテン祭とは、ラティウム地方のライバル都市間で取り交わされていた神聖な休戦協定に起源を発するたいへん重要な祭事で、アルバヌス山で行なわれた。アルバヌス湖を眼下に見下ろすアルバヌス山はローマの南東二十数キロのところにある。近くには皇帝の大離宮があった。ローマのすべての公人や公職者が市内から行列をなしてアルバヌス山に向かい、山頂の由緒あるユピテル・ラティアリス神殿で雄牛を供儀することになっていた。儀式では子羊の肉やチーズや乳も供えられ、長く陽気な宴が催された。

建前上、ラテン祭首都長官は執政官の代理として空っぽになった市内に残らなければならなかった。しかし、その職務はまったく形式上のものだった。このポストには、将来を嘱望される若者が任命された。ユリウス・カエサルはまだ十代だった甥のアウグストゥス（当時はガイウス・オクタウィウスと呼ばれていた）を任命したし、クラウディウス帝は若きネロを任命した。ハドリアヌスは皇帝家の出身ではなかったが、有望株として特別に選出されたのだった。

人生は仕事と祭事だけではない。ローマは娯楽と刺激にあふれていた。狩猟以外に、若きハドリアヌスがどのようなレジャーを楽しんでいたかについて、記録はない。しかし、想像するための材料はたくさんある。

一世紀半ばまでに、ローマでは九十以上の祝日《フェリアエ》が制定されていた。祝日には公的業務は行なわれず、さまざまな宗教儀式が執り行なわれた。地中海世界には、まだ一週七日というユダヤの概念は普及していなかった。したがって、土曜日や日曜日に休息するという習慣もまだ知られていなかった。まして、週末にレジャーを楽しむということもなかった。しかし、みながみな仕事道具をおいて休息するわけではなかったにしろ、祝日は市民が慌しい日常から解放される唯一の機会だった。

祝日の当日あるいは前後には、競技会《ルディ》が催された。一世紀には、年六回も競技会が開催され、開催期間は合計で五十七日にも及んだ。競技会は、すくなくとも当初は、ローマの繁栄と成功を感謝して神々に奉納するために行なわれた。たとえば、東方の大母神に敬意を表して行なわれた春の競技会。これは演劇フェスティバルの形式をとっていた。また、四月末から五月初めにかけて開催されるエロティックな要素にあふれた祭り、フロラ祭《ルディ・フロラレス》。主役は裸の女優や売春婦たちで、無礼講は夜まで続いた。フロラ祭の最終日はハドリアヌスもおおいに楽しんだことだろう。ローマ最大の競技場、キルクス・マクシムスでシカやノウサギの狩猟パフォーマンスが行なわれたからだ。キルクス・マクシムスの大理石の巨大観客席は二五万人も収容できた。今日では、その観客席も失われて久しく、雑草が生い茂った埃っぽい野原になっている。

最大の祝祭であるローマ祭《ルディ・ロマーニ》と平民祭《ルディ・プレベイ》は秋に行なわれた。メイン・イベントは演劇だったが、演劇はあまり人気がなく、退屈した観客から「クマを出せ！」とか、「拳闘士を出せ！」という大きな野次があがった[3]。

帝政期には喜劇も悲劇ももはや時代遅れとなっていて、かわりにパントミムスが人気を博していた。パントミムスは、通常男性ダンサーが込み入った物語のすべての登場人物をひとりで演ずるパフォーマンスだ。フルートやリュート、時にはフル・オーケストラの演奏、ソロやコーラスの歌唱を伴った。演目は、歴史や神話、あるいは有名なギリシア悲劇に基づくものが多かった。ダンサーたちは膨大なレパートリーを誇り、なかにはプラトンの対話まで演じられる者もいた。プラトンの哲学を無言で表現する演劇がどのようなものだったのか、想像すると興味が尽きない。

パントミムスは卑猥で通俗的な芸能と見なされていたが、とても人気があり、上流階級の後援を受けていた。カリグラ帝はパントミムスの観劇が大好きだったし、[4] ネロは自身で演じさえした。[5] ハドリアヌスの時代には、屋敷にお抱えのパントミムス劇団を囲う変わり者のウミディア・クアドラティッラという貴婦人さえいた。[6] 時間が空くとダンサーたちに命じてパントミムスを見るのが趣味だったという。もっとも、同居していた孫のガイウス・ウミディウス・クアドラトゥスは堅物だったので、パントミムスには眉をひそめ、見ようともしなかった。

物真似も盛んだったが、これはパントミムスとはまったく別のものだ。物真似はもっと荒削りで庶民的な芸能だった。無言劇ではなく、時に韻文も交えた台詞があり、音楽やアクロバットの要素も交えた多彩なパフォーマンスだ。『逃走犯は百万長者』、『締め出された愛人』、『赤貧から大金持ちに』など、演目のタイトルはまるで現代のタブロイド紙の見出しのようだ。

有罪判決を受けた者たちが劇に出させられて、役柄の上とはいえ実際に罰を受けて苦痛にもだえる、というようなこともあった。アプレイウスが二世紀に書いたピカレスク小説『黄金のろば』には、一風変わった新作を上演しようとする地方劇団が登場する。[7] 物語のクライマックスで、殺人犯の女がロバと〝結婚〟して性交するという筋書きだ。相手として選ばれたロバが物語の主人公、ルキウスだ。ルキウスの正体は意地悪な魔女によってロバに変身させられた人間の若者だった。

ルキウスは町の劇場に連れていかれた。入口から外を眺めているあいだに前座の芝居は終わり、舞台に新しいセットが現われた。インドべっこうがちりばめられた金ぴかのベッドにふかふかの羽根布団、その上には花柄のシルクのベッドカバーがかけられていた。それを見たロバのルキウスは恐怖におののいた。女と彼がなんらかの方法で無理やりくっつけられるのだと悟ったからだ。性交が完了すれば（あるいは、完了したたと見なされた時点で）、ロバは彼女を殺すよう仕向けられるだろう。そのあとで自分も殺されてしまうかもしれない、と思い、ルキウスは隙を見て全力で劇場から逃げ出した。

アプレイウスの物語はフィクションだ。しかも、残酷なシーンはない。しかし、ローマでは似たような見世物が実際に上演されていたことがわかっている。(8) ただし、使われる動物は雄牛だった。クレタ王ミノスの妻、パシファエが雄牛に恋して性交し、半人半牛の怪物ミノタウロスを生んだ伝説を再現したものだったからだ。この演目はなかなか面白かった、とマルティアリスは記している。

競技会の期間中、数日間は、どの社会階級にもたいへん人気の高かったスポーツが行なわれた。戦車競走だ。御者と戦車は四つの厩舎、すなわち赤厩舎、白厩舎、緑厩舎、青厩舎のいずれかに所属していた。ローマ時代の厩舎は、買付け係、調教師、医師、獣医師、厩舎員、馬丁を抱える大規模な組織で、厩舎長《ドミヌス》がマネージメントにあたった。それぞれの厩舎には熱狂的なファンがいて、暴力沙汰が起きることもあった。

ローマには二か所、大きな競走場があった。パラティヌスの丘のふもとに位置するキルクス・マクシムスと、カンプス・マルティウス（マルス演習場）内にあったひと回り小さいキルクス・フラミニウスだ。マルス演習場はローマ北部にある、もともとは大規模な軍事演習場だった（今日、このあたりは大部分が公官庁の建物に覆われている）。戦車は通常四頭立てだったが、特別な機会には最大十頭まで増やすことができた。いっぽう、初心者クラスは二頭立てだった。戦車は十二コースのボックスゲートの中で待機し、いっせいにスタートした。まず、長い直線コースを一気に走り、並び立つ三本のコーナー・ポストを回って反転し、直線コースを戻ってくるという形で、合計七周した。操縦は荒っぽく、危険を伴った。キルクス・マクシムスのコースは四〇〇メートルほどもあったので、レースには十五分もかかった。

御者は文字通りスターだった。多くの御者は奴隷出身で、賞金で自由身分を買い取った。賞金は目もくらむほどの大金だった。最も成功した御者のひとりに、ヒスパニアのルシタニア出身のアップレイウス・ディオクレス(9)という男がいた。彼は「史上最強の御者」と自称し、二十四年にわたって戦車に乗りつづけた。競技人生において、四千回以上のレースに出走し、千五百回近く一位になっている。生涯獲得賞金は驚くなかれ、三五八六万三一二〇セステルティウスにも達した。もちろん一部は厩舎の経営にあてられたにせよ、たいへんな額で、まちがいなく古代ローマの大富豪のひとりだった。

とはいえ、ディオクレスのような成功をおさめた者は数えるほどしかいなかった。たとえば、二十二歳のエウテュケス(10)は明らかにこの職業には向いていなかったようだ。若くして死んだ彼の墓石には、次のような痛ましい言葉が刻まれている。

この墓には、ひとりの未熟な御者の遺骨が眠る……
四頭立ての戦車を操る勇気はあった、
しかし、二頭立てのレースから上のレベルに上がることは一度もなく……
どうか、旅人よ、わが墓前に花を供えてくれ。
——あなたは、私が生きていたころの、私のファンだったのだろうか。

戦車競走はプロによるレースしか行なわれず、上流階級の子弟がみずから戦車を操縦することは許されていなかった。しかし、皇帝たちはみながみな規則の適用に厳格だったわけでなく、出走することをむしろ奨励する皇帝もいた。言うまでもなくネロはそのひとりで、彼は騎士ばかりか元老院階級の市民——性別を問わず——が演劇や剣闘や戦車競走に参加することを許可した。ディオ・カッシウスの時代になると、観客はローマの名門出身者たちが「眼下に［競技会場や舞台に、の意］立ち、かつては彼らが見ることさえ憚っていたことを行なうのを見ることができた」[11]。

このようなことはフラウィウス朝の皇帝たちのもとではありえなかった。いずれにせよ、ハドリアヌスの向こう見ずな青春の日々はすでに終わっていた。キルクスで繰り広げられるスリル満点の競技をたとえ一抹の羨望をもって眺めることがあったにせよ、彼の関心は政界の階梯を下の段からひとつひとつ上っていくことに向けられていた。たまさかの息抜きはしたであろうが、これから先は一生涯、野心を実現することにだけ全神経を集中しつづけなければならなかった。

九四年、ドミティアヌス帝の功績のなかでも最大級の革新的事業をハドリアヌスは目の当りにすることとなった。最高神ユピテルの大神殿をカピトリウムの丘に再建したことを記念して、その八年まえから四年ごとに行なわれていたカピトル祭だ。ネロの時代のギリシア化の風潮がまだ廃れていなかった証拠に、この祭典はギリシア式に行なわれた。気難しい守旧派の人々は、ローマの最も神聖な場所と最高神を祀る神殿が非ローマ的祭祀様式によって再建されたことに衝撃を受け、不愉快に思っていた。しかし、ハドリアヌスにとっては不愉快どころか、喜ばしいかぎりだった。フラウィウス朝の政権について彼がどのような感情をもっていたかは別として、ギリシア人よりもギリシア的だった若者はこの祭典をおおいに楽しんだ。

何から何までが壮大なスケールだった。現代のオリンピックと同様に、莫大な資金がユピテル祭のために新たに建設された建物に費やされた。マルス演習場内のスポーツ競技用スタジアムには一万五千もの観客席が用意された（周囲の回廊はほどなく遊郭と化した）。近くには、音楽イベントのためにオデウムも建設された。その後、何世紀ものあいだ、これらの建物はローマの最もすばらしい建物として称えられつづけた（今はもう跡形もない）。

祭典では、戦車競走、体操競技、陸上競技（珍しいことに、女子の徒競走も行なわれた）のほか、詩の朗読、楽器演奏、歌唱、弁論などのイベントが行なわれた。皇帝自身、ギリシア式に紫のトーガをまとい、頭に金冠をかぶって、ユピテルや妻神ユノ、そして娘のミネルウァ女神の役を演じた。第一回ユピテル祭においては、ギリシア詩のコンクールだけで五十二人もの参加者がいた。

競技は白熱し、この祭典は瞬く間に帝国全土で大人気を博した。これは帝国政府がギリシア文化を高く評価していることを内外に示す強力なメッセージとなった。ハドリアヌス自身も、後年ギリシア文化への傾倒を前面に打ち出すわけであるが、当時の心境はまさに「わが意を得たり」というものだったにちがいない。

ローマ文化のなかで、現代人の目に最も野蛮に映るものは剣闘だろう。闘技場における試合はムネラ（原義は「奉仕」、「世話」、「贈り物」）と呼ばれ、祭りとは切り離して行なわれた。奴隷や犯罪者のほか、若干の志願者が、命を賭けてたがいに闘った。

この血なまぐさいパフォーマンスの起源は定かではないが、いくつかの手がかりから想像するに、どうやら偉人の葬儀において奉納された格闘試合に由来するようだ。ハドリアヌスの時代より一世紀ほどまえの共和政末期、教養あるローマ人は剣闘を下品で退屈なパフォーマンスだと考えていた。[12] しかし、教養人の代名詞であるキケロでさえ、殺し合いをする男たちを目のまえで実際に見ることは戦う勇気を養うのに役立つと認めていた。

剣闘には多額の費用がかかったので、皇帝たちも年間開催日数を制限せざるをえなかった。ローマでは、通常三月と十二月に開催されたが、それ以外の月でも皇帝が特別な機会に開催することがあった。皇帝主催の大会には数千人の剣闘士が参加した。いっぽう、民間のプロモーターが主催する大会の場合、多くても一二〇試合ほどに抑えられていたようだ。また、剣闘士たちは小規模なチームを作って、属州を巡業した。

剣闘士が身につける武具にはさまざまなタイプがあった。重装備の者もいれば、トゥラケス〔トラキア式の装備をした剣闘士〕のように軽い盾とシクル（小鎌）しかもたない軽装備の者もいた。最も特異な装備をしていたのはレティアリウス（網闘士）で、トゥニカしか身につけず、網と三叉の矛と短剣を使用した。

最近行なわれた、あるユニークな研究[13]によると、帝国全土で合計四百あまりの剣闘会場があったようだ。各会場で年二回大会が行なわれ、三〇人ほどの剣闘士からなるチームが複数参加し、各剣闘士がそれぞれ二回ずつ闘った。剣闘士の数は常時一万二〇〇〇人ほどと見られる。そのうち毎年四〇〇〇人ほどが殺されたようだ。六試合に一回、死者が出たことになる。人員はどんどん補充されたので、年間のスループットは一万六〇〇〇人になる。

観客の目に剣闘士はとにかくセクシーに映ったようだ。究極の男性美そのものであり、死と隣り合わせの宿命が彼らをいっそう魅力的にした。ユウェナリスは上流階級の女性がセルギウスという剣闘士に夢中になっているさまを詩に描いている。

早期の引退が可能だったのは
片腕が使えなくなったから。満身創痍で容貌は台無し。
兜でできた傷跡、鼻には大きく膨れ上がった瘤、涙が出っ放しの
片目からは汚らしい目やにがあふれている。どういうことだ？
いいかい、彼は剣闘士だったのだ。剣闘士だったというだけで、男はみなアドニスになる。[14]

ローマ人たちは動物も好きだった。とりわけ、動物たちが殺されるところを見るのが大好きだった。多大な労苦もいとわず、ゾウ、クマ、ワニ、ダチョウ、ヒョウ、さらにはホッキョクグマやアザラシ――これも、ネロが初めてだった――までが捕獲され、ローマに移送され、芸を仕込まれたり、たがいに闘うよう調教された。ゾウは人間並みの知能があるとされ、とくに人気が高かった。大プリニウスは、芸が覚えられないために叩かれた動物が夜中にひとりで芸の練習をしているのを見た者がいると記している。[15]

剣闘士も動物と同等の扱いで、通常ムネラでは、〈武装した人間対動物〉、〈動物対動物〉、〈武装していない囚人対腹をすかせた肉食動物〉という組合せの試合が一回か、場合によっては複数回行なわれた。〈武装した人間対動物〉の試合は公開狩猟ともいうべきもので、ハドリアヌスのような狩猟好きにはこの上ない楽しみだったろう。しかし、そのような見世物に批判的だったマルティアリスは不快感も露わに、ある妊娠した野豚の死を次のように描写している――「ベスティアリウス（闘獣士）に腹を切られて母豚が絶命すると、一匹の子豚が腹の中から外に飛び出してきた[16]」。

政府は剣闘大会と競技祭に多大な労力と資金を投入した。民衆にはもはや公職者を選ぶ投票権はなかったが、皇帝たちは自分たちの権威の基盤が、部分的にせよ、首都とその周辺に居住する民衆の支持にあることを知っていた。小麦の無料配給と政府主催の無料娯楽イベントが民衆の忠誠心を確保するには不可欠だった。このような現実をユウェナリスは優れた詩人の慧眼をもって喝破している。市民がもはや強力な武器である投票権を有せず、いや、有することを欲してさえもいないことを、彼は見抜いていた。

みずからの一票を投ずることで民衆が将軍や国のリーダーや軍団司令官たちを

選んでいたのは大昔のことだ。いまや、
角を引っ込めてしまった。関心があるのは二つのことだけ――
パンとサーカス。(17)

そういうわけだから、フラウィウス朝の皇帝たちが新王朝を磐石なものにするために大型建設プロジェクトに精を出したのは自然な成り行きだった。六九年に即位してから数年もしないうちに、ウェスパシアヌスはフラウィウスの円形競技場、いわゆるコロッセウム――いまだにローマで最も目立ち、見る者の心に深い印象を残すモニュメントのひとつ――の建設に着手した。着席収容人数は約五万人。巨大施設とはいえ、ローマの人口のごく一部しか入場できない。政府主催の娯楽イベントは無料だったが、コロッセウムで人気イベントがある時には、何らかのつてがなければ入場券を手に入れることはできなかったろう。

びっしりとベンチが並んだ急勾配の観客席は階級別に席が決まっていたから、満員の競技場はあたかもローマ社会の縮図だった。最下段の正面席には元老院議員とウェスタの処女たちが陣取った。次の段には騎士、というように階級が下がっていき、最上段は奴隷と女性たちに割り当てられていた。皇帝はプルウィナル（もともとは神像を安置するためのクッションつきソファ）と呼ばれる皇帝専用席で観戦した。

八〇年にようやくコロッセウムが完成したとき、ウェスパシアヌスはすでに他界していて、跡を継いだティトゥスが帝位にあった。新帝はコロッセウムの落成を大規模な興行で祝った。百日に及ぶ盛大な剣闘試合と狩猟パフォーマンスを行なったのだ。いくら残酷な見世物が大好きな観客にとっても、百日連続というのはいくらなんでも度が過ぎる。何回かに分けて一年をかけて興行を行ない、その合計が百日に及んだということだろう。

コロッセウムで初めて興行が行なわれたとき、ハドリアヌスはまだ五歳だったので、血なまぐさいイベントには連れて行ってもらえなかっただろう。しかし、これはフラウィウス朝の歴史においてきわめて重要な出来事であったから、皇帝の寵愛を受けていたウルピウス家に縁のある者として、皇帝も出席する重要式典などには連れて行かれたにちがいない。あるいは、競馬のような比較的〝安全な〟競技会には連れて行ってもらえたかもしれない。もちろん、後年、成長してからは、おどろおどろしいイベントを好きなだけ見る機会を得たはずだ(18)。

政界では、別の意味でのおどろおどろしい状況がハドリアヌスを待ち構えていた。ドミティアヌス帝の暴君度は時とともに高まり、元老院の有力議員たちはみな戦々恐々としていた。若きハドリアヌスが直接、間接に知っている人々がつぎつぎと訴えられて、追放されたり、処刑されたりした。

ローマ帝国には処刑機関も現代の警察にあたる機関もなかった。だから、誰かが危害を加えられると、被害者が加害者を個人的に告訴し、裁判を起こすというのがローマの法的システムだった。告訴人はデラトルと呼ばれた。デラトルは被害者本人の場合が多かったが、経験豊富な弁護人に告訴の代行を依頼する場合もあった。

前述したように、ローマの上流階級の男たちは何年も雄弁術の修練を積むのが慣わしだった。たとえば、帰任間近の属州総督たちの横領など、公共の利益に反する罪を告発することで、多くの若者たちが政治家としての第一歩を踏み出した。共和政末期に活躍したマルクス・トゥッリウス・キケロのような敏腕弁護士は原告、被告双方から引く手あまただった。

しだいに、重大な社会事件を告発、告訴する、いわば〝プロの〟弁護士階級が形成されていった。皇帝たちが政敵を排除するための都合のよい手段として弁護士を使ったので、弁護士業はどんどん盛んになった。告訴は、社会階級にかかわらず、奴隷を含め、誰でも行なうことができた。しかし、原告、被告、双方の弁護士がつとめられて、しかも自分から裁判を起こすだけの力のあるデラトルは、通常、上流階級出身者だった。弁護士は儲かる商売だった。もし罪状に大逆罪《マイエスタス》が含まれていれば、有罪判決を受けた被告の資産の四分の一が原告のものとなった。ドミティアヌスは元老院の有力議員、とりわけストア派抵抗勢力を封じ込めるために、正当な法的手続きに見せかけて弁護士たちにつぎつぎと裁判を起こさせた。陪審員は元老院議員がつとめたが、皇帝が原告の肩をもっている、あるいは、そもそも告訴の背景に皇帝がいると感じるや、彼らは有罪判決を下す傾向にあった。

とはいえ、デラトルも危険と隣り合わせだった。裁判に負ければ、被告に求めたのと同等の刑が科せられたからだ。そのうえ、復讐に燃えた被告の親戚や友人から訴えられ、法廷に引きずり出されることもあった。バエビウス・マッサがいい例だ。おそらくハドリアヌスがバエティカを訪れた九〇年当時、バエティカの属州総督をつとめていたが、[19]あまりに不正ばかり行なったので地元市民に告発されてしまった。そして、ローマに召還され、同僚の元老院議員たちの面前で裁判を受けることになった。元老院はバエティカ出身のヘレンニウス・セネキオと小プリニウス、二人の元老院議員に訴追手続きをとるよう命じた。これはじつにセンセーショナルな事件だった。元老院議員の息子として、ハドリアヌスには裁判傍聴権があった。バエティカにかかわりのある事件であるから、大地主としての関心からも、きっと裁判を傍聴したはずだ。

審理は粛々と進行した。マッサは有罪判決を受け、バエティカ市民に対する賠償額の査定がすむまで資産が凍結された。しかし、執政官たちはこれに異議を唱え、密かに資産の凍結を解除した。これは元老院の意志をないがしろにするものだったから、プリニウスの賛同を得たセネキオは強く抗議した。執政官たちは速やかに解除命令を取り消した。

怒り狂ったマッサは自分を起訴した者たちを大逆罪で反訴した。そのため、事態は一気に抜き差しならないものになった。元老院の反応について、プリニウスは Horror omnium（一様の驚愕）だったと友人に書き送っている。

ありふれた汚職事件が突如としてストア派抵抗勢力に対する攻撃へと発展した。セネキオはストア派の中心人物として知られていた。背後にドミティアヌスの意向があったと見るべきだろう。サトゥルニヌスの乱がトラウマとなり、元老院をどこまで信用できるのか、そして、自分に対してどの程度まで政治的に支持してくれるのか、ドミティアヌスは見極められずにいた。そこで、とりあえず、問題の多い有力政治家を懐柔しようとしたのだが、マッサが暴走したので、もともと難しい舵取りを要した懐柔作戦は失敗した。属州総督を解任されたマッサはセネキオの起訴手続きを進めた。セネキオはもともと財務官として元老院入りを果たしたのだが、任期が終了すると他の官職にはいっさい立候補せず、そうすることによって政府に対して強気の沈黙作戦を貫いた。協力するだけの価値のない政府だということを行動で示したわけだ。裁判と並行し、ウェスパシアヌスにより処刑されたヘルウィディウス・プリスクスについてきわめて政治的色彩の強い伝記を執筆してもいる。

その後も多くの政治家が起訴された。そのなかには、粛清されたストア派の政治家たちを不用意にも称賛する頌徳文を書いてしまったアルレヌス・ルスティクスもいた。ギリシアの偉大な伝記作家、プルタルコスは、ローマで行なった講義の聴衆のなかにルスティクスもいたと回想している――「ひとりの兵士がずかずかと入ってきて、彼に皇帝からの手紙を手渡した。会場は静まりかえった。私は彼が手紙を読めるよう講義を中断した。しかし、彼は読まなかった。それどころか、講義が終わって聴衆が会場からいなくなるまで、手紙を開けさえしなかった」[20]。このような冷静沈着さも、執政官をつとめた直後であったという実績も奏功せず、ルスティクスも粛清されてしまった。執政官経験者でありながら、もうひとり、粛清の犠牲者になった人物がいる。ヘルウィディウスの息子だ。父親の悲運から得た教訓を肝に銘じていた彼は生涯目立たぬ隠遁者のような生活を送っていた。しかし、トロイアのパリスと精霊オイノネ（ヘレネに恋をしたパリスが捨てた初恋の相手）を主人公にした小喜劇を書いたのが運の尽きだった。ドミティアヌスはこの作品が妻のドミティアとの離婚を揶揄する諷刺劇だとして、死刑判決を下した。この偏執的な性格の支配者が実際には存在しない陰謀を妄想しただけだったのか、あるいは彼の異常な猜疑心こそが陰謀を誘発してしまったのか、今となっては知る由もない。

いずれにせよ、多くの人間が処刑され、彼らの親族も多数流刑の憂き目にあった。

この一連の血なまぐさい粛清はバエティカに端を発するものだった。そのため、ティブルにウィッラを構え、一大コミュニティを形成していたローマのヒスパニア系貴族たちにも少なからぬ影響を及ぼした。状況は悪化の一途をたどっているように見えた。プリニウスは元老院議員の多くと同様、処刑されたストア派の元老院議員たちと親交が深かったが、彼自身は謀反の意志はなく、皇帝の忠臣でありつづけた。彼は当時を振り返って、述べている――「まわりにつぎつぎと落ちる雷から上がる炎に包まれて、私は立ちつくしていた。そのうえ、同様の運命が自分を待ち構えているにちがいないと信じるに足る明らかな兆候がたくさんあった(21)」。

トラヤヌスが皇帝の寵愛を受けていたので、アエリウス氏とウルピウス氏は直接には害を受けなかった。しかし、セネキオが処刑されたあとの九五年、ローマから〝哲学者（ストア派の学校の教師を指す）〟を追放するという決定を皇帝が下した時には、さすがのハドリアヌスも大きな衝撃を受けずにはいられなかった。ハドリアヌスはストア主義的世界観に深い感銘を受けていた。後年のことではあるが、エピクテトゥスと親交をもち、信奉者になったくらいだ。もしかしたら、ローマでも講義に出席したことがあったかもしれない。しかし、エピクテトゥスが追放された今、継続的な交流をもつ機会は失われてしまった。

エピクテトゥスは言論の自由を制限する帝国の政治に対して批判的だった。とりわけ、人を罠にかけるやり方をひどく不快に思っていた。自分自身や友人たちの実体験から、このように述べている。

ローマでは脇の甘い人間は軍の罠にはまってしまう。私服の軍捜査官が隣に座り、皇帝の悪口を言いはじめる。すると、これだけ皇帝をあからさまに非難するのは自分を信用しているからだと思い、思っていることを話してしまう。とたんに、鎖をかけられ、牢屋に連行される。[22]

もっとも、哲学者たちの追放は想定の範囲内ではあった。哲学者はおおいに尊重されていたし、ドミティアヌスもストア主義自体に格別の悪感情をもっていたわけではなかった。そもそも、ストア派は皇帝による単独支配の政治体制を受け入れていたし、一貫して「皇帝は〝哲学王〟たるべし」と主張していた。しかしながら、政府を公然と批判し、元老院議員が意思表示の手段として頑なに公職を拒否して隠遁生活を送るという事態を容認することはできなかった。彼らの大人気ない手法こそが、このたびの粛清を引き起こしてしまったという面は否定できない。ストア派の政治家たちが処分された今、今度はストア派の思想家たちが排除される時が来た、というわけだ。

実は、ローマから外国人知識層が一掃されたのは今回が初めてではなかった。ドミティアヌスはその十年まえにも処分を行なっていた。しかし、ローマ市民は何事につけギリシア好きだったので、ギリシア系知識人たちはいつのまにか戻ってきていたし、彼らを庇護する者も少なからずいた。

皇帝の怒りの矛先は占星術師たちにも向けられた。自分の未来を占星術で占ってもらっていたのはハドリアヌスだけではなかった。ドミティアヌス自身も占星術を信じていた。だからこそ、徹底的に禁止したのだ。占星術を使えば誰でも皇帝の死期を知ることができるから、皇帝に対して陰謀を企てる者にはこんなに好都合なことはなかった。そのうえ、占星術を使えば、次の皇帝の名前を知ることも可能だった。新皇帝はドミティアヌスよりも長生きをすることがわかっている有力者のなかから生まれるわけで、これは当事者にとってはきわめてはた迷惑な話だった。

すでに述べたように、ハドリアヌスはある恐ろしい秘密を抱えていた。数年まえに老齢の大叔父が行なったホロスコープは彼が皇帝になると予言していた。それは大望を抱いた無邪気な少年には嬉しい夢物語にすぎないが、外にもれれば命にかかわる危険があった。世情が世情なだけに、彼は沈黙を保つことにした。

政治家としての第一歩を踏み出したばかりの若者にとって、このたびの皇帝の行動は思索を深めるいい機会になった。明らかに、今、世の中は負のスパイラルに陥っていた。ドミティアヌスが上流階級の信頼を失っていると感じれば感じるほど、彼の処罰的傾向は強くなった。そして、処罰的傾向が強くなればなるほど、上流階級の信頼は失われていった。彼よりももっと聡明な皇帝なら、この悪循環から抜け出すことができるのだろうか？　上流階級と折合いをつけながら統治をすることは可能なのだろうか？　そして、もし可能だとすれば、ふたたび内戦が起きないように、〝四皇帝の年〟の陰惨だった日々に逆戻りしないように、負のスパイラルを逆転させるには、どのようにしたらいいのだろう？

第七章　フラウィウス朝の没落

帝国のなかでも、パンノニアは最も文明から遠いところにある属州だった。現在のハンガリーの一部で、水量豊富な大河イストロス、すなわち今日のドナウ川の右岸沿いに連なる属州のひとつだった。ドナウ川はドイツのシュヴァルツヴァルトに源を発し、山々や森のあいだを縫いながら黒海へと至る。沿岸には、小規模な町がぽつりぽつりと点在するだけで、ブドウもオリーブも育たず、ワインの代わりにビールが作られていた。パンノニアはサリウンシアという植物で有名だった。(1) サリウンシアには甘い香りがあり、口臭や「脇の下の不快きわまる悪臭」を消す効能があった。

パンノニアをローマが占領し、属州としてから、まだ一世紀しか経っていなかった。土地自体はそれほど価値のある属州ではなかったが、中央アジアの諸部族が南西方面に移動し、国境に迫っていたので、そういう意味で重要だった。もしドナウ川の手前を属州化して緩衝地帯にしなければ、マケドニアやギリシアが脅威にさらされてしまう。アウグストゥスはこの地域の属州化を行なったうえで、ドナウ川を最終防衛ラインとしたのだった。

パンノニアには、さまざまなケルト系部族が住んでいた。彼らは好戦的で勇猛果敢であると同時に残忍性と狡猾さでも知られていた。人間の頭蓋骨を酒杯代わりに使っているらしいとも言われていた。しかしながら、九年に大規模な反乱を起こし、壊滅的な大敗を喫したのちは、徐々にローマの支配を受け入れ、ローマのライフスタイルを取り入れていた。新しい町もあちこちに生まれていた。

ドナウ川沿いに点々と要塞を築くだけで、属州全域に軍隊を駐屯させなかったのは、ローマの自信の表れだった。アクィンクム（今日のブダペストの旧ブダ地区）はそのような要塞のひとつだった。ここは、この属州に派遣された四軍団のうちのひとつ、第二アディウトリクス・ピア・フィデリス軍団の本営だった。もともとは、対岸の蛮族の土地をはるかに見渡せる川岸の要衝に、伝統的な野営モデルに従って建設された長方形の基地だった。時とともに、木造の建物は堅固な石造りの建物に建て替えられ、塁壁の外側には住宅地が広がり、中規模の都市へと発展していった。道は舗装され、小規模ながらフォルムや水道や水道橋もあった。

ハドリアヌスの人生の次なる章は、この発展途上の辺境の町で幕を開ける。二十人委員の任期を終えた彼は二十歳になっており、新しい挑戦に身を投じる用意ができていた。かつてはローマの名門の子弟たちには基本的に一定期間軍務に就くことが義務づけられていたが、当時、もはやそのような慣習は形骸化していた。ハドリアヌスがどのように思っていたかは記録に残っていないが、この活動的で冒険好きな若者は未知の土地への旅立ちにスリルと危険の匂いを感じ、きっと胸を躍らせたにちがいない。もっとも、彼の思惑よりも、重要なのは後見人たちの意向だった。最終的な決断をしたのが誰であったにしろ、九五年、軍団高級将校に任命されたハドリアヌスはローマを発ち、パンノニアに向かった。

前述のように、当時トラヤヌスはパンノニア属州総督として、対岸の中央ヨーロッパに住むゲルマン民族のなかでもとりわけ攻撃的なスエビ・マルコマンニ族に対して軍事作戦を展開していた。若かりしころ、自身も軍団高級将校をつとめ、軍務の何たるかを学んだ彼は、プリニウスによれば、自分が得た軍事的な知識を次世代に引き継ぐ絶好の機会だと考え、おおいに張り切っていた。

任期は短い。野営を遠くから見ているだけ、あるいは目的意識もなく歩きまわるだけでは、だめだ。軍団高級将校として学ぶべきことはすべて学び、時が来ればただちに指揮を執れるだけの能力を身につけておかなければならない(2)。

トラヤヌスがハドリアヌスを第二アディウトリクス軍団の軍団高級将校にしたのは自然なことだった。ローマ軍の上層部は、十九世紀ヨーロッパ諸国の軍隊と同様に、もはや能力主義ではなくなっていた。第二アディウトリクス軍団も例外ではない。ポストは金銭で売買され、政治的なコネが経験より重視された。普通、軍団司令官は法務官経験者だったので、命令権をもっていた。法務官より高い地位は執政官だけだったから、パンノニアにおいても、実質的な直属の上司は執政官経験者である属州総督ということになる。

軍団司令官のもとには六名の軍団高級将校がいる。ハドリアヌスが就任したのはトリブヌス・ラティクラウィウス(「幅広の」の意)、すなわち主席軍団高級将校で、任期は一年から三年だった。このポストは名目上は副軍団司令官だが、任務の内容は特に定められていない。最大の任務は軍事の基本を学ぶことだった。他の軍団高級将校はトリブヌス・アングスティクラウィ(「幅が細い」の意)と呼ばれ、騎士がなった。彼らはすでに何年か軍務を経験しており、おおむね二十代後半から三十代前半だった。おおまかに言えば、軍団高級将校は今日の参謀将校に相当する。

軍団の定員は五一二〇名だったが、通常、定員が満たされることはなかった。第二アディウトリクス軍団もおそらく定員未満で編成されていたはずだ。軍団は十の歩兵大隊《コホルス》に分けられていた。それぞれの歩兵大隊は戦場である程度の戦闘能力を発揮するのに十分な規模だった。同時に、小回りの利く規模でもあり、足場が悪いところで展開したり、敵の奇襲に迅速に対応することができた。

実質的に現場で指揮をとっていたのは百人隊長《ケントウリオ》だった。コネによる昇進はありえたが、ほとんどの百人隊長は実力でのし上がってきた叩き上げの軍人だった。百人隊長に相当するポストは今日の軍制にはない。軍団司令官が連隊を指揮する大佐だとするなら、百人隊長は特務曹長か少佐といったところだろう。第一歩兵大隊には五名、それ以外の歩兵大隊には六名の百人隊長がいて、それぞれが八〇名からなる百人隊《ケントウリア》を指揮していた。主席百人隊長は全歩兵大隊の責任者だったようだ（現存する史料からは詳細はよくわからない）。

五九名の百人隊長、とりわけ第一歩兵大隊の百人隊長は別格の扱いを受けていた。一般兵士の年俸が一四〇〇セステルティウスであったのに対して、彼らの年俸は最下級の者でも一万八〇〇〇セステルティウスに達していたようだ(3)。プリムス・ピルス（「最前列」の意）は第一歩兵大隊を指揮し、戦場にあっては最前列を率いる主席百人隊長を指す。彼は軍団司令官の相談役としても重要な役割を果たした。七万二〇〇〇セステルティウスもの年俸を稼いだから、百人隊長になりたくて軍隊に入る騎士もいた。

一般兵士の軍隊生活は士官のそれと比べて過酷だった。しかし、軍にいれば、確実な現金収入、栄養バランスの取れた食事、十分な医療が保証されているし、共通の目的にむかって働くという満足感も得ることができた。もちろん、マイナス面もあった。二十五年の契約を結び――延長も可能だった――、成人してからの人生のほとんどの期間を軍隊に拘束され、その間、結婚することは許されなかった。といっても、多くの者が長年の軍隊生活のあいだに愛人を作り、子どもをもうけた。兵士は通常、イタリア北部、ガリア南部、ヒスパニアのコロニアエ（退役軍人の入植地）から補充された。退役時にローマ市民権が与えられることになっていたが、兵力を緊急に補給しなければならない場合には入隊時に市民権が与えられることもあった。

ローマ軍団の兵士たちは高度な技術をもった多機能集団だった。責任の重い特殊任務を担う男たちはプリンキパレスと呼ばれた。特殊技能をもたない一般専門職はインムネスと呼ばれた。総督府で一般職員として勤務する者もあれば、野戦病院で働く者もいた。装備係、砲兵、ラッパや角笛の奏兵、架橋専門の工兵、その他の建築や道路建設にたずさわる工兵、食肉加工、軍馬の調教、病院の雑用係など、さまざまな軍務があった。一二〇名からなる騎兵部隊は偵察や伝令の任務にあたった。

勇敢であると認められた兵士は歩兵大隊や百人隊の旗兵になることができた。軍団の旗兵は特別な存在で、アクィリフェルと呼ばれた。戦場で大事なアクィラ（月桂樹の飾り輪に囲まれたワシのエンブレムを先端につけたポール）を運ぶのが任務だったからだ。たいへん名誉であるが、大きな危険を伴う任務だった。軍団にとって最大の屈辱は敵にアクィラを奪われることだった。

兵士はローマ軍の一員であると同時に、軍団の一員であり、歩兵大隊の一員であり、百人隊の一員だった。しかし、一般兵士にとって最も身近で大事な組織はコントゥベルニウム、すなわち八人組（八名からなる軍の最小単位）だった。彼らは同じテントや兵舎で寝起きし、同じ釜の飯を食った。一般兵士の装備は青銅か鉄製の兜、鱗状・鎖状・小札状の金属銅鎧、スクトゥム（半円筒状の長盾）、ピルム（長槍）、グラディウス（強力な短刀）、短剣からなっていた。行軍の際には、調理具、土木工具、最低二週間分の食糧、行軍中に宿営を設置する時に防柵を作るための杭三、四本を運ばなければならなかった。総重量はすくなくとも三〇キロ近くはあった。だから、彼らは親しみを込めて「マリウス（ローマの偉大な将軍の名前）のラバ」と呼ばれていた。

ハドリアヌスが赴任したアクィンクムは賑やかな町だった。第二アディウトリクス軍団にくわえ、同規模の補助部隊も駐屯していた。補助部隊の兵士は属州から集められた男たちで、かならずしもローマ市民ではなく、正規軍を支援する役目を担っていた。彼らのうちの多くが一、二名の奴隷を所有し、愛人や子どもたちを連れていたとすると、兵士とその家族の総勢は一万五千人ほどであったと推測される。そのうえ、さまざまな物資やサービスを供給する民間人がローマ軍から何がしかの利益を得ようとドナウ川の両岸から集まってきていた。すべてを合わせると、アクィンクムは二万人ほどの集落になっていたはずだ。

副軍団司令官として、若き主席軍団高級将校には豪華な住居が与えられていた。何部屋もある大邸宅には、身の回りの世話をさせるためにローマの屋敷から呼び寄せた解放奴隷や奴隷もいた。望みさえすれば、下々の者たちには目もくれず、いくらでも贅沢な生活をすることができたはずだが、ハドリアヌスはそうしなかった。後年、彼は気取らない態度や、どんな階級のどんなタイプの人間とも気さくに話をすることで知られるようになる。そして、「普通の人々をこれ見よがしに愛する男」(4)という評価を得た。トラヤヌスと同様に、彼も名前に対する驚異的な記憶力を誇り、一般兵士や長年の軍務を勤め上げた退役兵の名前まで完全に覚えていた(5)。また、食事も兵士と同じ質素なものをとった。後年の評価の土台はこのアクィンクム時代にすでに築かれていた。

アクィンクムからほんの一九〇キロメートルほど上流の属州都カルヌントゥムでは、（おそらくは）トラヤヌスが属州の統治にあたっており、時々ハドリアヌスのもとを訪ね、軍務に励んでいるかどうか、しっかり監視していたはずだ。パンノニアは猪やバイソンと互角に闘う屈強な猟犬がいることで有名だったが、この頃になると、彼の狩猟好きを批判する記録はもう見あたらない。

あるささいな手がかりから、ハドリアヌスがすくなくとも第二アディウトリクス軍団の百人隊長のひとりと親交を深めたことがわかる。アクィンクムで見つかった一兵士の墓碑に、彼の歩兵大隊の百人隊長の名前がM・トゥルボだったと刻まれているのだ。トゥルボというのはたいへん珍しい名前なので、後年、第二アディウトリクスの軍団司令官やパンノニア（おそらくは下パンノニア）属州総督になり、最終的には近衛長官まで勤め上げたクイントゥス・マルキウス・トゥルボだと見られている。[6] 下層階級出身者としては異例の出世だ。彼はハドリアヌスの親友となり、よきアドバイザーとして活躍した。二人が出会ったのは、ここアクィンクムだったにちがいない。

ハドリアヌスの任期は九六年の夏に満了した。パンノニアには一年間駐在し、多くを学んだ。ほとんどの軍団高級将校は一刻も早くローマに戻り、快適な都市生活、気ままな別荘での休養を再開できるよう願っていた。しかし、ハドリアヌスにはふたたび主席軍団高級将校として下モエシアに駐屯する第五マケドニア軍団に赴任せよという異例の辞令が下りた。すでに見たように、トラヤヌスも長年にわたり軍団高級将校をつとめた。その時に蓄積した深い専門的知見を、彼はきわめて重要だと考えていた。ハドリアヌス自身も後見人に倣いたいと思っていたことだろう。

ハドリアヌスはドナウ川がオエスクス川（今日のブルガリアのプレヴェン川）と合流する地点にあるもうひとつの要塞、オエスクスに赴任した。下モエシアは黒海沿岸にむかって川沿いに伸びる細長い属州だったので、またの名をリパ・トラキア（トラキアの岸）といった。ちなみに、下モエシアにはトミスという港町がある。そこは、一世紀まえに、時代の寵児であった大詩人オウィディウスが冷酷なる時の権力者アウグストゥスを侮辱した廉で追放され、何年もの隠遁生活の末、孤独のうちに惨めな最期を迎えた場所だ。

しかし、上下モエシアが重要だった本当の理由は別のところにある。ここが、きわめて好戦的で危険なダキア王国と、ローマの地中海文化圏に属するダルマティア、トラキア、そして何より古典文明発祥の地であるギリシアのあいだに横たわる緩衝地帯だったという事実だ。ハドリアヌスはオエスクスの要塞の塁壁の上に立ち、大河の対岸に広がる森や山々を見渡した。遅かれ早かれローマ軍は川を渡り、未知の土地へと踏み込むことになるのが、彼にはわかっていた。デケバルスに殺された同胞たちのために復讐がなされなければならないからだ。

九月末、ローマから驚くべき知らせが届いた。ドミティアヌスが身内の手で殺されたというニュースだった。事件は宮殿の密室内で起き、公式な発表は行なわれなかった。帝国の全土でさまざまな憶測が飛び交ったが、ハドリアヌスと仲間たちはおぼろげながら事件の輪郭を把握することに成功した。

一年ほどまえから、皇帝はますます苛立つようになっていた。自分の未来について心配するあまり、自身や周りの人々のホロスコープを調べ、自分がいつ死ぬのかを正確に割り出そうとした。即位してから十五年も経つというのに、いまだに自分が統治者として受け入れられていないと感じ、不安に思っていた。そして、とうとう、愚かにも身近な人々まで迫害しはじめた。最も衝撃的だったのは、ウェスパシアヌスの甥で皇帝自身の従兄でもあるティトゥス・フラウィウス・クレメンスの粛清だった。強力な縁故のおかげで九五年には正規執政官にまでなった人物で、ドミティアヌスの姪のフラウィア・ドミティッラと結婚していた。

クレメンスは五月一日まで執政官職にあった。警告もなく、彼とその妻がいきなり重大な告発を受けたのは退任直後のことだった。ディオ・カッシウスによると、「両人に対する告発理由は神を冒瀆した罪だった。ユダヤ式を取り入れたという理由でほかにも多くの者たちが断罪された」(7)。「ユダヤ式」というのは、クレメンスたちがユダヤ教に染まったという意味だ。ドミティアヌスは激怒した。フラウィウス朝の皇帝たちが徹底的に攻撃し祖国から追い出した民族の宗教に皇帝家の一員が興味をもつなど許しがたい、と。ユダヤ教とキリスト教の違いをローマ人たちはよく理解していなかったので、彼らにとって「ユダヤ式」という言葉はキリスト教をも意味していた。キリスト教徒たちのあいだでは、クレメンスとドミティッラはキリスト教に改宗したローマ人として古来より崇められてきた。

どのような信仰をもっていたかは別として、「きわめて恥ずべき怠惰な男」(8)と評されているところを見ると、クレメンスは同時代人にはいい印象を与えていなかったようだ。ともかく、彼は処刑され、ドミティッラはパンダタリアに流刑となった。パンダタリアは皇帝の大きなウィッラがあるカンパニア沿岸の小島（今日のヴェントテネ）で、歴代皇帝が不都合な親類を隠しておくためによく利用した場所だった。

ドミティアヌスの周辺の人々――友臣、元老院のフラウィウス〝党〟議員、解放奴隷や親類縁者たち――に衝撃を与えたのは、クレメンスの断罪には十分な証拠がなかったという点だ。皇帝は「ほんの小さな疑惑だけで(9)」誰でも排除するのだと思わざるをえなかった。被害妄想を抱いた皇帝の気まぐれでこれほど近しい身内でさえ粛清されるのなら、いったい誰が安全だと言えよう？

何人かが命がけの暗殺計画を立てはじめた。リーダー格はフラウィア・ドミティッラの代理人だったステファヌスと、皇帝の身近に仕える執事長《クビクラリウス》のパルテニウスの二人だった。

彼らは自分たちだけでは計画を実行できないことをよくわかっていた。しかし、反対派、とくにストア派抵抗勢力に加担したいとも思っていなかった。むしろ、どんどん手に負えなくなり自分たちの命と帝政の安定を脅かしている皇帝を排除することにより、フラウィウス派の元老院議員たちの勢力を回復したいと考えていた。そこで、政界のキーパーソンたちと秘密裏に連絡をとることにした。

キーパーソンのなかで最も重要だったのは、二人の近衛長官、ティトゥス・ペトロニウス・セクンドゥスとノルバヌス（この事件に関する記録にのみ出てくる名前で、フルネームは不明）だった。近衛隊はローマ市内と近郊で活動する軍隊だ。一万名からなる隊員は高給を得て、高度に訓練されていた。皇帝の身辺警護をするだけでなく、市民間の係争にも対応できるだけの規模と戦力を有していた。常時、一歩兵大隊の武装私服隊員がパラティヌスの宮殿の警備にあたっていた。

皇帝の継承問題では、あらかじめ広く世間に容認された皇帝候補がいない場合はとくに、近衛隊が大きな役割を担うことがしばしばあった。四一年にカリグラが暗殺された際、近衛隊員たちが宮殿のカーテンの陰に隠れていた皇帝の叔父のクラウディウスを見つけ、市外にある自分たちの基地まで意気揚々と連れていき、後継者宣言をした。恐れをなした元老院はその宣言を黙認した。これが悪い前例となり、以降、新帝の選出に折あれば介入しようと近衛隊は手ぐすね引いて機会を待っていた。すでに見たようにドミティアヌスは軍に人気があったから、暗殺すれば近衛隊が黙っているとは思えなかった。そこで、近衛隊に中立の立場を保たせるよう画策する必要があった。二人の長官は部下の近衛兵たちの説得を引き受けた。

新帝は広く支援を得られる人物でなければならなかった。もはやフラウィウス家には適任者がいなかったから、新帝になるチャンスは誰にでもあった。遠隔地に駐在している属州総督のなかには、帝国の最高位に就くという野心を抱いている者も間違いなくいたはずだ。しかし、陰謀は秘密裏に行なうものであり、広く議論を募るなどできるはずもなかった。そこで、当座をしのぐための皇帝候補が必要になった。みずからの王朝を創設する可能性のない人物、長期政権を担える人材をじっくりと選定する間のつなぎとなる人物が求められた。陰謀者たちはぴったりの男を見つけた。

彼の名はマルクス・コッケイウス・ネルウァ。都合のいいことに、高齢で、子どももなく、病気持ちだった。鼻が大きかったが、なかなかの美男子だったようだ。[10] 健康状態はすぐれず、食後にはしばしば嘔吐した。しかも、酒豪だった。生まれたのは三五年。多くの法律家を輩出した生家は共和政期以来の名門貴族で、帝政を創始したユリウス‐クラウディウス朝の縁者だった。詩人でもあり、小詩集も何冊か出版していて、相応の評価を得ていた。マルティアリスは「ネロの詩を愛読している人は、みなネルウァが現代のティブルス（ローマ最高の抒情詩人のひとり）だということを知っている」[11] と述べている。当時の人々はネロのことを最低の詩人だと考えていたから、これは褒めているとも貶しているともとれる微妙なコメントだ。

ネルウァはネロのもとで頭角を現したが、鮮やかに寝返ってフラウィウス朝の有力者となった。静かな生活を好み、誰も怒らせないで世間を渡っていく術を心得ていた。バランス感覚に富み、利害関係をうまく調整することができた。ウェスパシアヌスともドミティアヌスとも同僚執政官になったことがあった。能力を高く評価されていた証だ。フラウィウス家の人々とは別の意味でも親密だった。ドミティアヌスがまだ見目麗しい若者だったころ、彼を誘惑したという記録が残っている。[12] 二人のあいだの情事は経歴に傷をつけるどころか、出世には有利に働いたようだ。

準備は整った。行動を起こす時が来た。パルテニウスは皇帝がいつも枕の下に忍ばせている短剣の刀身を抜きとった。数日まえから怪我をしたふりをして、腕に包帯を巻いていたステファヌスは包帯の下に短剣をしのばせた。

ドミティアヌスは九月二十六日の午前中を法廷で裁定を下すことに費やし、その後、寝室に戻って、風呂に入ろうとしていた。ステファヌスは「陰謀を暴いたので、ただちに面会したい」と言い、部屋に入った。寝室には少年がひとりいて、小祭壇の上に並べられたラレス（家の守護神）像に供物を捧げる準備をしていた。ステファヌスは言った――「あなたが死んだと思っている宿敵クレメンスは実は生きています。彼がどこにいるのか発見しました。あなたを攻撃すべく武装しています」[13]。そして、証拠となる書類を手渡し、皇帝が読んでいる隙に脇腹にナイフを突き刺した。ドミティアヌスは大声で少年に短剣をもってくるよう命じ、侍従たちを呼んだ。しかし、短剣には柄しかなく、扉にはかんぬきがかけられていた。

皇帝は抵抗し、ステファヌスを床に引き倒すと取っ組み合って闘った。相手の短剣を奪おうとし、傷だらけの指で目をえぐろうとした。パルテニウスか、あるいは彼の部下のひとりが部屋に駆け込み、ステファヌスに加勢した。皇帝は七か所も刺され、ようやく息絶えた。その時、陰謀について何も知らなかった侍従たちがやってきて、説明する間も与えず、その場でステファヌスを殺した。

宮殿の別室では、次期皇帝が固唾を飲んで待っていた。そこに、ドミティアヌスがまだ生きているという一報が入った。蒼白になり、立ち上がることもできなくなったネルウァに、パルテニウスは怖れることはないと言い、落ち着かせた。

ハドリアヌスは王朝崩壊のニュースを慎重に分析した。幾通りもの解釈が可能だった。これまでアエリウス氏もウルピウス氏もウェスパシアヌス、ティトゥス、ドミティアヌスの三皇帝のもとでうまく立ちまわってきた。サトゥルニヌスの無謀な反逆を制圧するためにヒスパニアからゲルマニアまでの大行軍を成功させたトラヤヌスは皇帝側の有力者となっていた。しかし、このような状況下では、有力者であることはかならずしも有利なことではなかった。ドミティアヌスの暗殺がフラウィウス派によるクーデターであることも、今までと同様に今後も安泰でいられるという保証にはならなかった。

ローマの元老院議員たちは暴君が排除されたことにしばらくは浮かれているかもしれない。しかし、年が明ければどうなるかはまったく不透明だった。暫定的に選ばれた皇帝は、政権を堅固なものにし社会に安定をもたらすには明らかに力不足だった。早晩、次期皇帝の椅子を狙う有力者たちの主導権争いが起きることは目に見えていた。過去の歴史から見て、軍団を配下にもつ属州総督たちがたがいに相手の出方を注意深く窺いながら、機を狙っているのはまちがいない。いつ内戦が勃発してもおかしくない状況だった。

ドナウ川沿岸という遠隔地の要塞にいることがかえって幸いし、ハドリアヌスにはローマの政情がいかに血なまぐさいものかがよく見えていた。ドミティアヌスは軍に人気があったから、一般兵士と百人隊長の大部分が激怒していた。下モエシアのドナウ川警備軍の一部はいつ暴走しても不思議ではなかった。しかし、軍団兵士たちにしても近衛隊員たちにしても、将校たちの支持が得られず、指揮官がいない状態では何もできなかった。とりあえずは、嵐のまえの静けさがあたりを支配していた。

教養もあり気取らぬ性格だったネルウァは元老院と良好な関係を築き、協力しながら、意外にも順調な滑り出しをした。行動が早く、判断も的確だった。

彼はまず、前帝の統治の痕跡を一掃した。元老院は前帝の父と兄に対しては名誉を称えるための神格化を行なった。しかし、ドミティアヌスに対しては、神格化を行なわなかっただけでなく、記録抹消刑《ドムナティオ・メモリアエ》まで宣告した。すでに死んでいるため死刑宣告はできなかったので、これは暴君に対して宣告しうる最悪の刑だった。遺体は簡素な葬儀のあとでぞんざいに始末され、乳母の手によりフラウィウス家の神殿に埋葬された。ドミティアヌスに対する個人崇拝の象徴である像やアーチ門がいたるところにあったが、これらもすべて撤去された。また、空っぽになっていた国庫の穴埋めをするために、皇帝の財産は土地から衣服にいたるまですべて売り払われた。

ローマには警察に相当する組織がなかったので、ドミティアヌスは告発制度を最大限に利用して取締りを行なった。告発されると、形だけの裁判が行なわれ、ほぼ例外なく死刑か流刑判決が下された。新帝は大逆罪で係争中の被告を全員すみやかに無罪放免とし、流刑者たちを呼び戻した。そして、今後、「ユダヤのライフスタイルを取り入れた」ことに対して大逆罪を適用することは違法とした。その結果、フラウィウス・クレメンスの名誉も回復された。さらに、新帝は自分の統治下では二度と元老院議員を死刑に処さないと誓った。

このようにして負の遺産の解消に努めると同時に、ネルウァは深い洞察に裏打ちされた前向きな政策を打ち出していった。そして、みずからの意図を広く伝える手段として、新貨幣を発行した。アウレウス金貨（一〇〇セステルティウスに相当）の表には新帝の頭部の像が、裏にはピレウスと統治権の象徴である笏をもった自由の女神像が刻まれた[1]。ピレウスは奴隷が解放される際に与えられる、楕円球を半分にした形のフェルト帽だ。この意匠とともに「公共の自由」という銘が書かれていた。

新帝の功績――すでに実際に達成したものも、これから達成したいと願っているものも含めて――を刻んだ硬貨も発行された。つぶさに見ていくと、この政権がどのような問題について苦慮していたかが読み取れる。ある貨幣には首都に供給される小麦の絵が描かれている[2]が、これは平民たちを自分の側に惹きつけておきたいというネルウァの願いを示している。市民たちはドミティアヌスの失脚を歓迎していたが、新帝が食糧の供給をきちんとしてくれるという具体的な保証を欲していた。別の貨幣には、実績というよりも、むしろ新帝の希望が刻まれている。拍手する二本の手の下に「軍の調和」というスローガンが書いてある[3]。ドミティアヌスの死を軍が受け入れるかどうかは、依然として不透明だった。

新帝の改革は共和政への逆戻りを意味しているわけではなかった。いかに理想主義で筋金入りのローマ貴族といえども、もはや衆愚と化した六〇〇名の元老院議員たちが国家の統治をつつがなく行なえるとは考えていなかっただろう。フラウィウス朝の強引な独裁を合法的君主制とでも呼ぶべきものへと転換させるために、聡明なるネルウァは巧妙に立ちまわった。彼は最高命令権《インペリウム》を保持しつつも、むやみやたらと振り回さず、あくまでも法と慣習の範囲内で行使したのだ。主人にして神《ドミヌス・エト・デウス》とみずからを称した暴君の時代が終わり、アウグストゥスが好んで使ったプリンケプス（第一の市民）という言葉が本来の意味を取り戻した。皇帝の失政には手厳しいタキトゥスも温かい言葉でネルウァの善政を称えている。

まちがいなく、今までわれわれは圧制を従順に受け入れてきた。祖先たちは最大限の自由を謳歌してきたのに、われわれは隷属を経験した……今、ついにわれわれは心を取り戻した。この幸福の時代が始まった瞬間、最初の瞬間より、ネルウァは独裁と自由という、まったく対極にあったものを融合させた。(4)

新政権が発足してからの数週間は、金目当ての三流デラトルたちに対する仕返しの告訴が相次いた。誰も何もできない社会を作る皇帝は悪いが、誰でも何でもできる社会を作る皇帝はもっと悪い、と執政官のひとりが言った。それを聞いたネルウァは同意し、この種の裁判は中止するよう命じた。

いくら禁止命令が出たとはいえ、元老院議員がひとりも処罰されないことについて、小プリニウスは不公平だと感じていた。「ドミティアヌスが死んだ今、罪人を懲らしめ、犠牲者の敵を討ち、思い知らせてやる絶好の機会が到来したと思う」と彼は言った。(5)

しかし、仲間の元老院議員たちは異議を唱えた。「われわれは粛清の嵐のなかをやっとの思いで生き残った。だから、そっとしておいてくれ」、と。多くの人々がドミティアヌスのもとで綱渡りのように危険な日々を送ってきた。彼らは過ぎたことは過ぎたことにしたいと考えていた。

ネルウァはフラウィウス派の人々を多数高位の公職につけた。数年来続いていた〝血みどろの足の引っ張り合い〟(6)は、どんなことをしても二度と繰り返してはならないと固く心に誓っていた。当時の状況を、ある小宴での会話が象徴的に示している。ネルウァは有名なデラトルでドミティアヌスの側近中の側近だった男の隣に横たわっていた。そのうち、別のもっと有名なデラトルの話題になった。盲目のルキウス・ウァレリウス・カトゥッルス・メッサリヌスだ。彼は「視力を失ったことで、性格がいっそう冷酷になった[7]」と言われている男で、ドミティアヌスの顧問団のメンバーだった。

「もし彼が生きていたら、どうなっていただろうな?[8]」ふと、ネルウァは言った。

「ここでいっしょに食事をしていることでしょう」と別の客が皮肉っぽく答えた。それは流刑地から戻ったばかりのストア派抵抗勢力の政治家だった。

ネルウァは宴席だけでなく、行政の場でも対立する人々を同席させ、友好関係を築かせることに成功した。彼の宥和政策は広く支持された。新帝は満足げに述べている――「皇帝府で安心して仕事ができるよう、そして、安全に宮殿に戻れるよう、必要なことはすべてした[9]」。

政治家たちはそれでよかったかもしれない。しかし、近衛隊員たちの脳裏には、まだ生々しい記憶が残っていた。政権が交代したという事実を止むをえず受け入れたとはいえ、彼らはドミティアヌスが暗殺されたことに忸怩たる思いを抱きつづけていた。九七年秋、抑えきれぬ怒りがついに爆発した。

不正確な情報が伝わっていたため、ネルウァは近衛隊の新長官にカスペリウス・アエリアヌスなる人物を任命してしまった。カスペリウスは前政権末期にも同じポストに就いていた。ドミティアヌス暗殺直後の混乱期に近衛隊のなだめ役を引き受けた生真面目なペトロニウス・セクンドゥスとともに仕事をすることになっていた。ところが、あろうことか近衛隊員たちを焚きつけて、せっかく十二か月まえに取り上げた主導権をふたたび彼らの手に戻してしまったのだ。近衛隊は蜂起し、皇帝を拘束して幽閉した[10]。そして、前帝の暗殺者、なかでも、ペトロニウスといまだに皇帝府で働いている解放奴隷のパルテニウスを引き渡すよう要求した。

恐怖のあまり体調を崩してしまったにもかかわらず、皇帝は頑として譲らず、謀反人たちにむかって喉元をさらし、殺せと言い放った。ペトロニウスらが見つかってしまい、処刑場に連行されてからも、ネルウァは嘔吐し、下痢をしながら抗議しつづけた。自分に最高命令権を獲得させてくれた功労者たちを殺すことに協力してその最高命令権を汚すくらいなら死んだほうがました、と彼は言った。しかし、その言葉は無視された。ペトロニウスは温情で即死させてもらえたが、パルテニウスは性器を切り取られ、口に詰めこまれ、首を絞められて殺された。

処刑後、ネルウァは民会を開き、「最低、最悪の人間のくずを殺したことに対して」近衛隊に正式に感謝するよう強要された。カスペリウスは解任されたが、大きなダメージが残った。皇帝が受けた屈辱ははかりしれず、権威は失墜した。

ネルウァの立場は最悪なものとなった。しかし、どうすればよいのか？　自発的にせよ、強制的にせよ、退位すれば状況はかえって悪化したろう。確たる後継者候補がいない状態で帝位に空白が生ずれば、おそらく内戦になる。六九年の悲劇だけは絶対に繰り返したくないと誰もが思っていた。打開策は明らかだった。人々に受け入れてもらえる後継者に譲位するしかなかった。年齢と健康状態を考えれば、そして、その後の行動がきわめて迅速で微塵の迷いもなかったことを考えれば、ネルウァは胸中あらかじめ策を練っていたにちがいない。

一息つくや、皇帝は老練な政治家ならではの大芝居を打った。おりしも、パンノニアから月桂冠を頭に戴いた伝令が到着し、ゲルマン民族に対するトラヤヌスの勝利報告をした[11]。皇帝はフォルムからカピトリウムの丘にそびえる最高神ユピテルの神殿へとつづら折りの道を進み、祭壇に月桂樹の枝を横たえた。そして、神殿から出るや、大きな声でこう告げたのだ――「元老院とローマ市民と私をよき未来が待ち受けているように。私はここにマルクス・ウルピウス・トラヤヌスを養子とする[12]」。

建前としては、養子縁組は個人的なことであり、かならずしも政治的な意味をもつものではなかった。しかし、皇帝のメッセージは明らかだった。そして、元老院は恭順の意を示すべく、トラヤヌスに〝カエサル〟のコグノーメンを授与した。また、ゲルマン系スエビ族に対する勝利を称え、〝ゲルマニクス〟の名も認めた。つぎに、皇帝は皇帝権を委譲するための有力な手段として、二つの権限を与えた。ひとつはプロコンスラーレ・インペリウム・マユス（属州総督に命令する権限）、もうひとつは護民官職権、すなわち法案を提出したり、元老院を召集したり、元老院の決定を拒否する権利だ。

ネルウァは養子となったマルクス・ウルピウス・ネルウァ・トラヤヌス・カエサルにダイアモンドの指輪を送った。指輪に添えたメッセージには「あなたの矢によってダナオイ人たちに私の涙の仕返しがされんことを」[13]という、ホメロスの『イリアス』の一文が引用されていた。トロイア城外でギリシア軍に受けた屈辱を晴らしてもらうために弓神アポロンに呼びかけた、預言者カルカスの祈りの言葉だ。つまり、反抗的な近衛隊をなんとかしてほしい、とほのめかしたのである。

同じころ、皇帝はトラヤヌスをパンノニアからゲルマニアに移動させ、両属州に展開するすべての軍団の指揮を執らせた。[14]この移動については理由がよくわかっていない。記録には残っていないが、ドミティアヌス時代の問題がまだ解決されずに残っていたのか、あるいはライン川の対岸に住むゲルマン系部族の内紛が再発したのか、あるいは国境沿いに点々と築かれた新リメス（長城）が攻撃を受けたのか、いずれにせよ何らかの非常事態が発生したのだろう。

この養子縁組を、一様に驚きながらも、人々はおおむね容認した。プリニウスは「すべての混乱がたちまち解消した」[15]と記している。トラヤヌスを選んだことはいかにも唐突に感じられる。しかし、これは合理的な選択だった。彼は有力者の息子であり、血統貴族の第二世代だった。しかも、自力で軍の実力者となり、部下の将校からも一般兵士からも敬愛されていた。

　プリニウスによれば、トラヤヌスはネルウァの共同統治者となることを嫌がっていたらしい。「最後は強制的に受け入れさせるしかなかった。国家が［近衛隊からの圧力で］存亡の危機に立たされ、すべてが崩壊しつつあるのを目の当たりにしたので、受け入れないわけにはいかなかったのだ」[16]という。

　統治能力《カパクス・インペリイ》のある人物として、巷間では早くからトラヤヌスの名があがっていた。ブリタンニア占領に大きく貢献した将軍のグナエウス・ユリウス・アグリコラはタキトゥスの義父にあたる。トラヤヌスが「プリンケプスになることを祈願し、また実際そうなるだろうと［アグリコラが］予言するのを耳にした」[17]と、タキトゥスは述べている。ここで注目しなければならないのは、ドミティアヌスの恐怖政治が最高潮に達した九三年までアグリコラが生きていたという点だ。当時、このような風聞は、言った本人だけでなく話題になった人物にとっても危険だった。アグリコラの言葉が皇帝の耳に届かなかったのは、トラヤヌスにとって幸運だった。

　もしトラヤヌスを養子にしなかったとしたら、それは「あまりにも横暴な職権乱用」[18]だったろう、とプリニウスは述べている。これはネルウァには初めからそれ以外の選択肢がなかったことを意味している。後世の文献には、老獪にして強引な性格のルキニウス・スラが政権転覆を狙って動いたという記録がある。つまり、この養子縁組はそれほどすんなりと棚ぼた式に行なわれたものではなく、仕組まれた簒奪にほかならなかったということだ。であるなら、トラヤヌスは権力に対して見かけほど淡白な男ではなかったのだろう。

　実際に起きたことを正確に知ることはできないにしても、わかっている事実の断片をつなぎあわせ、政界の普遍原則をあてはめてみれば、おおよそのシナリオは想像がつく。前政権末期の恐怖政治のなか、反体制派の人々のあいだでトラヤヌスの名前はプリンケプス候補者として取り沙汰されはじめていた。卓越した軍人であることを考えると、ドミティアヌスより軍事的に積極策をとるであろうことが予想されたので、軍上層部はこの人選を歓迎した。国内的には、元老院に圧力をかけるという手法はとらずに穏健路線をとり、むしろ協力的な姿勢を見せるだろうと考えられていた。帝位にあからさまな野心を見せない点も好ましかった。

陰謀者たちはトラヤヌスではなくネルウァを皇帝に選んだが、それはトラヤヌスが物理的にローマから離れたところにいたからだ。たとえ数日間でも帝位に空白が生じれば、内戦の引き金になりかねなかった。そのようなことは絶対にあってはならなかった。近衛隊には間髪をおかず新帝を既成事実として容認させる必要があった。さもなければ、無残に殺されたドミティアヌスの死を彼らは受け入れなかっただろう。遠い属州にいたトラヤヌスには、秘密保持の観点から、ドミティアヌス殺害計画はもちろん知らされていなかったはずだ。皇帝になるのは次のチャンスを待たざるをえない状況だった。そして、そのチャンスを確実なものにするために、ルキニウス・スラが彼の信頼できる〝エージェント〟としてローマで動いた。実は、この時期、スラがどこにいたのかわかっていない。しかし、われわれが想像するようにもし彼がトラヤヌスのために動いたとしたら、首都にいないかぎり、これほど鮮やかに作戦を成功させることは不可能だっただろう。

自身の政治生命が不安定であることに加え、体調も最悪だったから、ネルウァは早い段階から後継問題について考えていたはずだ。トラヤヌスにはローマに何人も有力な友人がいた。その友人たちは折に触れて彼の名前を出していた。九七年の七名の補充執政官のうち、すくなくとも五名は友人か血縁者で、さらにそのうちの何名かはヒスパニア出身の同郷者だった。そのうちのひとり、ティトゥス・アッリウス・アントニヌスは保守派の大資産家だった。彼はネルウァの即位に際して、有名なエピソードを残している。元老院とローマ市民に対しては祝辞を送ったが、皇帝に対しては祝辞を送らなかったのだ。(19) 統治者として大きな重荷を背負わなければならないことは、めでたいことではない、と。

下モエシアで軍団高級将校の職務についていたハドリアヌスは、養子縁組の知らせを聞くや、ここが人生のターニングポイントであることを瞬時に悟った。占星術を勉強していた彼は数字がもつ魔力――占星術師たちはマテマティクスと呼ばれていた――を信じていた。だから、二十一歳という年齢が大厄（心身が大きく変化し、命にかかわる運命が訪れる転機の年）であることを強く意識していた。ちなみに、第一の大厄は七歳とされていた。その後は特別な意味があると信じられていた七という数字の倍数年に厄が訪れるのだが、その最大のものが六十三歳だと考えられていた。だから、その年齢を大過なく越えることができれば、それだけで大成功だった。アウグストゥスも六十四歳になったときにはほっとしたと言っている。ところで、七年ごとに転機が訪れるという考え方の名残りは現代にもある。実際に、子どもは七歳になると物心がついてくるし、ごく最近まで二十一歳で成人する国はたくさんあった。

次期皇帝の身内であるハドリアヌスは若きキーパーソンとして突如脚光を浴びることになった。トラヤヌスとプロティナの結婚生活がすでに二十年になるというのに子どもがいないことも、彼が重視された理由だ。二人は愛し合い、信頼しあっていたが、トラヤヌスは性的な楽しみを別のところに見出していた。これから先二人のあいだに子どもが生まれないことは、誰の目にも明らかだった。トラヤヌスはハドリアヌスを被後見人というよりもまるで本当の息子のように扱っていた。抜け目のない政治家たちはそれを見逃さなかった。

ハドリアヌスは眼前に開けた輝かしい未来に胸を躍らせつつも、念には念を入れようと考えた。むかし、ヒスパニアを訪れたときに聞かされた大叔父の予言を思い出し、今一度、その予言が本物かどうかを下モエシアの占星術師《マテマティクス》に確かめさせることにしたのだ。すると、まったく同様の金色の未来が予言された。この瞬間から、ハドリアヌスは自分が特別な人間だという意識をもつようになった。

新カエサルのもとに行き、自分たちからの祝辞を伝えてほしいと、下モエシアに駐屯していた軍団兵たちはハドリアヌスに頼んだ。軍団高級将校にふさわしい任務であり、ハドリアヌス自身もそうしたいと思っていたはずだ。トラヤヌスのもとに早く着けば着くだけ、高い評価が得られ、その分、新政権に食い込むことができるにちがいなかった。長く困難な旅路だった。彼はドナウ川沿いに続く属州の未開の山岳地帯を騎馬で上流に向かった。上モエシア、パンノニア、ノリクム、ラエティア（今日のハンガリー、オーストリア、スイスにあたる）を通過し、ライン川に達し、上ゲルマニア（下ゲルマニアよりも上流にあるので、このように呼ばれている）にたどりついた。ようやく下ゲルマニアの属州都コロニア・アグリッピネンシス（今日のケルン）に到着したのは、十一月末か十二月初めだった。コロニア・アグリッピネンシスはもともとライン川の通行の監視をするために作られた町だ。トラヤヌスは九七年から九八年にかけての冬を、ここで過ごしていた。

到着後すぐに、理由は不明ながら、トラヤヌスがハドリアヌスを近くにおいておきたくないと考えていることが判明した。隣の上ゲルマニア属州に軍団高級将校として赴任させたからだ。[20] 三度も軍団高級将校をつとめるなど、前代未聞の人事だった。赴任先はモグンティアクム（今日のマインツ）の第二十二プリミゲニア軍団。実行されることのなかった三九年のブリタンニア侵攻のためにカリグラが新設した軍団だ。モグンティアクムの城塞は、ライン川上流とドナウ川源流のあいだの、シュヴァルツヴァルトが東部ガリアのほうにV字型に張り出した危険な場所にあった。ゲルマン民族の侵入を防ぐためにドミティアヌスが建設したリメスはちょうどこのシュヴァルツヴァルトの東側に沿って伸びていた。プリミゲニア軍団はアルゲントラテ（今日のストラスブール）に駐屯している別の軍団を補助し、リメスを越えて侵入してくる敵を迎撃する役割を担っていた。リメスという国境防衛の新システムを初めて目の当たりにしたハドリアヌスは驚嘆せずにはいられなかった[21]。

ハドリアヌスが三度目の軍団高級将校職に任じられた理由が何であったのかはわからない。軍事的な知見をさらに高める機会を与えるためだったのかもしれないし、あるいは軽率な行動に対する懲罰人事だったのかもしれない。はっきりしているのは、属州総督のルキウス・ユリウス・セルウィリウス・ウルスス・セルウィアヌスが彼に対して悪い印象を抱いていたことだ。四七年生まれのセルウィアヌスはローマのヒスパニア系市民のなかでは最有力者のひとりで、ハドリアヌスの姉のアエリア・ドミティア・パウリナと結婚していた。パウリナとは再婚で、前妻とは死別したようだ。九〇年に発生したと推測されている疫病――ディオ・カッシウスはこの疫病の原因を何かの中毒だったと述べている――で亡くしたという説がある。二人はそのころに結婚したようだ。セルウィアヌスは四十代前半、パウリナは十五歳くらいだったろう。

妻との関係は良好だったが、セルウィアヌスはハドリアヌスとはうまくいかなかったようだ。馬の合わない義弟のよからぬ行状について、モグンティアクムから後見人であるトラヤヌスに苦情を言い、「浪費がひどく、借金もしている[22]」と暴露した。セルウィアヌスの思惑通り[23]、そんなことは初耳だったトラヤヌスは激怒し、バエティカにおけるハドリアヌスの無責任な振舞いを思い出した。いったい、いつになったら自制ということを学ぶのか？

浪費といっても、前線の軍事基地でいったいどれほどの散財が可能だったのかと、一見不思議な感じがする。ハドリアヌスは稀代の狩猟好きだったから高価な猟犬や馬を買い漁ったのかもしれないし、あるいは暇つぶしに賭け事に手を出して大損してしまったのかもしれない。ライン川の東岸には、程近いところにアクアエ・マッティアカエ[24]という小さな温泉があり、軍人たちに憩いの場を提供していた。高温カルシウム泉で、三日は湯冷めしないと評判だった。温泉には性的な遊興施設がつきものだったから、そういうところでも散財してしまったのだろう。

　幸い、セルウィアヌスとハドリアヌスのあいだの気まずい関係は長くは続かなかった。二月初旬、モグンティアクムにネルウァの突然の逝去を伝える急使がやってきたからだ。皇帝は有名なデラトルを相手に激昂し、大声を張り上げて話しているうちに大汗をかいて熱を出し、具合が悪くなった。そして、一月二十八日、そのまま息絶えてしまったのだ。大厄越えを目前にした六十三歳の死だった。

　ネルウァは人生の大半を個人的な関心と利益のために費やした。しかし、ローマの帝政がこの先も続いていくには何が必要なのかを理解できるだけの常識と知性があった。確固たる信念の欠如に由来する寛容さも、二十年に及ぶドミティアヌスの恐怖政治のあとではかえって貴重な資質だった。

　ハドリアヌスはこの好機を見逃さなかった。(25) 一三〇キロほど下流のコロニア・アグリッピネンシスにいるトラヤヌスにこのニュースを最初に伝えることができたら、信頼を回復できるかもしれないと考えたのだ。すぐに馬車に乗って出発したが、しばらく行くと馬車が壊れてしまった。ハドリアヌスの散逸した自伝をもとに書かれたとされる『ヒストリア・アウグスタ』によると、この事故は明らかに仕組まれたものだった。計画を知ったセルウィアヌスが馬車に細工をして妨害したというのだ。しかし、そんなことで諦めるハドリアヌスではなかった。元気な馬が見つかるまで、かなりの距離を歩き通し、セルウィアヌスの伝令より先にコロニア・アグリッピネンシスに到着した。ハドリアヌスが願っていた通り、トラヤヌスはこの強行軍に感激し、二人の関係は改善した。

　修行期間は終わった。アエリウス家の若き頭領の命運は、四十四歳のウルピウス家の頭領のそれと分かちがたく連動していた。ついに、ヒスパニア系属州出身者たちが権力の極みに登りつめる時がやってきたのだ。良くも悪しくも、ハドリアヌスが新帝に最も近い親類であるという事実は変えようがなかった。養子でもなければ、跡継ぎでもなかったが——トラヤヌスはなぜか断固として養子縁組の手続きをとろうとしなかった——、彼はいまやローマの最重要人物のひとりだった。

第九章　オプティムス・プリンケプス（至高の皇帝）

ハドリアヌスは新帝の寵愛を受けるようになった。同時に、不可解な事件に巻き込まれたりもした。トラヤヌスの若い愛人たちの家庭教師たちがハドリアヌスを陥れようと姦計を企てたのだ。史料がないので詳細はわからないが、おそらく皇帝周辺の人々にとっては、権力の基盤を築きはじめた新参者の存在が疎ましかったのだろう。

この当時、ハドリアヌスはまたしても占いを試みている。今回用いたのは〝ウェルギリウス占い〟だった。占者はウェルギリウスの『アエネーイス』からランダムに文章を選び出す。そんなことをすれば、たいてい何かしら示唆的、予言的な文章が出てくるものだ。ハドリアヌスは第六歌の詩を引き当てた。

遠くに見えるのは誰だろう、聖人たちを連れ、オリーブの冠をかぶっている。灰色の髪に白い顎髭
――わかった。貧しき郷のみすぼらしく小さな町、クレスより招聘されて王となり、われらの法体系の礎を築き、それによりわれらの町を再生したローマ王だ。(1)

この詩はローマの初期の王のひとり、ヌマ・ポンピリウスを指している。伝説上の人物で、大ロムルス

のあとを継いだとされる。敬虔で質素な生活を好んだ平和的な統治者にして、ローマの最初の立法者だ。
ハドリアヌスがほんとうにこのような占いをしたのかどうか、判断するのは難しい。しかし、彼が人生の節目に占いを行なっていたことや、生涯にわたって法律に関心を寄せていたことをよく表すエピソードではある。出典は散逸した自伝だろう。詩の意味は明白だが、当時彼がおかれていた状況との直接的な関連性を見出すことはできない。しかし、だからこそ、この占いのエピソードは信憑性が高いとも言える。

　ハドリアヌスがふたたび寵愛を受けるようになったのは、モグンティアクムからコロニア・アグリッピネンシスまでの騎馬行のおかげだけではなかった。推薦してくれた人がいたのだ。リキニウス・スラだ。彼はハドリアヌスのことを個人的に気にかけ――どのような個人的な理由があったのかはよくわからない――、皇帝に昇進を働きかけてくれていた。

　皇帝は後宮の長でもあった。皇帝家の女性たちはトラヤヌスがハドリアヌスの後見人になる以前から、幼いハドリアヌスのことをよく知っていた。ハドリアヌスは皇妃プロティナとたいへん親しい関係にあった。また、トラヤヌスが愛してやまなかった姉のウルピア・マルキアナの娘、サロニナ・マティディアの大のお気に入りだった。マルキアナは七八年に夫に先立たれて以来トラヤヌス夫妻の邸宅で生活していた。トラヤヌスの即位から数年後には、寡婦となったマティディアも同居するようになった。皇帝家の女性たちはたいへん仲がよく、トラヤヌスの幸せだけを考えて生きていた。

　プロティナは当時三十代半ばぐらいだったろう。[2] ナルボネンシス属州（今日のラングドックとプロヴァンス）のネマウスス（今日のニーム）の出身だった。エピクロスの思想を信奉しているだけあり、穏やかな性格で前向きな考え方の持ち主だった。神々は遠いところにあって、われわれにはまったく関わりのない存在であると、エピクロスは説く。死は肉体と魂の終焉であるから、死後に受ける罰など心配する必要はない。親切の心を忘れず、友情を大切にし、（何を食べてもよいが）暴飲暴食さえ避ければ、幸せで穏やかな生活を送ることができる、と。

マティディアは三十歳くらいだった。最初の夫とのあいだに二人の娘をもうけたが、そのうちのひとり、ウィビア・サビナは当時十三歳くらいで、もう結婚が可能な年齢だった。マティディアは夫の死後、二度再婚し、二番目と三番目の夫とのあいだにさらに二人の娘をもうけた。両方の夫とも死別し、その後は終生独身を通した。しばしば叔父にあたるトラヤヌスとともに旅をし、政治や行政に関してアドバイスをしたという。

これらの女性たちの公式彫像はいずれも理想化されたもので、表情は抑制され、重々しい雰囲気を漂わせている。マルキアナの彫像だけは別で、かわいらしく好奇心に満ちた表情をしている。硬貨には、より写実的な肖像を刻む傾向がある。デナリウス銀貨に刻印されたマティディアの像は鷲鼻で、頬が垂れ下がり、顎がすこし後退している。セステルティウス貨に刻印されたプロティナの像のほうは鳥を思わせるシャープな横顔で、似たような垂れ下がった頬をしている。

皇帝府における地位を確立したハドリアヌスは政界の動きをつぶさに観察することができた。新帝は中庸を尊びながらも厳格さを忘れない帝王学をみずから授けてくれた。この数か月のあいだに学んだ教訓をハドリアヌスは一生涯忘れることはなかった。

トラヤヌスは自分の権力基盤が結局のところ軍事力であることをよくわかっていた。その点では、自分自身が卓越した軍人であることが大きな意味をもっていた。慣例となっている即位時の報奨金以外に特別な措置をとらずとも、トラヤヌスは軍団兵士たちの忠誠心を獲得することができた。軍とは対照的に元老院は弱体化していたので、思い通りに振舞うことが可能であったにもかかわらず、トラヤヌスは元老院との協調路線を堅持した。政治家たちに静かにしていてもらいたかったからだ。政権を獲得するまえにある夢を見た、とトラヤヌスは述べている。彼が元老院に敬意を払っていることを示す、かなり都合のよい夢なのだが、ディオ・カッシウスによると、それは次のようなものだった——「絵にかいたような元老院議員の装いをした、すなわち赤紫の縁取りのついたトーガを着て冠をかぶった老人が彼の首筋のまずは左側に、そして次には右側に指輪を押しつけて、刻印をした(3)」。

即位直後、トラヤヌスは元老院に直筆の書簡を送った。数々の約束が書かれていたが、そのなかには「善良な男を殺したり、公民権を剝奪したりしない。そして、そのことが今だけでなく、これからもずっとそうであることを誓う(4)」というものが含まれていた。これはネルウァの誓いを踏襲したものだ。「善良な男」とは元老院議員のことで、つまり、彼は元老院議員の迫害は行なわないと約束したわけだ。法に定められた権力のみを行使し、法の支配を守る君主であることを宣言するものだった。

もっとも、前帝に屈辱的な思いをさせた男たちには死が待ち構えていた。みずからの権力基盤が磐石であることを知っていたトラヤヌスは近衛長官カスペリウス・アエリアヌスとその共謀者たちをゲルマニアに召喚した。新たな支配者のもとで新たな任務を与えられるのだと勘違いし、カスペリウスは喜々としてコロニア・アグリッピネンシスにやってきたが、予想に反して処刑されてしまった。ネルウァが望んでいたように、流した涙は報われたのだった。新長官が選ばれた。皇帝警護の責任者として、長官には唯一、皇帝の面前でも武器の携帯が許されていた。任命式において、トラヤヌスが公剣を手渡しながら、「もし公共の利益がそれを望むなら、長官よ、今手渡した武器で私を殺してくれ(5)」と述べたことはよく知られている。

トラヤヌスは首謀者の処刑だけでなく、さらに踏み込んだ措置をした。皇帝に対して影響力をもちつづけたいと考えている近衛隊を壊すことにしたのだ。といっても、さすがになくしてしまうことは現実的ではなかったので、近衛隊に対抗しうる新組織を作ることにした。エクイテス・シングラレス・アウグスティという、皇帝の身体警護に任務を特化した皇帝騎馬隊だ。隊員はライン川のローマ側沿岸地帯と川島に住むゲルマン系バタウィ族から登用した。ローマ帝国からの要請で闘うことを生業とするようになった部族だ。バタウィという名前は西ゲルマン語のベテル（「より優れた男たち」の意）という単語に由来するという説もある。

ローマに戻る気配をまったく見せることなく、皇帝はかなりの期間、ゲルマン前線に滞在した。蛮族と戦争を始めるつもりだったのだろうか？　ちょうどこのころ、タキトゥスは「ゲルマンに対する偽の勝利を演出するために、［ドミティアヌスが］奴隷を購入し、戦争捕虜に見えるように服や髪に細工をして連れてきたのを見たときには、呆れ果ててしまった[6]」と書き残している。ライン川の向こうに住む傍若無人な蛮族から本物の勝利を上げたいと願っているローマの有力者は彼だけではなかった。ところが、皇帝は視察のためにドナウ前線に移動してしまった。ハドリアヌスが同行したことはまちがいない。モエシアの状況について生の最新情報をもっていたのは彼だったからだ。ダキアが勢力を回復した兆候がいくつもあった。ダキア王デケバルスに定期的に多額の助成金を払うという協定も、見直す必要に迫られていた。

即位後まだ間もないこともあり、大規模な戦争をすぐに始めるわけにはいかなかったが、綿密な計画を練り、準備を始めるのに早すぎるということはなかった。そのころ、ギリシアの雄弁家で歴史家のディオン・クリュソストモス（別名、〝黄金の舌のディオン〟）が旅行中にたまたまこの地方を通り、ある軍団基地で本格的な戦闘準備が行なわれていたことを記録している。

そこらじゅうに剣や銅鎧や槍があった。多数の軍馬、大量の武器、大勢の武装兵士たち……すべては、自由のため、そして生まれた土地を守ろうと戦った人々を力でねじ伏せるためのものだった[7]。

ディオンはダキアに滞在したことがあり、彼らの戦いの大義に共感していた。しかし、トラヤヌスはディオンとは異なる考えをもっていた。そして、勘のいい人なら気づいていただろうが、ダキアの占領を本気で考えていた。ドナウ川の対岸にいくつも要塞を建設し、急流を迂回するための運河を造ったのは、この視察の際だったはずだ。しかし、戦争を始めるまえに、まずはローマに戻って処理しなければならないことがいくつかあった。

即位から二年近く経った九九年の九月か十月になってようやく、トラヤヌスは首都に戻った。前線から帰還するにあたって、彼は一介の市民のように振舞った。普通の駅馬車を使い、夜も特別な歓迎行事をいっさいせず、全員がまったく同じ食事をとって、宿泊だけした。ローマの市内に入る際も、トラヤヌスは徒歩だった。人々はその様子を見て、好感を抱いた。

全元老院議員が市門の外まで迎えに出ていた。皇帝はひとりひとりに等しく接吻をした。そして、ネルウァが養子縁組の発表をしたカピトリウムの丘を訪ねてから、フォルム・ロマヌムを通ってパラティヌスの丘に向かった。かつてそこには上流階級の邸宅がたくさんあったが、すべての私有地は接収され、今では皇帝の二つの宮殿が建ち、皇帝府がおかれていた。

ひとつは、第二代ローマ皇帝ティベリウスの邸宅、ドムス・ティベリアーナ。これはフォルムを見下ろす場所にあり、フォルムを影で覆ってしまうほど巨大だった。火事の後、ドミティアヌスにより大規模な改修が行なわれた。別館や柱廊や回廊庭園などを無計画に増築した結果、迷路のように複雑な建物になっていた。人目に触れぬ奥まったところには、緑豊かな庭園や日当りのいいテラス、東屋、皇帝公文書館もあった。ほぼ、今日のファルネーゼ庭園にあたる。

輝ける迷宮ドムス・ティベリアーナは、しかしながら、さらに豪華なもうひとつの建物への入り口でしかなく、いわば単なるおまけのようなものだった。その建物とはドミティアヌスが建てたもので、他界するほんの数年まえにようやく完成したドムス・フラウィア（フラウィウス邸）だ。実は、こちらのほうが公的な宮殿で、多数の接見室で大部分が占められていた。柱には色大理石が使われ、床や壁には大理石の化粧板が張られ、丸天井にはフレスコ画が描かれていた。大宴会場は元老院議員全員が入れる巨大なもので、屋根つきの柱廊に囲まれた壮麗な庭園に面していた。隣接するドムス・アウグスターナ（アウグストゥス邸）は私的な宮殿で、ファサードはキルクス・マクシムスの側に高々とそびえていた。ちなみに、丘の反対側にあるアウグストゥスのこじんまりとした私邸とは別のものだ。

　トラヤヌスとプロティナはこの荘厳な大理石の小宇宙のなかに、「あたかも普通の家に入るかのような自然体で」入っていった。皇妃は、入る直前に振り向いて宣言した――「いつかここを後にするときも、今と変わらぬ女でありつづけましょう[8]」。静かな、文句のつけようのないライフスタイルを貫き、彼女はこの約束を守った。

　即位直後の数日間こそデラトルたちに対して血の粛清が行なわれたが、ネルウァはそれ以降迫害を禁じた。いっぽう、トラヤヌスは有力な元老院議員たちには表だった処分を与えなかったものの、ネルウァに比べるとはるかに冷厳だった。即位を祝う競技会において、罪人たちの公開処刑をするかわりに前代未聞のイベントを行なったのだ。密告者たちのパレードだ。それを見た、ある人物はこう記している。

> われわれの視線を避けられないように頭を上向きに固定されたデラトルたちが通るのを眼下に見下ろし、溜飲を下げる機会を与えてくれたこのパレードほど、時代に即し、人気を博したイベントはなかった。デラトルたちをひとりひとり見分け、胸のすく思いがした[9]。

密告者たちは競技場で闘って死んだり、あるいは処刑されて死ぬだけの価値さえないと断じられたわけだ。彼らはひとまとめにして船に乗せられ、沖に流された。早晩、難破し、溺れて死ぬ運命だった。運良く生き延びたとしても、すでに家も財産も没収されていた。生きていようが死んでいようが、誰も彼らの消息を知りたいとさえ思わなかった。「では、行かせよう！」[10]というのが、彼らが受けた判決だった。

一〇〇年九月一日、補充執政官になった小プリニウスは元老院で就任演説を行ない、皇帝に対して謝意を表した。ハドリアヌスもこの演説を聞いたかもしれない。しかし、そうだとしたら、きっと居眠りしてしまったことだろう。新執政官の演説は長時間に及び、しかも、内容は単調な賛辞の羅列だった。もし演説を聞き逃したとしても、心配は無用だった。すぐに推敲し、大幅に加筆した演説草稿が出版されたからだ。出版されたバージョンの演説は『パネギュリクス（頌詞）』と呼ばれているが、朗読すると六時間もかかる。どんなに辛抱強い皇帝でも音を上げる長さだ。

プリニウスは演説の公開朗読会を行なった。正式な招待状は送らず、友人たちには時間があれば気軽に寄ってほしい、とのみ知らせた。にもかかわらず、なかなかの盛況だったというのだから、よほど暇で辛抱強い友人が多かったのだろう。彼は友人にこんな手紙を書いている。

天気は……最悪だったが、二日にわたった会のあいだ、ずっと熱心に聴いてくれ、しかも、こちらのほうが恐縮して朗読をやめようとしたら、三回目の朗読をしてほしいと強く要望されてしまった。[11]

プリニウスは親切心の篤い男だったが、相当なうぬぼれ屋だったから、アンコールの要求をすっかり真に受けて「わが聴衆の批評眼」[12]にいたく感激した。

『パネギュリクス』はきわめて退屈な作品ではあるが、ローマ帝国の統治体制におけるひとつの重大なターニングポイントを示している。プリニウスの賛辞はたしかに過剰だったかもしれないが、それは本心から出たものだった。そして、それらの賞賛の言葉はとりもなおさず、歴史の表舞台から消えつつあったストア派抵抗勢力の終焉を告げていた。ネルウァとトラヤヌスの業績はまさに、皇帝と元老院、すなわち政府と政治家たちのあいだの対立関係を解消したことにあった。

その点を如実に語っているのが次の一文だ。

時代は変わった。だから、われわれの演説もその点を明確にするものでなければならない……［トラヤヌスを］あたかも神か神意であるかのように崇め、媚びるべきではない。われわれが話題にしているのは、専制君主ではなく、われわれの仲間の一市民である。父であって、支配者ではない。彼はわれわれのひとりなのだ(13)。

「われわれのひとり」という文がすべてを語っている。元老院は〝市民皇帝〟を望んでいた。

プリニウスが執政官になった年、ハドリアヌスもふたたび出世街道を前進しはじめた。『パネギュリクス』の二か月後の十二月初旬、定員二十名の財務官のひとりに任命されたのだ。財務官になることは元老院入りを意味していた。二十五歳の誕生日（一〇一年一月二十四日）が目前に迫っていた。資格年齢ぎりぎりでの就任だった。ちなみに、かつては三十歳だった資格年齢を二十五歳に引き下げたのはアウグストゥスだった。資格年齢の引き下げは歴代皇帝が身内の出世を早めるためにしばしば行なってきた措置だ。ハドリアヌスの場合、トラヤヌスは財務官に任命しただけで、それ以上の破格の昇進は行なっていない。しかしながら、昇進とは意味合いが異なるものの、ハドリアヌスは定員二名の皇帝名代《カンディダティ・プリンキピス》になるという大きな名誉を得ている。皇帝名代の主務はトラヤヌスが書面にした各種連絡事項を元老院で読み上げることだった。さらに、ハドリアヌスは元老院議事録《アクタ・セナトゥス》の監督官《クラトル》にも任命された。

一回目の代読は惨憺たる結果に終わった。『ヒストリア・アウグスタ』によると、彼が皇帝の演説を朗読すると、「少なからぬ田舎訛りのせいで笑いが起きた」[14]。いたく傷ついたハドリアヌスは、ただちに、流暢な標準語が話せるようになるまでラテン語の発音を徹底的に学んだ。おそらく、彼にはヒスパニア訛りがあったのだろう。しかし、彼がバエティカで過ごしたのはほんの短期間だったので、長い軍隊生活のあいだに百人隊長や一般兵士から下層階級の話し言葉がうつってしまったのだと主張する研究者もいる[15]。ただ、長い軍隊生活といっても、合計で四、五年にしかならない。むしろ、家庭や、ローマとティブルに住むバエティカ出身者たちのコミュニティで話されているヒスパニア訛りのラテン語を幼少期に習得してしまったと考えるほうが自然だ。あるいは、無類のギリシア好きであれば、ラテン語よりもギリシア語で話すことのほうが多かったのかもしれない。

元老院議員となったハドリアヌスはさらに二つの肩書を得たようだ。名誉なことではあったが、そのために同世代の仲間たちとはいくぶん距離ができてしまった。いずれの役職もローマの祭事を直接司る、きわめて実務的な仕事だった。恍惚《エクスタシー》や霊《スピリチュアル》的なものに惹かれていたハドリアヌスにとっては、退屈の極みだったろう。

当時、七人神官団《セプテンウィリ》に二名分の欠員があったので、それを埋める必要があった。七人神官団は、ローマの四大神官団のうちのひとつ、聖餐神官団《エプロネス》のことだ。四大神官団のうち最も重要な神官団は、最高神祇官《ポンティフェクス・マクシムス》である皇帝を長とする神祇官《ポンティフェクス》で、祭日と労働日を決定し、公文書を管理した。次に重要なのは卜占官《アウグル》で、おもな仕事は鳥の飛び方を調べて神意を見極めることだった。その次が十五人神官団《クインデケンウィリ》で、国家が重大な危機に瀕しているときに参考にする『シビュラの宣託集』を守護した。

紀元前一九六年に設立され、一番新しかったエプロネスは最下級の神官団だった。彼らはローマで開催される多数の祭事や競技会の際に催されるすべての公宴の運営責任者だった。大規模な祝宴を滞りなく手配するのはほんとうに骨の折れる仕事だった。祝宴は政治的にきわめて大きな意味をもっていたので、失敗は許されなかった。多額の政府補助金を投入して行なっていた小麦の無料配給や安価販売にくわえ、無料の宴会は市民にとって大きな楽しみだった。

ハドリアヌスは、神皇アウグストゥスの礼拝を行なう、定員二十一名のアウグストゥス祭司団の団員という肩書も得た。皇帝たちは死後、元老院が承認すれば神格化されたので、すべての〝神皇〟にはそれぞれの礼拝担当者がついていた。さいわい、ハドリアヌスたち祭司団員は管理職だったので、時間のかかる供儀や儀式に立ち会う必要はなかった。それらを実際に行なうのは、フラミネスという専門の司祭たちだった。


私生活でも進展があった。ハドリアヌスは妻を娶る年齢になっていた。ローマでは恋愛結婚は少なく、結婚はビジネスの一種と見なされていた。つまり、すくなくとも上流階級においては、資産の移動にほかならなかった。有産階級の人々はたがいに利益を求めて手を結んだ。そのような経済的・政治的な協力関係を確実なものにする手段が結婚だった。

ハドリアヌスは早くに父を亡くしていたから、親権は成年に達するまで一〇〇パーセント後見人たちが握っていた。しかし、たとえ成人しても、若者たちは世事に不慣れなので、詐欺や浪費の誘惑から守るため、とりわけ資産をもった若者たちについては、二十五歳まで監視が必要であるとローマ法は定めていた。だから、もちろんハドリアヌスの場合も、トラヤヌスとアッティアヌスは後見人よりは軽い役割の管理責任者《クラトル》として、引き続き行動に目を光らせていたはずだ。そして、ハドリアヌスが二十五歳になって完全に自立する数か月まえ、まだ管理責任者としての決定権があるうちに、然るべき縁談をまとめることにした。

しかし、重大な役割を果たしたのは、実際には、皇帝ではなく皇帝家の女性たちだった。そしてその背後にはスラがいたようだ。プロティナはハドリアヌスが出世できるようにありとあらゆる手を尽くしていた。ハドリアヌスに対して恋愛感情を抱いていたとも言われているが、[16] 仮に親密な間柄であったとしても肉体関係があったというのは論外だ。彼は女性よりも男性に対して性的興味をもっていた。[17] いっぽう、彼女のほうは高潔な女性として知られていて、この点についてはすべての文献が一致している。皇妃プロティナは、トラヤヌスに最も近い男性の身内はウルピウス氏の女性と結婚すべきだと主張した。そこで、ハドリアヌスが心から慕っていたマティディアの娘、ウィビア・サビナに白羽の矢が立った。ハドリアヌスに関することでは、トラヤヌスはたいていプロティナと異なる意見をもっていた。しかし、この結婚については異を唱えることはなかった。家庭内の平和を保ちたかったのだろう。

二人はまず正式な婚約を行なった。平板に婚約証書をしたため、双方が署名するのだ。これは法的な効力をもつので、双方が同意しないかぎり破棄することはできない。ハドリアヌスはサビナにいくつかのプレゼントとともに金か金地に鉄を象眼した指輪を贈った。サビナはその指輪を今日と同様に左手の薬指にはめた。心臓に直結する、とても敏感な神経が通っているので、これは特別に重要な指なのだと、アウルス・ゲッリウスは説明している。[18]

結婚式はマティディアとサビナが住んでいた宮殿内で行なわれたにちがいない。結婚式といっても、証人の面前で男女が結合を誓うだけの簡単なものだった。まず、アウスペクスと呼ばれる一族の私的な占い師が犠牲として捧げられた動物の内臓を検分し、吉兆を確認したのち、新郎新婦が「あなた、ガイウスの居るところ、私ガイアはおります」、「あなた、ガイアの居るところ、私ガイウスはおります」という誓いの言葉を交わすのだ。

その晩、ハドリアヌスは、サフラン色のドレスと鮮やかな紅色のベールをまとったサビナを略奪すると、家族や友人たちといっしょに自分のうちに連れ帰った。フルート奏者に先導され、松明を手にした人々が列をなして続いた。みんなでみだらな歌詞の歌を歌いながら。玄関に着くと、サビナは抱きかかえられ、敷居をまたぎ、そのまま初夜のベッドへと連れていかれた。そこで、ハドリアヌスは彼女のウェディングドレスを脱がせ、トゥニカの帯をはずした。それを合図に人々は退出した。

新郎から見れば、この結婚はきわめて好都合だった。ウルピウス氏もアエリウス氏もこれから両家の結びつきがますます強くなることをおおいに喜んだ。サビナにとって、この結婚が喜ばしいものであったのかどうかはわからない。ただ、ひとつだけ、かなり確実なことが言える。思春期の少女たちにとって、初夜の性交は文字通り〝流血の惨事〟だ。精力あふれる成人男性から何度も性器を挿入されることは痛く、不愉快な経験にちがいない。サビナの場合、新郎の性的な趣味のおかげで、このような苦痛は短時間しか続かなかったはずだ。いや、あるいは、まったく苦痛を味わわずにすんだかもしれない。妊娠しなかったところを見ると、ハドリアヌスは初夜をひとりで過ごさせたのだろうか。いずれにせよ、ここにもう一組のセックスレス夫婦が誕生することとなった。

サビナは帝政下で徐々に普及しつつあった、ある婚姻形態の恩恵を（晩年になってからにせよ）受けることができた。ローマでは、妻たちは夫の完全な支配下におかれるか――クム・マヌ（原義は「手とともに」〔手権、すなわち夫権をともなう結婚を意味する〕）と呼ばれた――、夫の支配下におかれぬか――シネ・マヌ（「手なしに」〔すなわち夫権をともなわない結婚〕）と呼ばれた――、婚姻形態を選択することができた。当時はすでにシネ・マヌで結婚する女性のほうが多かった。シネ・マヌを選択すると、妻の財産は建前上父方の家計に組み込まれ、父親か後見人の管理下におかれることになっていた。しかし、現実には妻たちは独立して自分の財産を管理していた。三人以上子どもがいる母親に関しては後見人をつけなくともよいという規定をアウグストゥスが作ったので、後見人制度はしだいに形骸化していった。

サビナがどのような人物だったのかは、あまりわかっていない。帝国領内の各地から彼女に関係する銘が見つかっている。それによると、かなりの資産家だったようだ。[19] ローマに広大な邸宅を構え、多数の解放奴隷を抱えていたことが記録から確認できる。まだとても若かったときに、アリメンタ（地元の若者たちを支援する制度）に一〇〇万セステルティウスもの大金を寄付している。

たとえ性的関係がなくても、女性が夫とのあいだに深い友情を築けることを示す、ひとつの好例がプロティナだ。しかし、サビナはそうではなかった。ハドリアヌスとは最後まで温かな心の交流をもつことができなかった。それは彼も同じだった。古代の歴史家たちは理由に言及していないが、それはおそらく彼ら自身もわからなかったからだろう。いずれにせよ、ハドリアヌスと自分の母親マティディアが親密な関係にあったということは、十代の少女にとって受け入れがたい事実だったにちがいない。彼女にしてみれば、まるで三人で結婚したような感じだったろう。最近どこかの国のプリンセスも言っていたが、彼らの場合も「ちょっと混みすぎていた[20]」ようだ。

第十章　ドナウの彼方

デケバルス王は眼下に敵を見下ろす高みにいて、身の安全を確信していた。そして、ローマ軍に戦いを挑めば勝てると信じて疑わなかった。有利な条件は枚挙に暇がなかった。

第一に、そこはよそ者には進入が不可能な山岳地帯だった。ダキア王国の中心は、ドナウ川北岸に大きな弧を描くようにしてそびえるカルパティア山脈に囲まれたトランシルヴァニア盆地だった。カルパティア山脈は一二〇〇から二四〇〇メートル超の高山からなり、深い森に覆われている。ヒグマやオオカミ、ヤマネコが多数生息し、今日でもヨーロッパの植物種の三分の一がこの地域にある。

第二に、ダキア人たちは十分な自衛能力を有していた。山岳地帯に広がる王国は六か所の大規模な要塞によって守られていた。要塞の塁壁はムルス・ダキクス（ダキア壁）と呼ばれる独特な工法で造られていた。丸太で補強した粗石積みの壁心部を巨石で囲う工法だ。木材を使用することによって生まれる柔軟性のおかげで、攻城機の攻撃にもよく耐えた。ダキア人たちはギリシア式の四角い塔も建設していたから、弓兵を配して上空から攻撃することも可能だった。そのうえ、彼らは、ドミティアヌスの温情により入手することのできた技術で火矢発射装置も製作していた。

最大の要塞は、標高一二〇〇メートルの山の斜面に建設されたサルミゼゲトゥサだった。ルーマニアのオラシュティエ山岳地帯のなかにあり、今日でも広大な遺跡を見ることができる。この要塞は巨石で囲まれた方形構造で、段々状に五段に整地した土地に建設されていた。近くには木製列柱形式の二つの宗教施設があった。ひとつは円形で、もうひとつは長方形だ。森を象徴する列柱には神々への供物がぶら下げられていた。一般住民は要塞の塁壁の外に居住していた。無数の段丘には、住宅、職人の作業場、倉庫、問屋が建ち、水路、貯水施設、水場までの水道管などを備えた町が広がっていた。道路は舗装され、下水設備も完備していた。

ダキア人が自分たちの文明に誇りをもっていたのは当然だ。彼らの土地は鉱物資源が豊富で、金属加工の分野では高い技術を確立していた。ギリシア世界との交易がさかんで、陶器やオリーブオイル、ワインなどを輸入し、おそらくは奴隷貿易も営んでいた。近隣の部族に比べ、生活水準は高く、高度な宗教観ももっていた。

しかしながら、ダキア王国は軍事面ではそれほど発達していなかった。コマティ（長髪の人々）と呼ばれる軍人階級はあったが、ローマ軍団とはちがい、常設軍をもたなかった。毎年、収穫後に徴兵して軍を編成していたので、軍事行動ができる期間は限られていた。首長と軍人階級、つまり貴族たちは鎧兜で身を守っていたが、一般兵士は普通の服を着ていた。防具も、楕円形の盾しかもっていなかった。行軍するときには、猪の頭の形をした帽子をかぶったラッパ兵の吹く音を合図に動いた。先頭には、ドラコ（ドラゴン）と呼ばれる極彩色の吹流しを立てた。おもな武器はファルクス（頑丈な曲がり鉈）だ。これは突くのではなく、切りつけて使う。ダキア人の軍隊は音響的にも視覚的にも見る者を圧倒した。

一〇一年三月二十五日、ローマのカピトリウムの丘に奇妙な帽子をかぶった男たちの一団が集結した。由緒あるアルウァル兄弟団という結社のメンバーたちだった。花の代わりに麦の穂を挿した白い鉢巻のような帽子は彼らが農耕に縁があることを象徴していた。この結社は、伝説上の第二代ローマ王、ヌマ・ポンピリウスによって創設されたとされている。共和政末期にいったん消滅したが、懐古趣味で知られるアウグストゥスによって復活された。

結社は十二人のアルウァルからなっていた。アルウァルにはローマの一流の名士たちが名を連ねていた。執政官経験者も多く、ドミティアヌスが暗殺された当時の政府高官で、おそらくは陰謀に加担していた人物も含まれていた。全員、政界の老獪な古狸たちで、いかにもネルウァ帝が会食に招きそうな面々だった。

アルウァルたちの仕事はディア女神の祭祀だった。ディアは古くから信仰されていた土着の豊穣神だ。ロムルスの養母とされる、エトルリアのアッカ・ラレンティア女神と同一だという説もある。アルウァルたちは五月のアンバルウァリア祭でこの女神を祭った。

アルウァルたちは豊穣に感謝するだけでなく、もっと日常的な事象についても感謝を捧げた。今回の集会に参加したのは六名だけだったので、結社の最高責任者でもある皇帝は陳謝の辞を送った。全員が参加できなかったのには理由《わけ》がある。まさにその日に、皇帝はダキア遠征軍を率いてローマを発とうとしていたのだ。アルウァルたちは幸運を祈った。

最高神ユピテルよ、われわれの総意として望み、願います。繁栄と幸福のうちに皇帝に安全、帰還、勝利をもたらしたまえ……そして、一刻も早く、皇帝をローマに無事に連れ戻したまえ。(1)

トラヤヌスが即位後すぐに対処しなければならなかった問題のひとつがデケバルスの脅威だったことは、まずまちがいがない。だからこそ、彼は即位の祝賀行事のためにローマに戻るまえにドナウ川沿岸諸州を視察したのだ。しかし、ダキアを攻撃するのはきわめて危険なことだった。アルウァルたちの祝詞に隠しえぬ不安が読み取れるのも無理からぬことだった。過去の遠征はいずれも失敗に終っていた。将軍たちは手痛い敗北を喫し、軍団は壊滅的な打撃を受けた。なかには、全滅した軍団さえあった。

皇帝には、この遠征を敢行しなければならない二つの大きな理由があった。ひとつは限定的、もうひとつは普遍的な理由だ。まず、野心的な名将デケバルスが拡大主義をとり、国境の安定を脅かしていた（第一の理由）。そして、攻撃的な外交政策をとることで内政的に独裁体制の安定をはかることができるというアウグストゥスの認識を、トラヤヌスも共有していた（第二の理由）。

いったん遠征をするとなったら、あとは慎重に、そして周到に準備をする必要があった。さもなければ、成功はとうてい望むべくもなかった。トラヤヌスは古代の偉大なる征服者、マケドニアのアレクサンドロス大王に傾倒していた。アレクサンドロスは戦場においてきわめて勇敢で優秀な戦士だった。しかし、誰にも破ることのできない記録的な大勝利の真の隠れた理由を、トラヤヌスはよく認識していた。アレクサンドロスは兵站の名人だったのだ。彼は供給ラインを維持することに多くの力を注いだ。そして、勢いにのって敵地に進攻する兵士たちの背後の安全を確保することがいかに重要かを熟知していた。

ドナウ川は部隊の移動と物資の輸送に重要な役割を果たしていた。しかし、何か所かに急流があり、水運を確保することができなかった。そこで、船が通れるように、川の流れに平行して運河が掘られた。このトラヤヌスらしい野心的な大事業の遺構がいくつか発見されている。

トラヤヌスはレデラタ（今日のベオグラードの東にあるコストラク村近郊）とボノニア（今日のヴィディン）で大規模な臨時の舟橋を作った。この二本の橋がダキアの山岳地帯への進入路になった。

最大限の安全を確保するために、皇帝は二本の橋のあいだに確実な連絡道路を造る必要を感じた。まさに「言うは易く、行なうは難し」で、これはたいへんな難事業だった。というのも、ドナウ川はオルソヴァで川幅が狭くなり、両側に切り立った崖がそびえ立つ渓谷になっているからだ。かの有名な〝オルソヴァの鉄門〟だ。南岸、つまりモエシア側の絶壁に、ローマ軍は二〇キロ近くにわたり道路兼曳船道を掘削した。路面は、空中に張り出した腕木の上に厚い木の板をのせて拡幅した。張り出した床面は、岩に開けた穴に挿し込んだ丸太の支柱で支えられていた。ローマ軍団の誇るエンジニアリングの勝利の痕跡は今日でも見ることができる。

トラヤヌスはこの事業の成功をおおいに誇らしく思った。それは一〇〇年に刻まれた奉納記念碑の銘によく表れている。

神皇ネルウァの息子、インペラトル、カエサル、ネルウァ・トラヤヌス・アウグストゥス・ゲルマニクス、最高神祇官、四度の護民官経験者、国父にして三度の執政官経験者は山々を切り崩し、腕木をかけわたし、この道を造った(2)。

翌年に刻まれた別の碑文には、誇らしげに「早瀬が危険だったので、［トラヤヌスが］川筋を整備して、ドナウ川の船の運航を安全なものにした(3)」と書いてある。

これらの土木事業に加え、ドナウ川の北側にある既存の軍事基地の整備と補強、占領軍のための兵舎の建設、冬の厳寒期に備えた港の拡充なども必要だった。このような準備をすべて行なうには相当な時間、おそらくは二年から三年の歳月を要したはずだ。準備が整うと、ついに巨大軍隊がモエシアに招集された。帝国に全部で三十ある軍団のうち、九軍団が投入された。また、ほぼ同数の補助部隊もやってきた。これにはカタフラクトと呼ばれるダキアの強靭な重装騎兵隊に対抗するための騎兵隊も含まれていた。十個の弓兵部隊や、半蛮族のシンマカリィ族をはじめとする非正規部隊も参加した。足場の悪い戦場で正攻法の戦闘ができない場合、彼らは貴重な戦力になった。

ヒスパニアやブリタンニアをはじめ、帝国各地から兵士たちが集められた。マウレタニア（ほぼ今日のモロッコのあたり）のある部族の首長の息子で熱血漢のルシウス・クイエトゥスが率いる無帽のムーア人騎兵は、北アフリカのベルベル系自由部族から集められた猛者ぞろいだった。手綱もつけぬ裸馬を駆り、敵めがけて軽量の槍を投げつけた。輝かしい戦績を誇る指揮官でありながら、素行の悪さで有名だったクイエトゥス[4]は何らかの不始末をしでかして騎兵隊長を解任されたが、優れた指揮能力を買われ、ふたたび隊長に復帰していた。モエシアには、最終的に、ローマ軍団史上どの将軍も指揮したことのない巨大戦力が集結した。その大部分は後方に残って、ドナウ川沿岸諸州を防衛し、兵站線を維持する任務に従事した。それでも、前線には五万名を超える兵力が投入された。トラヤヌスは慎重な指揮官だったから、未知の土地に進攻する際に遭遇しうるさまざまなリスクを回避するには、圧倒的な戦力を投入することが必要だと考えていた。

トラヤヌスの出発を盛装で祝ったのはアルウァルたちだけではなかった。元老院議員たちも皇妃プロティナとともに全員で見送ったし、一般市民も沿道を埋め尽くした。皇帝の側近には、当時最も優秀だった軍人たち、最も老獪な政治家たちが含まれていた。たとえば、東方のペルガモン王国の王子、C・ユリウス・クアドラトゥス・バッスス（ペルガモンは今日のトルコ西部にある、アテナイのアクロポリスを模して造られた、たいへん美しい城塞都市）。ハドリアヌスが大の苦手としていた義兄のセルウィアヌスは当時五十代の男盛りだった。もちろん、ルキニウス・スラも忘れてはならない。

最年少のコメス・アウグスティ（皇帝の側近）は、当時二十五歳で財務官をつとめていたハドリアヌスだった。たしかに彼は、モエシアや前線部隊で軍務についていた経験から、現地の貴重な生の情報をもっている有能な士官ではあった。ただ、このように高い地位につくことができたのは、皇帝の親戚であったからにほかならない。しかし、出世するのが早ければ、転落するのはもっと早いということを、ハドリアヌスは知っていた。スラは彼に好意的だったが、セルウィアヌスは徹底して批判的だった。トラヤヌスはスラの言葉にもセルウィアヌスの言葉にも耳を貸した。ハドリアヌスにとって、この初陣は正念場だった。人々の目は彼に注がれており、名声を勝ち得るには相当の努力が必要だった。生まれながらにしてもっていた有利な立場を保てるかどうかは、実力にかかっていた。

遠征のルートについては、ほとんど紙の文献が残っていない。しかし、遠征の記録は石柱という形で残っていて、今日でもローマに行けば読むことができる。コロッセウムからヴィットリオ・エマヌエレ記念堂——現実の古代世界を彷彿とさせるというよりは、スペクタクル映画の巨匠セシル・デミルへのオマージュのような感じがする——にむかって埃っぽいフォリ・インペリアリ大通りを歩いていくと、右手にトラヤヌスが後年建設させたフォルムが見えてくる。歴代皇帝が造ったフォルムのなかで、最後に造られた最大最高のフォルムだ。これに比べると、ユリウス・カエサル、アウグストゥス、ウェスパシアヌス、ネルウァのフォルムはいかにも貧相に見える。

トラヤヌスが重用した建築家はダマスカスのアポッロドルスだった。伝統的な資材を使った工法からオプス・カエメンティクム（石灰モルタルと砂と水と砂利を混ぜて作ったコンクリート）を使った工法への転換に大きく貢献した建築家だ。前一世紀に発明されたコンクリートは改良が重ねられ、一世紀末には最も一般的な建材になっていた。コンクリートのおかげで、ローマ人たちは丸天井やアーチ、四階、五階建ての高層建築が造れるようになった。

トラヤヌスのフォルムは、カエサルのフォルムとアウグストゥスのフォルムから北側のマルス演習場にいたる広大な土地に建設された。その土地を確保するために、クイリナリスの丘のかなりの部分が切り崩された。広大な長方形の広場の南端に建てられた高い凱旋門の上には、戦車に乗ったトラヤヌス像が据えられていた。凱旋門をくぐって先に進むと、バシリカ（ショッピングセンターを併設する大会議場）にいたる。バシリカと大神殿のあいだに、支柱もなくすっくとそびえるのがトラヤヌスの記念柱だ。その両側には二棟の図書館があり、それぞれラテン語の文献とギリシア語の文献を収蔵していた。

これらの壮麗な建築物のうち、唯一無傷で残っているのは高さ三〇メートルもあるトラヤヌス記念柱だ。基底部の銘には、どれほどの「高さの丘がこの大事業のために削られたか」(5)が誇らしげに刻まれている。基底部の内部には小部屋が造られ、黄金の骨壺に納められた皇帝と皇妃の遺骨がいつの日か安置できるようになっていた（現在は空っぽだ）。また、基底部からは、頂上にむかって螺旋状の内階段が伸びている。頂上には、かつては金メッキを施したトラヤヌスの銅像があったが、ルネサンス期に聖ペテロ像に置き換えられ、今にいたっている。

記念柱の外壁には、幅一メートル弱、長さ二〇〇メートルの石のリボンが下から上に螺旋状に巻きつき、柱を二十三周している。このリボンには浮彫りが施されていて、トラヤヌスによる対ダキア戦争の詳細が活写されている。まるで現代の漫画を見ているようだ。古代の歴史家は史実を〝都合よく〟脚色するのが常で、記念柱の彫刻家たちも若干の脚色を行なっている。実際に起きたことではなく、起きたかもしれない、あるいは起きたにちがいない架空のエピソードをところどころに交えているのだ。それでも、大筋では、信頼のできる史料と言えるだろう。下から見上げたのではよくわからないので、図書館の上階の窓から見ることをお勧めする。

当時の戦争では、基本的に冬季に作戦を展開することはなかった。遠征は、通常、馬や荷運び用の動物の餌となる新鮮な草が青く茂り、地面も固くなる五月に始まった。戦闘そのものは、収穫後の六月か七月に始まり、晩秋には終了した。

だから、一〇一年の四月にモエシアに到着したトラヤヌスはあまり待つことなく作戦を開始することができた。記念柱の物語はそこから始まっている(6)。ドナウの波立つ流れと平行して平らな土手が見える。レンガ造りの家屋と見張り塔もたくさん見える。ローマ軍のリメスだ。家屋は平屋、塔は二階建て。周囲には木の柵が巡らされている。ローマ軍側の土手の船着場では、人夫たちがダキアに運ぶ物資を船に積んでいる。軍団兵士たちが兜を右肩に下げ、左肩に装備一式を担いで、整然と船橋を渡っている。場所はおそらくレデラタだろう。

ラッパ兵に先導され二本目の橋を渡っているのは、近衛隊旗を掲げた兵士たちと馬から下りた騎兵たちだ。近衛隊を率いるトラヤヌスがダキアの領土に第一歩を踏み出したところだ。皇帝が前線でみずから部隊を率いるつもりなのは明らかだ。

浮彫りは軍事工学の粋もつぶさに記録している。軍団兵士たちは森林を切り開き、宿営や要塞や橋や道路を建設した。未知の敵領に足を踏み入れるにあたり、敵に側面を突かれる危険を回避するため、あらゆる方策が慎重に実行された。地形を検分するトラヤヌス、ダキア人の捕囚を尋問するトラヤヌス、注意深く耳を傾ける兵士たちに語りかけるトラヤヌス。トラヤヌスはどこにもいた。

デケバルスはローマ軍との真っ向勝負を避け、奥の山岳地帯にむかって戦略的に退却し、王都サルミゼゲトゥサに戻ろうとした。しかし、数年まえにローマ軍を一掃して大勝利をあげたタパエで、誘惑に負けたのか、あるいはローマ軍の罠にはまったのか、戦闘を開始してしまう。今回は彼の負けだった。前線に配備されたトラヤヌスの補助部隊が、死んだダキア兵たちの生首を総大将の眼前に誇示している。しかし、ローマ軍の痛手も大きかった。皇帝は裂いて包帯にせよと、みずからの衣服を差し出す。整然と後退していくデケバルス。
戦争の常として、多くの集落が略奪の憂き目にあい、多くの人々が捕虜とされた。なかには、ダキアの女性たちの一団もいた。そのうちのひとりは豪華な衣服をまとい、腕に子どもを抱いている。ほぼまちがいなく、王の妹だ。アレクサンドロスがペルシアの〝王の王〟の女たちにしたように、皇帝は紳士的に振舞い、彼女たちを丁重に扱った。秋が来た。軍団兵士たちは越冬用の基地に戻り、翌春を待った。はっきりと勝敗をつけられないまま、戦闘の季節は終った。トラヤヌスは戦闘には勝ったが、戦争にはまだ勝っていなかった。

イタリア本国の人々は心配のあまり、いてもたってもいられなかった。誰もが首を長くして情報を待ちわびた。遠征軍に参加した友人がいれば、手紙を書いて、少しでも戦況を知ろうとした。身を裂かれるような思いをしていたプリニウスは、相当な筆不精だったらしい友人のセルウィアヌスに、もし彼が紙にペンを——いや、「蠟板に尖筆を」と言うべきか——走らせてくれさえしたら、いくらでも金を出して特別便をしたてるのに、と書き送っている。

ずいぶん長いこと君から手紙をもらっていない……。どうか、私の心配を終わらせてくれ——もう耐えられない……私は元気だ。人間が遭遇しうる不慮の事故にわが親愛なる友が見舞われたと、いつ聞かされるかと気をもみながら、心配と緊張の日々を過ごすことが「元気である」と言えるとすればだが。(7)

セルウィアヌスが返信したかどうかはわからない。しかし、ほどなく、プリニウスは本人に直接会って安否を確かめることができた。皇帝は前線に残ったが、業績を高く評価されたセルウィアヌスとスラはローマに戻って、正規執政官に就任することになったからだ(8)。その年の末までまだ財務官職にあったハドリアヌスも同行していた。彼は元老院でトラヤヌスから預かってきた詳細な遠征報告書を読み上げた。

ハドリアヌスがどのような任務についていたのかは正確にわからないが、戦功を挙げたことはまちがいない。アテネのディオニュソス劇場で発見された石碑(9)に、ハドリアヌスの若いころの経歴が記されている。銘によれば、軍功により二回も叙勲されている(10)。勲章は軍の階級により授けられる種類が決まっていた。しかし、彼はコメス・アウグスティ（皇帝の側近）で自分の部隊をもっていなかったから、厳密に言えば将校としての勲章を受ける資格はなかった。したがって、階級とは関係なく、特別に勇敢な行為に対して授与される勲章を得たのだろう。勇敢な行為に対する勲章には、戦闘でローマ市民の命を救った者に対するコロナ・キウィカ、城壁を果敢に攻めた者に対するコロナ・ムラリス、塹壕や稜堡を果敢に攻めた者に対するコロナ・ウァラリス、攻囲戦において勇敢な行為をした者に対するコロナ・オブシディオナリスなどがある。危険な戦闘続きだったダキア遠征では、受勲者が続出した。

さらに、ハドリアヌスは皇帝に対して「かなり親密な立ち位置(11)」を確保することに成功した。夜いっしょに酒を飲んで酔うなど、意識的に「トラヤヌスの習慣に合わせる」ようにしたと、自伝に記している。そのおかげで「たっぷりと見返り(12)」を得ることができた。常にそばにいて、どんな要望にもすぐに応えるという〝よき宮廷人〟たるための秘訣を、ハドリアヌスはしっかりと学んだようだ。親密さが増しただけでなく、セルウィアヌスのような、ハドリアヌスに反感を抱くように画策する輩に皇帝との接点を独占させずにすんだからだ。

財務官の任期終了後、本来なら十二か月経たないと次の公職には就けないところを、恩寵のささやかな証としてハドリアヌスはすぐに護民官《トリブヌス・プレビス》に任命された(13)。すべての公選職（選挙で選ばれる公職）は十二月三十一日に任期が終了するので、十二月十日に護民官に就任した彼は、三週間二つの役職を兼務することになった。

ハドリアヌス自身わかりすぎるくらいにわかっていたように、軍団高級将校は軍団の一将校にすぎないが、定員十名の護民官は血統貴族が平民と熾烈な政治闘争をしていた共和政初期にまでさかのぼる、由緒ある役職だった。誕生の経緯から、この職にはパトリキたちは就くことができなかった。彼らの横暴から一般市民を守るのが護民官の役割だったからだ。

前一世紀、護民官が最も強大だった時代には、執政官を含めたすべての公職者のいかなる決断に対しても、護民官は拒否権を行使することができた。その後、皇帝が護民官職権をもつようになったので、護民官の重要性は低くなった。それでも、彼らは元老院の決議に反対したり、財産や権利を侵害された市民を擁護する権限を有していた。

彼もアエリウス氏もまだパトリキの身分を獲得していなかった。皇帝と親類であることを考えればパトリキに叙されても当然なのに、とハドリアヌスは考えていたかもしれない。いっぽうトラヤヌスは、パトリキに取り立てれば皇帝が彼を後継者と認めた、と人々は思うにちがいないと考えていたのだろう。彼にはそんな気はまったくなかった。まだ四十代だったし、後継問題はまだ先のことだと考えていた。

いつか帝位に就くというお告げを得たと、またもやハドリアヌスは自伝のなかで述べている。『ヒストリア・アウグスタ』の記述を信じるなら、
彼は終身の護民官職権の保持者［つまり、皇帝］になるだろうという予言を得た。その予言のなかで、彼は、護民官が雨のときに着るパエヌラ（厚手のコート）をなくしてしまったのだが、皇帝がパエヌラを着ることは絶対になかった。(14)

この文章にはちょっとした誤解がある。(15) これを読むと、皇帝を含め誰もが悪天候にはパエヌラを着たようだ。しかし、護民官たちは決まった服装をしていたはずで、ハドリアヌスはそのことを言っていたのに、『ヒストリア・アウグスタ』の作者が勘違いして、レインコートの話にしてしまったのだろう。

ドナウの河畔では、トラヤヌスが首を長くして援軍の到着を待っていた。ブリタンニア属州総督が皇帝の緊急要請に応えて自分の私的な警備隊から小部隊を派遣したことを見てもわかるように、タパエで受けた損害はかすり傷程度の軽いものではなかったようだ。軍隊を保持するには莫大な資金がかかるので、アウグストゥス以来の歴代皇帝は必要最小限の軍備しかもたなかった。だから、緊急時に派遣するための予備の遊軍など存在しなかった。そこで、トラヤヌスは安全を担保できるぎりぎりの戦力だけを残し、各地の国境部隊から集められるだけの戦力をモエシアに集めた。

翌一〇二年には、前回以上の白熱した戦闘が予想された。デケバルスの本拠地を攻撃するには、険しい山道を行軍しなければならなかった。ローマ軍が進攻するにつれ、ダキア人たちは精神的に追いつめられ、抵抗も激しくなるだろう。みずからは本隊を率いて〝鉄門〟を通り、正面突破をするいっぽうで、ムーア人部隊を率いるルシウス・クイエトゥスともうひとつの部隊に背後から攻めさせ、挟み撃ちにしようというのがトラヤヌスの作戦だった。

戦いは困難で、多くの血が流されたが、この作戦はみごとに成功した。ディオ・カッシウスによると、トラヤヌスは、

山を丸ごと利用した要塞を攻略し、要塞にいた敵兵たちを捕らえ、砲兵隊と兵器を押さえ、［ドミティアヌスの側近で、軍功を焦るあまり、第一次タパエ戦で敗北を喫した］フスクスの時代に奪われ

た軍団旗を奪還した[16]。

記念柱には、砲兵や弓兵や投石兵らの援護射撃を受け、敵兵を掻き分けながら進み、要塞を襲撃する軍団兵たちが描かれている。塁壁の上から降ってくる砲弾から身を守るために、突撃隊は頭上に盾を構え、テストゥード（亀）型の隊形をとった。

最終的には、アクアエの温泉（「アクアエ」は「水」の意。今日のカランン）に三分隊が集結した。ここはデケバルスの本拠地、サルミゼゲトゥサからはほんの三〇キロほどしか離れていない。戦いは終わった。王は講和条件の交渉のために高官たちを代表団として送り込んできた。終戦条件は厳しいものだったが、トラヤヌスはダキア人たちを叩きのめすのではなく、恭順させようと考えていた。彼が発行した戦勝記念硬貨[17]には、「ダキアは占領された（capta）」とか「ダキアは属州となった（acquisita）」ではなく、「ダキアは負けた（victa）」と刻まれている。

ローマとダキアのあいだの和平協定により、ドミティアヌスが結んだ屈辱的な合意は破棄されたものの、それ以上の成果はなかった。デケバルスはしぶしぶ、

武装解除し、大砲類と大砲を作る技術者を引き渡すこと、亡命者を返還すること、要塞を破壊すること、占領地から撤退すること、さらにはローマ人たちのように敵も味方もないという考え方を受け入れることに同意した[18]。

ドナウ川北岸に広がる広大な土地がモエシア属州に組み込まれた。王座に居つづけることは認められたものの、この有能で好戦的な王が王位に就いてから営々と築いてきたものはすべて取り上げられ、ダキア

はかつての無力な小王国に戻った。しかし、デケバルスが黙ってこのような状況を甘受しなかったことは言うまでもない。

前線からの速報が定期的に届きはしたものの、ローマは平和そのものだった。護民官の仕事は暇なものだったが、ハドリアヌスが退屈して、不平を述べた様子はない。むしろ、存分に平和を謳歌していたようだ。『ヒストリア・アウグスタ』には「度を越して詩と文学に熱中していた」[19]という批判的記述がある。絵の腕前もなかなかのものだったし、歌手として、キタラ（ギターに似た楽器）奏者として、音楽もおおいに楽しんでいた。

上流階級では、芸術をたしなみ、詩を書き、骨董品を収集するなど、教養高い生活を送ることが善しとされていた。といっても、あまり入れ込まず、プロの物書きとしてではなく、あくまでも余暇の楽しみとして作詩するのが普通だったが、ハドリアヌスは違った[20]。

通常、公職経歴《クルスス・ホノルム》は首都と属州のあいだを行ったり来たりしながら、短期間の公職を積み重ねていく。ひとつの公職を終えると、つぎの公職まではかなり長い無役の期間があったので、ハドリアヌスには趣味を極める時間はたっぷりあった。

詩の朗読会には上流中の上流の人々が集まった。ハドリアヌスも聴衆として参加したことだろう。あるいは、自作の詩を朗読したかもしれない。知合いやクリエンテスが聴衆に混じっていることもありえたので、アマチュア詩人にとって朗読のパフォーマンスはかなりの緊張を強いられることだった。いっぽう、聴衆のほうは、熱心な反応を示さないことはマナー違反だと考えられていた。

マルティアリスやユウェナリスなどはプロの詩人だった。彼らは政界エリートではなかったので、詩で糊口をしのがなければならなかった。パトロンと金を得るためにマルティアリスは歯の浮くようなエピグラム（警句）やくだらない小文を書いたが、諷刺作家のユウェナリスは「怒りが詩を書かせる」[21]と言い、誰にも媚びなかった。そのため赤貧を強いられていたので、彼を個人的に知っていたハドリアヌスは経済的に援助した。

　慣習として、上流階級のアマチュア詩人たちは生々しい感情を詩に詠むことを避け、エレジー（哀歌）やパストラル（牧歌）、オード（頌歌）など、伝統的なジャンルの詩を過去の作品を参考にして、そつなく作った。共和政期の偉大な叙事詩人、ティトゥス・ルクレティウスは「わが母国語の貧しさよ」[22]と嘆いたが、当時のローマ人たちの認識も同様で、流麗なギリシア語が書けることが一流の学識の証だった。たとえば、名文家としてつとに有名だった執政官経験者のティトゥス・アッリウス・アントニヌス（ネルウァが即位した際に憐れんだ人物）が書いたギリシア語のエピグラムとミミアンビ（擬曲）を、プリニウスは絶賛している。「あなたが話すとき、あなたの唇からはホメロスのネストルの蜂蜜が流れ出すようだ。そして、蜂たちは花々から集めた糖であなたの書く言葉を満たす……アテナ女神よりも、信じてほしい、あなたのほうがよほどアッティカ人だ[23]〔ギリシア人のこと〕」と述べている。

　ミミアンビというのは、なかなかにやっかいな問題をはらんだ詩のジャンルだ。シュラクサイ〔シラクサ〕で生まれ、アレクサンドリアで発達した詩形で、猥褻な内容の散文会話体になっている。前三世紀に活躍したヘロンダスが有名で、プリニウスはあきらかにアッリウスを彼になぞらえている。ちなみにヘロンダスには、中流階級の女性二人が掛け言葉やしゃれた表現を駆使して、特殊な形をしたレズビアン用張形〔人工ペニス〕の効用について語り合うという作品がある。

　アッリウスのような男がミミアンビを書くというのは、いかにも奇異に写る。しかし、伝統的に、作家の人格は作品から判断してはならないという不文律があった。もちろん、作品がそのまま作家の性向を反映しているケースもあったにちがいない。ハドリアヌスもその種の文学サークルに出入りするうちに、ウォコニウス・ウィクトルという同年代の詩人と知り合った。ウォコニウスが死んだとき、彼は「きみの書く詩はセクシーだったが、きみの心は純潔だった」[24]という、まるで友を擁護するかのような短い墓碑銘を書いている。

しかし、それはどうだろう。もしこのウォコニウスが、結婚を間近に控えているのに美少年と関係をもったとマルティアリスが揶揄している人物と同一人物だとしたら――それはおおいにありうる――、彼の心は純潔だったかもしれないが、彼の体は彼の詩と同様に、かなり淫らだったにちがいない。

痛ましい内戦や内乱鎮圧は別として、ローマが軍団を繰り出し、戦争に勝利したのは半世紀ぶり、クラウディウスがブリタンニアを侵攻して以来のことだった。しかも、それが圧倒的勝利だったので人々は歓喜した。

トラヤヌスが「帝国の栄光[25]」をさらに輝かしいものにせんことを、と祈るプリニウスの祝辞にそれがよく表れている。ローマは意気揚々とかつての好戦的な領土拡大路線に戻っていった。

トラヤヌスは一〇二年の年末にローマに帰還した。そして、ダキクスの称号を授与され、凱旋式を執り行なった。共和政期、この華々しいセレモニーは大きな戦勝をあげた将軍なら誰でも行なうことができた。しかし、帝政期、凱旋式を行なうのは皇帝にのみ許された特権になっていた。どうやら、皇帝たちは将軍たちにライバル意識をもっていたようだ。凱旋式はマルス演習場における演説と敢闘を称える勲章の授与式で幕を開けた。おそらく、ハドリアヌスはこのときに受勲したのだろう。式典終了後、参加者たちは元老院議員に先導され、市内へと入っていった。まず、高位の戦争捕虜、つぎに、代表的な戦闘場面を描いた巨大な絵を載せた何台もの山車、そして、金ぴかの四頭立て戦車に乗ったトラヤヌスが続いた。カピトリウムの丘の上の大神殿に祀られた最高神ユピテル像のように顔を赤く塗った皇帝は、きょうばかりは準神、つまり神に準ずる存在だった。金糸を織り込み、ヤシの葉のデザインの装飾を施した紫色のチュニカのうえに、刺繍入りのトーガをまとっていた。皇帝の後ろには、行軍隊形の諸部隊が続いた。兵士たちには上官を下品に揶揄する歌を歌うことが許されていた。これは大昔からの軍の伝統だ。皇帝の大酒と美少年趣味を茶化す歌も歌われたかもしれない。行列の終点はカピトリウムの丘だった。ここで準神は神のなかの神、ユピテルに何頭もの白牛を犠牲として捧げた。

皇帝は大規模な剣闘大会を催し、パントミムスの上演を許可した。パントミムスは猥褻だという理由からドミティアヌスによって禁じられていたものを、なにごとにも鷹揚なネルウァが復活させ、それをトラヤヌスが即位の際にふたたび禁じたという経緯があった。この機にトラヤヌスは考えを改めたわけだが、噂によれば、パントミムス俳優のピュラデスに恋をしたためらしい。

一〇三年、ハドリアヌスは公職についていなかったので、何をしていたのかはわかっていない。翌年、彼は一〇五年の法務官に選ばれた。法務官は執政官の次に重要な役職だ。ただし、一〇五年の年初の数週間は年齢要件を満たしていなかったので、事務手続き上就任することはできなかった。法務官になるにはかぞえで三十歳、満で二十九歳になっていなければならなかったから、一月二十四日の誕生日まで待たなければならなかったのだ。

法務官の定員は十八名。おもな職務は民事、刑事の両分野における法政だった。ハドリアヌスは都市部担当の法務官になったようだ[26]。主任裁判官としての仕事のほかに、きわめて重要なアポロン競技祭《ルディ・アポリナレス》の開催責任者にもなった。この祭りは対ハンニバル戦争中に創設され、毎年七月六日にキルクス・マクシムスにおいて開催されることになっていた。トラヤヌスはハドリアヌスに巨額の予算を与え、金に糸目をつけずにできるだけ立派な祝祭にするよう命じた。

毎年、法務官は自分の任期中に遵守すべき布告や規定や優先事項や法解釈を発表した。その時々の社会情勢を反映した改変を行ないつつも、前任者のものを踏襲するのが慣例になっていた。ある意味で、これは法体系の整備をするには合理的な方法だった。新たに作られた規定が人々に好意的に受け止められれば、後任者たちはそのままその規定を受け継ぐし、不人気であれば静かに消えていくというわけだ。

ハドリアヌスは法律に興味があったし、法務官職にやりがいを感じていた。裁判手続きをいちいち注意深くチェックし、独学で得た法律の知識を駆使して恐れることなく自分の意見を述べ、法廷を取り仕切る姿が目に浮かぶようだ。しかし、法務官の仕事を長く続けることはできなかった。

トラヤヌスはダキア王デケバルスを信用してよいものかどうか、決めかねていた。そこで、デケバルスがふたたび攻撃を仕かけてこないよう慎重に対策を講じた。ドナウ川北岸のローマ軍の要塞は最先端の警戒システムとして機能していた。トラヤヌスが全幅の信頼をおいていた万能の建築家、アポッロドルスは〝鉄門〟の東側に恒久的な橋を架けた。粗石で築いた二十本の橋脚の上に丸太の橋桁を架けたもので、当時としては、世間をあっと驚かせる土木工学の快挙だった。

その後の二年間というもの、デケバルスはローマ人たちに閉じ込められた窮屈な箱から抜け出そうと、ありとあらゆる画策をした。再武装し、ローマがパンノニア属州に定住させた遊牧民のイアジェゲス族の土地をローマの許可を得ずに占領した。また、他の部族に接触して、同盟を結ぼうとし、ふたたびローマからの亡命者たちを受け入れはじめた。ローマ帝国の東の国境のむこうに広がる強大なパルティア王国に支援を求めさえした。その際に、友好の印として、モエシアで捕まえたカッリドロムスという名のギリシア人奴隷をパルティア王に進呈した。カッリドロムスはかつてトラヤヌス配下の将軍のひとりが所有していた奴隷だった。そして、ついに、デケバルスは、ローマ軍が一〇二年から戦略的に占拠していたダキア南部の複数の要塞に先制攻撃を仕かけてきた。

慌しく前線にむけて出立したところをみると、報告を受けたトラヤヌスは虚を突かれたようだ。一〇五年六月のことだった。本格的な軍事作戦を展開するには季節が進みすぎていた。新たな司令官たちが任命され、ハドリアヌスも軍団司令官に昇進した。そのため、ローマで法務官の仕事を続けることができなくなり、贅沢な祝祭にも関われなくなってしまった。建前上、都市担当の法務官が連続して十日以上ローマを離れることは違法だったが、ローマの歴史において緊急時に規則が破られることはたびたびあった。

ハドリアヌスに託されたのは第一ミネルウァ軍団だった。この昇進は第一次ダキア戦争での活躍に対する褒賞であり、戦場における彼の能力に寄せる皇帝の信頼の証だった。ちなみに、第一ミネルウァ軍団はドミティアヌスによって創建された軍団で、彼がオリュンポス十二神の一柱で戦争と知恵の女神であるミネルウァを信奉していたことから、このように名づけられた。激戦だったタパエ戦ののちに上ゲルマニアから援軍として駆けつけたものと思われる。現地には、この軍団を含めて十四軍団が待機していた。ハドリアヌスはその何年かまえに、すでにゲルマニアで第一ミネルウァ軍団とは馴染みになっていたはずだ。

記念柱には、皇帝がモエシアに到着したときの様子が描かれている。このたびはアポッロドルスによって架けられた新しい石橋を渡って、軍団はふたたびドナウ川を渡った。ゆっくりと着実に進みながら、ひとつ、またひとつと要塞を攻略していくローマ軍。ダキア兵たちは予測不能の危険なゲリラ戦で応じた。あるシーンでは、トラヤヌスがみずから補助軍の騎兵隊を率い、先頭に立って全速力で馬を駆り、ローマ軍の大本営を襲撃してきた敵兵たちを蹴散らす姿が描かれている。戦いは熾烈だったが、戦況はどう見てもデケバルスに不利だった。

しだいに追いつめられていったデケバルスは奇策に出た。彼は以前、トラヤヌスが身辺警護に無頓着だという話を聞いたことがあった。それはまちがいなく、自分は独裁者ではなく第一の市民《プリンケプス》であるということを示すための戦術的なポーズだった。しかし、同時に、皇帝の人気が軍部において絶大だったことの反映でもあった。トラヤヌスは誰とでも快く面会した。機密作戦が話し合われる参謀会議の傍聴は許さなかったが、各部隊からの情報が報告される将校レベルの軍団会議は一般兵士にも傍聴を許していた。デケバルスは複数の亡命者を説き伏せてローマ軍に戻らせ、軍団会議の折に皇帝を殺すチャンスがあるかどうか探らせた。

自爆テロなるものが考案される何十世代もまえのことだったが、デケバルスに送り込まれた暗殺者たちは、まさに数百、いや数千の皇帝に忠実な武装兵士たちに皇帝が囲まれている会議の席上で暗殺を決行しようとしたようだ。生き延びられる可能性は皆無だった。もっとも、計画は失敗に終わった。亡命者のひとりが「嫌疑をかけられ」[27]、拘束されたからだ。彼を知る昔の仲間に見つかったか、あるいは事前の準備段階で感づかれたか、どちらかだろう。その男は拷問にかけられ、すべてを白状した。

未然に事なきを得たからよかったものの、皇帝が若くて健康であるために普段は意識されない政治的現実がこの事件により露呈した。死後の後継者を皇帝がいまだ指名していないという現実だ。まだ若いが潜在能力をもつ男性の近親者が後継者候補として存在していることは周知の事実だった。ところが、跡継ぎとして指名する機会がこれまで何度もあったのに、トラヤヌスは指名するのを避けてきた。かつて後見人として面倒を見た若者に対して、彼はこれまで非の打ち所のない公正な態度で接してきた。出世ができるよう励まし、取り計らってもきた。しかし、ハドリアヌスに対しては、どうやら深い不信感のようなものを胸中に抱いていたのではないかと思わざるをえない。

『ヒストリア・アウグスタ』を信じるなら、このころ、ある重大な進展があったようだ[28]。アレクサンドロス大王を信奉していたトラヤヌスが大王に倣い、後継者を指名せずに死にたいと考えているという噂が流れた。偉大なマケドニア王は高熱に襲われて死の床に伏したとき、王国を誰に残すつもりかという問いに、「最強の者に」[29]という曖昧な言葉で答えた。トラヤヌスは大王のような死に方をしたいと強く思っていたようだ。[30]しかし、大王の死後、配下の将軍たちが骨肉の争いを演じたすえに、大王がたいへんな思いをして手に入れた領土をばらばらに分割してしまったことを考えると、これは悪い前例と言わざるをえなかった。ローマでは別の噂も飛びかっていた。皇帝は数名の後継者候補のリストを作っていて、その時が来たら元老院にそのなかから新たなプリンケプスを選ぶよう言い残すつもりらしい、というものだ。

記念柱には、戦闘に参加する皇帝の姿がはっきりと描かれている。いつ何時戦死してもおかしくはなかった。曖昧な態度をとりつづけて、死後に混乱を引き起こすようなことはできなかった。このまま態度を明確にしなければ軍の信頼も失いかねなかったので、側近たちと相談を重ね、ついに皇帝は意志の一端を明かすことにした。

理由が何であったにせよ、かつての被後見人であり、最も近い男性の肉親であるハドリアヌスを皇帝には指名しなかった。もし自分が死んだら、（おそらくは）パンノニア属州総督をしていたルキウス・ネラティウス・プリスクスが後継者になると発表したのだ。「もし私の身に何かあったら、属州をそなたに委ねる」[31]と、本人に直接言ったらしい。これはなんとも微妙な言い回しだ。トラヤヌスは帝国の最も重要な属州をすべて直轄していた。これらの属州に軍の大半が駐屯していたから、皇帝直轄属州を委ねられるということは帝位に就くことと直結していた。しかし、ここで委ねると言ったのは、ダキア戦の指揮権を委ねるという意味で、ドナウ川沿岸諸州にかぎってのことだった可能性もある。いずれにせよ、この措置はあいまいな態度をとりつづけるというこれまでの一貫した姿勢を改めて示すものだった。

ネラティウス・プリスクスというのは絶妙な人選だ。本質的に政治の世界とは無縁の人物だったからだ。指名しても、あからさまに帝位に野心を燃やしたりしないことをトラヤヌスはよく知っていた。ネラティウスはたいへん有能な人物だった。営々と公職経歴を積み重ね、九七年の補充執政官を経て属州総督になった。しかし、彼がほんとうに好きだったのは法学で、ドナウから帰還したのちは残りの人生を法学研究に捧げた。そして、高名な法学者となり、私人、公人を問わず多くの人々、時には皇帝にまで裁判上の法律的な助言をするアドバイザーとして活躍した。彼の執筆した教本や注釈や回答集は参考文献として後世の専門家たちに多数引用されている。

後継指名を受けなかったことについて、われらが第一ミネルウァ軍団の司令官ががっかりしたかどうか、知ることはできない。ハドリアヌスが帝国の未来について優れた定見をもっていたことは確かだ。しかし、この当時、この時点では彼の意見に真剣に耳を傾ける者はいなかった。おそらく、彼自身も職務に忙殺され、それどころではなかったのだろう。われわれの知るかぎり、皇帝に対して謀反を画策するとか、派閥を形成するというような動きは見せていない。あくまでも忠誠を貫き、あたかも単なる支配階級の一員にすぎないというように淡々とキャリアを積み上げていた。

暗殺で一気に片をつけることに失敗したデケバルスはまた新たな姦計を考えついた。クナエウス・ポンペイウス・ロンギヌスに、無条件降伏の話合いをする用意があると申し出たのだ(32)。執政官経験者のロンギヌスはドナウ川北岸に展開する軍の総司令官で、ダキア軍を山間部の本拠地まで敗走させることに成功していた。うかつにも、百人隊長に率いられたわずか十名の護衛兵しか連れずに、彼はデケバルスの本陣まで話合いに出向いてしまった。そして、即座に軟禁され、公開尋問にかけられて、トラヤヌスの遠征計画を明らかにするよう迫られた。しかし、ロンギヌスは黙ったまま、なにも話さなかった。

デケバルスはトラヤヌスに使節を送り、ドナウ川北岸の領地をすべて返還し、戦争賠償金を支払うよう要求した。ロンギヌスはそれほどの高官ではなく、かといって価値のない人物でもないという印象を与えるよう、慎重に計算しつくした返答が用意された。価値のない人物だと思われて殺されてしまわないよう、あるいはデケバルスが考えていた以上の高官であると思われて、さらなる条件を突きつけられないようにする必要があった。この返答は思惑通りの効果を上げた。ダキア王は次にどのような手を打てばいいのかわからず、時間稼ぎを始めた。

勇気をもって膠着状態を打開したのはロンギヌスだった。彼はデケバルスに仕えていたダキア人の解放奴隷のひとりと仲良くなり、この男から毒を入手した。そのうえで、トラヤヌスを説得してみせるから手紙を書かせてくれ、と王に頼んだ。そして、くだんの解放奴隷の身の安全を図るために[33]、この男が手紙を運ぶ使者になるよう手を打った。手紙には、使者を保護してほしいという皇帝に対する依頼が書きそえられていた。

ほんとうの意図がデケバルスにばれないように、そして、デケバルスが警戒して監視の目を厳しくしないようにと、ロンギヌスは祈る思いだった。いっぽうのデケバルスは裏の意図を疑いもしなかった。解放奴隷がローマ軍の本営をめざして発ったあと、ある夜、ロンギヌスは毒をあおって死んだ。自己犠牲の手本だった。ローマでは、政治家や軍司令官が絶望的状況《デスペラータ・サルス》において自殺することは勇敢で、気高い行為だと考えられていた。

デケバルスは作戦が破綻したことを認めようとしなかった。今度は捕虜とした百人隊長をトラヤヌスのもとに送りつけ、解放奴隷を引き渡せばロンギヌスの遺体と護衛兵たちを返すと伝えさせた。皇帝はこの申し出を拒否した。解放奴隷の命のほうが「帝国の尊厳にとって、ロンギヌスの埋葬よりも重要だ」と述べている。それによって護衛兵たちが危険にさらされることを考えなければ、たいへんりっぱな決断だったと言えるかもしれない。皇帝にとっては、将軍の遺体のことしか頭になく、十名の生きている兵士たちのことなどどうでもよかったのだろう。兵士たちのその後について、歴史はなにも語ってくれない。

ダキア攻略は、もはやほとんど敵の抵抗にあうこともなく、粛々と進められた。軍団は標高一五〇〇メートルを超えるウルカン峠を通り、デケバルスの王都にむけて直線コースを進んだ。ダキア人たちの士気は完全に失われていた。記念柱には、降参するよう王に嘆願するダキアの宮臣たちの様子が描かれている。デケバルスは耳を傾けず、家族と護衛だけを連れて山の奥に逃げ込み、抗戦を続けようとした。いっぽう、見るからに難攻不落のサルミゼゲトゥサはいっさい抵抗せずに陥落した。そして、根こそぎ略奪され、完全に焼き払われた。

ダキア貴族のなかにはローマ軍に協力的な者もいた。王の近習のひとりはデケバルスの財宝の秘密の保管場所をトラヤヌスに告げた。ディオ・カッシウスによると、

何人かの捕虜を使って、デケバルスは［サルゲティア］川の流れを変え、川床に穴を掘り、その穴の中に大量の金・銀や、多湿にも耐えうる高級品を投げ込んだ。そして、財宝の上に石を積み上げ、土を盛ったうえで、川の流れを元通りにした。また、同じ捕虜を使って、豪華な衣装などの贅沢品を洞窟の中に隠させた。そして、作業が終わるや、口封じのため捕虜たちを殺してしまった。[34]

その三百年後、西ゴート族の王、アラリックはこのアイデアを借用し、イタリア南部の川の下に自分の遺体を戦利品とともに埋めさせた。その場所は今にいたるも発見されていないが、ダキアの財宝のほうは掘り出されている。集計したところ、金が五〇〇万ポンド、銀が一〇〇〇万ポンドという、信じがたい量の財宝が隠されていた。[35]

さて、王のほうはどうなったか？　数年後、ある栄光に満ちた長い軍隊生活を終えた騎兵が灰色の大理石に自分の輝かしい軍功を刻ませた。[36] 浮彫りには、彼の人生の最も光り輝いていた瞬間が描かれている。

跳ねる馬の上には騎兵、地面には横たわるデケバルスの姿。ズボンを履き、ダキア帽をかぶり、顎鬚をたくわえている。手からこぼれおちた反りのある剣。この剣で王は自分の喉を掻き切ったばかりだ。浮彫りの下の銘には、王を捕らえたが、王は捕まる直前に自害したので、その首をトラヤヌスのもとに届けた、と書かれている。ちなみに、その首は後日、ローマに運ばれ、カピトリウムの丘へと続く階段、スカラエ・ゲモニアエの上から見せしめのため投げ落とされた。この階段には処刑された罪人の遺体がしばらくのあいだ置かれ、衆目にさらされるという慣習があった。

戦争は終わった。絵に描いたような圧勝だった。七〇年にティトゥスがユダヤの地からユダヤ人たちを完全に排除したように、トラヤヌスも民族浄化を行なった。数万、いや、おそらくは数十万のダキア人たちが祖国を追われた。皇帝が主催した戦勝記念の剣闘大会で剣闘士として闘わされた者もいれば、奴隷として売り払われた者もいた。ダキア人たちがいなくなった土地には入植者たちが移住し、皇帝の家名を冠したサルミゼゲトゥサ・ウルピアという名前の首都が新たに建設された。四三年にクラウディウスがブリタンニアを属州として以来、ダキアは久しぶりに新たに生まれた属州だった。

ダキア戦争でも、ハドリアヌスはめざましい功績を上げた。軍隊生活は性に合っていたし、第一ミネルウァ軍団もよく働いてくれた。例によって、功績の内容はよくわからないが、『ヒストリア・アウグスタ』には「数々の卓越した行為により、大いなる名声を得た」(37)とある。

トラヤヌスは冷たい態度を一変させ、ハドリアヌスを高く評価するようになった。かつての被後見人の活躍に目を細め、ネルウァからもらったダイアモンドをプレゼントした。このプレゼントの意図するところは明らかだった。すくなくともハドリアヌスはそう思い、皇帝の正式な後継者として認められるという夢が一歩実現に近づいたと考えた。かつて危篤状態に陥ったアウグストゥスが権威委譲の証として、アレクサンドロス大王の顔を刻んだ印象付き指輪を、友人のマルクス・アグリッパに手渡したという有名なエピソードを、人々は連想せざるをえなかった。しかしながら、この二つのエピソードは厳密に言えば同じ意味をもつものではない。宝石は公的な意味をもつ指輪ではないからだ。歴史的な大勝利を上げたばかりの健康なトラヤヌスからのプレゼントは宝石としての価値以上のものをもってはいなかった。ハドリアヌスがどのように解釈したかは別として、このダイアモンドは権力の印というよりも皇帝の評価の証だった。

第十一章　雌伏の時代

ダイアモンドよりもっと現実的な価値のあるプレゼントは、第一ミネルウァ軍団司令官になってからまだたった十二か月しか経っていないのに、皇帝がハドリアヌスを属州総督に昇格させてくれたことだった。戦場での指揮能力が認められたことをはっきりと知らしめる人事だった。対デケバルス戦が最高潮に達し、最も過酷な戦いを強いられていた一〇六年夏、トラヤヌスはパンノニアを上下二つの属州に分割した。下パンノニアのほうが小さく、一軍団しか駐屯していなかったが、ハドリアヌスが任命されたのはその下パンノニアの属州総督だった。新しい属州の州都はアクィンクム。十年まえ、ハドリアヌスが若き軍団高級将校として軍隊生活を実質的に始めたドナウ川沿いの要塞都市だった。一周して、出発点に戻ったわけだ。

第一級のポストではなかったし、下パンノニアに赴任した結果、勝利の瞬間を自分の目で見、興奮を肌で味わうこともできなくなってしまった。しかし、そのかわり、下パンノニアの属州総督職は実にやりがいがあった。対岸には広大なハンガリー平原が見渡せた。ローマの支配が及ばないサルマティア系イアジェゲス族の土地だ。この部族は西部でダキア王国に境を接していた。イアジェゲス族はデケバルスの拡大主義に危機感を覚えており、当然ながらトラヤヌスのダキア侵攻を支援する側に回ったのだった。ところが、『ヒストリア・アウグスタ』には、新総督となったハドリアヌスが「サルマティア人〔イアジェゲス族〕たちを押し返した(1)」と書かれている。彼らには勝利で勢いに乗っている同盟国ローマを挑発する気など毛頭なく、無防備なダキアの領土を手に入れるか、すくなくとも資財を略奪する、いい機会だと考えたと見るべきだろう。ローマはすでにダキアを単なる敗戦国（victa）ではなく、自国の領土（capta）と見なしていて、無遠慮に侵害されることを望んでいなかったという現実を、サルマティア人たちは早々に見抜くべきだった。

交戦記録がないところをみると、サルマティア人とは武力によらない交渉をしたにちがいない。そのような神経を使う仕事は初めてだったのに、ハドリアヌスは消耗するどころか、反対に高い調整能力――調整というより、干渉、あるいは介入と言ったほうが正しいかもしれない――を発揮した。また、考古学調査で発掘された遺跡を見ると、ハドリアヌスは驚くほど大規模な属州府庁舎を建設したようだ。そうだとすると、後年、生涯にわたって芸術や建築への情熱をもちつづけ、いわゆる巨大プロジェクトに莫大な投資をすることになる彼の〝建築趣味〟の最初の例ということになる。正式に建築学を勉強したわけではないが、ハドリアヌスは自分にはプロの建築家にも負けない設計能力があると自負していた。

ローマ帝国のたいへん優れた統治システムの特徴のひとつは属州統治における権力の分割にあった。属州総督になるのは、ハドリアヌスの場合がそうであるが、法務官経験者か執政官経験者、つまりローマの政界エリートだった。総督は属州の行政一般の責任者であると同時に、駐屯軍の司令官でもあった。属州には総督のほかに、財政責任者である管理官《プロクラトル》がひとりないし複数いて、財務報告は総督にではなく直接ローマに行なうことになっていた。おもな業務は徴税およびその他の歳入の管理で、集めた金はローマの国庫または皇帝金庫に送金した。地方で集められた現金はそのまま支出に回されていたから、送金は全額にしろ一部にしろ、証書という形で行なわれたはずだ。財政管理権が取り上げられていては、いくら現政権に不満があっても属州総督が皇帝に対して武力行使をすることはきわめて困難だった。

管理官が悪事に手を染めるケースは後を絶たなかったが、たとえ属州総督とはいえ、彼らの不正を正すには相当の覚悟が要った。しかし、自信にあふれていたハドリアヌスは躊躇しなかった。詳細は不明だが、『ヒストリア・アウグスタ』によると、彼は「好き勝手に越権行為をしていた管理官たちを拘束した(2)」。どのような事情だったのか、ぜひ知りたいものだ。権限を越えて管理官を拘束するのはきわめて危険な行為だったはずだ。しかし、彼は首尾よく事態を処理することに成功した。聡明なハドリアヌスのことであるから、あらかじめトラヤヌスに自分の計画を打ち明け、皇帝も全面的にバックアップしたということだろう。

『エピトメ・デ・カエサリブス〔皇帝要覧〕』には、トラヤヌスの治世下で複数の管理官が虚偽の告発を行ない、属州総督を陥れ、行政を混乱させたという記述がある。

一人目が「どうしてそんなに金があるのか?」と尋ね、二人目が「どこで稼いだのか?」と尋ねる。そして、三人目が「ならば、稼いだ金をよこせ」と言う――そんなことが〔管理官たちについて〕言われていた。皇妃プロティナはこの問題について夫に嚙みついた。〔管理官たちを野放しにしておけば〕あなたの名前に傷がついてしまうのに、どうしてそんなに無関心でいられるのか、と。あまりに執拗にこの話をするので、彼も不当に重すぎる課税が忌むべき問題であると考えるようになった。彼は国庫のことをよく、どんどん大きくなって、しまいには筋肉や四肢の栄養も吸い取り、体全体を疲弊させてしまうという意味で〝脾臓〟と呼んでいた(3)。

このエピソードがいつのことなのかは記録されていない。しかし、ハドリアヌスが皇妃ときわめて親密だったという事実を考えると、彼が属州総督をつとめていた時期に一致するのではないかと思われる。管理官たちがハドリアヌスを批判することを見越して、プロティナは皇帝が批判を真に受けないように先手を打ったのだろう。

ハドリアヌスは属州総督であると同時に第二アディウトリクス軍団の司令官でもあった。かつて軍団高級将校として任務をともにしたことがあるので、この軍団のメンバーたちとは顔なじみだった。国境警備軍の一日は退屈だ。兵士たちは監視のほかにはこれといった仕事もなく、一日の大半を無為に過ごしていた。だから、いかにすればいつでも戦闘に臨めるよう兵士たちの士気を保てるかという課題に、将校たちはつねに直面していた。ハドリアヌスもこの課題に真剣に取り組んだ。『ヒストリア・アウグスタ』には、彼が「軍規を厳密に守らせた」[4]と書かれている。

ハドリアヌスがどのぐらいの期間アクィンクムで属州総督をしていたのかはわからないが、執政官になるまでその職に留まっていた可能性は高い。一〇八年、属州総督に任命されてから二年経つか経たずで、彼はローマ政界の頂点である執政官に就任した。『ヒストリア・アウグスタ』によれば、これは下パンノニアにおける属州経営の手腕が評価されてのことだった[5]。彼のとった措置が皇帝の同意を得ていた証拠だ。まだ三十二歳だった。もともと共和政期には、高位の公職につける年齢は四十二歳からという決まりがあった。実はそれを、血統貴族と執政官経験者の血を引く者にかぎって、アウグストゥスが三十一歳まで引き下げたという経緯があった。

ハドリアヌスはそのどちらでもなかったから、この昇進には褒賞的意味合いがあった。しかし、例によって、トラヤヌスは片方の手で褒美を与え、もう片方の手でその褒美を否定するような、あるいはすくなくとも疑義を抱かせるようなことをした。定員二名の正規執政官ではなく、ハドリアヌスが就任したのは正規執政官が任期途中（たいていは五月）に退任した後の穴埋めである補充執政官だった。ちなみに、正規執政官の任期は一月に始まり、その年は「誰それと誰それの年」という言い方で呼ばれる。
ハドリアヌスの親しい友であると同時に、トラヤヌスの側近中の側近だったルキニウス・スラは終始一貫折に触れて彼の肩をもってくれた。『ヒストリア・アウグスタ』によると、その効果はかなり大きかったようだ。
スラはネルウァの即位と時を同じくして実権を握りはじめ、以降、ずっと帝国政界の中枢で活躍しつづけた。ディオ・カッシウスは彼が「莫大な富と誇り」を手に入れたと述べている。敵も数多あり、彼に対するトラヤヌスの信頼を失墜させようと画策する者も多かった。しかし、彼らはことごとく失敗した。

トラヤヌスに対する友情と信頼はきわめて大きかった。彼に対するトラヤヌスの友情と信頼も同様だった。だから、誹謗されることもしばしばだったが、トラヤヌスは一度も彼のことを疑ったり、疎ましく思ったことはなかった。それどころか、スラを妬む者たちがあまりに執拗にスラを中傷したときなど、皇帝は招待されてもいないのにスラの屋敷を訪問し、夕食をともにした。着くなり、彼は護衛を全員遠ざけ、まずスラの家庭医を呼び、目に香油を塗らせた。次に、理髪師を呼び、顎鬚を剃らせた。それがすむと、風呂に入り、夕食をとった。そして、翌日、友に、彼について悪口ばかり言っているのが誰と誰なのかを明かして、こう言った――「もしスラがほんとうに私を殺そうと考えているなら、私は昨日とっくに殺されていたはずだ」[6]。

私人としてのスラは公人としての顔とはまったく別の、親しみやすい面をもっていたようだ。プリニウスが彼あてに書いた二通の書簡から判断するに、難解な問題について相談されるのを楽しんでいた節がある。たとえば、コムム湖畔（今日のコモ湖）に所有しているウィッラの不思議な泉[7]について、プリニウスが意見を求めている。この泉は間欠泉で、人口洞窟内に作られたプールが水でいっぱいになったり、涸れたりするのだった。トルノ近郊に十六世紀に建てられたウィッラ・プリニアナで今でも見ることができる。後世になっても、レオナルド・ダ・ヴィンチや詩人のシェリーなど多くの著名人の頭を悩ませた、なんとも奇妙な現象だが、これは気圧の変化に連動したサイフォン現象だった。残念ながら、スラの返信は残っていないので、彼がこの現象の原因を正確につきとめたかどうかはわからない。

ハドリアヌスが執政官になった年、スラは自分の取巻きに、ハドリアヌスはいずれトラヤヌスの養子になると打ち明けた。この情報はリークされ、たちまち世間に広まった。その結果、かつてはハドリアヌスに批判的で敵対していた人々がこぞってすり寄ってきた。そのなかには皇帝の顧問団のメンバーもいた。「彼はもはやトラヤヌスの友臣たちに軽視も無視もされなくなった[8]」。

このエピソードをどう解釈するかは、なかなか難しい。出典はおそらくハドリアヌスの自伝的アポロジア（弁明書）だろう。だから、慎重に検証する必要がある。このエピソードにきな臭さを感じざるをえないのは、養子縁組は実行されなかったという厳然たる事実があるからだ。スラかハドリアヌスによる単なるでっちあげだったのだろうか？　いや、そうは考えにくい。当時、このような噂を流すのはあまりにもリスクが大きかったはずだ。かならずや皇帝の耳に達したであろうから。かといって、もし後年に作り上げられたものだとすると、かつて皇帝に仕えていた者たちが反論したはずだ。

このエピソードが起きたのが一一〇年にスラが死ぬ直前だったことは、おそらく偶然の一致ではない。この世から去るまえに、ハドリアヌスの立場を補強する目的で打った最後の一芝居だったのだろう。スラはローマ政界に燦然たる足跡を残して世を去った。前述したように、彼にはトラヤヌスと同様に男色の傾向があった。『エピトメ・デ・カエサリブス』によれば、トラヤヌスが「最高命令権《インペリウム》を手に入れたのはスラの熱心な働きかけ」[9]のおかげだった。当時ゲルマニアにいてローマには不在だった友のために、ネルウァを辛抱強く、あるいは（見方によっては）強引に説得したのが功を奏したのだった。トラヤヌスがネルウァから帝位を受け継いだ九八年という決定的な年に補充執政官をつとめ、さらには一〇二年と一〇七年の二度にわたって正規執政官もつとめた。これは稀代の名誉だった。ダキア戦争にも参加し、対デケバルス交渉使節団長にも任命された――身の安全を心配したデケバルスのせいで、実現はしなかった――。スラに対するトラヤヌスの思いは死後も変わることはなかった。皇帝は彼の労に報いるために国葬をし、像を建立して名誉を称えた。そして、アウェンティヌスの丘のスラ邸の跡地か、その近くに新たに建設された豪華絢爛な浴場に友の名をつけた。この浴場はその後二百年以上も使用されつづけた。

ダキア戦争も終わり、ローマは平和を謳歌していた。属州総督をつとめあげ、イタリアに戻ってから、ハドリアヌスには数年間公職につかない時期があった。すでに成熟し、経験豊富な政治家になっていた身内をトラヤヌスがいっこうに統治にたずさわらせようとしなかったのは興味深い。アウグストゥスはマルクス・アグリッパとティベリウスを自分とほぼ同格の共同統治者として扱った。ウェスパシアヌスも息子のティトゥスと共同で統治にあたった。

しかし、知りうるかぎり、ハドリアヌスは不満や憤りを微塵も顔に出すことはなく、あくまで辛抱強く忠誠を貫いた。この十年間成人してからのキャリアの大半をローマよりも戦場で過ごしてきたため、次期皇帝候補として、彼には国内政治の経験が不足していた。だから、トラヤヌスの文人統治者としての働きぶりを間近に見られる機会はむしろありがたかった。学ぶべきことはまだまだたくさんあった。

まず初めに学んだのは、皇帝の絶対権力の限界だった。当時の通信のスピードはきわめて遅かった。誰も馬より早く旅することはできなかったし、冬季の船旅は危険きわまりなかった。危急の連絡でさえ何週間もかかった。

　今日の世界に比べ、国家の役割はかなり限定されていた。経済学や社会学も未発達だったから、合理的な政策を立てることは難しかった。帝国の予算に占める軍事費の割合は圧倒的に大きかった。それでも、三十軍団(10)からなるローマ軍はライン川とドナウ川、メソポタミアとサハラの砂漠地帯、北ブリタンニアの険峻な山岳地帯の国境警備をするのが精一杯だった。外敵の侵入を防ぐことはできたが、ユダヤなどのごく少数の例外を除き、属州全体に強力な警察権を敷いたり、〝占領〟することは不可能だった。

　皇帝が思い通りに政策を実施できないもうひとつの要因は、国家の運営を補助する公職者や官僚の数が比較的少なかったという現実だ。共和政期、執政官以下の公選公職者たちは、奴隷や解放奴隷を中心に構成された自分の家臣団をそのまま使って公務をこなした。また、友人たちに仕事上の相談をすることも多かった。アウグストゥスは国全体の統治にもこのシステムを規模を拡大してそのまま応用した。彼以降の歴代皇帝も、周りに優秀な、おもにギリシア人の解放奴隷を集め、皇帝府を運営した。数ある職掌のなかでもとりわけ重要なのは、皇帝の文書管理をする文書局長《アブ・エピストゥリス》、財政管理をする財務局長《ア・ラティオニブス》、陳情に対応する陳情局長《ア・リベリス》だった。

　彼らはしだいに強大な権力と莫大な財産を蓄積していった。皇帝直轄の官僚だったから、彼らのすることは外からは見えにくく、いったん問題が発覚すればトカゲの尻尾のように切り捨てられる存在でもあった。やがて、彼らがあまりにも世間から嫌われるようになると、皇帝たちはかわりに実業界から相応の家門の騎士を登用するようになった。

　皇帝はプリンケプス（平等な市民たちのなかで最も優れた者）であるという建前上、元老院階級や台頭しつつあった騎士階級とも信頼関係を保つ必要があった。軍事力と一般市民からの支持さえあれば、独断で政策を決めることも可能ではあった。しかし、円滑な統治をしようと思うなら、他の人々にも進んでともに仕事をしてもらう必要があった。すでに見てきたように、前世紀の歴史は、すくなくとも形だけでも元老院と協調する態度を見せなければ、手痛いしっぺ返しを受ける危険が多々あることを教えてくれていた。最悪の場合、反乱が起きたり、皇帝自身が暗殺されることもあった。最良でも、協力を得られないという事態に陥りかねなかった。

そういうわけだったから、皇帝が周囲に対して政策を押しつけたり、根回しをせずに行動することはきわめて困難だった。しかし、それは皇帝が無力だったということではない。皇帝は名声と権威と資産と法律を手中にしていた。そして、トラヤヌスは聡明なプリンケプスがいかにして効率的に物事を進めていくかという手本そのものだった。

元老院議員に対して、彼はあくまでも親しげに接した。ドミティアヌスとはまったく対照的だった。トラヤヌスは議員たちをまるで個人的な友人のように扱い[11]、病気だと聞けば見舞いに出向き、祝い事があると聞けばわざわざ顔を出した。反対に、誰かが訪ねてくれれば気前よくもてなし、「階級に関係なく」豪華な食事を振舞った。ディオ・カッシウスは書いている。

> 狩りや宴会に参加し、ともに働き、計画を練り、冗談を言い合った。しばしば馬車に三人乗せて、護衛をひとりもつけずに一般市民の家を訪れ、楽しく時を過ごした[12]。

トラヤヌスは「尊敬されるより、愛されることに喜びを感じた」と言われている。それでも、プリニウスのように歯の浮くような美辞麗句を書き連ねて、皇帝を尊敬してしまう輩はたくさんいた。気取らない態度は人間関係を良好に保つための巧妙な演技以上のものではなかったが、人気取りにはおおいに役立った。

統治には多くの困難がともなった。しかし、それでも、トラヤヌスが自分の存在感を帝国中に示すことのできる、あるメカニズムがあった。地方に対して中央の政策を一律に押しつけることはなかったとはいえ、トラヤヌスのもとには無数の嘆願や種々雑多な要望が嵐のように押し寄せた。中央政府は地方の政治や宗教にできるかぎり介入しないようにし、地元のエリート層に自律的に運営させるようにしていた。しかし、このようなシステムの下では、ありとあらゆる案件において係争が起きるのは避けがたかった。そして、歴代の皇帝たちがみなそうしてきたように、トラヤヌスもそのいちいちに裁定を下さなければならなかった。

皇帝が個人的な感情で決断を下すことはほとんどなかった。そして、皇帝は法体系の頂点に位置していた。ローマの法律家たちは「皇帝の決定は人民の法律と同等の効力を有する。なぜなら、人民が彼を自分たちの統治者として選んだからだ」[13]と書いている。地方には地方の法律があったが、ローマ法は帝国全域で適用された。今日の国際法のようなものだ。地方政府や個々のローマ市民はプリンケプスに直接訴えることができた。プリンケプスは最高裁判所のような役割を果たしていた。[14]ちなみに、六〇年、聖パウロはユダヤの管理官だったポルキウス・フェストゥスに対し「皇帝に訴える」と言ったが、彼にはたしかに皇帝に訴える権利があった。

新法の法案を作成したり、法律を補完する皇帝勅令の布告をしたり、個々の事案について裁定をしたりと、法律の専門家として皇帝は精力的に働いた。これはたいへんな重労働だった。トラヤヌスは改革にも積極的だった。彼は、欠席裁判で有罪が確定した被告に再審請求権を与えた。[15]また、デラトルたちによる匿名告訴や大逆罪の捜査における奴隷の拷問を禁止することで、ドミティアヌスのような支配者たちが抵抗勢力を弱体化させるために利用した政治ショー的な裁判をやめさせた。

陳情は法にかかわるものだけではなかった。地方の建設関係の要望も多かった。すでに見たように、トラヤヌスはローマの都市開発に莫大な予算を使ったが、開発はローマにとどまらず帝国全域に及んだ。彼は自分の功績が広く知れ渡るよう、かならず顕彰碑を建てさせた。辺境のヌミディアに架けられた橋[16]にも、「[トラヤヌスの]兵士たちの労力と彼個人の金で」架けられた、と刻まれている。〝壁の花[17]〟というあだ名がつくほど、彼の名前は建築物という建築物に刻まれていた。

ローマ帝国が徐々に衰退し、やがて崩壊してから、〝暗黒の時代〟が何世紀も続いた。その間に、帝国の公文書は歴史に翻弄され、破壊されてしまった。しかし、幸いなことに、公文書に次ぐ史料価値を有する遺物がまだ残っている。属州市民たちが感謝の念から皇帝たちとやり取りした書簡の内容を石やブロンズの碑に刻んだものが、考古学者たちにより、廃墟と化した古代都市から数多く発掘されている。これらの碑文を読むと、代々のプリンケプスによる統治には一貫性があったことがよくわかる。彼らはかならず前例を参考にして政策を決定していた。ドミティアヌスのような悪帝の政策さえ、指針として参考にされた[18]。

これまでに何度か、きわめて珍しい発見もなされている。一七四七年、数名の農夫がピアチェンツァ近郊の畑で偶然、一・二一メートル×一・八メートルという史上最大の古代のブロンズ板を発見した。世に名高い『タブラ・アリメンタリア[19]』だ。同種のブロンズ板はイタリア南部でさらに二枚見つかっている。ブロンズ板には、トラヤヌスによって創設された、アリメンタと呼ばれる児童扶養制度に関する情報が詳細に書かれている[20]。アリメンタは莫大な予算を必要とする、きわめて野心的な制度だ。北部の小都市ウァレイア、トスカーナ、南部のベネウェントゥム近郊の三か所における実態がわかっている。ウェレイアは地すべりのために早い段階で消滅した古代都市だ。

トラヤヌスは児童福祉の分野で大きな功績を残している。未成年者や孤児たちの権利を守るために、徹底的に法律を整備した。古代世界において、新生児の遺棄は珍しいことではなかった。しかし、運よく救助され、孤児院で育てられる子どもたちも少なくなかった。生みの親がわかっている場合、トラヤヌスは彼らにも相続権を復活させた。また、虐待が発覚すると、父親から父権を完全に剝奪した。後見人制度関連の法律──彼自身が後見人としての経験を有していたことは、周知のとおりだ──も厳格化し、相続権がある子どもたちを無視してひとりの子どもだけに財産を残すことが簡単にはできないようにした。

碑文を読むかぎり、アリメンタ制度はネルウァが創設し、トラヤヌスが発展させたようだ。経済的な問題と社会的な問題を二つながら同時に解決することをめざした、きわめて精巧なシステムだ。制度を作るにあたり、まず行なったことは、所定の地域において対象となる人数を決め、その枠内で援助を必要としている子どもたちを特定することだった。[21]対象者は自由民から生まれた少年少女たちと決められた。男の子には月額十六セステルティウス、女の子には月額十二セステルティウスが支給されたが、いずれも庶子の場合には減額された。そして、国庫からまとまった金額を支出して基金を創設し、地元の地主に土地や家屋を担保にして五パーセントという低金利で融資した。この金利で、子どもたちへの経済援助はじゅうぶんに賄うことができた。現在わかっているかぎり、ローンは永久債権だったようだ。

この制度のためにイタリア全体で支出された金額は、三億一一〇〇万セステルティウスと見積もられている。[22]これは軍事予算の四分の三にあたる莫大な額だ。それにしても、このような金のかかる制度がめざしたものは、実のところ、いったい何だったのだろう?

ドミティアヌスの治世中から、イタリアでは深刻な農業危機が起きていたことがわかっている。かなりの大地主だったプリニウスは、小作人たちが借金の返済に難渋していて、かつてなく延滞金が増えている、と書いている。「その結果、彼らの多くは借金を減らそうという気持ちを失ってしまった。いくらがんばっても完済できるはずがないと、あきらめているのだ[23]」。

アリメンタ制度の経済効果は絶大だった。イタリア半島で生まれた自由民の子どもはすべてローマ市民権をもっていた。そして、ローマ市民権をもち、アリメンタ制度の対象となった家庭の子どもたちはみな援助を受けられたから、若い世代からは貧困の暗い影が一掃された。プリニウスは自分の領地で似たような児童扶助制度を自前で実施していた。少年たちが将来立派な戦士になり、少女たちが結婚して子どもを生んでくれることを期待してのことだ。規模こそちがえ、皇帝も同様の思いでアリメンタ制度を行なっていたはずだ。

そもそも、低金利ローン自体が、開墾や開発のための投資を可能にするという目的を有していただろう。ブロンズ板を分析するかぎり、このローンの利用者の大半は中産階級で、明言はされていないが、農地開発のため、あるいはすくなくとも農業で生じた損失の補塡のために資金を使うことが想定されていたはずだ。

こうして、イタリア本国の非都市部に莫大な資金が投入されたわけだが、その経済効果はいかほどのものだったのだろう？　はっきりとした記録は残っていない。しかし、数種類のアリメンタ記念硬貨と同時に「新生イタリア」[24]のスローガンを誇らしげに刻んだ硬貨が鋳造されていることから、政府が経済効果に満足していたことがうかがえる。

児童への経済支援と地方開発の政策はみごとに連動していた。しかし、これらの政策は特定の問題を解決するための対症療法的な処方箋にすぎず、ローマが福祉国家であったことを意味しているわけではない。つまり、ローマには、たまたま、気前がよく善意にあふれた聡明な至高の皇帝《オプティムス・プリンケプス》がいた、ということだ。

スラの死後、ハドリアヌスは皇帝の演説草稿を書く仕事を引き継いだ[25]。その結果、皇帝とともに過ごす時間が増え、両者の仲は親密になっていった。折に触れて、皇帝の通信業務にも手を貸したことだろう。

帝国全域の役人たちから手紙が続々と届くのを間近で見たにちがいない。手紙には時としてひじょうに地域的な難問が書かれていて、そのひとつひとつが各地の状況を詳しく知らないと的確な解決策を決められないものだった。

どこかの整理好きな役人や蛮族の征服者やキリスト教の聖職者のせいで多くの貴重な史料が散逸してしまったが、きわめて幸運なことに、トラヤヌスとある高官のあいだで交わされた手紙が多数最悪の事態を免れることができた。黒海南岸に位置する属州のポントゥス・ビテュニアでは、数年来、財政と行政が機能不全に陥っていた。そこで、一一〇年、皇帝は経験豊かなプリニウスを皇帝特命総督《レガトゥス・アウグスティ》に任命し、属州政府の政治的、財政的状況を立て直すよう命じた。プリニウスがトラヤヌスにあてて書いた手紙が六十一通も残っているのだが、文中でプリニウスは実にさまざまな問題について指示を仰いでいる。皇帝通達を所持し、広範な裁量権を与えられていたにもかかわらず、プリニウスが皇帝に対して些細な問題についても報告し、意見を求めているのは驚きだ。属州に赴任した官僚たちにしてみれば、あらぬ誤解や疑いを招かないよう上司に遺漏なく報告することは、おそらく賢明な自衛策だったのだろう。

プリニウスの手紙は重大な問題にも言及している。そして、重大な問題についても、皇帝は堅実慎重な判断を下し、判で押したように「私の考えとしては、歩み寄る必要があろう[26]」と答えている。あるときは、念を押すように「これまでの慣例を変えないようにしなければならない」とつけくわえている。トラヤヌスの基本路線は、属州民の生活と習慣にできるかぎり介入しないというものだった。ビテュニアの属州議会に関する問題を論じる手紙では、「いつもと同様、最も安全な方法は各都市の法律を適用することだ[27]」と忠告している。

とはいえ、皇帝が穏健な措置をとったのは決断力が欠如していたからではない。むしろ、それは決断力の表れだった。ある問題に関する特命総督への指示の手紙がいい例だ。

ローマ人たちは、誕生してからまだ一世紀も経っていない新興宗教であるキリスト教をどのように受けとめたらいいのか決めかねていた。『使徒言行録』や手紙類に記録されている聖パウロの旅の様子からは、帝国東部の諸都市、特に主要貿易ルート沿いの町々にくわえ、ローマ市内にも多くのキリスト教コミュニティが存在していたことがわかる。なにしろ、とんでもない誤解を受けていたため、キリスト教徒たちはひっそりと目立たぬように生きていた。犯罪者集団であると非難されていたし、聖体拝領の儀式が捻じ曲げられて理解され、人肉を食べる習慣があると思われていた。

にもかかわらず、改宗する人は増える一方だった。聖パウロの書簡に挙げられている人々の名前から判断すると、信者はありとあらゆる社会階級にわたり、影響は彼らの出身地にまで及んでいた。すでに見たように、九〇年代には、おそらくはキリスト教に改宗したことが原因でドミティアヌスの縁者も処刑されている。しかし、この時期、つまりキリスト教の初期の段階では、上流階級のエリートたちはまだこの宗教に無関心だった。

聖パウロはポントゥス・ビテュニアに行こうとしたが、不可解にも〝聖霊〟の抵抗にあい、行くことができなかった。それでもポントゥス・ビテュニアにはキリスト教コミュニティが生まれ、のちに総督のプリニウスが心配しなければならなくなるほど繁栄した。キリスト教に対しては強い態度で臨まなければならないことはわかっていたが、信者たちがいったいどのような犯罪をおかしたのか、彼はよく理解できずにいた。そこで、さっそくローマにお伺いを立てることにした。[28] 教会のメンバーだというだけでキリスト教徒を犯罪者だと決めつけてよいものだろうか？　犯罪に関係あるという噂だけで罰してもいいものだろうか？　そして、もしそうだとしたら、どのような罰を科すべきか？　キリスト教徒たちは「あたかも神のごとき」キリストを称えて賛美歌を歌い、窃盗や強盗、姦通を自らに禁じる誓いを立てていた。聖体拝領といっても、「罪にあたらない、普通の」食物を食べるだけで、人肉など食べてはいなかった。キリスト教の無犯罪性にプリニウスは戸惑った。

例によって、皇帝は慎重な判断を下した。ひとつのルールを画一的に当てはめることは不可能だ、と彼は書いている。[29] キリスト教徒であるということが判明したなら、その人間は罰せられなければならない――どのような罰を与えるべきかについて、トラヤヌスは言及していないので、プリニウスも困ったことだろう――が、彼がローマの神々に供儀をするならば罪は許される、と。そして、こうつけくわえている。

告発においては、匿名の怪文書はいかなる役割も果たしてはならない。そのようなことがあれば最悪の前例になってしまうし、われわれの時代の精神とまったく相容れない。

ハドリアヌスははたしてこの裁定を読んだだろうか？　その可能性はきわめて高い。キリスト教は重大案件だったから、トラヤヌスは側近たちに相談したか、もしくは、すくなくとも自分の考えを伝えたはずだ。ローマの官僚たちは皇帝の判断は帝国全域で適用されなければならないことをよく理解していたし、皇帝の裁定があまねく伝達されるよう気を配った。いずれにせよ、後年、自分自身もキリスト教と対峙しなければならなくなったとき、ハドリアヌスが歴代皇帝の公文書を参考にしたことはまちがいない。

第十二章　東方からの呼び声

良家に生まれたローマ市民は、自国の歴史や文化よりギリシアの歴史や文化のほうが高尚だと教えられて育った。だから、彼らにとって、生まれて初めてのアテナイ訪問は一種の通過儀礼だった。たとえば、プリニウスはギリシアへ発とうとしている若い友人にあてて、「いよいよ文明や文学、さらには農業の発祥の地とされる、正真正銘のギリシアに」[1]行くのだね、と書き送っている。

ローマからアテナイへ行くには二つのルートがあった。その友人がたどったのは陸路だ。アッピア街道を南下し、トラヤヌスによって建設されたばかりの新街道を進み、ブルンディシウム（今日のブリンディシ）から船に乗り、アドリア海を渡ってギリシア沿岸をコリントス湾まで南下する。客船は存在しなかったので普通は貨物船に乗せてもらうのだが、公職者や上流階級の人々は軍艦をチャーターすることもできた。乗り心地は悪いが、スピードは速かった。コリントスの西港で下船したら、陸路東進する。もうひとつのルートは海路で、より危険だった。イタリア沿岸を船で南下し、メッシーナ海峡を東に抜け、強風の吹きすさぶペロポネソス半島をぐるりと回る。

いずれも旅の終点はピレウス港。この港には、天候の影響を受けないすばらしい内港が三つある。ここはかつて地中海東部で最強のアテナイ海軍の母港だった。アテナイ市内までは、もうほんの一〇キロほどだ。道すがら、市内と港の連絡を安全確実なものにするために建設された長城の遺跡を、旅人は両側に見ることができた。道路沿いには、往年のアテナイ市民たちの墓が点在していた。

まもなく、かなたに連なる高山を背景に、美しいアテナイの遠景がくっきりと見えてくる。ごつごつとした岩山の上に築かれた要塞、アクロポリスを守護する巨大なアテナ女神像の槍と兜が燦然と陽光を反射している。その隣には、処女神に捧げられた神殿、パルテノンの列柱が白く輝いている。

この美しさを表現するのに、その六世紀まえに書かれたピンダロスの有名な詩ほどふさわしいものはない。

おお、きらめき、すみれの冠を戴き、歌に称えられた、
ヘラスの砦、神々の要塞、
名高きアテナイ。(2)

一一二年、ハドリアヌスは長期滞在する予定でアテナイに向かった。(3) これが記録上は最初の訪問だ。しかし、すでに述べたように、まだ子どものころ、父親に連れられて訪問していた可能性は高い。また、数年まえに、執政官の任期を終えたあとの休養期に訪問していたとも考えられる。政府要人の例にもれずハドリアヌスの場合も、お付きの者たちを大勢連れての旅行だったにちがいない。エリートの妻たちは夫の旅行に同行するのが普通だったから、関係の冷えていた妻のサビナもおそらくいっしょだったろう。

二つのルートのうちのいずれをとったかは不明だが、ブルンディシウム/コリントス経由の第一ルートを選択した可能性が高い。このルートだと長い陸路を、歩くか、ラバの牽く馬車で行く必要があった。スピードは遅く、骨の折れる旅だったが、嵐で難破する危険は低かった。途中、ハドリアヌスは多くのロー

マ人の旅人たちの例に倣ってニコポリスに立ち寄ったことだろう。ここは、前三一年にマルクス・アントニウスとクレオパトラに海戦で勝利したのを記念して、アウグストゥスがアクティウム近郊に建設した〝勝利の町〟だ。

ニコポリスは美しい町ではあったが、ハドリアヌスが惹きつけられたのはそのためではない。ここに、哲学者のエピクテトゥスが住み、講義をしていたからだ。いつごろからか、ハドリアヌスは彼と親交を結び、深く尊敬するようになっていた(4)。おそらくローマですでに会っていた可能性が高いから、せっかくの再会の機会を逃すとは考えにくい。

そのころ、エピクテトゥスのもとでは、ビテュニア出身の勉強熱心な若者が学んでいて、師の講義を膨大な筆記録として残していた。この若者こそ、当時まだ二十代半ばから後半だったルキウス・フラウィウス・アッリアヌス・クセノフォンだ。この優秀で聡明な若者が心酔していた人物は三人いた。クセノフォンとアレクサンドロス大王とエピクテトゥスだ。たいへんめずらしいことに、アッリアヌスはギリシア人の著作家にして冒険者クセノフォンの名をコグノーメンとして使っていた。また、アレクサンドロス大王については、後世に大きな影響を与えることになる伝記を執筆した。

彼はエピクテトゥスの思想に深く心を打たれ、賢人がソクラテスのように自分の思想を書き残そうとしないのを見て、思想が正確に残るよう自分の講義ノートを出版することにした。そのノートを読むと、ひとつの紛れもない事実が浮かび上がってくる。権威に対する、とりわけ皇帝たちに対する嫌悪感だ。ハドリアヌスの名前は出てこないが、ノートには彼の性格を彷彿とさせる記述がいくつも出てくる(5)。

あるとき、討論の最中に、エピクテトゥスが人は誰でも神の子であると主張し、こう述べた――「もし皇帝が誰かを養子にしたら、その男のうぬぼれは誰からも嫌われるだろう(6)」。そして、こんな質問をした

――「皇帝あるいはローマの権力者の親類というだけで、安寧な生活を得ることができるだろうか？　つまり、人々の軽蔑に耐え、いかなるものにも恐怖を感じないで生きていけるだろうか？」[7]。教室の最前列、目の前に座っている男以外にトラヤヌスの親類のなかで誰が彼以上に重要な人物でありえただろう。エピクテトゥスもそんなことは重々承知だったはずだ。

また、ダキア戦争における手柄を延々と自慢する者たちにあまり目くじらを立てないようにと、エピクテトゥスは言った。

口の悪い人が言う――「そいつの家で食事などできやしない。モエシア［ハドリアヌスが総督をつとめた属州］でどんなふうに戦ったか毎日吹聴するのを黙って聞いていなければならないからだ。『おれがどうやって丘の頂上まで登ったかは、兄弟よ、このまま話した。じゃ、きょうは攻囲戦の始まりから話して聞かせよう』[8]だとさ」。すると、誰かが応じた――「私なら食事に専念するね。好きなだけしゃべらせておけばいい」。

エピクテトゥスは手柄話を嫌う者たちに次のようなアドバイスをして、話を締めくくった――「食堂のドアは開いている〔のだから、そんな友の家からはさっさと去ればいい〕ということを忘れないように」。

このようにユーモアで包んだ皮肉を言う哲学者の脳裏にハドリアヌスの存在があったのかどうかはわからない。しかし、ここに活写されている傲慢で、話し好きで、したり顔の人物はどう見てもハドリアヌスだ。

何より興味深いのは、帝政を批判する思想家の足もとに帝位を視野に入れている人間が座って、教えを乞うていたという構図だ。エピクテトゥスは当局の〝力〟はあまりにも巨大になっていると見ていた。マクシムスという名の役人とちょっとした会話の機会をもったエピクテトゥスは、マクシムスの過剰な自信でぱんぱんにふくれ上がった風船をつついて、無残に破裂させている。

マクシムス「私はギリシア人を裁く立場にある」
エピクテトゥス「しかし裁判官であるためにはどのような知識が必要か、あなたは知っているのか？　そして、そのような知識をどこで得たのか？」
マクシムス「私は皇帝に任命されたのだから……」
エピクテトゥス「それに、もうひとつ別の問題がある。それは、あなたがどのようにして任命してもらったか、ということだ。誰の手に接吻をしたのか？　誰よりも早く朝の挨拶をするために、誰の寝室のドアのまえで眠ったのか？　誰に贈り物をしたのか？」
マクシムス「それはともかく、私はどんな人間だろうと牢屋に放り込むことができる」
エピクテトゥス「まるで石を放るように」
マクシムス「それに、棍棒で死ぬまで殴らせることもできる」
エピクテトゥス「まるでロバを殴るように。しかし、それは人間を統治するやり方ではない。私たちは分別ある生き物だ。何が私たちにとって役に立つのかを示すことによって統治してほしい。そうすれば、私たちはあなたに従おう。何が役に立たないのかを示してほしい。そうすれば、それを避けるようにしよう(9)」

エピクテトゥスの言葉から、権力の理想的な行使者は、人類が理性の道を歩めるように導く哲学者のようにあるべきだと彼が考えていたことがわかる。

ハドリアヌスはエピクテトゥスの政治思想をじゅうぶんに理解していたはずだ。マクシムスとの会話を扱った講義も聴講していたかもしれない。もっとも、彼が聞いたことすべてに同意していたかどうかはわからない。大事なのは、統治の本質についてじっくりと考え、哲人皇帝という概念を深く心に刻む機会をハドリアヌスが得たということだ。

ピレウスから馬に乗って、あるいは運動がてら徒歩でしばらく行き、ハドリアヌスはついに目的地に到着した。城門を過ぎると、そこはパンアテナイア通りという大きな街路だった。両側には柱廊が続き、通りに面したところには著名な男女の像がたくさん立っていた。通りを進むと、やがて、ケラメイコスという陶器工房街を抜け、アゴラ（市場）に達した。

アゴラはもともとプラタナスの木が茂る三角形の広場で、かつては陸上競技用のトラックで二分されていた。陸上競技がないときは、露店が並び、買い物客で賑わっていた。ここが、かつてはアテナイの心臓部だった。しかし、建築好きのローマ人たちがやってきて、ユリウス・カエサルとアウグストゥスに捧げた新市場、いわゆる〝ローマのアゴラ〟を造ってしまった。まるで修道院のように四方を柱廊で囲った巨大な四角い広場だ。いっぽう、旧広場のほうは、あたりを圧倒する高層のばかでかい音楽堂をマルクス・アグリッパがど真ん中に建ててしまった。まさに気前のよさという仮面をかぶった傲慢のよい例だ。

政治的重要性を失って久しいにもかかわらず、アテナイが高度な知的生活の息づく一大文化センターであることを、ハドリアヌスはよく知っていた。大まかに言って、二十世紀前半のパリのようなものだと考えればいいだろう。彼がアテナイに大きな魅力を感じたのは、まさにこの点だった。市中の建物という建物が無数の芸術作品にあふれていた。アクロポリスの玄関口にある大きな大理石門、プロピュライアの内部は絵画堂になっており、今日でもその美しい姿を見ることができる。市内のいたるところに、聖堂や神殿や彫像や祭壇があった。あたかも、町全体がギリシア文明の到達した高みを寿ぐための巨大な野外ミュージアムのようだった。

どこの町にもホテルや民宿はたくさんあったが、広い人脈をもつ金持ちたちは宿屋に泊まることはなかった。土地の名士――多くの場合、友人や知人など――や地方政府の役人たちが厚くもてなしてくれたからだ。アテナイでハドリアヌスが誰の世話になったかは記録に残っていないが、推測することはできる。ひとつの可能性として、ガイウス・ユリウス・アンティオクス・エピファネス・フィロパップスが考えられる。当時、ギリシア、東方、ローマ文化を垣根なくライフスタイルに取り入れた、帰属意識の希薄な大富豪がすでに多数誕生していた。彼はそのような大富豪のひとりだった。

名前から生立ちを想像することができる。〝ガイウス・ユリウス〟はローマ市民であることを意味しているが、出自自体は東方だ。キリキアに東接する古代アルメニアのコンマゲネ地方の最後の王、アンティオクス四世の孫だった。アンティオクスはローマの属王のなかでもとりわけ財力があったが、政治家としては脇が甘かった。七二年、帝位を狙っていたウェスパシアヌスを支援し、エルサレムの攻囲戦を戦っていたティトゥスのもとに援軍を送った。しかし、ローマの東方の宿敵、パルティアと通じていることがばれてしまったのだ。

皇帝になったウェスパシアヌスは、あてにならない忠誠心を見きわめている暇などなかったから、さっさと王位を取り上げた。そこで、アンティオクスはスパルタで隠遁生活を送った。かつてスパルタは強大な力をもち、アテナイのライバルだったが、当時はのんびりとした観光地になっていた。アンティオクスはフラウィウス朝の治世下で橋を何本か修理してから、二人の息子とともにローマに移住した。そして、誰からも一目をおかれる名士となった。

〝フィロパップス〟というコグノーメンは〝おじいちゃん子〟という意味だから、祖父が大好きだったのだろう。フィロパップス自身は生涯のほとんどをアテナイで過ごし、アテナイ市民権を得、ベサ区《デモス》の正式構成員となった。芸術家たちのパトロンとなり、文化スポーツ事業に気前よく資金を提供した。フィロパップスは政府高官たちとのつきあいにも熱心だった。そしてローマの元老院議員になり、一〇九年には補充執政官をつとめた。

フィロパップスは派手な目立つ生活を謳歌していた。〝目立つ〟という意味の〝エピファネス〟というもうひとつのコグノーメンからも、それはわかる。今風に言えば〝セレブ〟といったところで、金を湯水のように使うこと以外には何に秀でているわけでもない、ただの有名人だった。アテナイでは〝フィロパップス王〟というあだ名をつけられていた。ハドリアヌスとフィロパップスはおおいに馬が合い、サビナも彼の妹のインテリ詩人のバルビッラと大の仲良しになった。この兄妹の家系は代々魔術を家芸としていたので、ハドリアヌスはおおいに興味をそそられた。祖先には二人の著名な占星術師がいた。エジプト長官をつとめたティベリウス・クラウディウス・バルビルスと、その父親のメンデスのトラシュルスだ。トラシュルスはティベリウス帝の公認占星術師というきわめて危険な役職にありながら、天寿を全うすることができた稀有な人物だった。

この時期、ハドリアヌスにはなんら急を要する（政治上、軍事上、あるいは個人的な）事情がなかったはずだから、危険な冬季の船旅を避け、五月以降の晩春に陸路を旅したものと思われる。アテナイに着くと、おおいに歓迎された。アテナイ市民たちはただちに市民権を進呈し、ハドリアヌスもこれを喜んで受理した。そして、フィロパップスと同様にベサ区の正式構成員にもなった。アテナイ市民たちはさらに、執政官職《アルコン》という最高の名誉を与えた⑽。これはほんの一握りのトップレベルのローマ市民だけが享受してきた名誉だった。ちなみに、ドミティアヌスはいつものことながら無神経にも皇帝権を濫用して勝手にアルコンになり、不在のままそのポストを占有しつづけた。アルコン職は夏に始まって夏に終わることになっていたから、ハドリアヌスはただちに職務を開始した。

新アルコンは精力的に仕事をし、一一二年のパンアテナイア競技祭が成功するよう尽力した。もちろん、フィロパップスも手を貸しただろう。時期ははっきりしないが、競技祭統括責任者《アゴノテテス》になったことからもわかるように、フィロパップスはこういうことが好きだったようだ。パンアテナイア競技祭は四年ごとにオリュンピア競技祭の前年の真夏に開催された。心身の極限が試される競技祭だった。

運動競技だけでなく、ホメロスの作品の一部を朗誦する詩のコンクールも開かれた。竪琴やフルートの演奏を競うコンクール、竪琴の自奏かフルートの伴奏に合わせて歌う歌唱コンクールもあった。音楽コンクールは一風変わった会場で行なわれた。アクロポリスの下に建つオデイオン、林立する柱で支えられた屋根をもつ巨大な方形の建造物だ。これは前五世紀初頭にギリシア侵攻に失敗して退却を余儀なくされた〝王の王〟、ペルシアのクセルクセス大王が置いていった絢爛豪華な大テントを石と木で再現したものだと言われている。

パンアテナイア競技祭は、毎年、夏の盛りにアテナイの守護女神パラス・アテナに敬意を表して開催された。アクロポリスの一画に建てられた小神殿、エレクテイオンにおかれていたアテナ女神の古像に着せるための新たなペプロスを、女性司祭たち、公認の針子たち、特別に選ばれた四人の幼い少女たちが縫い上げた。エルギン・コレクションのパルテノン・マーブルズに描かれているように、大行列はデュピュロン門から出発した。御者、騎手、楽師、長老、外国人居住者、犠牲用の羊が三頭と牡牛が一頭、献酒用の椀と水差しを運ぶ少女たちがアゴラを通ってアクロポリスまで行き、ペプロスを献納した。神殿の内陣外壁の最上部にはめ込まれた、大理石製の鮮やかな彩色フリーズには、儀式に臨席するオリュンポスの神々の楽しげにくつろぐ姿が刻まれていた。

アルコンとしてハドリアヌスがまずしなければならなかった仕事のひとつは、翌年三月の大ディオニュシア祭の準備にあたる二人の副責任者と管理官たちを選定することだった。ディオニュソスは酒と宗教的狂気の神で、農業と演劇の守護神だった。この神に敬意を表して行なわれる聖祭では、ディオニュソス劇場において三日連続で劇が上演された。アクロポリスの南裾を利用して造られた劇場は一万五千〜七千席もの収容規模を誇る大劇場だった。毎日、ひとりの劇作家が有名な伝説を基にして書いた悲劇を三作品、サテュロス劇（騒々しくたわいのない笑劇）を一作品発表した。喜劇やオーデ（頌歌）の合唱も行なわれた。

もともと上演作品はすべて新作だったが、ハドリアヌスの時代には、アイスキュロスやソフォクレスやエウリピデスなど、大作家の名作の再演のほうが好まれるようになっていた。審査員は抽選で選ばれ、最優秀作品のコレゴス（プロデューサー）にはツタの花冠が賞として贈られた。職務上、ハドリアヌスは審査員や名士たちと並んで最前列に着座した。

『エピトメ・デ・カエサリブス』の記述を信じるなら、彼はアルコンとしての職務の合間に寸暇を惜しんで教養を磨いたようだ。ただし、古代の巨匠であるポリュクレイトスやエウフラノルまで引合いに出しているところを見ると、著者は相当のごますりにちがいない。

> 彼はアテナイ人たちの娯楽と生活習慣をむさぼるように学んだ。単にギリシア語の修辞を会得しただけでなく、歌唱やハープ演奏や医学など、ほかの分野でも技術を習得した。音楽家であり、幾何学者であり、[11]画家であり、青銅や大理石の彫刻家であり、[芸術性においては] ポリュクレイトスやエウフラノルにつぐほどの実力があった。実のところ、これらの道を究めるにつれ、彼自身も洗練されていった。これほど洗練された人物を人類はこれまでほとんど知らなかったと言っても過言ではない。[12]

いまや三十代の半ばに達していたハドリアヌスはまさに男盛りだった。背が高く、見るからに強靭な肉体をもちながら、その装いはあくまでも優雅で、注意深くカールした髪の手入れも完璧だった(13)。ディオ・カッシウスによると、彼は「人当たりがよく、ある種の魅力をもっていた(14)」。

容貌は人並み以上で、精悍な鼻と高い頬骨、気難しそうな眉が特徴的だった。いつも警戒しているような目つきで、疑っているような様子でさえあった。ごますりたちは彼の目は「悩ましげで、快活で、射るように鋭く、輝きに満ちていた(15)」と述べているが、これは真のギリシア人、真のイオニア人の特徴にほかならない。と言うよりも、ハドリアヌスがそのように評してほしいと願っていた特徴そのものだと言っていいだろう(彼が敬愛してやまなかったアウグストゥスも自分の清明で快活な目を自慢にしていた(16))。ハドリアヌスには下唇をすこし突き出して口を歪める癖があった。問うような眼差しをもつ、決断力を備え、鋭利な、時に辛辣な判断をする男——これが全体的な印象だった。それは自信にあふれ、命令を与えることに慣れていながら、その命令が必ずしも首尾よく実行されるわけではないことを理解している男の姿だった。

その容貌にはひとつ目立って風変わりな特徴があった。何世紀もまえから、上流階級のローマ人たちにはきれいに髭を剃る習慣があった。石鹼と鋼の剃刀が発明されるまで、髭剃りはひどく痛みを伴う習慣だった。もっとも、トラヤヌス記念柱の浮彫りからもわかるように、これは平時の話で、軍務についているときには髭を伸ばすことが当たり前だった。、この習慣は前二世紀にハンニバルを破った若きカリスマ将軍、スキピオ・アフリカヌスが始めた。もっとも、下層階級の人々には髭剃りの習慣はもともとなかった。ローマ人たちも今日と同じようにキスをして挨拶を交わしたが、マルティアリスはある「剛毛の農夫にキスをされたが、まるで牡山羊のようだった(17)」と腹立たしげに書いている。共和政末期には、若者たちが格好をつけて山羊髭を伸ばし、年長者たちの怒りを買った。キケロは彼らのことをバルバトゥリ(18)(髭面の若造たち）と呼んだが、髭を剃る伝統は帝政期にもそのまま残っていた。

ハドリアヌスは自分の好みに従って髭を伸ばすことにした。『ヒストリア・アウグスタ』は生まれつきの傷を隠すためだったと述べているが[19]、もし仮にそうだったとしても理由はそれだけではなかった。髭に関するエピクテトゥスの発言の影響があったことはまちがいない。彼は弟子たちに問うた──「世の中に顎鬚ほど無駄なものはあるだろうか？[20]」そして、すぐに自分で「否」と答え、説明した──「髭は男と女を区別するための自然界の印で、雄鶏のとさかやライオンのたてがみより美しい。だから、神に与えられた印を保たなければならない。せっかくの印を捨ててはならない。このように性差が設けられている以上、できるかぎりそれを混乱させるようなことをしてはならない[21]」。

これは暗にギリシア人たちにではなく、ローマ人たちに向けた進言だった。というのも、ギリシア人の成人男性は短く刈り込んだ髭をたくわえるのが普通で、それでギリシア人を見わけていたくらいだからだ。アテナイの新アルコンとして、ハドリアヌスは、きれいに髭を剃りトーガをまとったローマ帝国側の人間ではなく、ギリシア人のように見えることを望んだ。彼がいつごろから髭を剃らなくなったのかはわかっていないが、この時のアテナイ滞在がきっかけだった可能性は高い[22]。これほどまでに自分を温かく迎え入れてくれたアテナイへの連帯感の証、そして、自分がギリシア的であることの証として髭をたくわえることにしたのだろう。

アテナイでの数か月はハドリアヌスの人生におけるひとつの絶頂だった。彼はローマ帝国の支配階級の一員であり、帝国政治の中枢から身を引く気は毛頭なかった。しかし、一時的とはいえ、憧憬してやまない文化の中心であるアテナイのリーダーとなることができた。自分が真のギリシア人、ペリクレスやそのほかの古の偉人たちの子孫であると感じることができたのは大きな喜びだったろう。

平和が何年か続いたころ、至高の皇帝《オプティムス・プリンケプス》はふたたび戦争へと思いを馳せるようになった。胸中に抱いていた敵はパルティア王国。もともとイラン東北部に源を発する放浪の民だったパルティア人たちは、アレクサンドロス大王配下のマケドニア将軍のひとり、セレウコスが建国したセレウコス王国を負かして、そこに居座っていた。最大版図に達したときには、今日のパキスタンからユーフラテス川にいたる広大な領土を誇っていた。パルティア人について詳細はほとんど知られていない。文字による記録を残さなかったからだ。しかし、統治は緩やかで、地方領主にかなりの裁量権を与えていたことがわかっている。当時の王、コスロエスにより一一〇年ごろに発行された硬貨には、建国の祖を「ギリシア人たちの友」[23]と呼び、称える銘が刻まれている。したがって、中東のヘレニズム化を嫌ったり、阻止する意図があったとは考えられない。

パルティアの貴族たちはローマ人たちの目にきわめて奇異に映った。戦闘時だけでなく、食事中も移動中も休憩中も、彼らはいつでも馬に乗っていると思われていた。髭を長く伸ばし、化粧をし、手の込んだ髪型をしていた。プルタルコスは、「顔に化粧をし、髪をきれいに分けた」敵将の女性的な出で立ちのせいでローマ軍の兵士たちが油断してしまい、手痛い敗北を喫したと記している。[24]この敵将は、実際には、かつてまみえたことがないほど獰猛な闘士だった。

軍事的には強敵でも、パルティアはその奇妙な内政の仕組みのせいで、まったくまとまりに欠けていた。王は絶対的な権力を有していたが、アルサケス氏の一員でなければならず、しかも二つの評議会によって選出される仕組みだった。一つ目は貴族、といっても実質的にはアルサケス氏の本家と分家の構成員からなる評議会で、メンバーはみな王の親戚だった。二つ目は、宗教儀礼や葬送を担う司祭部族のマグ（賢者）たちからなる評議会だった。両評議会はいつでも新王を選ぶことができたので、王位の継承が円滑に行なわれたためしはなかった。長子相続が原則だったが、しばしば兄弟間の争いになり、王位に就けなかった長子の子が叔父である現王から王位を奪回する、などということもあった。

当時でさえ、どうしてトラヤヌスが対パルティア遠征を思いついたのか、理由を理解できる者はほとんどいなかった。ダキア戦で軍事的能力の高さは証明ずみだった。それに、あの戦争には、軍事的脅威に対抗するという大義があった。しかも、それまでずっと、トラヤヌスは基本的に平和主義者のポーズをとってきたのだから。


アッリアヌスはすでに述べたようにハドリアヌスの友人で、有能な行政官であると同時に歴史家でもあった。彼はトラヤヌスが帝国の威信を守ることだけを考えていて[25]、パルティアとの戦争を避けるためにできるかぎりの努力をしたと明言する。しかし、後世の文献ではあるが、ディオ・カッシウスは反対の立場をとっている。開戦理由は単なるこじつけで、ほんとうの理由は皇帝が「栄光を勝ちとりたいと願った[26]」からだと明言している。

史料が断片的にしか残っていないので、どちらが正しいか断定することはできない。それでも、ディオ・カッシウスのほうが正しかったのではないかと推測するに足る、じゅうぶんな手がかりはある。

一一二年、皇帝は在位十五年を祝った。一月一日、六度目の執政官職に就き、自分の名を冠した壮麗な新フォルムとバシリカを献納した。皇妃プロティナと最愛の姉マルキアナの肖像を刻んだ硬貨も発行した[27]。両人には初めてアウグスタ（崇められた女性）の称号が使われた。残念ながら、マルキアナはその年の八月に死んだ。皇帝は彼女を神格化し、マティディアをアウグスタに昇格させた。その結果、サビナは女神の孫でアウグスタの娘ということになった。

同タイプの記念硬貨にはトラヤヌスの父親を祝福するものもある。彼はシリア属州総督だったときにパルティアに勝利したことから、凱旋将軍顕彰の称号をもち、息子により神格化されていた。トラヤヌス自身の姿が刻まれた別の硬貨には、「幸運により無事に帰還せんことを」という興味深い銘が読み取れる。つまり、皇帝は皇帝親征《プロフェクティオ》を計画していたということだ。この時代にもし、ソ連政治の研究者的センスの持ち主がいたら、パルティアを破った最後のローマ人の意匠とこの銘を見て、開戦のきざしを読みとっただろう。この時期の硬貨には好戦的な意匠が多い。軍神マルスの姿や、馬にまたがり、倒れた敵兵たちを踏みつける皇帝の姿、軍団の象徴である鷲や軍旗などだ。

それにしても、まことに残念なことに、『ヒストリア・アウグスタ』にはハドリアヌスが「パルティア遠征のとき」に皇帝属州総督に任命されたのが正確にはいつだったのかという記述がない。ディオ・カッシウスは「パルティア戦争のためにシリアに赴任させられた」と記している。ということは、一一三年のうちにアテナイから直接パルティア王国と境を接するシリア属州に行き、遠征軍の編成作業にあたったのかもしれない。だとすると、一一二年の前半、ギリシアにむけて出発する以前に皇帝から内々に指示を受けていて、アテナイ滞在中にも着々と準備を進めていたと考えるべきだろう。(28) (29)

これらの状況証拠から、開戦はずっと以前から決められていたことで、皇帝はただ好機の到来を待っていただけだったと思われる。そもそも、両国のあいだには長い対立の歴史があった。パルティアはいつも血なまぐさい内乱に明け暮れていたため、外にむかって積極的に戦争を計画する余裕はなかった。それに、統治システムの未熟さから現状より大きな領土を統治する能力がないことも、この国の指導層は自覚していた。いっぽう、栄光を夢見る野心的なローマの将軍（たとえば、クラッススやユリウス・カエサル、マルクス・アントニウスなど）にとって、パルティアは手ごわいけれども魅力的な獲物だった。トラヤヌスはこれらのローマ将軍たちの血を受け継いでいたと見るべきだろう。

待ち望んでいた開戦の口実は、一世紀以上もまえから紛争の種であったアルメニアで見つかった。両国はアルメニア王国をそれぞれ自分の支配下にあると考えていた。そこで、アウグストゥスはたがいの面子が潰れない妥協策を提案し、ネロがこれを承認した。その妥協策とは、パルティアがパルティア王室からアルメニア王を選び、ローマの承認を受け、戴冠はローマで行なうというものだった。双方が関与するシステムにより、双方とも満足とは言いがたくとも、安定した膠着状態が保たれていた。

しかし、数年来、パルティアは敵対する二人の王により二分されていた。一一三年の後半に、優勢だったコスロエス王は自分の力を過信して、甥に当たるアルメニア王を退位させ、兄であるパルタマシリスを即位させた。このような交代劇は珍しいことではなかったが、コスロエスはこの人事をうかつにもトラヤヌスに相談せずに実行してしまった。しかし、たしかにこれはローマ人たちの顔に泥を塗る行為ではあったが、ローマ帝国の国益に重大な損害を与えるものではなかった。ここは、アウグストゥスの先例に倣い、たとえばハドリアヌスのような政府高官を派遣し、解決策を見出すべく交渉にあたらせる、というのが合理的な対応だったはずだ。

ところが、トラヤヌスは交渉する気など毛頭ないと明言した。世論も彼の判断を熱狂的に支持した。そして、後世の史料によると、喝采のなか、彼は「多数の兵士と元老院議員たちとともに[30]」東方にむけ、ローマを発った。出発日はネルウァの養子になった日、十月二十五日にしたようだ。コスロエスは慌てふためいて大使を送った。大使はアテナイで皇帝を待ち受け、多くの贈り物を献上し、戦争を思いとどまるよう懇願した。そして、過ちを取り繕うべく、パルタマシリスをアルメニア王にしたいので、承認の証として王冠を与えてほしいと頼んだ。甥を退位させたのは、「ローマ人たちにとってもパルティア人たちにとっても満足のいく王ではなかった[31]」からだと言い訳した。

トラヤヌスは冷淡だった。贈り物を受け取ることを拒否し、コスロエスには口頭でも書面でも応えなかった。「友情は言葉ではなく行為によって示されるものだ。シリアに着いたら、するべきことをすべてする[32]」とだけ述べて、要求を切り捨てた。

それでは、トラヤヌスの真の動機はどこにあったのだろう？　どのような表に出さぬ、秘めた意図をもっていたのだろう？　それは想像するしかないが、ひとつだけ確かなことがある。彼もまたローマの伝統的拡大主義の申し子だったということだ。アレクサンドロス大王に憧れていたトラヤヌスは内心でパルティア侵攻を偉大なマケドニア王の業績に重ね合わせていたことだろう。すでに五十代半ばに達していた。若き日の夢を実現するには、これが最後のチャンスだった。

当時のシリア属州都アンティオキア（今日のアンタキア）で、ハドリアヌスは彼が編成した軍団(33)の指揮を執るためにトラヤヌスが到着するのを待った(34)。アンティオキアは前四世紀にセレウコスによって創建された町で、西はオロンテス川（今日のアシ川、あるいはネリ川）、東はシルピウス山に挟まれていた。アレクサンドリアの碁盤の目状の都市計画を踏襲し、柱廊を備えた長い二本の街路が中心部で交差する造りになっていた。五〇万の人口を誇り、ローマとアレクサンドリアに続き帝国で三番目に大きな都市だった。

六キロほど離れたところには、月桂樹と糸杉が豊かに茂るパラダイス（もともとペルシア王たちが宴を楽しむために造った、囲いのある広大な庭園）があった。ダフネと呼ばれるこの庭園は渓谷をまるまる利用して造った庭園で、人の手を加えたガーデンや滝がいたるところにあった。カスタリアの泉と呼ばれる泉は霊力があると信じられていた。迷信深いハドリアヌスが未来を占い、皇帝になるという予言を得たのはこの泉だったかもしれない(35)。

もっとも、ダフネは宗教的な場所としてよりも、むしろ性的な交流を求める者たちがたくさん集まる盛り場として有名だった。そもそも、アンティオキア自体がそのような性格をもっていた。住民は信用できず、人をだますことしか考えていない、油断も隙もならないアジア的な町、というのがこの町の一般的なイメージだった。だから、この町に対して、ローマ人のなかでも偏狭な人々は、まさに現代的な概念でいうところの人種差別にも似た感情を抱いていた。しかし、〝東方のアテナイ〟というニックネームで呼ばれていたことも事実で、その莫大な富は地中海全域から多くの芸術家、哲学者、詩人、雄弁家を引き寄せ、人々は贅沢で自由なライフスタイルを謳歌していた。好奇心と開かれた精神にあふれていたハドリアヌスのような人間にとって、職務に忙殺されながらもアンティオキアは魅力的な赴任地だったにちがいない。

十二月末、ハドリアヌスはアンティオキアの外港であるセレウキア・ピエリア（今日のサマンダグの近く）に上陸する皇帝を出迎えた。ゼウス・カシウス神殿で宗教儀式を執り行なうために、一行は程近いカシウス山（今日のジェベル・アクラ）に直行した。標高一八〇〇メートル弱、山頂からはキプロス島やキリキアのタウロス山脈も望める、シリア北部の最高峰だ。

二人は神に大量の贈り物を献納し、来る戦争においてローマ軍が勝った暁にはそれ以上の捧げ物をすることを約束した。[36] ハドリアヌスはその場にふさわしい二行連句の短い哀歌を（言うまでもなく）ギリシア語で作った。

カシウスのゼウスに、アエネアスの息子トラヤヌスがこれらの贈り物を捧げた
人間の支配者から神々の支配者へ
匠の技で作られた二杯の酒盃と、
不屈の精神をもって槍で屈服させた
ゲタエ人たちから得た戦利品のなかから
選りすぐった眩いばかりの金で飾り立てた大きな牡牛の角。
しかし、黒雲の主であるきみよ、このアケメネスとの戦いに勝つための

栄光の力を彼に与えたまえ
そうすれば、ゲタエ人とアルサケス人、両方の戦利品をその目で見て
喜びも二倍となるであろう(37)

アエネアスとは、燃えさかるトロイアの廃墟から脱出し、イタリアに移住したトロイア王子の名前だ。彼の子孫がローマを建国したとされる。つまり、トラヤヌスは偉大なる建国神話の千年後の後継者として語られているわけだ。アケメネス（アレクサンドロスが滅ぼした王朝の名前）とゲタエというのは作詩上のレトリックで、それぞれパルティアとダキアを指している。過去の勝利を来る戦争での勝利と重ね合わせているのだ。はたして、ゼウスはトラヤヌスに微笑んでくれるだろうか？

第十三章　任務完了

皇帝は急がなかった。美しいダフネ庭園を抜け、アンティオキアに入城し、そこで一一三年の冬を越した。その後、まずは開戦の口実となっているアルメニアに向かい、そこで、内陸の高地にあるパルティア王国への山岳道路に積もった雪が解けるのを待つことにした。

トラヤヌスはハドリアヌスを現代の総司令官に相当する地位に抜擢し、パルティア遠征の鍵を握る重要な役目を負わせた。とりあえず、ハドリアヌスに対する愛憎相反する感情は全幅の信頼におきかわったように見えた。ハドリアヌスはいまや帝国のナンバー2の地位にまで登りつめた。とはいえ、次期皇帝にふさわしい資質があると認められていたにもかかわらず、その立場は依然として盤石なものではなかった。六十歳になろうかというのに、皇帝はまだ後継問題にまったく関心がないようだった。

聡明な統治者であったトラヤヌスが後継問題に関しては職務怠慢とも見える態度に終始したのは、なぜか？　もしかしたら、迫りくる老いに向き合いたくないという頑なな心理があったのかもしれない。永遠の青年王アレクサンドロスへの対抗心も、そこに起因していたのだろう。しかし、政権中枢部で熾烈な権力闘争が繰り広げられていたという事実も見逃してはならない。皇帝側近たちのあいだの意見の対立は深刻だった。この点について、いつものことながら『ヒストリア・アウグスタ』はきわめて曖昧な書き方をしている。

当時、［ハドリアヌスは］……元老院議員ではクイントゥス・ソシウス・セネキオ、マルクス・アエミリウス・パプス、アウルス・プラトリウス・ネポス、そして、騎士では後見人だったプブリウス・アキリウス・アッティアヌス、リウィアヌス、トゥルボと親交があった(1)。

いずれも、自らの才覚と粘り強さで出世の階梯を登りつめた実力者だった。セネキオはダキア戦争の指揮官のひとりで、二回執政官になっている。教養が高く、プリニウスと親交があり、詩の朗読会に人を集めるのはひと苦労だなどと愚痴を言い合う仲だった。プルタルコスの友人でもあった。ハドリアヌスは、おそらく政治家になってすぐの一〇一年ごろに知り合ったものと思われる。パプスとプラトリウス・ネポスはヒスパニアつながり。彼らはともにバエティカ〝組〟の一員で、ティブルにウィッラを構えていた。老アッティアヌスについてはすでに述べたとおりである。三十年ほどまえにハドリアヌスが父を失ったときにトラヤヌスとともに後見人になってくれた人物だ。当時は近衛長官(2)として政権の安定をはかる立場にあった。ティトゥス・クラウディウス・リウィアヌスも近衛長官経験者だった。美貌で有名な双子の少年奴隷(3)の所有者だったので、もしかしたらハドリアヌスは彼とは特別に親しくしたいと思っていたかもしれない。

トゥルボもすでに登場している。アクィンクムで百人隊長をつとめていたときに若きハドリアヌスと知り合い、彼のもとで一気に頭角を現した人物だ。当時はミセヌム（今日のミセノ、ナポリ湾北西端に位置する）海軍基地に所属する艦隊の提督をしていた。彼はハドリアヌス好みの軍人だった。無骨な仕事人間、とでもいおうか。ディオ・カッシウスは彼について「都雅や気取りとは無縁の男で、ごくごく普通の人々のような生活をしていた」[4]と書いている。その少しまえに死んだルキニウス・スラとは正反対のキャラクターだ。このことから、ハドリアヌスの交友範囲がいかに広かったかがわかる。

対立する側の人間については、『ヒストリア・アウグスタ』は「宿敵」[5]としてアウルス・コルネリウス・パルマとルキウス・プブリリウス・ケルススの名を挙げている。パルマはトラヤヌスより年は若いが、仲がよく、たがいに信頼しあっていた。二回執政官をつとめていて、一〇五年か一〇六年にはシリア南部の国境付近にあったアラブ系ナバタエア王国を征服した。やっかいな非定住民族のナバタエア族は乳香や没薬の交易をしていた。ケルススは一一三年に二回目の執政官をつとめた人物で、トラヤヌスの寵愛を受けていた。ディオ・カッシウスによると、彼はもうひとりの人物とともに公像の建立許可[6]という破格の褒賞を得ている。ハドリアヌスには隠れた敵も多く、そのなかには義兄のセルウィアヌスがいた。

ハドリアヌスに対するセルウィアヌスの不信感の理由が何だったのか、特定することは難しい。ハドリアヌスは誰の目にも有能で聡明な政治家であり、トラヤヌスに対して忠誠心がなかったという記録も見つからない。歴史を振り返ると、往々にして、王の近親者のあいだでは摩擦が起こりやすく、ほかでもない近親者が政権批判の先鋒になることが多い。だから、ハドリアヌスが本心ではパルティア戦争に反対していたのではないかと推測することも可能ではある。しかし、そんな素振りはいっさい見せていない。そして、もし仮にそうだったとすると、遠征の準備段階で重要な役割を果たし、皇帝と密に連絡をとりあっていたのだから、そうとうしたたかな偽善者だった、あるいはこの機に乗じてクーデターを目論んでいた、ということになる。

セルウィアヌスの不信感の理由は、ハドリアヌスの人格そのものに対する生理的な嫌悪感だったのかもしれない。ばりばりと仕事をこなすが自信過剰な男、というのがハドリアヌスの人物像だった。仕事仲間には煙たがられる性格だ。無能な相手に苛立ちを隠さない態度は、当の相手にとっては耐えがたいものだ。

理由はどうであれ、大きな遠征の直前にハドリアヌスの処遇を決定し、対立する勢力のどちらかを排除するのは賢明でないとトラヤヌスは判断したのだろう。後継問題は先延ばしにするしかなかった。

春、トラヤヌスは軍を率いてアンティオキアから北上し、ユーフラテス川の手前に位置する小アルメニアのサタラに向かった。七六〇キロにも及ぶ、長く苦しい行軍だった。足場の悪い土地をのろのろと進み、到着したのはおそらく五月も末[7]になってからだったろう。進むにつれ、属王や小領主たちが列をなして皇帝のもとに馳せ参じ、恭順を示した。例外はユーフラテス川の対岸にある小国、オスロエネ[8]のアブガルス王だった。もともと〝王の王〔パルティア王のこと〕〟から買い取った国だったので、「トラヤヌスもパルティアも、両方怖い[9]」と言って、貢物と丁重な書簡のみを送り、あえて出向かなかったのだ。

このサタラで、ハドリアヌスが集めた東部方面の七軍団にドナウ川沿岸諸州から派遣された戦力が合流した。政情不安定な地域から部隊を引き上げるのは大きなリスクを伴った。だから、いくつかの軍団の兵力は定員以下に削減されていた。それでも、いまやトラヤヌスの指揮下には、八軍団相当の戦力と、それと同規模の補助部隊、すなわち八万名の兵士たちが集結していた。

威信を見せつけるプロパガンダにも抜かりがなかった。アルメニアに入ると、すぐには軍事行動に出ず、いったんエレゲイアと呼ばれる場所に逗留した。そして、イギリス統治下のインドで藩主たちが行なった公式接見《ダーバー》のような、豪華絢爛な謁見式を行なった。地元のサトラップ〔パルティア側の州総督〕や王族がやってきて、ローマ皇帝に忠誠を誓った。そのうちのひとりはハドリアヌスのまえに一頭の馬を連れて現われた。東方の王たちの面前で家臣が平伏して挨拶をするときのように、うずくまるよう訓練を受けた馬だった。その馬は眼前にいるのが誰であろうと、前脚の膝を曲げ、こうべを垂れた。

式の最大のイベントはアルメニア王、パルタマシリスの来訪だった。プロパガンダ上きわめて大きな意味をもつイベントだったのだが、奇妙なことにパルタマシリスは大失態を演じてしまった。

ローマ軍の宿営内に設営された会場で待ち受けていた皇帝を長いこと待たせてしまったのだ。あろうことか、外交儀礼に反して遅刻した[10]だけでなく、退位させられた前王エクセダレスの支援者たちをまくのに時間がかかってしまったと言い訳した。そして、王冠をトラヤヌスのまえに置いた[11]。もちろん、返してもらえると確信して。しかし、兵士たちがこの〝勝利〟を祝い、大歓声を上げるなか、皇帝は戴冠を拒否した。それに対して、パルタマシリスは大声で抗議した。すると、トラヤヌスは誰にもアルメニアを引き渡す気はないと応え、アルメニアはこれからローマの属州になると宣言した。そして、パルタマシリスに退出の許可を与えた。

これは実に不可解な出来事だ。パルタマシリスはトラヤヌスと連絡をとっていたし、謁見式の次第についても当然打合わせをしていただろう。ローマは彼をアルメニア王と認め、彼もまたローマが承認・戴冠権を有することを受け入れるという合意があったはずだ。単なる手違いが原因だったのか、あるいは、トラヤヌスはあらかじめ合意を反故にすることに決めていて、パルタマシリスを罠にはめて王位を奪ったのだろうか？　状況証拠から判断するに、なんらかの陰謀があったというよりも、単なる混乱が原因だったようだ。いずれにせよ、トラヤヌスが藪から棒にアルメニアを属州にすると発表したのは、いかにも不自然だ。アルメニアの属州化は戦略的に重大な意味をもっている。パルタマシリスに対する屈辱的な仕打ちは、この属州化の事実をドラマティックに演出するのに一役買った。ローマ人はプロパガンダの重要性をよく知っていた。そのことは、トラヤヌスにむかって懇願するパルティア王の姿を描いた硬貨[12]が何種類も発行されていることからもわかる。

それにしても、なぜトラヤヌスは彼をローマ軍の宿営地から帰したのか？　解放したら危険な存在になるかもしれないのに。もちろん、ローマ人たちとて、そんなことは承知していた。おそらくはパルティアに向かうであろうパルタマシリスの一行には、騎馬隊の護衛がつけられた。はたして、ほどなく、パルタマシリスが死んだという一報が届いた。護衛から逃れようとしたので切り殺された、ということだった。すくなくとも、そのような説明が冷徹な勝者によってなされ、後世に伝えられた。

何世紀ものあいだ、正攻法で誠実に物事を進めるというのがローマのモットーだった。協定は神聖なもので、あくまでも守るというのが彼らのやり方だった。だから、パルタマシリスの事件は至高の皇帝のイメージに傷をつけた。トラヤヌスもそのことはわかっていたはずだ。つまり、パルタマシリスにはアルメニアで強力な反乱軍を組織する力があったので、彼を排除することで生じるイメージダウンもやむをえないという結論にいたった、ということだろう。

アルメニアはすぐに陥落した。[13] 猛者ぞろいの騎兵を率いるムーア人部隊長のルシウス・クイエトゥスなど、有能な指揮官たちが敵の残党を制圧すべく王国の各地に派遣された。兵士たちが雪靴を自作したという記録が残っているので、各地の戦闘は冬になっても続いていたようだ。とはいえ、状況はローマ軍の圧勝で、それまで躊躇していた周辺諸国の王たちも勝者の側につくときが来たと覚悟を決めた。

そのなかには、アブガルスもいた。幸運なことに、彼にはアルバンデスという、たぐい稀な美貌の息子がいた。金のイアリングをつけた美しい姿はすぐに皇帝の目にとまった。息子のとりなしのおかげもあり、以前皇帝のもとに馳せ参じなかったことも水に流してもらうことができた。ディオ・カッシウスは、アブガルスが「トラヤヌスの友となり、宴では彼をおおいに楽しませた。食事中に息子を招じ入れ、蛮族の踊りなどを披露させた[14]」と述べている。この夜、宴会のあと何が起きたかについては、どの文献にも記録がない。

南接するメソポタミア（今日のイラク）を属州化せずにアルメニアの経営を行なうことは難しかった。

メソポタミアはパルティア王国のかなりを占める、ユーフラテス川とティグリス川に挟まれた広大で肥沃な土地だ。この属州化が翌年の軍事作戦の目的となった。

一一五年のパルティア領内への進攻は歴史的な大事件であり、トラヤヌスはみずから軍を率いた。老齢にもかかわらず、それまでと同様に一般兵士に混じって徒歩で行軍し、川を渡った。その点については一徹だった。ディオ・カッシウスによると、トラヤヌスは演習を重視した。「ときには、伝令兵に偽のメッセージを伝えさせ、全軍がいっせいに作戦を開始する演習を行ない、どんな危険にも怖れることなく対処できるようにした[15]」。

作戦は順調に進んだ。メソポタミアは、東側を進むルシウス・クイエトゥスと西側を進むトラヤヌスの軍に挟まれる格好になった。特別に目をかけていたアルバンデスがいるオスロエネは注意深くルートから外された。

皇帝は越冬のためアンティオキアに戻り、年が明けるまえにローマに月桂冠書簡[16]（戦勝報告書）を送った。アルメニアとメソポタミアを新たに二つのローマ属州とした、という内容だったはずだ。二月二十一日に書簡を受け取った元老院は快哉を叫んだ。そして、パルティア王国領のほんの一部を占領しただけなのに、トラヤヌスにパルティクス（パルティアの征服者）の称号を与えた。

そのころ、皇帝が間一髪で死を免れるという事態が起きた。ある一月の早朝[17]、大きな地震が起きたのだ。震源地はアンティオキアのすぐ近くだった。皇帝が逗留しているということで、町には大勢の兵士や将校、外国使節、物見遊山の人々が集まっていたため、多くの死者が出た。多数の人々が崩壊した建物の下敷きになり、「すぐに死ぬこともできずに、苦しみながら命を落とした[18]」。数日が経過してから救出されたわずかな生存者のなかに、母親と赤ん坊がいた。彼女は子どもに母乳を与えつづけただけでなく、自分自身も母乳を飲んで命をつないでいた。一一五年の執政官のひとり、マルクス・ウェルギリアヌス・ペドも犠牲となった。トラヤヌスはとっさに窓から外に飛び出し、危うく難を逃れたのだった。

甚大な被害にもかかわらず、作戦は予定通り行なわれた。春の訪れとともに、皇帝は「大急ぎで」敵の領地に戻った。[19]名目はアルメニアの混乱を治めることだったが、彼はいまやパルティア王国そのものを征服しようと心に決めていた。いや、そもそも、これこそが当初からの真の目的だったと考えるべきだろう。トラヤヌスは五〇隻の川船で艦隊を編成し、ユーフラテス川を南下してパルティア内陸部へと進攻した。残りの部隊は艦隊と並行してティグリス川の南岸を進んだ。部隊の一部はガウガメラを通過した。そこはアレクサンドロスがダリウス三世に圧勝し、外国人として初めて〝王の王〔ペルシア王〕〟になった、記念の地だった。歴史は繰り返される、とトラヤヌスは胸中で確信していた。

夏まえに、一行はセレウキアに着いた。ティグリス川の対岸、すなわち東岸には、パルティアの冬都クテシフォンがあった。ユーフラテス川とティグリス川はこのあたりでは三二キロしか離れていなかったので、艦隊はユーフラテス川から引き上げられ、陸路ティグリス川に運ばれた。ローマ軍は抵抗にあうこともなくクテシフォンに入城した。それもそのはず、市内はもぬけの殻だった。

パルティア人たちはとっくに逃げ出していた、というのが従来の学説だ。しかし、ローマ軍が来たのが夏だったことを考えると、町に誰もいなかったのは不思議でもなんでもない。コスロエスたちはおそらく涼しいザグロス山中の夏都エクバタナにいたはずだ。いずれにせよ、王にはローマ軍と戦うつもりはなかった。ディオ・カッシウスによると、内紛でエネルギーを使い果たし、[20]パルティアには外敵に抵抗する力は残されていなかった。

トラヤヌスは人生の絶頂を謳歌していた。ようやくパルティクスという称号が名実ともにふさわしくなった。新たに鋳造した硬貨には、戦勝記念品（敵軍の盾と武器を掲げた棹）と二人の捕虜の姿が［21］「パルティア・カプタ（獲得されたパルティア）」の文字とともに刻まれた。ティグリス川とユーフラテス川を航行する馬やラクダの運搬船の通過料を値上げするなど［22］、皇帝はこまごまとした統治行政に多忙をきわめた。アッシリアを三番目の属州にするための手筈も整えていた［23］。

同時に、川船を連ねてティグリス・クルージング［24］をし、つかの間の休暇も楽しんだ。アッリアヌスによると、

そのうちの四隻には皇帝旗が掲げられ、旗艦の先導をした。旗艦は三段漕船（三段オールのガレー船）に匹敵する長大なもの［約四〇メートル］で、長い板張りの甲板を設えていた。幅と高さのほうも商船並みで、最大級のニコメディア船やエジプト船の規模だったので、皇帝のためにゆったりとした居住空間を確保することができた。舳先には［黄金の］装飾が施され、帆の天辺には皇帝の名と、それに長々と続く多くの称号が金文字で書かれていた［25］。

クルージング中も、皇帝は船上で会議を行ない、統治業務を続けた。ティグリス・デルタの中洲にさしかかったとき、嵐に満潮が重なり、あやうく沈没しそうになりながらも、ペルシア湾のカラクスとよばれる町（今日のバスラ）に到着した。そこでインドにむけて旅立つ船を見ながら、トラヤヌスはため息混じりに言った――「まだ若かったら絶対にインドまで行くのに［26］」。インドまで行くことのできたアレクサンドロスの幸運に思いを馳せていたのだろう。

自らの冒険の到達点を示すべく、皇帝はここに自分の像を建立した（この像は六五九年にまだ立っていた）。ローマに月桂冠書簡を送ることも忘れていない。パルティア王国崩壊のニュースに世論は狂喜し、

思考停止状態に陥った元老院は思いつくかぎりの褒賞を皇帝に与えた。そのなかには、人数無制限で好きなだけ凱旋表彰を行なってもよい、というものがあった。元老院は困惑したようにその理由を説明している。

次から次へと多くの人々のことを書いてよこすので、ついていけない。その人々の名前を正確に記すことさえ困難だ。(27)

しかし、トラヤヌスの成功もここまでだった。

ユダヤ人たちはティトゥスにエルサレムを破壊されたことを忘れてはいなかった。彼らは地中海東部一帯に分散し、ギリシア語圏の隣人たちのすぐそばで、各地に大規模なコミュニティを形成していた。しかし、残念ながら隣人たちと良好な関係を築くことは少なく、地域紛争が絶えなかった。もちろん、双方とも紛争の原因は相手にあるとして譲らなかった。

多くのユダヤ人はいまだにローマ人を迫害者だと見なし、反抗的な態度を崩さず、周囲の非ユダヤ教徒たちを軽蔑の眼差しで見ていた。とりわけ、七〇年の血で血を洗うエルサレム攻囲戦後にティトゥスが制定したユダヤ金庫に彼らは反発していた。ネルウァは対象をユダヤ教徒のユダヤ人に限定し、規則を緩和したが、それでもこの制度はいまだに人々の反感を買っていた。

一一五年、キュレネのユダヤ人たちが反乱を起こした。反乱は翌年には十五万人もユダヤ人が住むアレクサンドリアやキプロス島まで広がった。きっかけが何だったのかは不明だ。東方に展開するローマ軍への兵站線を分断するようパルティアがユダヤ人たちを焚きつけた、という推測も成り立たなくはない。しかし、反ローマ的ナショナリズムの高揚から自然発生したと見ることも可能だ。折から、リビアのユダヤ人コミュニティのリーダーで、ルクアスなる人物がユダヤ教徒たちから王に選ばれるなど、メシア待望論が高まっていたことも一因だっただろう。

ディオ・カッシウスはユダヤ人たちの驚くべき残酷さを描いている。彼によると、ユダヤ人たちは、殺した相手の肉を喰らい、はらわたでベルトを作り、血を自分の体に塗りたくり、皮を着る。たいていは、敵を頭から鋸で縦に真っ二つに引く。［闘技場で］敵の死体を野獣に与えたり、剣闘士として闘わせることもある。(28)

このような反ユダヤ的妄想を真に受ける必要はないが、都市部でも地方でも一般の人々がユダヤ人に恐怖感を抱いていたことはまちがいない。砂漠の砂の中から発見されたパピルスが証言している。ある田舎の村人が悲壮な胸の内をこのように記している――「ひとつの希望、残された期待は、汚らわしきユダヤ人たちに対してわれわれの村が反撃することだった。しかし、今その反対のことが起きてしまった。二十日［?］に彼らと交戦し、多くのユダヤ人を殺しはしたものの負けてしまった(29)」。あるストラテゴス（ギリシア軍司令官）がエジプト長官に対して不在を詫びる書簡も発見されている――「このように完全な無秩序状態に陥ってしまったのは、私のあまりにも長きにわたる不在だけが原因なのではなく、汚らわしいユダヤ人たちの攻撃のせいでヘルモポリスでも周辺の村落でもいろいろなことに対処しなければならないという状況のためなのです(30)」。

ユダヤ人たちが凶暴な行為をしたことは疑う余地がない。しかし、その目的はいかにも不可解だ。ほんとうにローマ占領軍を追い出せると信じていたのだろうか？　それとも、もともとそこに住んでいた住民たち自体を完全に追い払おうとでも思ったのだろうか？　いや、これはむしろ単なる自然発生的な騒乱にすぎないと見るべきだろう。戦略的な計画などなく、あったのは、ただ不公平な世界に対する燃えるような怨念だった、と。キュレネでは数千人の非ユダヤ教徒が虐殺され、多くの神殿が破壊された。犠牲者の数はキプロスでも相当なもので、大都市サラミスは跡形もなく破壊された。メソポタミアにもまだ大規模なユダヤ人コミュニティがあった。トラヤヌスは彼らも反乱を起こすのではないかと懸念し、武闘派の側近ルシウス・クイエトゥスにメソポタミア属州からユダヤ人を「きれいにかたづける」[31]よう命じた。クイエトゥスは虐殺というストレートな手段でこの命令を遂行した。

有能なクイントゥス・マルキウス・トゥルボの指揮下、行政当局を助けて緊急事態に対応するために、いくつかの軍団がメソポタミアから各地の騒乱の現場に急行した。騒乱はなかなか収拾せず、有無を言わせず武力で鎮圧せざるをえなかった。アレクサンドリアでは大激戦になった。一一七年になっても紛争は続いた。ディアスポラ〔バビロン捕囚後のユダヤ人の離散〕で各地に形成されていたユダヤ人コミュニティに与えた打撃は大きかった。キプロスからはユダヤ人が追放され（ユダヤ人排除政策はその後一世紀以上続いた）、エジプトとキュレネの非都市部からはすべてのユダヤ人が消えた。アレクサンドリアからも大半のユダヤ人がいなくなったようだ。

トラヤヌスにとってユダヤ人の反乱は頭の痛い問題だったが、ほんとうに深刻な問題はこのあとに起きた。バビロンに着くと、彼が征服した領土のいたるところで暴動が起きていることがわかったのだ。鎮圧のため、四方八方に軍団が派遣された。最も危機的な地域は三つあった。アルメニア、メソポタミア、バビロニアだ。アルメニア人たちはパルタマシリスに代わり、〝王の王〟のもうひとりの甥を王に据えていた。ところが、この新王はローマ軍との戦闘で死んでしまったため、息子が跡を継いだ。ローマにとってこれは好都合だった。彼は軍事力の差を考慮し、ローマ軍の司令官に休戦を申し入れ、受理された。トラヤヌスは和平に合意した見返りとしてアルメニアの一部を彼に与えた。皇帝が能力以上に領土を拡大したこと、そして、占領地を統治できるだけのじゅうぶんな戦力がないことは、誰の目にも明らかだった。

別の将軍もメソポタミアで敗れ、戦死したが、ルシウス・クイエトゥスはユダヤ人たちを殺しまくりながら、多くの町を奪回した。そのなかには、オスロエネの都も含まれていた。アブガルスと美貌の息子はローマに反旗を翻していたのだ。

ついに、南部のティグリス川のメソポタミア側の岸に広がる大都セレウキアもローマの攻撃を受けた。トラヤヌスはみずから軍を率い、クテシフォン郊外の激戦で勝利をおさめた。しかし、勝ちはしたものの、皇帝は現実を認識せざるをえなかった。とりあえずは、いったん損切りをし、この屈辱的な状況を勝ち戦という体裁にすりかえて、新たに獲得した属州から撤退することにした。

一一七年、ローマはアルサケスの家系からパルテマスパテスという人物を見つけ出し、パルティアの王位に就くよう促した。王位といっても大きな危険を伴うポストだったので、買収工作が行なわれた。パルティアの冬都に程近い平原に設営された高い演台から、皇帝はローマ人とパルティア人からなる大群衆にむかって演説し、「いかにも仰々しい表現で」[32]自分が成し遂げた偉業を列挙した。そして、眼前で平伏したパルテマスパテスの頭上に王冠を載せた。

その日を記念する硬貨には、パルテマスパテスに戴冠する皇帝[33]と、かたわらでひざまずくパルティアを象徴する人物の姿が描かれている。銘には、高らかに「レックス・パルティス・ダトゥス（パルティア人たちに王が与えられた）」とある。しかし、トラヤヌスが元老院に送った報告書には、もっと正直に状況が説明されている。

この土地はあまりにも広大で果てしなく、ローマからもはかり知れぬほど遠いので、直接統治するこ

とは不可能である。しかし、ローマ人たちの力に従属する王を据えたことを報告する。(34)

最悪の状況ではあったが、手ぶらで帰るわけには行かなかった。もしローマがふたたびティグリス川を越えて領土拡大を試みる日が来るとすれば、ハトラの要塞は絶対に奪回しておく必要があった。バビロンにむかって東進する戦略道路を監視できる位置にあったからだ。トラヤヌスはみずから攻囲戦の指揮を執った。城壁内には泉が湧き出ているいっぽうで、周囲の砂漠にはほとんど水がなかったので、そこは難攻不落の要塞だった。

皇帝は騎兵たちが攻撃に失敗するのを馬上から確認した。皇帝服は着ていなかったが、「みごとな銀髪」から彼が皇帝であることは一目瞭然だった。狙いを定めて敵の弓兵が放った矢が、隣にいた護衛の騎兵を射殺した。天候は蒸し暑く、雨や雹が降り、雷も絶えなかった。食事時には、兵士たちの食べ物や飲み物に蝿が群れをなしてたかった。ハトラは徹底抗戦の姿勢を崩さなかった。ついにトラヤヌスも限界を悟り、退却した。彼が体調を崩したのは、その直後だった。

かつてはアンキュラ（今日のアンカラ）の公共浴場の壁に、きわめて保存状態のよいトラヤヌスのブロンズ胸像がかかっていた。ちょうどこのころに製作された像だ。作ったのは実直な名工で、通常の公式肖像に見られる尊大で肉付きの豊かな容貌ではなく、皺の多い疲れきった顔をそのまま描き出した。それはまさに絵に描いたような失意の表情だった。こうして、トラヤヌスの挑戦は終わった。

第十四章　四人の執政官経験者たち

パルティア戦争のあいだ、ハドリアヌスは私たちの目から完全に姿を消す。彼の名は軍司令官のリストにもない。遠征中、ずっとトラヤヌスのそばにいて、危険な地域を貫いて延々と伸びる兵站線の維持など、重要だが地味な仕事をしていたのだろう。ディオ・カッシウスはこの時期のハドリアヌスのことを、コメス・アウグスティ（皇帝の仲間）として皇帝と「寝食をともにしていた」[1]と書いている。これ以外に彼に関する記録はない。そして、ある日突然、彼は表舞台に戻ってきた。

士気の上がらぬ帝国軍司令部に最悪のニュースが届いた。不用意に兵力を移動させたために警備が手薄になっていたドナウ川沿岸諸州で、深刻な騒乱が勃発したというのだ。東方遠征のせいで、帝国の求心力にひびが入りかけていた。トラヤヌスは最も優秀な将軍のひとり、ガイウス・ユリウス・クアドラトゥス・バッススに秩序回復の任務を与えた。実力で出世を果たしたガラティア出身の行政官だ。ガラティアはローマの属州に組み入れられ、ローマ化した小王国だ。アテナイのフィロパップスのように、彼もかつては王家の一員だった[2]。ダキア戦争で大きな戦績を上げていたから、ダキアのことは熟知していた。

当時、バッススはシリアの属州総督だった。ユダヤ人たちの反乱と時を同じくして騒乱が頻発していたシリアは、いわば第一線のポストだった。だから、バッススの後釜は有能な人物でなければならなかった。トラヤヌスはハドリアヌスに白羽の矢を立てた。彼にとっては、執政官をつとめて以来、衆目に実力を示すことができる初めての重要ポストだった。

それだけではなかった。ハドリアヌスには一一八年の執政官職も約束された。この人事はプロティナが皇帝に働きかけて実現したと、陰でささやく者もいた。『ヒストリア・アウグスタ』によると、ハドリアヌス自身、政局のダークサイドにもそれなりに通暁していたようだ。性的に潔癖でないことは有名で(3)、出世のためには性的な関係をもつこともなんら躊躇しなかった。

彼がトラヤヌスの若い解放奴隷たちを買収し、彼らと交友を重ね、宮廷の奥深くに出入りしていた時期には性的な関係を結んでいたという噂が広まっていた(4)。

もし今トラヤヌスが死んだら、彼が後継者になることは規定路線のように見えた。そこで、焦った反対派は行動に出た。詳細は不明ながら、政敵のパルマとケルススがクーデターの嫌疑をかけられ、皇帝の寵愛を失った。結果的に、ハドリアヌスの立場はいっそう強いものになった。

皇帝の病状は悪化の一途をたどった。メソポタミアに新たに攻撃をしかけるつもりでいたが、前線から離脱し、アンティオキアまで戻らざるをえなかった。古代の医学知識には限界があった。いや、より正確に言えば、医学知識などないも同然だった。にもかかわらず、トラヤヌスの症状についてのディオ・カッシウスの描写はかなり的確だ。

血というものは、年を追うごとに体の下のほうに下がっていくものなのだが、彼の場合、血の巡りが

とまってしまった。卒中にも見舞われ、体の一部が麻痺した。そして、体じゅうがむくんでいた。(5)

現代の用語で言うなら、(6)末梢浮腫が見られ、脚の血行不良を起こしていたのだ。このような症状および卒中の原因は、おそらく高血圧によって引き起こされた鬱血性心不全だったろう。遺伝的にこの種の病気にかかりやすい体質だった可能性もあるが、戦争で心身が疲弊していたことが主因だろう。一般兵士と変わらぬ過酷な生活を頑ななまでにみずからに課したことが寿命を縮めたにちがいない。回復の見込みがないことは、皇帝に直接接している者の目には明らかだった。

トラヤヌスは自分が病気だとは思っていなかった。ありえそうもない話だが、彼は毒を盛られたと確信していた。(7)だとすると、いったい誰に毒を盛られたと思っていたのだろう？　暗殺された先人たちのことを考えると、唯一可能な推測は身内の仕業ということになる。暗殺者は家族か侍従か護衛だ。クラウディウスは妻から毒キノコを食べさせられたと言われていた。ドミティアヌスの妻は殺害の陰謀に加わったではないか。猜疑心に苛まれた皇帝は自分の身内や貞淑な妻のプロティナさえも疑いはじめていたのかもしれない。

皇帝がローマに帰還することが決まった。もしアンティオキアで死んだら、イタリア本土外で死ぬ最初の皇帝になってしまう。トラヤヌス、あるいは周辺の人々はそのような事態をなんとしても避けたいと考えた。容態は悪化するばかりだった。なんとか二、三日の船旅を耐え、一行はかつては海賊の溜まり場として有名だったキリキア沿岸のセリヌス港に入った。

臨終が迫っていた。皇帝が後継者候補のリストを元老院に送り、元老院に新皇帝を選んでもらうつもりだという噂が立った。あるエピソードをディオ・カッシウスが記している。正確にはいつのことかわからないが、おそらくこの時のことだろう。晩餐の席でトラヤヌスは、単独統治者になる能力のある人物の名を十名挙げてくれ、と客たちに言った。(8) そして、すこししてから、言い直した――「九名でいい。一人はすでに決めてあるから。セルウィアヌスだ」

このエピソードの真偽はともかく、病状はさらに悪化し、もはや公務をこなせない状態になった。おそらく前線で感染症に罹ったのだろう、激しい下痢に襲われ、ついに皇帝は帰らぬ人となった。なんらかの対策を講じる必要があった。プロティナは近衛長官アッティアヌスともうひとりのアウグスタであるマティディアの示唆を受け、彼らの手を借りて皇帝の死が発表されるまえに〝相続人〟が確定するよう取り計らった。ディオ・カッシウスは述べている。

わが父、アプロニアヌスは当時キリキアの属州総督だった。父は真相を調べつくしていた。そして、いくつかの出来事、とりわけハドリアヌスの養子縁組が先に発表されるようトラヤヌスの死が数日間秘密にされたという事実を、繰り返し語ってくれた。

このことはトラヤヌスが元老院に送った何通かの書簡を見ても明らかである。書簡は彼ではなくプロティナが署名していた。彼女はそれまでそんなことをしたことはなかった。(9)

ゴシップ好きたちのあいだでは、皇妃はもっと思い切ったことをしたという噂が立った。寝室の暗がりに死んだトラヤヌスの替え玉を立たせ、ハドリアヌスの養子縁組の手続きをとれという命令を弱々しい声で囁かせた、というのだ。

ハドリアヌスが跡を継ぐことにトラヤヌスが同意していたかどうかはともかく、この決定をできるかぎり早急にローマに伝える必要があった。同時に、体裁を整えるためには、皇帝崩御の知らせが届くのはできるかぎり遅らせなければならなかった。その間に、彼らは帝国造幣局に養子縁組を祝う硬貨を鋳造させ、帝国全土に行き渡らせるよう手配した。この時に鋳造された金貨[10]には、月桂冠を戴いたトラヤヌス・アウグストゥスと、同じく月桂冠を戴いたハドリアヌスが並び立つ姿が、「ハドリアノ・トライアノ・カエサリ（ハドリアヌス・トラヤヌス・カエサルに）」の銘とともに刻まれている。アウグストゥスとカエサルという名称が別々に使われたのはこの時が初めてだ[11]。これ以降、ローマ帝国では、アウグストゥスを〝皇帝〟の意味で、カエサルを〝後継者兼行政上の下位のパートナー〟という意味で使うようになった。

この計略によって誰よりも利益を受ける男は、ひたすらアンティオキアで待つしかなかった。八月九日、養子縁組の手続きが完了したことを知らせる手紙が届いた。トラヤヌスがこの時点でほんとうに死んでいたとしたら、そのことも同時に知らされたはずだ。しかし、まだ数日間は辛抱強く待つ必要があった。八月十一日の夜半、彼は吉兆を体験した。日の出を見るためにカシウス山に登った[12]ハドリアヌスを突然嵐が襲った。供犠の準備中に犠牲獣と従者には雷が落ちたが、彼は無傷で悠然としていた、と記録にはある。この出来事は、大きな地位に就く準備が十二分に整っていることを意味する吉兆と解釈された。ちなみに、ローマ人は実用一辺倒だったから、美しい景色を見るためだけにエネルギーを費やすなど思いつきもしなかった。だから、日の出を見るために山に登るというのは実にハドリアヌス的な行為だった。

翌日、ついにトラヤヌス時代の終焉を知らせる公式通知が届いた。グラエクルス（ギリシアっ子）と呼ばれていたバエティカ出身の少年がとうとう皇帝になったのだ。長い道のりだった。新皇帝は四十一歳になっていた。

近年、セリヌスでの計略に関連して、興味深い遺物が発見された。それはマルクス・ウルピウス・ファエディムスという人物の墓石で、つぎのような文言が刻まれている。

皇帝の解放奴隷、神と化したトラヤヌスのソムリエにして筆頭執事、マルクス・ウルピウス・ファエディムス［を偲んで］。主席警士《リクトル》および許認可・昇進担当の書記。二十八年間生き、ニゲルとアプロニアヌスが執政官だった年［一一七年。ディオ・カッシウスの父のアプロニアヌスではない］の八月十二日に死んだ。カトゥリヌスとアペルが執政官だった年［一三〇年］、コッレギウム・ポンティフィクム（神官会）の許可を得、贖罪《ピアクロ》の供犠をしたのちに彼の遺骨は掘り起こされ［墓石が発見されたローマに］移葬された[13]。

この文章からは多くのことが想像できるが、ミステリーの核心部分は依然としてよくわからない。トラヤヌスの趣味からして、奴隷出身のファエディムスが魅力的な若者だったことは想像に難くない。仕事柄、皇帝の身近に仕えていたのだから、それなりの重要人物だったろう。

ここで、二つの疑問が湧く。ファエディムスが死んだのが、ハドリアヌスがトラヤヌスの訃報を受け取ったのとまさに同日だったのは単なる偶然の一致か？ そして、彼の遺骨がローマに帰れるようになるまで、どうして十二年もかかったのか？

トラヤヌスの直接の死因が（心臓が弱っていたことが影響していたとしても）東方で罹った感染症だったとしたら、ファエディムスも主人と同じ病気に罹ったのかもしれない。あるいは、ひょっとしたら、悲しみのあまり自殺したのかもしれない。それにしても、遺骨の移葬にこんなに時間がかかったのはいかにも不自然だ。

ファエディムスがなんらかの陰謀に巻き込まれていたために、彼の名前が人々の記憶から消えるまで待つ必要があった、というのが唯一の合理的な説明ではないだろうか。となると、アッティアヌスとプロティナに結びつけざるをえない。もしほんとうになんらかの計略があったとしたら、この忠実なる僕は多くを見すぎ、知りすぎていたので、生きながらえることが許されなかったのだろう。プロティナをスキャンダルから守るため、陰謀者たちにとっては彼の名前、いや存在そのものができるかぎり早く人々の記憶から消えたほうが好都合だったのだ。

ハドリアヌスは速やかに毅然たる行動に出る必要があった。さもなければ、ほかの属州総督たちが配下の軍を率いて後継者争いに名乗りを上げる可能性があったからだ。〝四皇帝の年〟の内紛は人々の記憶にまだ生々しく残っていた。彼はまず、自分が指揮する軍団のまえに姿を現し、満場の歓呼を受けた。つぎに、気前のよさを印象づけるために、直属の部下だけでなく、帝国全土の兵士たちに特別手当を支給した。

元老院の扱いには慎重を期す必要があった。法律上、国家元首の任命権は元老院がもっていたからだ。ハドリアヌスは文面に細心の注意を払いながら元老院あてに丁重な手紙を書いた[14]。まず、トラヤヌスに神格化の名誉を与えてほしいと訴え、次期皇帝を決める過程に元老院が関与できないという事態を招いてしまったことに対して謝罪した。そして、「私を皇帝に担ぎ上げた軍部の性急かつ軽率な行動は、国家に皇帝不在などという状況が生じてはならないという彼らの信念から出たもの」だと説明した。

手紙は好意的に受け取られたようだ。元老院からの返事は数週間後、九月になってから届いた。元老院は全会一致でオプティムス・プリンケプスの神格化に賛成し、そのほかにも多数の称号を贈るという内容だった。また、ハドリアヌスについては、「国父《パテル・パトリアエ》」という高位の称号が与えられた。しかし、「名誉は実力で獲得されるべき」というアウグストゥスの考えに従い、確たる業績を上げるまでこの称号の受理は差し控える、とハドリアヌスは応えた。

ハドリアヌスには、トラヤヌスの数多の勝利を記念する凱旋式を行なう栄誉も与えられた。彼はこれも辞退したが、なんらかの祝賀セレモニーはする必要があったので、彼自身は表に出ず、故皇帝が主役となる凱旋式を行なうことにした。前代未聞のことではあったが、彼自身ではなく故皇帝をかたどった人形を凱旋戦車に乗せて祝典を執り行なったのだ。

帝国のつつがない存続を全土に知らしめるため、速やかに硬貨が発行された。ある金貨には、世界の支配権の移譲を象徴するようにハドリアヌスに天球を手渡すトラヤヌスの像が刻まれた[15]。別の金貨には、エジプトの伝説上の聖鳥、フェニックスの姿が刻まれていた[16]。フェニックスはみずから積んだ薪のうえで炎に包まれて死ぬ。そして、その灰の中からは命を引き継ぐ新たなフェニックスが現われて、親鳥の遺骨を土に埋める、と言い伝えられていた。フェニックスは永遠に続く生まれ変わりの象徴だった。つまり、その金貨はハドリアヌスこそが永遠の命の連鎖の新たな輪であることを示していた。即位直後に鋳造された三つ目の金貨にもフェニックス像が刻まれているが、これには「黄金の時代[17]」が再来したという、さらに踏み込んだメッセージが込められていた。

老皇妃とハドリアヌスの姑マティディアも、記念硬貨の発行という、しかるべき栄誉を得た[18]。月桂冠を戴いた彼女たちの姿は、大英博物館収蔵のアウレウス金貨に見ることができる。保存状態がたいへんよく、プロティナとマティディアの上半身の像がはっきりと見える。メッセージは明白だ。トラヤヌスの女性たちは依然として皇族の重要メンバーでありつづける、という意味だ。

おそらく、この時に鋳造された硬貨のなかで最も重要なのは、片面にトラヤヌスの顔、もういっぽうの面にハドリアヌスの顔が刻まれたものだろう[19]。いずれも月桂冠を戴いている。それまでの硬貨には見られない注目すべき点は、ハドリアヌスの短く刈り込まれた髭だ。彼に日常的に接している人間たちは、その美しく手入れされた髭を見慣れていた。髭を生やした姿が平時にはギリシア人のように見せ、戦時にいったん甲冑を身に着ければ歴戦の猛者のように見せることを、ハドリアヌスはよく知っていた。彼が皇帝になるまで、彫像や硬貨に刻まれた歴代の皇帝たちは全員きれいに髭を剃っていた。しかし、この時を境に、ファッションはすっかり変わった。帝国中の男という男がこの硬貨を見て、剃刀を捨てた。

老アッティアヌスはかつての被後見人のことを過剰なほどに心配していた。そして、セリヌスから、新政権を破綻させるためにあらゆる手段を尽くそうとしている敵の存在を警告する手紙を書いてよこした。なにごとにも表現が簡潔な『ヒストリア・アウグスタ』には、簡潔すぎてほとんど役に立たない説明がある。

［彼は］首都長官の［クイントゥス・］バエビウス・マケルが即位に反対するようなら殺すよう、また皇帝になろうと画策した疑いで当時島流しになっていた［マニウス・］ラベリウス・マクシムス、同様に［ガイウス・カルプルニウス・］クラッスス・フルギ［・リキニアヌス］も殺すよう、即位直後に手紙で彼に忠告した。[20]

ラベリウスは相当な政治力をもっていた。ドミティアヌスのもとで頭角を現し、トラヤヌスのダキア遠征で業績を上げ、政治の中枢で活躍するようになった。多様な文化が入り乱れていた中央政界にあって、いよいよ稀少になっていたイタリア人、しかも、ローマ近郊アルバヌス丘陵のラヌウィウムで生まれた生粋のラティウム人だった。彼が企てたという陰謀についてはまったく記録がないが、もしかしたらパルマとケルススの不祥事に加担したのかもしれない。同じく流刑の身だったクラッススは、由緒正しい貴族の名をもったがゆえに、かえって出世を阻まれた男で、ネルウァとトラヤヌスに対してたびたび謀略を働いたようだ。

歴代皇帝は信頼できない取巻きや親類縁者をイタリア半島沿岸に無数に点在する小島に島流しにした。元老院からも排斥され、島流しになった無力な人々が政界に復帰することはめったになかった。どうしてアッティアヌスがこの二人をとりわけ警戒したのかは不明だ。近衛長官という立場上、政敵の動向に関する極秘報告書を読んでいたから、いち早く陰謀に気づいたのかもしれない。しかし、心配のあまり無用の危惧を抱いた可能性もある。

バエビウス・マケルのケースは別だった。彼は首都長官だった。警察長官と市長を兼ねたような役職だ。主務は法と公序を守ることで、刑事事件を管轄していた。彼は学究肌で、正義感の強い融通の利かない人物だった。強大な権力を有する立場にあっただけでなく、新政権が権威を確立しなければならない大事な時期に、少しでも法律に反することがあれば杓子定規に法律論を持ち出しかねなかった。時代が必要とする倫理的柔軟性をもたない男をアッティアヌスが怖れたのは無理からぬことだった。

ハドリアヌスの考えは違っていた。アッティアヌスの指摘どおり、たとえ彼らがほんとうに陰謀を企てていたとしても、まだ統治基盤を確立できていない今は有力政治家を死刑に処す時ではない、と考えていた。忠誠心を判断するにはいましばらく時間が必要だとして、彼はアッティアヌスの忠告を聞き入れなかった。そして、自分の考えを広く知らしめるため、ふたたび元老院にあてて手紙を書いた。長々と高い志を連ねたうえで、

彼は公共の利益に反することをするつもりはないし、元老院議員を死刑に処するつもりもないと約束した。そして、もしこの約束を破ったなら、自分を破滅させてほしい、と訴えた。(21)

アッティアヌスは皇帝の決定に従った。あるいは、従っているふりをした。クラッススは愚かにも島か

ら抜け出したので、監視に殺されてしまった。すくなくとも、公式記録にはそのように書かれている。皇帝の決定は帝国の津々浦々にまではまだ浸透していなかったわけだ。

アッティアヌスに伴われたプロティナとマティディアはトラヤヌスの遺体とともに船で新皇帝のいるアンティオキアに向かった[22]。ハドリアヌスも彼らを出迎えるためアンティオキアを後にし、おそらくはセレウキアで遺体と対面した。そこで荼毘に付したのちに、一行はふたたび船でローマに向かった。ローマに運ばれた遺骨は、トラヤヌス記念柱の基底部に造られた小さな玄室に納められた。

秋になると、帝国各地の自治都市からアンティオキアに即位を祝う手紙が届きはじめた。そのひとつひとつに返書が書かれた。使者たちは返書をありがたく地元に持ち帰り、石碑に刻んであちこちの広場に置いた。たとえば、皇帝はペルガモン青年協会に次のような定型返書を送っている。

貴殿たちの書簡から、そして大使クラウディウス・キルスからも、帝位継承に対して貴殿たちが率直に大きな喜びを感じていることを知った。そのような喜びをもつことは善良なる人間の証であると私は考える。さらば[23]。

祝賀行事が帝国のいたるところで行なわれた。大規模なお祭り騒ぎをする町さえあったが、アンティオキアにいるハドリアヌスにとってはどうでもよいことだった。統治基盤がまだ不安定な新米皇帝はダフネの楽園にあるカスタリアの泉を衝動的に巨大な岩で塞がせてしまった[24]。予言の力をもつ泉水から自分が受けたのと同じメッセージを誰かが受けるのを怖れたのだ。

帝国は破綻しつつあった。ローマ軍が苦戦を強いられている状況で皇帝が死ぬという絶好の巡り合わせを各地の敵が見逃すわけがなかった。『ヒストリア・アウグスタ』には当時の状況が簡潔に記されている。

トラヤヌスが獲得した国々が反旗を翻しつつあった。ムーア人たちも攻撃してきた。サルマティア人たちも戦争をしかけてきた。ブリトン人たちもローマの支配からすり抜けかけていた。エジプトも政情が不安定だった。そして、ついにはリビアとパレスティナも謀反の兆しを見せはじめた。(25)

政権を手中に収めてからまだ数日しか経っていない時点で、皇帝は彼の治世において最も重大、かつ、真っ向から対立する二つの決断をした。ひとつは戦術的な決断、ひとつは戦略的な決断だった。いずれも、思いつきで決めたわけではなく、熟慮のすえの結論だった。

国境が長くなれば、巨大な常備軍が必要になり、維持に莫大な金がかかる。新たな属州が増えれば、新たな駐屯軍が必要になる。軍事費は国家予算の最大の支出項目だった。経済・生産活動から安全に軍備に回せる人的資源にも限界があった。軍事テクノロジーの限界、長大な兵站線を維持することの難しさ、長距離通信の遅さを考えると、中央政府が統治できる領土の大きさはおのずと限定される。たしかに、ローマ帝国の統治は緩やかで、地方都市の日常的な経営は地元のエリート層に任されていた。しかし、それにしても、ローマ帝国はあまりにも図体が大きくなりすぎていた。

そのうえ、新たに獲得した領土から得られる恩恵や利益は、すくなくとも中期的には、獲得するために払われた労力に見合ったものであるとは言いがたかった。帝国周辺の国々は痩せた土地ばかりで、パルティアとダキア以外は経済的に未発達だった。わざわざたいへんな思いをして属州化するのも、莫大なコストをかけて統治するのも意味がなかった。ほとんど人の住んでいないスコットランドを占領することに何の価値があるのか、ということだ。

トラヤヌスやハドリアヌスと同時代の歴史家、アッピアノスはその点を的確に指摘している。

ローマ人たちは貧しくうま味のない蛮族を際限なく占領統治するのではなく、堅実路線の政策で帝国を維持することに努めた。(26)

財政的な理由から、歴代皇帝は安全を確保しうる最低限の予算で軍事費をまかなってきた。必要に応じていつでも危機に対応できるよう予備の機動部隊をもつことなど論外だった。そもそも、通常任務をもたない予備兵力はみずからの権力を脅かす存在にもなりかねなかった。

軍事費を緊縮して予備兵力をもたないことによって生じる問題は二つあった。一つ目は、いったんどこかの軍団が敗北して帝国の防衛に穴が開くと、その穴をふさぐことができないということだ。アウグストゥス治世下の九年にライン辺境地帯で三軍団が壊滅状態に追い込まれた時がそうだった。ドミティアヌスもダキアの騒乱を制圧するためにブリタンニアから部隊を引き上げざるをえなくなったことがある。二つ目は、軍事的拡大政策は、たとえ戦争に勝ったとしても帝国の安定を損なう危険があるということだ。ダキア戦争の際にトラヤヌスが新たに軍団を創設したので、軍団総数は三十になった。それでも、パルティア遠征ではパンノニアから数軍団を東方戦線に合流させざるをえず、ドナウ川の前線を危険にさらしてしまった。遠征が失敗したと見るや、各地の反対勢力は機会を逃さず、反乱を起こした。事実上、ローマ軍は現状維持さえできない状況にあった。

だから、軍事的観点からも財政的観点からも、これ以上の領土拡大は不可能だった。このような現実に皇帝たちもまったく気づいていなかったわけではなかった。アウグストゥスは生涯にわたって領土の拡大に努めた、生粋の拡大主義者だった。しかし、後継者のティベリウスには自分が確定した国境の内側にとどまるよう命じた。ハドリアヌスの即位と相前後して（一一五年から一一七年のあいだ、あるいはもう少し後かもしれない）、タキトゥスが帝政初期の歴史に関する、厳格で信頼性の高い研究書、『年代記』を発表した。『年代記』には、アウグストゥスが最晩年に帝国の軍備を詳細に記したリストを作成したと書かれている。そのリストは「アウグストゥスがみずから作成したもので、巻末には……帝国の領土は現在の国境内に制限されるべきだ、という意見が付されていた」[27]。ハドリアヌスはこの名著を入手し、読んでいたことだろう。たとえ読んでいなかったとしても、アウグストゥスの訓戒については知っていたはずだ[28]。そして、自分が深く尊敬する初代プリンケプスが一世紀まえに残した訓戒を守ることに躊躇はなかった。一見攻撃的な政策をとっていたように見えるドミティアヌスでさえ、際限のない侵略の危険性を認識していたようだ。

ハドリアヌスが前帝により獲得された三つの新属州（アルメニア、メソポタミア、アッシリア）をただちに放棄し、従来の国境であるユーフラテス川のこちら側に撤退して領土を再編するよう命じたのには、そのような背景があった。この決定は人々に大きな衝撃を与えた。しかし、そもそも、主戦論者だった故トラヤヌス自身も明らかに後退は不可避であると認識していた。ハドリアヌスはトラヤヌスが据えたパルティアの傀儡《かいらい》王を退位させ、アブガルス父子から取り上げたオスロエネの王位につけて体面を保ってやった。一連の措置の正当性を説明するために、彼は敬愛するラテン作家、大カトーの一節を引用した。前一六七年にローマが苦戦のすえマケドニア人たちを破ったとき、元老院は彼らをどう扱ったらいいものか決めかねていた。その時にカトーが述べた言葉だ――「いつまでも彼らの面倒を見ることは不可能であるから、独立させておくのがよいだろう」[29]。

多くのローマ人たちの命と引換えに征服したダキアも、皇帝は放棄するつもりだった。しかし、これについては考え直さざるをえなかった。殺したり追い払ったりした原住民にかわって、ダキアにはローマ人が多数入植していた。ダキアを放棄すれば入植者たちは近隣の蛮族の餌食になってしまうだろう。それだけは避けなければならなかった。

ハドリアヌスはパルティアからの撤退以上のことを心に決めていた。わかっているかぎり、それについての公式発表は行なわれていない。その必要もなかったし、そうすることは危険でもあったろう。しかし、治世中一貫してハドリアヌスが平和的な政策をとりつづけたことから、彼がどのような長期戦略を立てたのかは推測可能だ。今後、ローマはいかなる軍事力による拡張も行なうべきではない、と彼は考えていた。[30] 最後通牒を突きつけるのではなく、交渉によって問題の解決に当たるべきだ、と。トラヤヌスの東方侵略は破綻を決定的なものにした。しかし、国境を越えて領土を一時的に拡大することは可能でも、獲得した占領地を維持することは難しいという教訓も残してくれた。

この撤退はハドリアヌスが先見の明と政治的勇気を両方もっていたことの証拠だ。しかし、大多数の有力市民は激怒した。イタリア本土の世論はつぎつぎと届く勝利の知らせに感覚が麻痺していた。実際にはパルティアを征服したわけではないという現実を人々は今なお理解していなかった。トラヤヌスの失敗は指導層には周知の事実だった。しかし、インペリウム・シネ・フィネ（限りのない帝国）の時代が終わったことを受け入れるには、あまりにも拡大主義的な発想が染み込んでしまっていた。

この時代のある歴史家が当時一般的だった考え方を簡潔に描写している。プブリウス・アンニウス・フロルスは北アフリカ出身の詩人・修辞家で、リウィウスの著作を要約して子ども向けのローマ史の教科書を執筆したことで知られている。その教科書のなかで、彼はローマの歴史を、子どもから大人へと成長し、やがて老境にいたる人間の一生に例えている。つまり、王国時代を少年期、イタリア征服を青年期、そして共和政後期を壮年期に比しているのだ。

カエサル・アウグストゥスの時代から今日まで二百年弱が経った。この期間、歴代皇帝の不作為のせいで、ローマの人々は、いわば年をとり、能力を失っていた。それが、トラヤヌス治世下にふたたび腕をまくり、大方の予想に反して、ふたたび活力をとりもどした——若返り、いわば、再生したのだ。[31]

だから、新プリンケプスが消極的な政策に戻ったことは受け入れがたかった。すくなくとも有力市民層は彼の行動をそのように見なし、怒った。ありがちなことだが、国外での軍事行動は、戦争に勝つかぎり、内政的には政府に安定と人気をもたらした。しかし、いったん戦争に負ければ、ドミティアヌスのような末路を招くことになった。ハドリアヌスにも同じような運命が待っているのだろうか？

自分の運命がどうなるかなど、皇帝には考えている余裕はなかった。帝国には不可欠な仕事人、マルキウス・トゥルボはエジプトとキュレネで起きたユダヤ人の暴動の制圧に成功した。しかし、今度はアレクサンドリアのギリシア人コミュニティが敗れたユダヤ人たちを迫害しはじめた。

皇帝はトラヤヌスが任命した長官を、もっと有能で精力的なクイントゥス・ラミウス・マルティアリスにすげ替えた。ラミウスが任地に着いたのは、遅くとも八月二十五日。[32]トラヤヌスの訃報がアンティオキアに届いてから二週間しか経っていない。ハドリアヌスの対応がいかに迅速だったかがわかる。

駆け足の訪問であったろうが、ハドリアヌス自身もおそらくエジプトまで出向いたものと思われる。[33]そして、疲弊が深刻だったエジプト経済を立て直すため、速やかに小作農の税負担を軽減するという、寛大で、きわめて合理的かつ有効な措置を講じた。以降、土地税《トリブトゥム・ソリ》[34]は廃止され、税額は実際の生産高に基づいて算定されることになった。識者の忠告に従って遠隔地から指示をするのではなく、実地検分するのが彼のやり方だった。

とはいえ、アレクサンドリアにみずから乗り込むのはあまりにも挑発的だったので、市政府の管理官として、歯に衣着せぬ切れ者として知られていたギリシア系知識人のウァレリウス・エウダエモンを送り込んだ。彼の任務は皇帝の目と耳になることだった。[35]

エジプトのどこか、おそらくはナイル・デルタの南端に位置するヘリオポリスか、国境の町ペルシウムで、ハドリアヌスはある裁定を下した。パウルスという名の代表者に率いられたアレクサンドリアの過激派ギリシア人に対する裁判[36]――本格的な裁判ではなく、審問か公聴会のようなものだったかもしれない――で、ユダヤ人の代表団も臨席していた。残された記録を総合すると、衝突のおおよその経緯がわかる。暴動が制圧され、多くのユダヤ人が捕らえられると、勝利に酔ったギリシア人たちは暴動の首謀者であるルクアス〝王〟を揶揄する諷刺劇を作った。生き残ったユダヤ人たちを市内に再定住させることにした皇帝を批判する歌を歌う者もいた。市内に定住することを許せば、いつまた攻撃されるか知れず、地元の人々にとってははなはだ迷惑な話だったからだ。

状況に苛立った総督（ラミウスの前任者）はギリシア人たちに自分たちも茶番王を作るよう命じた。ところが、不運にも、この〝行きすぎた〟措置はギリシア人の不満分子を野放しにするという結果を招いてしまった。いっさい挑発していないのに、負け犬をさらに鞭打つかのように襲撃してきたと、あるユダヤ人は述べている――「彼らは私たちを牢屋から引きずり出し、痛めつけました」。反論の応酬が続いた。ユダヤ人たちはギリシア人たちの非道を訴えた――「陛下、彼らは嘘つきです」。

ハドリアヌスも同感だった。そこで、ギリシア人たちに対して、総督が武器の携帯を禁じたのは正しい措置であり、ルクアスを揶揄する諷刺劇は認めないと明言した。いっぽう、ユダヤ人たちに対しては、迫害者に対する憎悪の感情を抑え、アレクサンドリアのギリシア人を十把一絡げに恨むのはやめるよう忠告した。敗北した謀反人たちに対してこのように公平な裁定が下されることなど予想だにしていなかったユダヤ人たちは驚き、感激した。

同時期、ハドリアヌスはユダヤ属州総督を解任した。トラヤヌスから絶対的な信頼と不可解な寵愛を受けていたルシウス・クイエトゥスだ。彼はムーア騎兵部隊長の職も解かれた。『ヒストリア・アウグスタ』によると、「帝位を狙っているという嫌疑をかけられた(37)」ためだったが、年老いた一介の部族長が帝位に野心を抱くというのも妙な話だ。むしろ、ハドリアヌスの有力対抗馬の後ろ盾となり、キングメーカーとして暗躍する可能性を危惧されたのだろう。

ルシウスはユダヤ人の反乱を制圧するためにユダヤに送り込まれていた。ユダヤ本国のユダヤ人コミュニティは五十年近くまえにローマによって壊滅的な打撃を受けたが、すくなくとも部分的には力を回復していた。そこに着任したルシウス・クイエトゥスがユダヤ人たちを容赦なくメソポタミアに追いやったという事情があったので、この解任は離散ユダヤ人《ディアスポラ》にはおおいに歓迎された。

ハドリアヌスは彼らに大絶賛された。アレクサンドリアのユダヤ人が作った、ローマを痛烈に批判する神託詩があり、東部地中海地域に広く流布していた。この詩のなかで、ひとりだけ例外的に褒め称えられている皇帝がいる。

そして、彼ののち
銀の兜をかぶった別の男が統治するだろう。
そして、彼にはある海の名前が冠されるだろう。
そして、彼こそがすべてのなかの最高の男だろう。
そして、なにごとにつけ思慮深いだろう(38)。

ここで示唆されている海はアドリア海だ。したがって、「男」はハドリアヌスのことを指している。意外なことに、打ちのめされたユダヤ民族もついに悲惨な暴動の連鎖に終止符を打ち、善意の支配者を受け入れることにしたのだった。

十月初旬、皇帝はアンティオキアをあとにして、問題を抱えたドナウ川沿岸諸州にむけ急遽北上した。そのころ、憤懣やるかたない思いでマウレタニアに戻ったルシウス・クイエトゥス配下の騎兵たちがローマに反旗を翻した。皇帝はただちに、エジプトでの任務を成功させたばかりのトゥルボを派遣し、騒乱に対処させた。

そんななか、最悪の知らせが届いた。クアドラトゥス・バッススの訃報だ。戦死したのか、自然死だったのかは不明だ。いずれにせよ、ダキアから故人の故郷であるペルガモンまで遺体を運んだ際の様子から、その死による損失がいかに大きかったかがわかる。軍の護衛がつけられ、王侯貴族として望みうる最高の待遇が与えられた。到着時間が何時になっても、規模の大小にかかわらず、通過したすべての町で市民たちが葬列を出迎えた。墓も公費で建てられた。今日の国葬に相当する、盛大な葬儀をしてもらったわけだ。

幸いなことに、ドナウ川沿岸の巨大属州、下モエシアは、すくなくとも二年まえからハドリアヌスの友であるクイントゥス・ポンペイウス・ファルコが総督をつとめていた。下モエシアはもともとドナウ川南岸の細長い小さな属州だったが、今ではダキアに隣接する北岸のロクソラニ王国を併合し、大きくなっていた。ファルコは今のところなんとか国境を維持することに成功していた。

皇帝は各地で祝福を受けながら、トラキアか、あるいはもしかしたら下モエシアまで行き、ファルコとともに対策を練った。そして、気心の知れたガイウス・アウィディウス・ニグリヌスの登用を決めた(39)。彼はハドリアヌスが一一二年にアテナイに滞在した当時、アカイアの皇帝属州総督をつとめていた。二人はその時に知り合い、意気投合したのだろう。

ハドリアヌスはここでも、莫大な金をかけ、多くの人的犠牲を払ってまで領土を維持するのは無意味であるという結論に達した。そこで、ロクソラニから下パンノニアと呼ばれるようになるダキア東部に軍団を引き上げるようファルコに命じた。北岸には、細い緩衝地帯だけが残り、下パンノニアと呼ばれることになった。アポッロドルスがドナウ川に架けた大きな橋の上部は解体された。これは敵の襲撃を阻止するための一時的な措置だったようだ。たとえどのような事情にせよ、もし蛮族がむかしからある属州にまで侵攻してくるようなことがあったら、賛否両論が渦巻くハドリアヌスへの評価はまちがいなく地に落ちてしまっただろう。だから、橋の取壊しは賢明な措置だった。しかし、それは失敗の象徴でもあり、人々の神経を逆なでした。

ハドリアヌスはロクソラニに対し、補助金（おとなしく属州になってもらうかわりにトラヤヌスが払うことにした補助金のこと）を増額し、王にローマ市民権を付与し、〝最恵国〟待遇を約束することで交渉をまとめた。ロクソラニ王はプブリウス・アエリウス・ラスパラガヌスと名乗ることにした。もちろん、アエリウスは皇帝に敬意を表してつけた名だ。王はハドリアヌスに高価な贈り物もした。ほどなくハドリアヌスの愛馬となる、当時はまだ子馬だったボリュステネスだ(40)。ロクソラニと関わりの深いアラン族の土地を流れるボリュステネス川（今日のドニエプル川）が名前の由来だった。子馬と皇帝が初めて会ったのはこの折だったはずだ。

ロクソラニ王は、公式な〝ローマ人民の友〟として、北部の後背地に住む無法者の蛮族たちからローマを守るための緩衝国を統治することになった。これにより、ローマの直接統治に不満を抱く属州に軍を駐屯させておくよりもはるかに少ない予算で、安全を確保することができるようになった。

きわめて理に適った措置に思える。しかし、ローマの大部分の有力市民たちはこれを弱腰な政治判断だと見なし、ハドリアヌスを決して許すことはなかった。半世紀経っても、歴代皇帝と親しかった修辞家のマルクス・コルネリウス・フロントは憤懣やるかたないというように「友人たちをうまく使うことと、軍に巧みな演説をすることにかけては、ひじょうに熱心だった」(41)と言い、ハドリアヌスのことを辛辣に評している。彼は「剣と盾を使った演習ではなく、娯楽競技をさせて練兵した。後にも先にも見たことのない将軍だった」、と。

ハドリアヌスのような有能な軍人に対する、このような皮肉はまったく的外れだ。もっとも、作者の意図に反して、晩年のハドリアヌスの特徴をよく描いてはいる(42)。いずれにせよ、フロントが同時代の人々の共感を得たことは確かで、ハドリアヌスの新戦略に対する彼らの嫌悪感を如実に表している。

このように陰鬱な雰囲気が漂う一一八年、不可解で血なまぐさい一連の事件が起きた。二人のアウグスタとともにローマに戻っていた近衛長官のアッティアヌスが元老院に皇帝に対する陰謀事件の報告をしたのだ。そして、首謀者たちに対する死刑判決を出させることに成功した。首謀者は四人。いずれも執政官経験者で、トラヤヌスに近い有力政治家たちだった。

そのうちの二人、ケルススとパルマはすでにハドリアヌスに目をつけられていた。既述したように、彼らはトラヤヌスの晩年にクーデターの嫌疑をかけられ、皇帝の寵愛を失った。当時はイタリアのどこかで隠居生活を送っていたはずだ。三人目は解任されたルシウス・クイエトゥス。最終任地のユダヤを発ったのち、消息がわからなくなっていたが、おそらく故郷のマウレタニアに向かっていたものと思われる。

四番目に断罪されたのはダキアの新属州総督、ガイウス・アウィディウス・ニグリヌスだ。有力な政治家、将軍であり、ローマの上流社会では一目置かれた人物だった。プリニウスの書簡では、よい統治を行なうことに全力を尽くしている聡明な公僕として、たいへん好意的に描かれている。かつて護民官だったときには、元老院において、

流麗な文章で書かれた重大な演説を読み上げたこともあった。その発表のなかで、法律の専門家たちは高額の顧問料をとり、金のためにでっちあげの裁判を起こし、裏取引で和解し、高収入を得て得々としているが、これは同胞たちから巻き上げた金だ、と苦言を呈した(43)。

ことほど左様に有能で「信頼のおける」政治家だったので、デルフォイとその周辺地域とのあいだで三百年来争われてきた境界問題を解決するという困難な任務のために、トラヤヌスによりギリシアに派遣されたこともあった。

興味深いことに、ニグリヌスは往年のストア派抵抗勢力と若干の縁があった。ネロに殺された大物政治家のひとり、共和派のトラセア・パエトゥスと彼の叔父がたいへん親しい関係にあったのだ。おそらく彼のハドリアヌスに対する敵意は、なにがしか彼の政治的理想主義に負っていたと考えられる。その理想主義とは、ネルウァとトラヤヌスの法の支配や元老院との協調への関わりは不要とするものであった。

しかし、ニグリヌスの謀反の動機はそれほど純粋なものではなかったかもしれない。ダキア属州総督としての働きぶりを、ニグリヌスにとってはやりにくいことに、現地で直接見ていた、あるいはすくなくとも現地に近い場所から見ていた皇帝は不満を感じていた。そして、着任してからまだ日も浅い彼を解任し、マウレタニアでベルベル人の騒乱をあっという間に制圧したばかりのトゥルボを後任に据えた。トゥルボには当面ダキアとパンノニア両方の指揮が任され、撤退後の防衛線を再編する任務が与えられた。トゥルボは騎士にすぎず、厳密に言えば元老院議員のためのポストである属州総督になる資格はなかっ

た。だからこれは思い切った人事だったが、ハドリアヌスにとっては階級よりも能力のほうが重要だった。

そういうわけで、四人の被告は全員が皇帝を恨む動機を有していた。パルマとケルススが突然キャリアを絶たれてから、まだそれほど時間は経っていなかった。ニグリヌスとルシウス・クイエトゥスも解任されたばかりだった。しかし、たとえ怨恨という背景があったにせよ、そのために彼らが実際に行動を起こしたという確証はない。はめられたと見る人々もいた。それからほんの一世紀しか経っていない時代に生きたディオ・カッシウスは、「ほんとうのところは、彼らは大きな影響力をもっていて、富と名声を享受していたから[44]」犠牲になったのだ、と記している。

では、真相はどのようなものだったのだろう？　二つの説が伝わっている。『ヒストリア・アウグスタ』には、供犠の最中にニグリヌスらが皇帝の暗殺を謀ったと書いてある[45]。しかし、ディオ・カッシウスは暗殺を謀ったのは狩りの時だったと書いている[46]。一見、別々の説のようだが、この二つの説は実は矛盾しない。狩りのまえには神々、とりわけ狩猟神ディアナに犠牲を捧げる習慣があり、獲物がたくさん獲れれば狩りのあとにも勝利の女神に供儀をしたからだ。ハドリアヌスは根っからの狩猟好きだったから、国務や外的脅威への対応から生じるストレスを発散させるために、仲間たちとともに頻繁に狩りをしたにちがいない。

そこで、二つの疑問が浮かんでくる。一つ目は、当時皇帝とともに外地にいた可能性のある被告はニグリヌスだけで、ほかの三人は遠隔地にいたという点だ。二つ目は、被告のうち三人はイタリア本土の居住地で処刑されたという点だ。パルマはローマの南東約三〇マイルのところにあるラティウムの古都タッラキナ（今日のテッラチーナ）で、ケルススはナポリ湾に面したセレブ御用達のおしゃれな別荘地、バイアエ（今日のバイア）で、そして問題のニグリヌスも生まれ故郷と目されている北イタリアのポー川沿いのファウェンティア（今日のファエンツァ）で処刑された。ルシウスだけは東方か北アフリカを移動中に殺された。

もしほんとうにハドリアヌスを殺す陰謀が企てられていたとしたら、これらの事実は矛盾するのではないだろうか。どうしてニグリヌスは暗殺が失敗した直後に逮捕されなかったのだろう？　そして、どうして生まれ故郷に帰ることが許されたのだろう？　実行犯は雇われた男たち（傭兵か地元の人間）で、雇い主が誰だかがすぐには判明しなかったということなのだろうか？　しかし、そのようなリスクの高い仕事を引き受ける人間を見つけ、首尾よく決行まで導くのは容易なことではない。そもそも、プライドの高い生粋のローマ人、とりわけ帝政に異議を唱えるストア派抵抗勢力と所縁のある高位公職者が、暴君を成敗するという一大事を無名の輩に外注するなど、いかにも不自然だ。

そこで、現実的な仮説として、つぎのようなことが考えられる。狩りが暗殺の場として選ばれたのは、それ以外の場で衛兵でもないのに武装した人間が皇帝の近くまで行くことが許される機会はなかったからだ。ニグリヌスは同志たちといっしょにトラキアかモエシアで行なわれた狩りに参加し、狩りの前後に催された供犠の際に狩猟用の武器でハドリアヌスを殺そうとしたのだろう。しかし、なんらかの理由で暗殺は未遂に終わった。ニグリヌスが病気になったか、あるいは、ハドリアヌスの身辺警護があまりに厳重だということが判明し、これだけ多勢に無勢では仮に暗殺に成功したとしても自分たちも命を落とす危険性が大きすぎると判断した。結局何も起こらず、誰も陰謀に気づかなかった。

後日、解任されたニグリヌスがイタリアに戻り、引退生活に入ってから、陰謀は発覚した。なんらかの切迫した状況に陥り、陰謀者のうちの誰かが密告したのか。あるいは、陰謀のことを知っていた使用人が報酬目当てに密告したのか。もしほんとうに彼らが共謀していたのであれば、ハドリアヌスが即位してからの数週間、首謀者たちはたがいに連絡をとりあっていたはずだ。とすれば、その連絡経路で情報が押さえられてしまったという可能性がいちばん高いかもしれない。

そのような〝通信傍受〟は偶然の産物ではない。トラヤヌスは〝国家にかかわる情報〟を得るため、郵便物を検閲していた。[47] 過去の皇帝たちは必要に応じて情報提供者やスパイを利用していたにすぎない。しかし、ハドリアヌスは密かにローマで最初の組織的な諜報機関を創設した。とはいえ、諜報機関を新設するとなれば政治的に物議をかもしただろうから、すでに存在する兵站将校《フルメンタリィ》の任務に秘密任務として諜報活動を加えることにした。兵站将校は軍用物資の供給を担っていたから、ローマから赴任した属州政府の高官たちの動向を調べるにはもってこいだった。即位後どのぐらい経ってからこの諜報機関が機能しはじめたのかは定かではない。いずれにせよ、このような機関を作ったところを見ると、元老院階級のエリートたちの本音を知ることにハドリアヌスが並々ならぬ関心を払っていたことがわかる。内偵の結果ニグリヌスの陰謀を暴くことに成功したことが、もしかしたら、兵站将校を利用した諜報機関創設のきっかけになったのかもしれない。

ゲルマニア生まれの百人隊長、マルクス・カルウェンティウス・ウィアトル[48]の出世の記録から、もうひとつ、別の仮説を立てることができる。この人物の名は、ダキアとゲラサ（今日のヨルダンのジェラシュ）で発見された二つの祭壇に刻まれている。[49] ダキアの祭壇には、ニグリヌスの身辺警護騎馬部隊付き訓練教官として登場する。その十年後に製作されたゲラサの祭壇を見ると、カルウェンティウスがめざましい出世を遂げたことがわかる。ハドリアヌスがトラヤヌスから引き継いだ、ゲルマン系バタウィ族からなる皇帝身辺警護隊の騎馬部隊長として登場するのだ。裏切り者に近い人物が人一倍の出世を遂げることは通常ありえない。上司の裏切りを密告した報奨として、皇帝はカルウェンティウスを直属の部下としたのだろうか。魅力的な仮説だ。

奇しくも、ゲラサの祭壇はディアナ女神に捧げられたものだ。皇帝の命が間一髪で暗殺者の魔手から逃れたあの遠い日に、狩りの参加者たちが犠牲を捧げた神もこの女神だったはずだ。

処刑は政界に大きな衝撃を与えた。自分たちが有罪判決を出したことは棚に上げ、元老院議員の処刑はしないとわざわざ書面で約束したのに、ハドリアヌスはその約束を破った、と元老院は騒ぎ立てた。ドミティアヌス時代に逆戻りするのではないかと怖れたからだ。遠く離れたドナウにいても、とんでもないダメージを引き起こしてしまったことをハドリアヌスは痛感した。上流階級の心が皇帝から離れれば、ストア派抵抗勢力が復活しかねず、そうなればネルウァとトラヤヌスが実現した、合意に基づく政治的安定が崩れてしまう危険性があった。

当時、歴史家のタキトゥスは『年代記』の執筆を終えつつあった。巻末に近い部分で、彼は悲しみと閉塞感も顕わに帝政初期の粛清の歴史を描いた。ハドリアヌスの治世が血塗られた幕開けをしたことを、暗に示唆したかったのかもしれない。「この卑屈な消極性、この軍務とまったく関係ないところで大量に流された無駄な血の雨は人心を疲弊させ、憂鬱にし、麻痺させる(50)」、と。

ハドリアヌスはなんとか非難を免れようとした。すべてはアッティアヌスのせいで、わが意志に反して行なわれたのだ、と。これは単なる言い逃れだったのだろうか？　それとも、ほんとうにそうだったのだろうか？　真相を知ることは難しい。この四人がほんとうに皇帝の暗殺を企てたのかどうかは、ある意味、重要ではない。重要なのは、彼らがハドリアヌスの敵で、潜在的に危険な存在だったという事実だ。ここに見ることができるのはトマス・ベケット殺しの原型かもしれない。ヘンリー二世が大司教ベケットに対して抱いていた苛立ちを察した騎士たちが王の考えている以上に過激な行動をとって大司教を殺害してしまったように、近衛長官も新皇帝の抱いていた危惧を斟酌して、勝手に行動を起こしたのかもしれない。アッティアヌスが皇帝に黙って事を運んだ可能性はおおいにある。元老院に釈明を求められたときに、皇帝がみずからの責任を否定できるように。

いずれにせよ、とりあえずは、状況を打破するためにハドリアヌスができることは何もなかった。今は国境諸州をできるだけ早く安定させ、ローマに帰ることが先決だった。

第十五章　ローマへの道

ハドリアヌスはドナウ河畔に立ち、閲兵をした。皇帝身辺警護隊のバタウィ族騎馬部隊がいかに完璧に訓練されているかを示すために、彼は完全装備で泳いで渡河するよう命じた。集団で大河を渡ることは昔からバタウィ族が普通に行なっていたことなので、彼らにとってこれはパーティーでするちょっとした手品のようなものだった。

バタウィ族は残忍なほどに勇猛果敢なことで知られていた。「彼らは甲冑や武器と同じように戦争のためだけに生まれてきた(1)」と、タキトゥスは書いている。騎馬部隊には千名ほどのバタウィ人がいた。彼らの存在は、意図された通り、北部の蛮族にじゅうぶんな脅威となった。

ドナウ河畔で発見された墓石に、騎馬部隊に所属していたソラヌスなる人物の活躍を記す流暢なラテン語の銘が刻まれている。

かつて私はパンノニア沿岸で最も有名な男だった。
ハドリアヌスが閲兵するなか、戦闘用の完全装備で
深き大河ドナウを泳いで渡ることができた男(2)……

この男の能力はそれだけではなかった。弓の名手でもあり、空中に放った一本目の矢に二本目の矢を当てて真っ二つにすることができた。ロビン・フッドの得意技だ。

ローマ人にも蛮族にも負けたことがない……
私の技を破ることのできる者が現われるかどうか、見てみよう。(3)

この銘の作者が誰なのかはわからない。しかし、ハドリアヌスには日常生活をギリシア語やラテン語で詩に綴る習慣があったから、感動した彼がこの銘を書いた可能性がないとは言えない。

ローマの瀟洒な邸宅で安穏とし、あるいは郊外のウィッラでのうのうと過ごしている人々にどんなに批判されようと、ハドリアヌスは軍人たちのことをよく理解し、軍隊生活を楽しんでいた。

一一八年六月までにドナウ川沿岸の国境は再編され、ハンガリー平原のイアジェゲス族のように反抗的だった部族も平定された。ハドリアヌスはイアジェゲス族のマストルという名の戦争捕虜を手に入れ、(4)手元においた。「強靭かつ大胆不敵」なことで有能なハンターだったからだ。ドナウ川北岸の原野で生まれた愛馬ボリュステネスと専属の馬丁とともに、皇帝はかつてないほど危険でスリリングな狩猟を心行くまで堪能した。マストルとは深い信頼関係を結び、生涯にわたってそば近くで働かせた。

新属州総督にはハドリアヌスと親しい者たちが任命された。ブリタンニア北部の騒乱の収拾にはファルコがあたることになった。そこでも彼は高い能力を発揮した。トラヤヌスが属州化した領土を回復することもできたし、パルティアも大人しくなった。あちらこちらで勃発した反乱の炎も完全に消えていた。

パルティア遠征の失敗とトラヤヌスの死によって引き起こされた軍事的な危機はもはや終息したと確信

し、ついに六月、皇帝はローマをめざして長い旅の緒についた。ローマで内政上の混乱を収拾することがつぎの仕事だった。

ローマに到着したのは七月九日だった。皇帝のローマ入城といえば一大イベントで、ましてや初めての入城となると、いっそう大掛かりなものになった。ハドリアヌスはおそらくパンノニアから陸路北イタリアに入り、海岸沿いをアリミヌムまで騎馬で下り、フラミニア街道を進んでアペニン山脈を越えたのだろう。

命令権《インペリウム》を象徴する戦斧《ファスケス》をもった警士を引き連れ、執政官以下の公職者たちが徒歩で城門から出てきて皇帝を出迎えた。出迎えの儀式には、赤いふちどりの真っ白なトーガを着た元老院議員全員と騎士階級の代表者たちも参列した。皇帝のクリエンテスも多数参加した。とりわけ、公職を得たいと願う元老院議員の年若い子弟や騎士らはこぞって顔を見せた。首都長官も政府職員たちとともに出迎えの列に加わった。

街道はマルス演習場と交差する地点から長い街路に変わる。ハドリアヌスはアウグストゥス廟の前を騎馬で通りすぎた。この廟はすでに満杯になっていたので、いずれ自分自身の墓所として新たな廟を建てる必要があった。アウグストゥス廟の少し先には、ローマ彫刻の粋である平和の祭壇《アラ・パキス》があった。この彫刻はアテナイにあるパルテノンの浮彫りに想を得て製作されたものだった。四方の壁には、アウグストゥス帝が家人らとともに神々に犠牲を捧げる姿が描かれていた。それは帝国が民に与える平和と繁栄を寿ぐための祭壇だった。

つぎに右手に現われるのは、アウグストゥスの右腕、マルクス・ウィプサニウス・アグリッパが九十年まえに建てたパンテオン（汎神殿）の大きな跡地だ。八〇年に焼失して以来そのままになっていたパンテオンをもうそろそろ再建する時が来たのではないかと、ハドリアヌスは胸中で思った。

通りの突き当りが近づいてきた。古くからあるフォンティナリス門をくぐり抜けると、右手にローマの要塞、カピトリウムの丘が見えてきた。ダキア戦争の戦勝金で造られたばかりの巨大な箱物、トラヤヌスのフォルムと市場が周囲から浮いて見え、建築的違和感をかもし出していた。近くには、身を寄せ合うようにして建っている、こじんまりとしたユリウス・カエサルのフォルムとアウグストゥスのフォルムも見えた。

一行はローマのもともとの中心地だったフォルム・ロマヌムに入り、そこからつづら折りの道をのぼって、最高神ユピテルの巨大神殿が建つカピトリウムの丘の頂上に達した。大神殿では、ローマに無事に帰還できたことに感謝し、即位を祝うための犠牲が捧げられた。

同日、カピトリウムの丘には由緒ある神官団アルウァルのメンバーたちも集まり、「インペラトル・カエサル・トラヤヌス・ハドリアヌス・アウグストゥスの到着」を祝った。長く複雑な儀式が執り行なわれ、ユピテルに対して牡牛が一頭、ミネルウァ、「ローマの民の公安」、「勝利」、ローマの不滅の炎を守護するウェスタに対してそれぞれ牝牛が一頭ずつ、軍神マルスに対して去勢されていない牡牛が一頭捧げられた。プリンケプスは職務規定上自動的に神官団のメンバーとなったが、欠席するのが慣例だった。そこで、いったんは欠席を詫びる書簡を届けさせたものの、ハドリアヌスは結局出席することにした。誰でも気軽に会える親しみやすい皇帝のイメージを作ろうと心に決めていたからだ。

ハドリアヌスの仕事は統治を立て直すことだった。皇帝が戻った翌日には、早くも執政官たちが元老院を召集したようだ。四人の執政官経験者の処刑に元老院自身が加担したという動かしがたい事実のために、議場は重苦しい空気に支配されていた。まだそれほど遠くない過去にドミティアヌスがストア派理想主義者たちを炙り出そうとしたときのことを思い出さずにはいられなかった。あのときも、元老院は積極的に協力させられたのだった。

皇帝は自分の言動に対する世評にきわめて敏感になっていた。ドミティアヌスの最期は、彼にとって、生き延びて成功したければ暴力に訴えることなく、信頼を失わないようにしなければならないという教訓そのものだった。治世が暴力とともに幕を開けてしまった以上、事態が悪化してさらなる悲劇が起きないようにしなければならなかった。それには、皇帝が平和と遵法の人であるという評価を確立することが不可欠だった。

元老院に対し、彼はあたかも裁判における被告弁論のような演説をし、四人の執政官経験者たちの処刑を命じた事実はないと神にかけて宣誓した。(5) このことは、後日、自伝のなかでも述べている。また、トラヤヌスとネルウァの宣誓を踏襲して、元老院の承認がなければ元老院議員を絶対に処刑しないとも誓った。(6) もっとも、この宣誓は単なる元老院のご機嫌取りで、実態は空手形だった。歴史を振り返れば、怒ったプリンケプスに恐れをなし、元老院は繰り返し承認を与えてきたからだ。今回皇帝がほんとうに処刑を命じなかったのかどうかについて、元老院は判断を保留した。しかし、善政をめざして邁進すると熱く語る皇帝の演説には心打たれるものを感じずにはいられなかった。言葉だけでなく、皇帝が納得のいく結果を出すことができるのかどうかは、時が経てばわかるだろう。ちなみに、翌年、皇帝は自分が慈悲深いことを誇らかに喧伝するための硬貨を鋳造させた。そこには、おこがましくも、祭壇に供犠する女性の姿(「慈悲」(7) の象徴)が刻まれていた。

皇帝が事件の真の責任者であると名指しした男、つまり老アッティアヌスに対してなんらかの処分を下さないかぎり、いくら元老院には手を出さないと約束しても誰も信じるはずがなかった。『ヒストリア・アウグスタ』には奇妙な一節がある。残忍なハドリアヌスは「彼の影響力が疎ましくなり」、かつての後見人を排除したいと思っていた。(8) しかし、すでに死刑執行人というあだ名がついていたので、これ以上の粛清はしないほうがいいと考え、処刑を断念した、というのだ。たしかに、二人のあいだにはちょっとした口論はあったかもしれない。しかし、それはプリンケプスがいつもの癇癪を起こしただけで、単なる口論でしかなかったはずだ。

　近衛長官の任期は決まっていなかった。近衛兵たちと問題を起こすことを怖れ、どの皇帝も近衛長官の解任には二の足を踏んだ。しかし、若干手こずりはしたものの、ハドリアヌスはアッティアヌスに辞表を出させることに成功した。騎士にすぎないのに、彼にはオルナメンタ・コンスラリア（執政官職についていないにもかかわらず執政官と同じ礼遇を受ける特権）という格別の栄誉が与えられた。元老院の議会に出席することはできなかったが、この特権により公的な饗宴においては豪華な刺繍を施した執政官用のトーガ・プラエテクスタを着て、他の執政官経験者たちとともに座ることが許された。つまり、アッティアヌスは体よく〝格上げ〟されて、お払い箱になったわけだ。

　アッティアヌスの同僚長官も高齢を理由に引退を願い出ていた。しかし、皇帝はすぐに辞職願いを却下した。経験豊富で信頼のできる人材がいかに不足していたかがわかる。いずれにせよ、アッティアヌスの後任を決める必要があった。オールラウンド・プレーヤーのトゥルボに白羽の矢が立った。これは賢明な人選だった。こうして、トゥルボは騎士にとって最高位の公職にまで登りつめることになった。一年余のあいだに、パルティアからエジプト、マウレタニア、パンノニア、ダキア、そしてローマと、トゥルボは帝国領を一巡した。

　ハドリアヌスは人気を高めるために矢継ぎ早にさまざまな改革を実行した。目玉となる改革は度肝を抜くものだった。なんと、国庫《フィスクス・プブリクム》に対する未払い個人税を過去十五年にさかのぼって帳消しにするというのだ。それだけでなく、ディオ・カッシウスによると、皇帝私庫《フィスクス・プリウアトゥス》への未払い税についても帳消しにしたという。

この措置を発表するにあたり、派手なパフォーマンスが仕組まれた。トラヤヌスのフォルムの巨大な広場に、対象となる未払い税関連の書類が集められ、公衆の見守るなかで燃やされたのだ。後日取止めにすることは物理的に不可能だということを示すのが目的だった。ちなみに、この書類焼却措置はアウグストゥスの前例を踏襲したものだ。前三六年、アウグストゥスは「頻繁に恐喝のネタとして使われていたフィスクスへの未払い税の記録を燃やした」(9)とスエトニウスは記している。

民衆は狂喜し、書類を焼却した場所に記念碑を建てた。銘が今でも残っている。内容はハドリアヌスを褒め称えるものだ。

フィスクスに対する九億セステルティウスもの未払い税の支払いを免除した。この寛容ゆえに、すべての皇帝のなかで、現代の市民だけでなく後代の市民をも労苦から解放した最初の、そして唯一の皇帝になった。(10)

ある浮彫りには、フィスクスの書庫から蠟板をフォルムに運び出す近衛兵たちの姿が描かれている。(11)この朗報を世界中に知らしめるために、三人の納税者を前に証書の山に火をつける警士を描いた硬貨(12)も発行された。

イタリア内外の地方政府にとって頭の痛い支出のひとつが、領内の街道を行き来する駅伝の運営費だった。(13)馬や馬車の維持費、公務出張者が泊まるホテルや民宿の宿泊費は地方政府がもたなければならなかった。ハドリアヌスはそれらの費用をフィスクスから出させることにした。

〝冠金(14)〟もイタリア本土では免除、属州では減額された。〝冠金〟とは、凱旋のような大きなイベントを新皇帝が行なう際に、月桂冠を模した黄金の冠を製作するため、建前上は自主的に、しかし実際には強制的に支払わされる拠出金のことだ。

ローマ入城まえにすでに一人当たりアウレウス金貨三枚（合計で七十五セステルティウスに相当）という大盤振舞いをしていたにもかかわらず、皇帝はローマに居住している市民に対して穀物の追加無料配給と割引販売をした[15]。

イタリア本土の地方都市の住民たちも、皇帝から過分の恩恵を受けることができた。アリメンタ制度を熱心に推進していた養父、トラヤヌスに敬意を表して、皇帝は基金を増額した。

不満を抱いている元老院階級を直接潤す飴を与えることも不可欠だった。元老院議員になるには、最低一〇〇万セステルティウスの資産を有していなければならないと現行法は定めていた。しかし、元老院議員のなかには、経済的に困窮している者もいた。そこで、自分の落ち度で財産を失ったのではないことを証明した者に対して、皇帝は給付金を払い、所得を補完した。

公職に就くということは多額の出費を意味した。執政官や法務官は莫大な必要経費（たとえば、警士の給与など）を負担しなければならなかったし、気前のよいパトロンであることが求められた。皇帝は多くの困窮公職者に金銭を下賜した。実質的な給料だ。

若きオクタウィアヌス（のちのアウグストゥス）とマルクス・アントニウスが前四三年に公権剝奪制度を導入して以来、資金不足に陥った支配者たちは抵抗勢力をしばしば粛清してきた。表向きは政治上・刑法上の理由をつけたが、もちろん、土地や財産を没収するのがほんとうの目的だった。ハドリアヌスは四人の執政官経験者たちの処刑がその例にあてはまらないことをはっきりと人々に理解させたいと考えた。そこで、有罪判決を受けた人々の財産は皇帝私庫ではなく国庫に入れるという法律を作った。こうして、皇帝は処刑からいかなる私的利益も受けていないことを明確にした[16]。

ハドリアヌスはユウェナリスの「パンとサーカス」という、なんとも身も蓋もないスローガンの「パン」の部分を、現金と小麦を支給することで実践した。つぎは、闘技場で血なまぐさい競技を見せる番だった。そこで、一一九年一月二十四日の四十三歳の誕生日を祝うという名目で、六日間にわたり剣闘大会を催すことにした。人間だけでなく、牡ライオン、牝ライオン各一〇〇頭を含む多くの野生動物が惨殺された。また、大量の木製の小球を観客席にむかって投げ込むイベントも行なわれた。木球には、食料品、衣類、金銀製品、馬、牛、奴隷など、さまざまな賞品の名前が書かれていた。賞品交換所にその木球をもっていくと賞品がもらえるという趣向だった。

一連の改革は成功した。人々は好意的に受け止め、新政権は安定した。エリート層の多くは新政権の評価を保留していたが、あからさまな抵抗や非協力的な態度は見られなかった。綱渡りの状態で始まった治世だったが、ハドリアヌスは外交でも内政でも有能であることをみずから証明した。帝国は平穏で、元老院もハドリアヌスを統治者として認めざるをえなかった。喫緊の問題を解決し、ようやく皇帝はより長期的な戦略の策定に取り組むことができるようになった。

ハドリアヌスは自分の意志をはっきりともった男だった。そして、他人の無能に対しては辛辣であるいっぽうで、誉め上手でもあり、相手の警戒心を解く能力に長けていた。統治の基本をトラヤヌスから学んだにもかかわらず、彼が真に敬愛する先人はアウグストゥスだった。

あるアルウァル関連の記録に、その証拠を見出すことができる。皇帝が一一八年二月に新規メンバーを推薦する手紙をアルウァルあてに書いたとき、「アウグストゥスの顔を刻んだ印章で封印された一束の蠟板がひらかれた」[17]という記録が残されている。印章付き指輪の意匠として初代プリンケプスの肖像を選ぶというシンプルかつ効果的な方法で、アウグストゥスがあまねく帝国の民にもたらした恵みに対する感謝の気持ちをハドリアヌスは表したのだった。後日、アウグストゥスに敬意を表して、できることなら銀製の装飾盾[18]を元老院内に掲示したいと、元老院に許可を求めてもいる。

統治開始から十年経ったとき、自分は象徴的な意味でアウグストゥスの生まれ変わりである、とハドリアヌスは世界にむけて宣言した。そして、表にアウグストゥスの顔、裏に繁栄を意味する麦の穂を手にした自分自身の姿を刻んだ高額銀貨、テトラドラクマ[19]（十二セステルティウスに相当）を発行した。銘には、「ハドリアヌス・アウグストゥス・パテル・パトリアエ・レナトゥス（ハドリアヌス・アウグストゥス、生まれ変わりし国父）」とあった。

文書局の幹部職員を選定するにあたり、皇帝は騎士の伝記作家、スエトニウスを文書局長に抜擢した。文書局長は皇帝文書を管理する立場にあったので、皇帝府では大きな力を有していた。スエトニウスはプリニウスと親交のある学者肌の人物で、その十年ほどまえに『デ・ウィリブス・イルストリブス（名士伝）』を出版し、一躍有名になっていた。これは、膨大な数の文人たち（文法家、修辞家、詩人、歴史家など）について、その生涯を簡潔に記した伝記集だ。

おりしも、スエトニウスは代表作となる『デ・ウィタ・カエサルム（皇帝伝）』の執筆をしているところだった。アウグストゥスの生涯を語る章において、アウグストゥスが少年期に与えられたトゥリヌスという珍しいコグノーメンについて説明している。これは、アウグストゥスの父方の出身地である南イタリアのトゥリィという町にちなんでつけられた名前で、彼の父はこの地で行なわれた戦闘に参加し、勝利をあげたという。

彼がトゥリヌスと呼ばれていたことは、きわめて信頼性の高い証拠から断言できる。かつて私は少年期のアウグストゥスをモデルにした小さなブロンズ像を所有していた。その像には、古くなってほとんど読めなくなってはいたものの、鉄の象嵌でその名前が刻まれていたのである。この像を皇帝［ハドリアヌスのこと」に進呈したところ、皇帝は自分の寝室の祭壇にラレス神［家の守護神］らの像といっしょに置いて、とても大事にした。[20]

ハドリアヌスはアウグストゥスの何をそれほど高く評価していたのか？　それは、第一に日々のライフスタイルだった。アウグストゥスは意識的にシンプルな生活を送り、自分の優越性を可能なかぎり表に出さないように気をつけていた。アウグストゥスに関するスエトニウスの描写とハドリアヌスに関する『ヒストリア・アウグスタ』の記述は酷似している。まず、アウグストゥスに関する描写を見てみよう。

元老院の議会が開催される日には、彼はいつも議場を一巡し、相手の名前を耳打ちしてくれる秘書の助けを借りることなく名前を呼びかけながらひとりひとりに挨拶をした。そして、議場をあとにするときにも、座っている議員たちのあいだをまわり、同様に挨拶をしてから立ち去った。多くの人々と社交上のつきあいをし、ありとあらゆる記念イベントに出席した。[21]

『ヒストリア・アウグスタ』によれば、ハドリアヌスの場合はこうだ。

彼はしばしば法務官や執政官が執り行なう公式行事に出席し、友人たちの宴に臨席し、彼らが病気のときには日に二度も三度も見舞った。友人たちのなかには、騎士も解放奴隷もいた。ハドリアヌスは友人を優しい言葉で励まし、忠告を与えて助け、自宅の宴に欠かさず招待した。つまり、万事において一般市民と同じやり方で通した。[22]

アウグストゥスもハドリアヌスも市民皇帝であろうとした。

しかし、市民皇帝になるには、上流階級の機嫌をとるだけではじゅうぶんではなく、ローマの都市部に住む大衆を喜ばせることも重要だった。たとえば、競技場で、もし貴賓席に陣取った皇帝が競技そっちのけで書類を読んでいたりすると、観衆はかんかんに憤った。また、すこしでも傲慢な態度を見せれば、猛烈に批判した。アウグストゥスは競技会に臨席する際には剣闘にせよ、野獣狩りにせよ、そのほかの血なまぐさい競技にせよ、全神経を競技に集中するよう気をつけていた。ハドリアヌスもそれに倣った。

しかし、一度、あやうく危険なミスを犯しそうになった(23)。観客があまりに騒がしく贔屓の選手を応援するので、苛立ったハドリアヌスは布告兵に静粛を求めるよう命じた。これはドミティアヌスがよくやった、いかにも専横的な行為だった。そこで、気を利かせた布告兵は無言で腕を上げるにとどめた。観客が静かになったところで、布告兵は「これこそ彼の望んでいたことである」と言った。皇帝は命令を無視したことに腹を立てるどころか、あえて命令に背いて、観客に対して不用意な発言をしなかった布告兵に胸中おおいに感謝した。彼のおかげで暴君ドミティアヌスと同じだと思われずにすんだからだ。

権力者は権力を見せびらかす必要がないことを、実は見せびらかすことによってかえってダメージが生じうることを、アウグストゥスはよく理解していた。前二〇年代、権力基盤を構築中だった彼は連続して八年間執政官をつとめた。共和政期とちがい、執政官はもう命令権《インペリウム》を有してはいなかったが、執政官になることは依然として大きな名誉だった。皇帝があたかも指定席のように執政官職に居座ることは、意味のない、はた迷惑な行為だと思われていた。正規執政官になれば、その年は同僚執政官とともに「誰それと誰それの年」と名づけられる。そんな垂涎のポストに就きたいと願っている元老院議員にとって、皇帝が執政官職を手放さなければ執政官になるチャンスは半分になる。だから、前二三年以降、アウグストゥスは遠慮して、その後の長きにわたる治世中たった二回しか執政官に就任していない。

これとは対照的に、フラウィウス朝の皇帝たちは貪欲だった。ウェスパシアヌスは十年の治世で九回、ティトゥスは八回、ドミティアヌスは前人未到の十七回、執政官になった。それに比べればトラヤヌスは控え目で、治世中は数年おきに合計六回執政官になっている。ハドリアヌスはアウグストゥスの先例を文字通りに踏襲した。即位後、政権基盤が安定してからは一回も執政官になっていない。一一九年に三回目の執政官をつとめたのが最後だ。

就任直後の皇帝はみな、これだけ広大な領土全体にみずからの権威を行き渡らせることの難しさに直面した。この点においても、アウグストゥスの統治スタイルにハドリアヌスは共感するものを覚えたようだ。ローマから統治をするには通信速度はあまりにも遅く、臣下たちはあまりにも当てにならないということを、初代プリンケプスは身にしみて感じていた。だから、現場にみずから出向かなければ統治は不可能だと考えていた。長年にわたり、彼は属州から属州へと移動しながら、実地検分し、行政基盤を整備し、監督し、問題を解決した。同様のことを、親友であり、実質的な共同統治者だったアグリッパも行なった。老境に入り、信頼のできる若い身内たちが成長して自分の代役がつとまるようになったときに初めて、アウグストゥスは旅から旅への生活をやめた。

ハドリアヌスはアウグストゥスの統治スタイルを踏襲することで、秩序と遵法を重んじる統治を行なう意志を内外に示した。先人たちに対する熱烈な敬愛を前面に押し出した結果、彼が伝統的なロマニタス（ローマ理念）を重視していることが強く印象づけられた。このような基盤に立ったうえで、ハドリアヌスは統治の実現をめざしていくことになる。

初代プリンケプスと同様に、ハドリアヌスは古き良き時代の美徳を現代の統治の指針にしようとした。アウグストゥスは自分を新しいロムルス、新生ローマの第二の創建者と見なしたがっていた。前七五三年にロムルスがローマを創建したときと同じように、十代後半にアウグストゥスが初めて執政官になったとき、十二羽のハゲワシが彼の頭上を舞ったというエピソードが伝えられている。

ハドリアヌスはアウグストゥスの足跡をなぞるように、ロムルスの後継者である伝説上のヌマ・ポンピリウス王に自分を重ね合わせた。この平和を愛する王についての言葉をウェルギリウス占いで引き当てたこと[24]、そして、その引き当てた文章が彼の皇帝としての未来を予言していたことを、忘れるはずもなかった。宗教心に篤く、慈悲深いことで知られたヌマはローマの宗教組織を整備し、宗教とは不可分である暦を作って、聖日と俗日を定めたとされている。

『エピトメ（抄録）』のなかで、ハドリアヌスの友人で歴史家のフロルスはヌマについてつぎのように述べている。


一言で言えば、彼は獰猛な民に、暴力と不正をもって手に入れた国を慈悲と公正をもって統治するよう促した[25]。


これは、協調的で合理的な行政を行なうという戦略を立てたハドリアヌスの政治的信条そのものだった。

ハドリアヌスと同時代に活躍したプルタルコスによると、ヌマはギリシアの秘儀哲学者で数学家のピュタゴラスの信奉者だった。ヌマはピュタゴラスが生まれる一世紀以上まえの人物だから、これは歴史的に不可能だ。ともあれ、王がギリシアの哲学、とりわけ心霊的な教義の影響を受けていたとする言い伝えにハドリアヌスは深く感銘を受けていた。アウレリウス・ウィクトルによると、「ギリシア人、あるいはヌマ・ポンピリウスの例に倣って、彼は宗教儀式や法律や学校や教育に関心をもつようになり、ついにはアテナエウムと呼ばれる芸術学校まで作った[26]」。アテナエウムの所在地はまだ特定されていないが、校舎はおそらく円形劇場になっていて、朗読や朗誦の練習をしていたことがわかっている。この学校は皇帝が文化の育成に力を入れていることの証だと、世間には受け取られた(27)。

一一九年十二月、ハドリアヌスは私生活において大きな不幸を体験した。トラヤヌスの姪にしてハドリアヌスの義母であった最愛のマティディアがまだ五十一歳という比較的若い年齢で他界したのだ。彼はすぐに神格化の手続きをとり、訃報を広めるために硬貨を発行した。ローマで発見されたデナリウス貨には、三重の王冠《ダイアデム》をつけたマティディアの胸像が刻まれている(28)。銘には、「神格化されたアウグスタ・マティディア」とある。裏面には、ベールをかぶった女性が祭壇に香をおく姿。これは、アウグストゥスの敬虔《ピエタス》、あるいは「義務と家族愛についての皇帝の認識」というものを擬人化して表したものだ。

アウグスタのために、壮麗な葬儀が営まれ、女神となるための公式コンセクラティオ（神聖化の儀式）が行なわれた。〝最大の喜び(29)〟と命名されたパフォーマンスのあとで、彼女の名誉を称え、皇帝は民衆に香辛料を与えた。このとき、神官団《アルウァアル》も、神官団からとして芳香を放つ軟膏を二ポンド、神官団奉仕者一同からとして乳香五〇ポンドを提供し、おおいに貢献したという記録が残っている(30)。

皇帝は追悼の辞を発表した。その文言を刻んだ碑が見つかっている(31)。ばらばらに割れていたが、なんとか判読できる状態だったので、内容を知ることができる。ハドリアヌスはマティディアを「最愛の義母」と呼び、あたかも実母のように名誉を称え、その死により深い悲しみに閉ざされた、と述べている。

彼女は叔父［トラヤヌス］がプリンケプスになってから彼のもとにやってきて、それ以降、彼の生涯最後の日までそばから離れず、彼とともに生き、まるで娘がするように敬った。そして、見かけるたびに、つねに彼といっしょにいた……［彼女は］夫を心から愛し、夫の死後は長く未亡人として生き、人生の円熟期の美しい盛りにみまかった。母には孝養を尽くし、自身もきわめて寛大な母親であり、最も信頼のおける身内であり、誰にでも力を貸し、誰にも迷惑をかけず、つねに朗らかだった。

悲しみのなかにも、妻サビナに対する間接的な当てつけが感じられなくもない。つまり、「寛大な母」という表現はサビナが「甘やかされて育った、わがままな娘」であると言いたげだ。いずれにせよ、皇帝は愛の冷えた妻とも形式上は良好な夫婦関係を保っていた。どうやらマティディアの喪が明けないうちに彼女をアウグスタに昇格させたようだ。

喧騒とは無縁のパラティヌスの丘には、豪華な建物が整然と並んでいた。そこからいったん下り、世界最大の都市だったローマの、多くの人がせわしなく行き交う心臓部に行くと、いったいどんな光景が広がっていたのだろう？　幸いにも、私たちの手元には、ある男が書いた記録が残っている。彼の描写は辛辣で誇張されている。しかし、成功者とは言えなくても、すくなくともあの時代をなんとか生き延びたひとりの男が見て、感じて、思ったことを知ることができて興味深い。その男はユウェナリスという。ローマの華麗な有力市民たちを活写し、こき下ろし、化けの皮を剝ぐ十六編の過激な諷刺詩が伝わっている。生涯についてはほとんど知られていず、作品から想像するしかない。おそらく生まれたのは五五年のことで、裕福な解放奴隷の息子だったようだ。諷刺詩のなかでユウェナリスは自身を困窮したクリエンテスとして描いている。破産の危機に瀕した「見栄っ張りの貧乏人」で、金持ちのパトロンの食客だ、と。

そんな経済状況が一一七年のハドリアヌスの即位を境に大きく改善した。それが偶然でないことが、皇帝についてのきわめて好意的な詩から見てとれる。

芸術への希望、かきたてられる創作意欲、これすべてカエサルの一身に負うものなり。
有名な一流詩人たちが市外浴場の入浴権を貸し出したり、町のパン屋が……
この厳しい時代に生きる哀れな詩神たちへの尊敬を彼のみが示した。
しかし、これからは自分にふさわしくない仕事をせよと強制されることもなく……
しからば、若者たちよ、わが帝国の寛大なる指導者は
諸君の奮起を促し、諸君の能力を公正に評価する。(32)

いつになく賞賛の大盤振舞いをしたユウェナリスには、相応の見返りがあったようだ。（まちがいなく皇帝からの）年金と、アエリウス氏にとってはホームタウン同然のティブルの近くに小さいながらもそれなりに立派な農場が与えられた。ハドリアヌスはこの点でもアウグストゥスに倣い、パトロンとして詩人たちを熱心に庇護した。ちなみに、アウグストゥスの親友であり助言者でもあったマエケナスも、アウグストゥスと同様に詩人たちを篤く支援し、困窮していたホラティウスにティブルの別荘を買い与えた。

ユウェナリスの第三歌は古代ローマの日常生活が垣間見えて、実に興味深い。当時のローマは周辺地域も合わせて推定百万人の大都市だった。レンガ造りの建物ばかりだった町を大理石に造り変えた、とアウグストゥスは豪語している。これは大袈裟だが、彼だけでなく、その後の歴代皇帝がフォルムやバシリカや公共浴場や劇場などを修理・建設した結果、一世紀あまりが経ったころには、旧市街とマルス演習場はみごとな建築物の集合体に生まれ変わっていた。街路はまだほとんど未舗装か、よくても砂利道だったが、よく整備され、たがいに交わりながら何か所かの城門へとつながっていた。大通りと大通りのあいだには、細く暗い小路が網目のように張り巡らされていた。無数の小さな広場が点在し、多くの交差点には小さな祠が建てられていた。神殿もいたるところにあった。ローマの宗教では多くの動物が犠牲として捧

げられたから、さまざまな音と臭いに満ちた町には、あまつさえ屠殺場で殺される動物の呻き声と臭いが加わった。

水道は多くの公共泉や公共浴場に上水を供給し、下水は主要街路の地下を流れるようになっていた。しかし、町全体があまりにも不衛生だったので、このような設備も町の浄化にはまったく不十分で、しばしば疫病が発生した。

ユウェナリスの詩のなかに、町を捨てて「すてきな海沿いの保養地」(33)に行くことにしたウンブリキウスという名前の友人が引越しの理由を説明するくだりがある。ひと握りの金持ちたちは、道路に面した壁には窓がなく、吹き抜けの中庭から採光できるようになっている大邸宅に住んでいた。しかし、大多数の一般市民は粗末なレンガ造りの多層建築の一間に住んでいた。このような建物は突然崩壊することがあった。「ティブルの丘の上」(34)のような郊外に建てられた家に住めば、いつ崩壊するかと心配する必要はない、とウンブリキウスは言う。

しかし、ここでは
大部分の建物が支柱やら、つっぱりやら、つっかえ棒で補強された町に
住んでいる。大家が崩れるのをなんとか先延ばしにしようとしているのだ。
古い家屋の大きなひび割れを塗装で隠し、店子に安心して
眠れると保証するが、実際には家は崩壊寸前だ。
おれは火事のない生活、夜の大騒ぎのない生活のほうがいい。(35)

夜間がうるさい理由はほかにもあった。ユリウス・カエサルの時代から、車両は日没後でないと通行が

許されていなかったのだ。

ここでは不眠のために死ぬ人間がたくさんいる……くねくねと曲がった小路を荷車が大音響を立てながら通る。渋滞に巻き込まれた運搬人たちは眠っているアザラシだって目を覚ますような大声で悪態をつく(36)……

街灯はなく、暗くなってからひとりで歩けば暴漢に襲われて大怪我をする危険もあった。

……酒を飲んでいい気分になっていたとしても、
血の気の多い若者でさえ
松明や大きな真鍮製のランプをもったボディガードに囲まれた、
真紅の外套の男には用心して近づかない。
しかし、おれに言わせれば、月明かりを頼りに、あるいはちろちろと頼りなく燃える
小さな蠟燭の芯をてのひらで守りつつ、とぼとぼと家にむかってひとり歩く男は
甘く見られ(37)……

被害者はぼろぼろになるまで殴られ、残った何本かの歯だけは「特別なお恵みとして(38)」勘弁してくれと乞うたのだった。

ウンブリキウスは移民を「毛嫌い」していた。それはユウェナリス自身の感情だったろう。移民の大部分はギリシア人だった。もっとも、東方の属州出身者はみなギリシア人と呼ばれていた。雪崩を打って押

し寄せる移民たちはそれぞれの土地の風俗、習慣をローマに持ち込んだ。たとえばどのような習慣か？ウンブリキウスの説明を聞こう。

売春婦たちはキルクス［・マクシムス］界隈で商売をしている。もし例の派手な帽子をかぶった外人女と一夜を楽しみたいのなら、そこに行けばいい(39)。

町中が悪党、詐欺師、やくざ者であふれていた。家の中にいても、市民は安心できなかった。

建物は戸を閉ざし、
店は静まり返り、玄関に鎖がかけられても、
まだ猫のように壁を這い上がる泥棒が大勢民家に押し入ろうと隙を狙っている。あるいは、浮浪者にナイフで刺されるかもしれない。金を奪うには手っ取り早い方法だからな(40)。

醜く不潔で雑然とした巨大都市ローマに歴史に残る箱物(41)を建設して、歴代皇帝と同様に自分も足跡を刻もうと、ハドリアヌスは心に決めていた。トラヤヌスもドミティアヌスもネロもアウグストゥスも莫大な資金を投入してローマの美化に貢献したことを、ハドリアヌスはかなり意識していた。もともと建築が大好きで、ほとんどアマチュア建築家と言ってもいいくらいだった彼は、先人たちを上回る建築的業績を残すつもりだった。

手始めに、マルス演習場に注力した。彼がめざしたのは初代プリンケプスと自分との連続性、すなわち、アウグストゥスとアグリッパが残した建築物と彼自身が再建・創建する建築物のあいだの連続性を、

目に見える形で示すことだった。そこで、まずは焼失したパンテオンから始めることにした。

パンテオンの再建にあたり、ハドリアヌスは元の設計を踏襲することにした。つまり、ポルティコ（列柱廊玄関）のうえにペディメント（三角破風）をのせ、背後に円形の建物を付け足した伝統的な神殿だ。もしこの円形部分に屋根があったとしたら、その屋根は木製だったはずだ。そのため、火事で焼けてしまったのだろう。ハドリアヌスはアグリッパが造った神殿よりもはるかに野心的なものを造ろうと決心していた。建築家に出した注文は史上最も困難であると同時に、建築家にとっては実にやりがいのあるものだった。新パンテオンには施工主がアグリッパであるという銘を残し、自分の名前はどこにも刻ませないことにした。これは計算づくの謙虚さだった。このパンテオンは敬愛する帝国の創建者たちに対する彼からのオマージュだった。派手であると同時に節度あるスタイルは、まさにアエリウス家のものだった。

皇帝はアグリッパの建てた建築物をさらに二か所再建している。〝海神ネプトゥヌスの柱廊《ストア》〟と呼ばれるバシリカと公共浴場だ。これらの全面的な建替え事業に加え、新規に大規模な施設をもうひとつ建設した。パンテオンのとなりに、女神になったばかりのアウグスタ・マティディアに捧げる大神殿を造らせたのだ。建物の両脇に付け加えられた奥行きのある二階建てポルティコを含め、この神殿は〝マティディアと（その母である）マルキアナのバシリカ〟と総称された。過去にこれほどの栄誉を与えられた女神がいただろうか。この新しく生まれ変わった界隈は、近くにあるアウグストゥス廟と平和の祭壇に少しも見劣りしないぐらい立派になった。まるで大理石で表現された過去と現在の融合という趣だった。

ハドリアヌスがそれまでに着手したプロジェクトのなかで最大のものは、ティブルの丘の裾野に建設した瀟洒なウィッラだった。このウィッラは彼の飽くなき建築熱だけでなく、これまでの伝統的なローマの帝政にヘレニズム時代の君主政に近いものを加味したいという皇帝の意志を示していた。すでに述べたように、ティブルとその周辺にはバエティカ出身のヒスパニア系〝コロニー〟があり、アエリウス氏もここに前一世紀に建てられた別荘を所有していた。ハドリアヌスはその別荘を中心に新たな建築群を造らせたのだろう。もし古くから所有していた荘園を利用したという推測が間違っていなければ、子どもの時に遊んだ懐かしい田舎に戻ったということになる。

人口が密集したローマの喧騒から解放され、ゆっくりと保養できるように、何世紀もまえから、裕福なローマ人たちには自分が所有する荘園やバイアエのような海辺の保養地に別荘を建てる習慣があった。しかし、ハドリアヌスは単に日常の煩わしさから逃れるための別荘以上のものを造りたいと思っていた。統治機能をもたせようと考えていたのだ。となると、ウィッラを一軒建てればすむというわけにはいかない。彼は建築家たちとともに、一二〇ヘクタールを超える広大な敷地に巨大な建築群を創出する一大プロジェクトにとりかかった。アレクサンドリアのプトレマイオスの宮殿が都市機能を備えていたように、プロジェクト・チームがイメージしていたのは、田園に点々と建てられた壮麗な建築物の集合体だった。官庁街、巨大なエントランス・ホール、接見場、神殿、浴場などが庭園やテラスや運河と融合して広がる光景が出現するはずだった。

ティブルからは、地平線にわずかに顔を出すローマを遠望することができた。ハドリアヌスは首都を軽視していると思われないよう細心の注意を払った。元老院議員たちは議会に出席し、公務を支障なくこなせるよう、ローマから三二キロ以内に居住することが義務づけられていた。ハドリアヌスのウィッラも、もちろん、この指定区域内にあった。

工事は早くも一一七年に始まり、ハドリアヌスが死ぬまで断続的に続いた。これほどの大規模開発になると、多数の建築家、工事管理者、現場監督、モザイク職人、エンジニア、購買担当者、庭園設計士、彫刻家など、多岐にわたる専門家——軍から借りてきた技術者も少なくなかったはずだ——とともに、千人とは言わないまでも数百人の労働者からなる巨大プロジェクト・チームが必要だった。

しかし、どんどん数も規模も大きくなっていく建設プロジェクトがまだ始まったばかりだったにもかかわらず、皇帝はローマから離れたいと思うようになっていた。そして、アテナイが懐かしかったのか、カンパニアにむけて旅立ってしまった。南イタリアのカンパニアは当時イタリアで最もギリシア的な場所だった。ティレニア海とイタリア半島の背骨にあたるアペニン山脈に挟まれた細長い地方で、肥沃な土地柄だった。ストラボンは「最も神に祝福された平原で、ぐるりを実り多き丘々に囲まれている[42]」と描写している。住人たちは贅沢な暮らしぶりで知られていた。

カンパニアのギリシア人入植は前八世紀に始まった。南部のパエストゥムに現存する三つのドーリア様式の巨大神殿は壮麗なギリシア文化の名残を今も見る者に感じさせてくれる。北部のプテオリ（今日のポッツォーリ）は当初ディカエアルルキア（ギリシア語で〝善政〟の意）と呼ばれていた。ハドリアヌスの時代、この町はアレクサンドリアから輸入する穀物の荷揚げ地として栄え、一大金融センターになっていた。

ハドリアヌスがローマを離れると知った人々は、かつてティベリウスが占星術師たちの助言に従ってローマからカンパニアに拠点を移し、二度とローマに戻ってこなかったことを思い出した[43]。『年代記』のなかでこの史実について執筆したタキトゥスには、ティベリウスと同様に現皇帝ハドリアヌスが占星術の熱心な信奉者だったことを読者に想起させる意図があったはずだ。ハドリアヌス自身も、二度とローマに帰らないつもりで旅立った可能性がある。まわりの人々がそのような危惧を抱いたのは、ローマに対してあまり良い感情を抱いていないことを、この思い込みの激しい皇帝がかねてから漏らしていたからだろう。

しかし、今回のカンパニア訪問は単なる視察だった。とはいえ、パラティヌスの豪華絢爛な宮殿の中だけで残りの人生を過ごすつもりなど、彼にはさらさらなかったが。カンパニア滞在の目的は、「この地方のすべての町で慈善・助成事業を行なって市政を助け、すべての有力者を味方につける」ことだった[44]。彼が資金を提供し実現させたさまざまなプロジェクトの完成記念碑が各地で発見されている[45]。カンパニアは豊かな地方だったので、対応すべき危機的状況もなく、陳情の受付けに忙殺されることもなかった。だから、地元の人々との交流に専念することができた。

旅程は記録に残っていないが、帝国軍最高司令官としてミセヌムの海軍基地を訪問し、艦隊の視察を行なったことは確実だ。そこから程近いところには、ネアポリス（今日のナポリ、〝新しい町〟の意）があった。外観も中身も完全にギリシア的なネアポリスは知の一大集積地だった。多くの上流階級の子弟が教育の仕上げとして修辞学と芸術をこの町で学んだ。ローマの支配が始まってからすでに何世紀も経っていたが、住人たちはいまだにギリシア語を話していた。心身の保養のためにこの地で休暇を過ごすローマの人々が彼らののんびりとしたライフスタイルにいかに魅了されていたかを、ストラボンが描写している。

リラックスするための休暇。つまり、教養の高い成功者たちや、あるいは老後の保養や病気の静養をするための場所を探している人々。そんなローマ人のなかには、このようなライフスタイルをおおいに好み、自分と同じ文化的傾向を共有する仲間たちがたくさんいることを知り、すっかりこの地に魅了されて、ここを終の棲家にする人々が大勢いる[46]。

五年ごとに、ネアポリスではスポーツと音楽と詩のコンクールからなる伝統的なギリシア式競技祭が開催された。『ヒストリア・アウグスタ』によると、ハドリアヌスはネアポリスの最高公職者であるデマルコス[47]（〝人民の支配者〟の意）の称号を与えられるという栄誉に浴した。称号の授与が何年のことだったのかは不明だが、この年、つまり一一九年のことだった可能性は高い。

近くには、クマエと呼ばれる小さな町があった。かつてここには、かの有名な霊能者、シビュラが住んでいた。彼女は永遠の命と引換えにアポロンに体を許した。しかし、アポロンを魅了した多くの人間たちと同様に、彼女も永遠の若さを要求することを忘れてしまった。だから、老いさらばえ、惨めな姿をさらしながら何世紀も生きつづけていた。ネロの寵愛を受けた著述家のペトロニウス(48)によると、彼女は洞窟のなかの小部屋で「死にたい」と呻きながら生きていたという。その洞窟が発見されている。どうやら、ほんとうに何世紀にもわたり神託を与えていたようだ。もしシビュラが、いや、より正確に言うなら、人間の巫女が当時も神託を与える事業を営んでいたとすれば、ハドリアヌスが立ち寄ったことはまちがいない。

カンパニア滞在は、現場で問題を解決していくことがいかに自分の性分に合っているかを改めて実感させてくれた。広大な領土のすべての属州を巡察するという計画を、ハドリアヌスは心に温めはじめていた。初代プリンケプスのように、問題の起きている現場に赴き、自分の目で見て状況を直接把握し、何十、何百キロも彼方からではなく、その場で措置を決めることを彼は好んだ。帝国はこのようにして運営されるべきだという信念もあった。

イタリアに戻ってから二年以上が過ぎていた。ハドリアヌスは自分の権力基盤は磐石であると確信した。新政権はもはや新政権ではなかった。すべての重要なポストには信頼のおける部下を配した。元老院も人民も新体制をそれなりに評価し、受け入れていた。首都を離れても、後顧を憂える必要はなかった。出立はいつでも可能だった。

第十六章　旅人

ハドリアヌスはこれまでローマへの愛国心をことさら表に出してこなかった。だから、人々の脳裏には、元老院においてトラヤヌスの書簡をヒスパニア訛りで代読した外地の若者のイメージがいまだに残っていた。出自からして半分外国人のようなものであり、しかも、成人してからの大半の歳月を帝国の辺境で過ごし、蛮族相手に国境警備の軍務に就いていた。もし、今後も長いあいだ属州巡りをすることになれば——そして、彼はそうするつもりだった——、皇帝に帰属する命令権《インペリウム》もローマからなくなる。世界の首都としての沽券にかかわる事態だった。

そこで、ローマに対するピエタス（最も伝統的な美徳である祖国への献身）をこれ以上ないというほど明確に示すために、ハドリアヌスは二つの措置をとった。一番目の措置は、滅亡したトロイアをラティウムの地に再建したアエネアスの母である美神ウェヌスと首都の聖霊であるローマ女神に捧げる神殿の建設だった。平らに整地したウェリアの台地、すなわちフォルムとコロッセウムのあいだに広がる低い丘陵地が建設地として選ばれた。フォルムの反対側に位置するカピトリウムの丘の上に建つ最高神ユピテル神殿にひけをとらない巨大建築物になる予定だった。皇帝はこの二つの神殿が呼応するかのように並び立つ姿をもって、みずからのメッセージを視覚的に伝えようとしたのだ。

二番目の措置はローマの誕生を大々的に祝うことだった。伝説によれば、前七五三年四月二十一日にロムルスはパラティヌスの丘の周囲に溝を掘り、その溝に沿ってポメリウムと呼ばれる神聖な土地を設定して町の境界線とし、新しい町を造ったことになっていた。ハドリアヌスはナタリス・ウルビス・ロマエ（ローマの建市）を祝って、四月二十一日を祭日にすると発表した。この日はもともと牧神パレスに敬意を表し、羊飼いの保護と家畜の多産を祈念して行なうパリリア祭の日だった。奇しくも、ハドリアヌスが敬愛するヌマ・ポンピリウス王の誕生日も四月二十一日だった。

効果は絶大だった。しかし、ハドリアヌスは単に祭りで人民を喜ばせようと考えていたわけではない。人々にローマの遠い過去を思い起こさせ、拡大よりも縮小をめざすみずからの政策を改めてきちんと表明してもいる。帝国の領土が拡大した以上、ポメリウムも拡大して再確定することは可能だった。トラヤヌスはきっとそうするつもりだったろう。しかし、彼は死ぬまえにきちんとポメリウム再画定の手続きを踏んでいなかった。前帝の治世下で未着手の手続きを引き継ぐより、ハドリアヌスはポメリウムを現行のまま確認することを選択した。そこで、境界線となっている道路の脇で清めの儀式《ルストラティオ》を執り行ない、新政権が平和路線を選択したことをはっきりと示した。

一二一年、装いを新たにしたパリリア祭の直後に、皇帝は都を後にした。ディオ・カッシウスによると、彼は「ローマの外では着たことがないと言って、豪奢な皇帝服を脱ぎ捨てた[1]」。それはあたかも、首都の仰々しいスタイルや堅苦しいしきたりを体からふるい落とし、旅の自由を満喫するかのようだった。

ハドリアヌス自身いつローマに戻ることになるのか、皆目見当がつかなかった。おそらくは海路、ガリア南部の主要な港町であるマッシリア（今日のマルセイユ）に向かい、そこからルグドゥヌム（今日のリヨン）をめざしてローヌ川を北上したものと思われる。どのような活動をしたかについては、ほとんど記録が残っていない。『ヒストリア・アウグスタ』によると、「気前よく支出して、さまざまな措置を講じ、すべてのコミュニティに安寧をもたらした」(2)。大盤振舞いをして、相も変らぬ人気取りをしたのだろう。数年後に発行された硬貨は属州の再建者《レスティトウトル》(3)として皇帝を称えるものだった。ある硬貨には、ドレープをまとったひざまずく女性（ガリアの象徴）と、あたかも立ち上がらせようとするかのように彼女の手をとる皇帝の姿が描かれている。

しかしながら、ガリアは間狂言《サイドショー》にすぎなかった。ハドリアヌスのほんとうの目的地はゲルマン国境だった。その地で、彼はみずからの軍事政策を明らかにし、非拡大戦略を正式に発表するつもりだった。

ハドリアヌスが手本にした歴史上の偉人たちは共和政期の将軍たちだった(4)。それも、数々の輝かしい勝利をあげたスキピオ・アフリカヌスのような派手な将軍ではなく、不利な情勢下で苦しい戦いを必死に戦い抜いた将軍たちだった。後者の代表として、ハドリアヌスはとりわけ二人の将軍に強く惹かれていた。ひとりはプブリウス・コルネリウス・スキピオ・アエミリアヌス・アフリカヌス・ヌマンティヌス。アフリカヌスの養孫だ。前一四六年、ローマの宿敵だったカルタゴを陥落させた際、略奪の最中に友を振り返り、目に涙を浮かべて彼は言った――「栄光の瞬間だ。しかし、いつか同様の運命がわが国を襲うのではないかと、恐ろしくてならない」(5)。そして、ホメロスの有名な一節を口ずさんだ。

聖都トロイアが滅亡する日もいつか来るだろう。
そして、プリアモスも、強靭なトネリコの槍を手にしたプリアモスの民も(6)。

戦争で得た富に対する懐疑心と懐の深さにハドリアヌスは共感したのだろう。しかし、彼がほんとうに魅力を感じた点は、ヒスパニア系部族の起こした反乱を制圧した際にアエミリアヌスが見せた将軍としての技量だった。

部族がたてこもったヌマンティア村の周辺では、長いこと戦闘が繰り返されていた。そのため、ローマ兵たちの士気はすっかり低下し、規律もないがしろにされていた。アエミリアヌスは部隊を立て直さないかぎり、戦争に勝つことはできないと考えた。そこで、少数の護衛のみを連れて野営を訪れるなり、戦闘に関係ないものはすべて撤去するよう命じた。膨大な荷物といっしょに大量の民間人――おもに商人と売春婦――が追い払われた。

［兵士たちの］食料はただ煮たり焼いたりした肉だけになった。寝台の使用も禁止された。［アエミリアヌスは］率先して藁の上で寝た。行軍の際には、ラバに乗ることが禁じられた。「自分の足で歩くこともできない男に戦場でどんな活躍が期待できよう？」と、彼は言った(7)。

荒療治は奏功した。しかし、軍団がまだじゅうぶんな戦闘能力をもっていないことをアエミリアヌスは知っていた。そこで、厳格かつ過酷な訓練システムを考案した。各部隊を行軍に送り出し、途中、何度も野営を設置しては撤収し、ふたたび設置するという訓練をさせたのだ。しかも、その作業をきわめて短時間で行なわせた。

軍団兵たちにじゅうぶんな体力がつき、士気も格段にあがったところで初めて、アエミリアヌスはヒスパニア人たちに対して攻撃をしかけ、完勝した。

ハドリアヌスが軍事的な観点から心酔していたもうひとりの人物は、前二世紀に活躍したクイントゥス・カエキリウス・メテッルス・ヌミディクスだった。彼は執政官をつとめたあと、有能で野心家のヌミディア王、ユグルタに対する軍事作戦を指揮すべく北アフリカに派遣された。

彼もまた訓練に重きをおいた。前任の指揮官は野営を固定し、悪臭がひどくなったり、食糧供給が困難になったときだけ野営を移動させた。兵士たちも気分しだいで軍務を勝手に休んだりしていた。アエミリアヌスと同様、メテッルスも民間人を完全に排除し、毎日野営地を変え、まるでクロスカントリーのような行軍演習を強行した。夜間には要所に短時間で交代する歩哨を立て、みずから見回りをした。行軍中には、隊列の先頭から最後尾まで何度も往復し、兵士たちが隊列から離れていないか、軍旗のもとにまとまって行動しているか、自分で自分の食糧や武器を運んでいるかをチェックした。このようにして、処罰を与えるのではなく訓練をさせることにより、メテッルスはほどなく規律を回復させ、士気を高めることに成功した。

老母后の生真面目な性格と温厚な気質は、彼女が信奉しているエピクロスの哲学に負うところが大きかった。エピクロスの思想はデモクリトス（前五世紀の科学理論家）が完成させた原子論に依拠している。万物の根本的な構成要素はアトム、すなわち分割不可能な極小物質であり、すべての現象はアトムが衝突することによって起きる、と彼は主張した。ハドリアヌスが信奉していたエピクテトゥスが世界を神の意志の表れであると見ていたのとは対照的に、エピクロスは世界は偶然の出来事の連続にすぎないと考えていた。

それでは、倫理は何を拠り所とすればいいのだろう？　善悪はすべて快楽と苦痛という感覚に基づいている――というのがエピクロスの答えだった。これらの感覚から、人間は道徳律を構築した、と言うのだ。死は肉体と魂の終焉である、ともエピクロスは説いた。死後には報奨も懲罰も存在せず、したがって、死を恐れることはない、と。後年、キリスト教の宣教師たちはエピクロスに快楽主義者という烙印を押したが、これはまったくもって不正確だ。実際には、彼が追求したのは苦痛のない穏やかな生であり、シンプルライフの実践だった。

エピクロスは少数ながら熱心な信奉者をもち、アテナイ郊外の自宅と庭園で彼らに自分の哲学を教えていた。庭園の門の上部には、「旅人よ、ここでゆっくりしていくがよい。ここでは、最高の善は快楽である」という看板が掲げられていた。(8)

死の床にあっても、彼は冷静だった。そして、自分の人生に満足していると友人に伝えた。


苦痛をともなう排尿障害に襲われ、赤痢にも罹っている。これ以上ない激痛に見舞われているが、これまでの自分の哲学的信念をあれやこれやと思い起こすと心が朗らかになり、こんな痛みはなにほどのものでもなくなる。(9)


エピクロスは自宅と庭園を後継者に遺した。以後、ハドリアヌスの時代にいたるまで、屋敷は代々エピクロス派の哲学者たちに受け継がれてきた。そこは〝エピクロスの園〟として知られ、宗教施設であると同時に学校としても機能しつづけた。そして、そこで長いあいだ引き継がれた教義はさらなる発展を遂げていた。

プロティナはアテナイのエピクロス派の哲学者たちがある問題を抱えていることを知った。当時の後継者はポピリウス・テオティムスという人物だった。ポピリウスというラテン語の名前から、彼がローマ市民であったことがわかる。問題はそこにあった。属州政府はエピクロスの後継者はローマ市民でなければならないと定めていた。テオティムスはこの規制を緩和してほしいと思っていた。ローマ市民権をもたない人物を次期後継者に想定していたのだろう。

さいわい、彼は広い人脈をもっていた。プロティナとも親交があったので、力添えを頼んだところ、彼女は快諾した。そして、ヨーロッパ遠征中だった養子、つまり皇帝につぎのような手紙を書いた。

陛下もよくご存知のように、エピクロス派の哲学に［私は］関心をもっています。エピクロスの学校には、あなたの助けが必要です。［今まで］後継者はローマ市民のなかから選ばなければなりませんでした。選択の幅はひじょうに限られています。ですから、アテナイの学校の現在の後継者であるポピリウス・テオティムスにかわって、外国籍の人間を、それが優れた人物であるなら、後継者に任命する許可を……彼に与えていただきたくお願い申し上げます(10)。

ハドリアヌスはただちに承諾し、テオティムスに必要な許可を出した。老母后はおおいに喜び、「すべての友」につぎのような手紙を書いた。

私たちは熱望していたものを手にいれました……私たちは……実のところすべての文化の保護者であり監督者であり、それゆえに尊敬に値する皇帝に対して感謝しなければなりません。私にとっては、申し分のない庇護者として、また忠実な息子としてあらゆる意味で大事な人です(11)。

ただし、狭いコミュニティでは人間感情がこじれやすいことを熟知していた彼女は、「特定のメンバーとの個人的なつきあいよりもコミュニティ全体の利益に重きをおく最適な人物(12)」を後継者として選ぶことが重要だと警告することも忘れなかった。

プロティナは胸中でエピクロスの園の後継者選びにこのたびの帝位継承を重ね合わせていたにちがいない。ハドリアヌスへの帝位継承は円滑だったとは言えず、彼女が重要な役回りを演じたと世間では考えられていた。ハドリアヌスはトラヤヌスの宮廷で最も人望のある人物というわけではなかったが、彼女はハドリアヌスこそ最適の人物だと信じ、彼が夫のあとを継いで皇帝になれるよう、もちまえの穏やかさを保ちつつ、しかし一歩も譲ることなくしたたかに立ち回った。エピクロスの園の後継者を決めるにあたっても、同様のやり方でことを進めていくべきだと考えていた。

ゲルマン前線に到着するや、皇帝は今までの経験と歴史の教訓を存分に活用した。防衛的帝国主義という戦略を選択したからといって、平和主義者になったわけでも、自身の長年にわたる軍人としての経験を否定していたわけでもなかった。それどころか、彼は根っからの軍人だった。今こそ優秀な指揮官であることを証明して、自分に対する批判を封じ込める必要があった。

ハドリアヌスは軍の規律が「これまでの最高司令官たちの関心の低さ」(13)のせいで緩んでしまっていることに気づいていた。これは『ヒストリア・アウグスタ』にある記述だが、なかなか面白い言い回しだ。ハドリアヌスはトラヤヌスの軍才を高く評価していた。しかし、「これまでの最高司令官たちの関心の低さ」という表現からは、彼の養父が戦場や宿営における兵士たちの実態にじゅうぶんな注意を払っていなかったことが伺われる。

ハドリアヌスは規律を厳格化し、あたかも戦争が間近に迫っているかのように兵士たちに演習を繰り返させた。水準を高めるために、彼はここでもアウグストゥスとトラヤヌスの例に倣い、軍規マニュアルを発行した(14)。彼の訓練方法は革新的だった。現実の敵、あるいは潜在的な敵――パルティア人やアルメニア人やサルマティア人やケルト人――の戦闘テクニックを兵士たちに学ばせたのだ。アッリアヌスによると、彼自身も「美しく、速く、威圧的かつ実用的な」(15)戦闘テクニックをみずから編み出した。また、兵士たちと同じ生活をし、「ベーコンやチーズや酢などの粗食」(16)をよろこんで食べ、みずから範を垂れた。どうやらこの遠征のときに、キジ肉と牝豚の乳房とハムから作ったテトラファルマコンというパイが好きになったようだ。『ヒストリア・アウグスタ』に、「彼はいつも普通の服を着た。剣帯に金の装飾を施すことを拒み、マントも宝飾のない留金でとめていた。ただ、いやいやながら、剣の柄だけは象牙製にすることを許した[17]」という記述がある。

皇帝は通常の行軍演習にも参加し、兵士たちといっしょに三〇キロも歩いた。目標は三二キロを五時間で走破することだった。戦車や四輪馬車には絶対に乗らず、つねに歩くか、馬に乗って行軍した。そして、どんなに悪天候でも無帽を通した。

ハドリアヌスは根っからの知りたがりだった。その性格がいよいよ本領を発揮する時が来た。ディオ・カッシウスは「彼は何から何まで全部を自分の目で見て、調べた[18]」と書いている。駐屯地や要塞を監査し、そのうちのいくつかは閉鎖し、あるいは場所を移動させた。軍の活動全般——小型の武器、投石機、塹壕、塁壁から防御柵まで——を調査し、すべての点で彼のめざす高い水準に達しているかどうか確認した。

士官だけでなく一般兵士の私生活にまでも目を光らせた。第一に意図していたのは贅沢の排除だった。士官のなかには、まるで休暇を楽しむかのように優雅な生活を送っている者もいた。『ヒストリア・アウグスタ』によると、皇帝は一切の贅沢を禁じた。そして、「宿営地内の食堂、ポーチ付き玄関、屋根付き柱廊、観賞用庭園を取り壊した[19]」。

さらに、皇帝は士官たちの職能改善をはかった。とりわけ軍団高級将校の能力向上には力を入れた。軍団高級将校たちは軍団司令官の実質的な参謀の役割を果たしていたからだ。彼は「豊かな鬚を生やした、すなわちある程度の年齢の、慎重で成熟した思慮をそなえた軍団高級将校にふさわしい男たち[20]」を厳選して、軍団高級将校に任命した。

一般兵士については、武器その他の装備のレベルアップをはかった。体力的に軍務に耐えられない、老齢すぎる、あるいは若年すぎる者たちに軍務を続けさせたり、新たに兵士として採用することを禁じた。いっぽうで、場合によっては厳格な軍規の適用を緩和することもあった。たとえば、処罰として死刑ができるかぎり適用されないよう軍規を改定した[21]。

兵士たちには兵役期間中の結婚が許されていなかったが、内縁の妻をもち、子をなす者も多かった。大半の男たちは退役後に内縁の妻と結婚し、子どもを籍に入れた。しかし、兵役中に死ぬと、子どもたちは非嫡出のままになり、家督を継ぐことができなかった。エジプトの砂漠から発見された一通の書簡に、ハドリアヌスがこの問題についてエジプト長官と話し合ったことが記されている。彼はそろそろ庶子にも嫡子と同様の限定所有権を認めてもいいだろうと考えた。皇帝は「自分よりも前の皇帝たちが決めた厳格すぎる規定に、より人間味のある解釈をほどこす[22]」ことに前向きだった。

ハドリアヌスの属州視察は理に適っていたと言えよう。彼は上下ゲルマニアだけでなく、ドナウ川上流の二つの小属州、ラエティア（今日の地理でいうと、バイエルンとシュヴァーベンにオーストリアとスイスとロンバルディアの一部を足した地域）とノリクム（ほぼ、今日のオーストリアとスロベニア）も訪れた。

ハドリアヌスの軍改革は、彼の防衛的外交政策を抜きにして語ることはできない。戦争を想定しないとすると、軍の規律を確保し、士気を高めるためには何か別のものが必要だった。すなわち、規律を守らせるだけでなく、兵士たちを愛し、彼らの幸せを考え、実現できるリーダーだ。軍におけるハドリアヌスの人気はおおいに高まった。彼は兵士たちの忠誠をただの一度たりとも疑うことなく治世をまっとうすることができた。改革のインパクトは深く、恒久的だった。尽きることない精力を投じ、卓越した手腕をもって、彼は平時の軍隊を強力な戦闘集団に鍛え上げた。ハドリアヌスの軍団は彼が後継者たちに残した最も価値の高い遺産のひとつだった。

ローマ人の国境の概念は今日のそれとは異なっていた。国境は自国の土地、つまり自国の政治支配の及ぶ土地と外国勢力に支配された土地の境界線を示すものではなかった。むしろ、セナトゥス・ポプルスクェ・ロマヌス（ローマの元老院と人民）が直接統治を行なっている土地の境界線という意味だった。

その境界線のむこうには、ローマ帝国が直接統治はしないものの、帝国に所属する土地がまだ一定の範囲で広がっていた。その土地の住人たちはある程度帝国に所属するものと見なされていた。属王国もあれば、ローマから財政支援を受けている、あるいは反対にローマに年貢を納めている同盟部族もあった。したがって、国境は穴だらけで、商人や旅人、求職者たちが自由に往来していた。商品は税関で申告する必要があり、関税も存在した。陳情目的の使節団も頻繁にやってきた。同時に、もちろん、軍団は山賊や重装備武装集団の襲撃や、場合によっては反乱にも対応して国境を警備しなければならなかった。つまり、国境は純粋に防御だけが目的の都市型城壁とは異なっていた。国境警備といっても、侵入者を防ぐよりは、むしろ通行を管理する警察官のような仕事のほうが多かった。

上ゲルマニアにやってきたハドリアヌスは、ドミティアヌスとトラヤヌスが建設したリメスに格別の関心を示した。リメスはもともと二つの土地を結ぶ通路を意味していたが、ここではマインツ南東部を流れるライン川とレーゲンスブルクを流れるドナウ川を結ぶ国境を兼ねた軍道を意味する。この沿道には、約千基の監視塔と約二百の大小の要塞が建設されていた。ライン川とドナウ川のあいだに広がる土地はローマ側に大きく張り出していたため、もしリメスがなければこの土地の周縁部が北海と黒海を結ぶ自然の国境になってしまい、ローマは広大な領土を失うことになった。

リメスを視察した皇帝はある重要かつ革新的な措置を決定した。軍道の〝敵領〟側に頑丈な木の防壁を作るよう命じたのだ。太いオークの柱を立て、梁で補強し、両面に表板を張った三メートルもある堅固な壁だ。リメスは全長五六〇キロもあったから、これは想像を絶する大事業だった。ゲルマニアの森は広い範囲にわたって伐採された。

皇帝が問題視していたのは、どのような点だったのだろうか。既存の防御設備はじゅうぶんに機能していたし、周辺の諸部族にも侵略の脅威を感じさせるような兆候はなかった。しかし、防壁ができれば、税収難に悩む税関にとっては密輸を減少させ関税を増やすことができ、移民の管理も容易になる。また、防壁の建設は時間のかかる巨大プロジェクトだったので、軍団兵たちを数年間は休みなく働かせることができた。

しかしながら、このプロジェクトの真の目的は別のところにあった。防壁には、ハドリアヌスの政策を目に見える形で示す役割があった。ローマの力と同時に、ローマがこれ以上拡大する意志がないということを示す壮大なシンボルだったのだ。防壁にこのような意味があるという解釈は、ハドリアヌスが「自分の滞在中［最初の属州視察旅行］だけでなく、いろいろな場面で[23]」蛮族を排除、隔離するためにこの人工的遮蔽物を利用したという『ヒストリア・アウグスタ』の記述によっても補強される。言いかえるなら、ゲルマン防壁は何らかの特別な脅威に対応するための一過性のプロジェクトではなく、実用的な効果と同時にプロパガンダ的な効果を狙って建設された国家レベルの政治的プロジェクトだったのだ。

この政策は将軍たちや元老院には不人気だったようだが、皇帝は一度もぶれることなく政策の実現に邁進した。時間が経つにつれ、防衛的帝国主義の恩恵は、すくなくとも属州においては、広く認知されるようになった。後年、同時代の歴史家は肯定的に「［外国を侵略せずに］宿営にとどまる軍と防壁のおかげで、われわれの文明世界は守られている[24]」と記している。

新たな訓練システムを導入し、防壁の建設を命じた皇帝は、出発する時が来たと判断した。つぎの目的地は世界の最果て、ブリタンニア島だった。

第十七章　辺境

北海とソルウェー湾のあいだに広がる北部ペナイン山脈。その麓の、強風が吹きすさぶ、木もまばらな原野のちょっとした高台に、豊かな泉水に恵まれたウィンドランダの要塞はあった。周辺に広がる美しくも荒涼とした風景は二千年来ほとんど変わっていない。

要塞の名前は二つのケルト語に由来していた。「白」を意味する「ウィンドス」(「ウィンター」も同じ語幹から生まれた)と「囲い地」とか「芝生」を意味する「ランダ」だ。まちがいなく、今も昔も変わらぬ峻厳な気候から生まれた名前だ[1]。冬には、日の出後も三十分ほどは太陽が近くの丘にさえぎられ、要塞は影におおわれたままだ。周辺で霜が解けはじめても、要塞のある高台だけはいつまでも真っ白な霜におおわれている。光り輝く不思議な囲い地《ランダ》。

ウィンドランダは、ドミティアヌスが建設したゲルマン・リメスとはちがい、街道沿いに点々と建設された防衛拠点のひとつだった。今日、この街道は中世につけられたステインゲートという名前で呼ばれている。上辺部に防柵を備えた高い塁壁で囲まれた要塞は、角の丸い長方形の造りで、ローマ軍の標準的な軍事基地に見られる建物が建っていた——整然と並ぶ幾列もの兵舎、倉庫、病院、プラエトリウムと呼ばれる司令官の大きな官舎。そして、普通の都市生活に必要な文化設備も一通りそろっていた。要塞の外には、石造りの浴場も建てられていたし、神殿もあった。

ブリタンニア北部の防衛施設はおもにゲルマン系部族からなる補助部隊によって守られていた。ウィンドランダの守備は、ガリア東北部に定住していたゲルマン系トゥングリ族や、時期によっては辺境守備に欠かせないバタウィ族が担っていた。もともとは最前線ではなかったが、八五年から一〇五年にかけて、帝国の他地域の事情のせいでドミティアヌスとトラヤヌスがローマ軍をスコットランドの要塞から撤退させたため、ここが最前線となっていた。軍団本体は後方のエボラクム（今日のヨーク）、デウァ（今日のチェスター）、イスカ・シルルム（今日のカーリオン）の三つの基地に分散して駐屯していた。これらの基地の名前は三つとも地元の言葉をラテン語化したものだ。

補助部隊は地元民の戦闘能力を過小評価していたが、ブリガンテス族に率いられて反乱を繰り返すうちに彼らは高い戦闘能力を身に着けていた。ブリガンテス族はローマ人たちが来る以前に北部および中部イングランドの大半を支配していた好戦的な部族だ。ローマ軍は兵士を地元民から採用することにした。この方針にバタウィ族は激しく反発した。彼らは地元民たちを「ブリトゥンクリ（哀れなブリトンの輩）[2]」と呼んで馬鹿にしていたからだ。

初期のウィンドランダ砦は木造で、七、八年おきに建替えられていた。建替えに際して、ローマ人たちは地面を更地にせず、解体した建物の残骸の上に土や泥炭を盛って、その上に新たな建物を建てた。水分を多く含んだ土壌だったため酸素が遮断され、軍団兵たちが廃棄したものがそっくりそのまま保存されることになった。

一九七〇年代初頭から、考古学者たちはたいへん保存状態のよい、きわめて貴重な遺物を次々と発掘している。二千年まえに帝国の前哨地で営まれていた生活の証である靴、ベルト、織物、木製品、青銅や鉄製の食器類などが発見された。なかでも特筆すべきは、個人的な書簡、会計文書、休暇願い、図面などの書類だ。

ほとんどの書簡は葉書か葉書の半分のサイズのオークやハンノキの薄板にペンとインクで書かれている。なかには、蠟版に尖筆で書かれたものもある。これらの書簡は長いあいだ忘れられていた太古の死者たちをよみがえらせてくれた。たとえば、一世紀末にウィンドランダで生活していたバタウィ族第九歩兵大隊長、フラウィウス・ケレアリスとその妻、スルピキア・レピディナ。

ある同僚はケレアリスにレピディナの誕生パーティに出席できなかったことを詫びている。また、ある女友だちはレピディナに自分の誕生パーティへの招待状を送っている。彼女は心なしか拙い筆跡で「お待ちしております、おねえさま。さようなら、おねえさま、繁栄をお祈りしております、お元気で[3]」と書いている。この女友だちは、「ある個人的な問題」について話し合うために別の要塞にあった自宅にレピディナを招いてもよいという許可を夫から得ていた。ウィンドランダの冬は寂しすぎたので、人恋しくなったケレアリスはある高位の人物、おそらくは元老院議員に、「軍隊生活を楽しく過ごせるよう、どうか、なるべくたくさんの友人たちを自分のいる基地に派遣してほしい[4]」と懇願している。

ケレアリスもそのほかの歩兵大隊長たちも高貴な家柄のゲルマン人だったようだ。だから、部下のゲルマン兵たちの信頼を容易に得ることができたのだろう。しかし、『ウィンドランダ文書群』からは、彼らも彼らの家族もすすんでローマ化したことがわかる。ローマ化には若いうちからの教育が鍵になった。あきらかにケレアリスとレピディナの息子と思われる少年がウェルギリウスの『アエネーイス』の詩を覚えようと努力するさまが、二枚の文書から見てとれる[5]。彼はある有名な一節を暗記し、書きとめた――**interea pavidum volitans pinnata p'ubem**（そうこうするうちに、羽の生えた生き物［噂］は町の上空を飛んでいった）。彼は「**per**」を「**p'**」と省略し、「**urbem**」の「**r**」を書き落としている。若きバタウィ人が勉学に励み、正真正銘のローマ人へと成長していく過程を垣間見る思いがする。

手紙を書いたのはエリートだけではなかった。辺境の地にあっては、普通の人々もニュースに飢えていた。ソレムニスは「兄弟」のパリス（名前から、彼らが兵士ではなく奴隷だったことがわかる）に書き送っている──「拝啓。私が元気でいることを知ってほしい。そして、あなたも元気でいることを願っている。手紙を一通も送ってくれないなんて、なんと不人情な人なのだ。こうして手紙を書いている私はあなたよりずっとましな人間だと思う[6]」。

皇帝の最終目的地はローマ帝国の最北端だった。皇帝を然るべく迎えられるように、ウィンドランダ要塞が多額の資金を投じて改築されたことがわかっている。考古学調査で、皇帝がブリタンニアを訪れた時期に建てられた建物が発掘されている[7]。その場所にそれ以前に建っていたものとは比較にならないくらい立派な建物だ。柱には太いオークの木が使われ、床はオプス・シンニヌムでできていた。オプス・シンニヌムは石灰や泥に砂利やテラコッタを混ぜた床材で、一般的に民家で使われていた。内壁は漆喰で塗られ、一部に壁画も施されていた。それは、この要塞に初めて訪れる貴人のためにわざわざ造られた広大な館だった。貴人とは、もちろんハドリアヌスのことだ。彼には北方巡察の拠点となる、皇帝にふさわしい邸宅が必要だった。ウィンドランダはこの地方の中心に位置していたため、まさにうってつけだった。皇帝が去ったあとも、この館は歴代の属州総督たちに長いあいだ使われつづけた。

ハドリアヌスがブリタンニアにむけて海を渡ったのはおそらく一二二年六月のことだ。彼はライン川に駐屯していた軍団のひとつ、第六ウィクトリクスを帯同し、ブリタンニア駐屯軍に加えた。暴動鎮圧作戦で消失したか、あるいはほかの地域に移動したかで軍団不在になっていた状態を埋めるためだったようだ。遠征には、三〇〇〇名にも及ぶヒスパニアやゲルマニアからの応援兵も加わった。皇帝には新任総督のアウルス・プラトリウス・ネポスが随行した。ネポスはハドリアヌスの友人で、故郷であるイタリカ出身の親類だったようだ。パルティア戦争を戦い、トラキア総督をつとめたあと、ハドリアヌスの治世初年度である一一九年に補充執政官になった。前任のブリタンニア属州総督、ファルコはブリタンニアのしぶとい反乱勢力を首尾よく制圧したものの、大きな損失を出していた。

ファルコの最後の仕事は皇帝の受け入れ準備を整えることだった。それは今日のオリンピック開催に匹敵する大仕事だった。数千の軍団兵に加え、近衛隊の分遣隊やバタウィ族の騎馬兵たちのための宿泊施設を用意する必要があった。それだけではない、皇帝顧問団のメンバーやさまざまな随行者、友臣など、いわゆるVIPも大勢いた。皇帝府高官も遠征に参加していた。そのなかには、文書局長のスエトニウスもいた。遠征ルートが確定すると、不運にもルート上に位置していた町々は、受け入れ態勢を整え、この金のかかる突然の訪問者たちに笑顔で応対するよう命じられた。

遠征には、愛のためというよりは慣習上やむをえず、皇妃も参加した。彼女も自分の取巻きを多数連れていたはずだ。皇帝に随行した人々のなかで政治的に最も重要な人物は近衛長官のガイウス・セプティキウス・クラルス——同僚長官のトゥルボはローマに残った——だった。騎士の実力者で、エジプト長官をつとめたこともあった。なかなかの教養人で、プリニウスとは書簡を交わす間柄だった。また、スエトニウスには名著『デ・ウィタ・カエサルム』で献辞まで捧げられている。

ハドリアヌスのブリタンニア遠征の動きについては、情報がほとんどない。おそらく、ブリタニカ艦隊の母港であるゲソリアクム(今日のブーローニュ)から出航し、ブリタンニア島南部の海岸に上陸、そこから属州都のロンディニウム(今日のロンドン)に向かったものと思われる。皇妃と事務方の大半をここに残したことは確実だ。その後の行程については不明だが、三か所の軍団基地を訪問したと考えるのが自然だろう。属州各地の部隊に所属する兵役満了者たちに対して、退役証明書が発行された[8]。この証明書は慣例となっている諸特権、とくに「子孫にも市民権を与え、市民権授与時の内縁の妻、あるいは内縁の妻がまだいない者については市民権授与後に結ばれた女性と結婚する権利」を与えるものだった。周到なことに、この条項には「しかしながら、一度にひとりの女性と」という一文が付記されていた。これだけ多数の兵士に退役許可を与えるのは通常ではありえない。だから、皇帝の悲願であった、ある重要な儀式を祝うための報奨的な意味合いがあったと考えてまちがいないだろう。

第六ウィクトリクスは大陸から直接タイン川に入ったようだ。上陸直後、二基の祭壇が建設された。ひとつは海神ネプトゥヌスに捧げられたもので、イルカが巻きついた三叉の戟《げき》が装飾に使われていた。もうひとつはオケアヌスに捧げられたもので、船の碇が装飾に使われていた。（当時はまだ誰もアメリカもオーストラリアも北極も知らなかったから）大地はオケアヌス〔英語のオーシャンの語源〕と呼ばれる巨大な川に取り囲まれていると信じられていた。この祭壇建設は、世界の東の果てでアレクサンドロス大王が祭壇を建設したという事実をいやおうなく連想させるものだった。

この祭壇で行なわれた儀式には、まちがいなく皇帝も臨席したはずだ。おそらく、演説のなかでアレクサンドロス大王の偉業にも言及したことだろう。大王の亡霊はローマ人たちの精神に圧倒的な影響力をもっていた。トラヤヌスは無念そうに吐露したものだ――もっと若ければペルシアを征服した大王に倣って、自分もオケアヌスまで到達できるのに、と。今、オケアヌスのほとりにはハドリアヌスがいた。たとえ戦争で勝って到達したのではなく平和裏に到達したとはいえ、アレクサンドロスもトラヤヌスも到達したことのない世界の西の果てで、ハドリアヌスは大王がしたのとそっくりの供儀を行なった。

ブリタンニアという辺境の地にあっても、帝国の統治は粛々と運営されなければならなかった。ある日、アシア属州総督から、キリスト教徒たちをどのように扱ったらよいかと指示を仰ぐ手紙が届いた。まことにもって幸いなことに、文書局長のスエトニウスがきわめて的確な回答を進言してくれた。彼は十年ほどまえにビテュニアでプリニウスの書記官をしていたので、この問題に関するプリニウスとトラヤヌスのやりとりをよく知っていた。

総督は地元のキリスト教徒を取り締まってほしいという嘆願を受けたので、どのように対応したらよいのか指示を仰ぎたいと書きよこしていた。皇帝府には大規模な公文書館があり、要望や申立てや嘆願を受けた役人たちが前例を参考にすることができるようになっていた。トラヤヌスはキリスト教という新興宗教に対して好感は抱いていなかったが、信者狩りをする気はなく、議論の余地のない確実な証拠がある場合のみ罰すべきだと考えていた。

ハドリアヌスもこの考えを踏襲した。彼が書いた返信が残っている。[9] キリスト教徒のあいだで伝えられ、約三十年後に出版されたユスティヌスのキリスト教護教論『第一アポロギア』の付属文書に引用されているおかげだ。中傷者たちは根拠を示すべきであり、示せないなら口をつぐむべし、と彼は明言する。そして、「ただ声高に訴えるだけというのは許さない」[10]と厳しく述べている。証拠がある場合のみ総督は訴えを聞くこと。被告が冒瀆罪を犯している場合、とりわけ、被告がキリスト教徒で、然るべき供儀をしなかったことが証明されたなら、その罪の重さに見合う罰を受けなければならない、と。文面が改竄されていないなら、ハドリアヌスはキリスト教会のメンバーであることのみをもって罰するのではなく、キリスト教徒が特定の罪を犯した場合のみ処罰すべきだと考えていたことになる。

皇帝はキリスト教徒たちにではなく、むしろ悪意の中傷者たちに対して怒りを感じていた。「そして、これは、ヘラクレスにかけて、とくに注意しなければならないのだが、ただ単に悪意からこれらの人々を非難・告発するのであれば、その性根の悪さに比例して彼が求める以上の厳罰を逆に与えなければならない」[11]怒りを無理やり抑えたような文面から、ハドリアヌスが心底憤慨した状態で口述筆記させた書簡であることがうかがえる。

皇帝はキリスト教に対する非難がヒステリックな偏見であることを看破し、人肉食《カニバリズム》を行なうような狂信的な犯罪集団ではなく、むしろ穏健な人々で、政治的脅威にはなっていないと考えていた。だから、寛容な対応をしたのだろう。そもそも、彼が宗教、とりわけ個人の霊的精神修養を重んじる宗教に惹かれていたことは、すでに見たとおりだ。これもまた、寛容路線をとった理由のひとつだったろう。

このようなこともあり、エジプトやキュレネにおける反乱のあとでも自分たちに対して公正な態度をとってくれたハドリアヌスをユダヤ人たちは愛し、キリスト教の護教論者たちは彼についてたいへん好意的な記述をしている。『ヒストリア・アウグスタ』には、ハドリアヌスが神像をおかない神殿を帝国領のあちこちに建設させたこと、それらの神殿はハドリアヌス神殿と呼ばれ、一般にキリストに捧げられたと考えられていたことが記されている。どう解釈すべきかは、なかなか難しい。単に著者の想像の産物かもしれない。しかし、もしなんらかの真実が含まれているとすれば、皇帝がどれか特定の宗教にこだわらずに信仰の幅を広げようとして、わざと特定の神を祀らない神殿を造らせたのではないだろうか。たとえば、アテナイ人たちが〝未知の神〟を祀るための祭壇を造ったように。もちろん、当時のいくつかの救済主義的な単神教とともにキリスト教を念頭において神殿を建設したという可能性も否定はできない。

トラヤヌスからハドリアヌスへの帝位継承と時を同じくして起きたブリタンニア騒乱から、まだ数年しか経っていなかった。しかしながら、興味深いことに、『ウィンドランダ文書群』からは軍事的危機感がまったく感じられない。上級将校たちの日常生活はリラックスしたものだった。何年のことかはわからないが、ある年の五月十八日の文書(12)には、第一トゥングリ歩兵大隊の隊員たちの所在が記されている。それによると、七五二名の隊員のうち、なんと四五六名がなんらかの理由でウィンドランダにはいなかった。

三一名の傷病兵のうち六名が外傷治療中だった。これは『ウィンドランダ文書群』のなかで戦闘を示唆しうる唯一の記述だ。隊員のうちの約半数は演習のため、ステインゲート川に沿って東に二〇キロほど行ったところにある隣のコリア（今日のコーブリッジ）要塞にいた。約五〇名はシングラレス、すなわち、属州総督警護兵として任務に当たっていた。さらには、いくつもの小グループがロンディニウムなどに出向いていた。歩兵大隊の給料を受け取りに、おそらくはヨークに派遣されたグループもあった。また、ガリアには九名の兵卒と一名の百人隊長が衣類を受け取るために出張していた。

各地を旅行する兵士たちは書簡や物資を国中にくまなく運ぶ郵便配達人も兼ねていた。『ウィンドランダ文書群』は、軍隊がいかに多くの時間を経済活動と業務出張に費やしていたかを教えてくれる。なんらかの不正行為や無知無能のために生じる無駄があったというわけではない。しかし、このような状態では、軍隊が緊急事態に迅速かつ効果的に対応することは不可能だった。

皇帝はこのように経済活動にばかり勤しむ軍隊をどのように見ていたのだろうか？　そのへんの記録は残っていないが、想像することは容易だ。規律の引締めがブリタンニア巡察の最大テーマであることが多くの史料から見てとれる。『ヒストリア・アウグスタ』には、彼が「多くの濫用を是正した」[13]という記述がある。タイン川沿いに建設されたチェスターズ要塞の跡地で見つかった祭壇は、「その勇敢さゆえアウグスタンと名づけられた」騎兵連隊により「ハドリアヌス帝の規律に」[14]捧げられたものだった。いくつかの硬貨からもそれはわかる。当時、第六ウィクトリクスの軍団高級将校をつとめていた青年はここで規律の重要性を学び、生涯忘れなかった。四十年後、彼が「高潔で昔気質の規律至上主義者」として登場する史料がある。新任地に到着した彼は武装よりもおしゃれに余念がない兵士たちを見て、胴着をつまんで、びりりと引き裂いた。馬にはクッション付きの鞍が乗せてあった。彼は命じて、鞍のクッションに切り目を入れさせると、まるでガチョウから羽をむしるように中から羽毛を鷲づかみにして引っぱりだした[15]。

ハドリアヌスが緩みきったブリタンニア駐屯軍のテコ入れをしたことはまちがいない。だから、ウィンドランダのバタウィ族の兵士たちもそうとうな緊張感をもって皇帝の到着を待っていた。

皇帝による綱紀粛正に、処罰を受ける恐怖よりもむしろ大きな希望を抱いていた人物がいた。不正な処遇に対する不満を訴え、抗議する手紙の下書きが要塞で発見されている。その下書きを計算書の裏側に書いたのは、ある民間貿易商だった。彼はブリタンニアの人間ではなく、トランスマリヌス、すなわち海外からの渡来者だったので、自分は体罰刑からは免除されると信じていた。しかし、基準以下の粗悪なワインかオイルを納品したため、百人隊長から鞭打ちの刑を受けた。「陛下の慈悲を請いたい」と彼は書いている。「無辜のトランスマリヌスが、まるで何か罪を犯したかのように打たれて血まみれになるのを、どうかお許しになりませんように[16]」、と。

たいへん興味深いのは、この手紙が百人隊長たちの居住区で発見されたということだ。下書きは、見つかって、没収されたものだろう。となると、この訴えが清書されて、皇帝のもとに届けられたとは考えにくい。もっとも、たとえ皇帝のもとに届いたとしても、彼の言い分が通ったとは思えない。この不運な男は再度鞭打ちの刑を受けることになったにちがいない。

ブリタンニア遠征中に、ある奇妙な出来事が起きた。即位からすでに四年も経っていたにもかかわらず、皇帝の政権基盤がまだ完全には磐石でないことを強く示唆する出来事だった。ハドリアヌスは猜疑心が強かったから、軍の兵站将校《フルメンタリィ》を活用して作り上げた秘密警察をおおいに利用した。これらの将校には、友人を含めた多くの市民の私生活にまで食い込んで情報を集めさせていた。彼らは極秘裏に活動したので、調査されていることに気づく者はいなかった。

笑い話のような事例がある。(17) ある女性が夫に対して、公共浴場に入り浸り、娯楽にばかりうつつを抜かしたあげく、自分をほったらかしにしているという不満を綴った手紙を書いた。ハドリアヌスはこの件について兵站将校から報告を受けていた。だから、男が休暇願いをもってきたとき、自分勝手な振舞いを問責した。すると、男は言った――「なんてこった、陛下にまで苦情の手紙を書くとは！」

深刻なケースもあった。皇帝府高官の犯罪行為が兵站将校によって炙り出されたのだ。詳細はわからない。『ヒストリア・アウグスタ』には、ごく短い曖昧な記述があるだけだ。それによると、ハドリアヌスは、

近衛長官のセプティキウス・クラルスと文書局長のスエトニウス・トランクィッルス以下、多くの者たちを解任した。彼の同意なくして、当時、この者たちは皇帝家に対して払うべき敬意をないがしろにし、妻のサビナに馴れ馴れしく接したからだった。自分がもし一般市民であったなら、気難しく気分屋の妻も離縁したいぐらいだった。(18)

実際に何があったのかを知るのは難しいが、印象としては、微罪のような感じがする。サビナはたしかに厄介な妻であると批判されることはあった。しかし、具体的な悪事に加担していたとは思えない。「馴れ馴れしく」という表現には、儀礼上の決まりを守らなかったというような軽い響き、あるいは性的スキャンダルのような匂いがする。ハドリアヌスは儀礼上の決まりについてはあまりこだわらないという態度を意識的にとるようにしていた。しかし、それでも、妻の取巻きたちにはそれぞれの立場にふさわしい

礼儀正しさを期待していたのだろう。

理由が何であれ、口実にすぎないことは明らかだ。これほどの重鎮を二人も解任するというのは第一級の政治事件といえる。解任を知った皇帝府の官吏や元老院議員たちも、そのように考えたはずだ。なにかしら重大な事態が起きたのだろうが、真相は永遠の謎だ。

サビナも黙ってはいなかった。ハドリアヌスの扱いに対して、辛辣な報復に出た。夫のおぞましい性格[19]を考えるとなんとか妊娠しないように気をつけなければならない、と人前で繰り返し発言したのだ。なぜなら、彼の子どもを宿すことは「人類の破滅」に通じるだろうから、と。古代においては、妊娠しないようにするには、膣内を古いオリーブオイルや湿らせたミョウバンで拭くとか、ぴょんぴょんと飛び跳ねてくしゃみをするなど、不快で不完全な方法しかなかった。もっとも、皇妃の言葉を真に受ける必要はない。ハドリアヌスがそんなにしばしば同衾を求めたはずはないからだ。

古代史研究家にとって、スエトニウスの解任はまことにありがたくない事件だった。皇帝公文書館に入ることができなくなってしまったからだ。まだローマの初代と第二代の皇帝たち、アウグストゥスとティベリウスの章しか完成していなかった。それ以降、彼は一次資料からの引用ができなくなってしまった。

イギリスにおける最も有名なローマ遺跡はハドリアヌスの長城だ。今日これほど人気の高い遺跡であるにもかかわらず、この長城をハドリアヌスに結びつけて言及している古代の文献はひとつしかない。『ヒストリア・アウグスタ』だ。そこには、彼が「蛮族とローマ人を隔てることになる八〇ローマ・マイル（ローマ・マイルは今日の法定マイル＝一六〇九．三メートルよりも少し短い）にも及ぶ長城を建設した最初の人物[20]」だと書かれている。

長城の大部分は保存状態もよく、とりわけ北イングランドの中央部分は最も人々を惹きつける観光名所になっている。皇帝は遠征に出発するまえから長城の建設計画を温めていたようだ。ジャロウで発見された二片の砂岩に、一一八年か一一九年にさかのぼると推定される銘が刻まれていた。ばらばらの破片を修復したので復元された文章が正しければの話だが、そこには、「帝国を［国境の範囲内に］無傷で保つ必要性が神の啓示により［ハドリアヌスに］もたらされた」[21]とあり、長城建設を告知する内容だった。

長城建設は想像を絶する大事業だった。ブリタンニア駐屯の三軍団、ブリタニカ艦隊、補助部隊が総力を挙げて工事にあたった。皇帝は設計に深くかかわり、皇帝の視察に合わせて、ある程度の長さがまず試験的に建設されたようだ。

ニューカッスルでは、タイン川に推定十本の石造りの橋脚を建て、丸太を渡した橋が新規に建設された。ポンス・アエリウス、いわゆるハドリアヌス橋だ。今日では、同じ場所に旋開橋がかかっている。長城はここから建設が始まり、一一七キロほど西進してアイリッシュ海まで達した。幅九メートル、高さ四・五メートルの石造りで、上部には狭間胸壁が備えられていた。高さ三メートルほどの不完全な姿ながら、胸壁の一部は現存している。長城の北側には、幅九メートル、深さ二・七メートルの巨大な壕が造られた。V字型に掘られていたので、襲撃者はいったん壕の底に下りたが最後、なかなか這い上がれないようになっていた。

ポンス・アエリウスを基点にして一ローマ・マイルごとに堡塁があった。堡塁には、定員約六〇名の兵舎が併設されていた。堡塁と堡塁のあいだには二基の信号塔があり、長城に沿ってすばやく危険情報を伝達できるようになっていた。長城自体は、粘土と瓦礫で固めた芯の両側に石垣を組むという構造だった。上部は石畳の通路になっていたものと思われる。カーブを描きながら海岸線に沿うように建設されているのは、海からの襲撃に備えてのことだ。

必要とあれば迅速に援軍を送ることができるよう、長城はステインゲート川の北、数百メートルのところに建設された。ウィンドランダなどのステインゲート川沿いに建てられた既存の要塞はいつでも出動可能な控え兵力の拠点となった。

長城の建設には約六年の歳月が費やされたと考えられている。一部は幅一・八メートルに規模を縮小して建設され、のちに拡張されている。なんらかの脅威があったため大至急完成させる必要に迫られたのだろう。二つの海を結ぶ長城のうち、東部の三分の一については、盛り土をした上に芝を植えた幅四・八メートルの人工的な隆起になっている。上部には木製の防柵で守られた通路が敷設され、一定間隔で丸太造りの監視塔と堡塁が設けられていた。おそらく、石や石灰が容易には手に入らなかったためだろう。後年、西の部分は海岸に至るまで再工事が施され、石造の壁に作り変えられた。

もともと、長城は堡塁に駐在する兵力により守備・監視される予定だった。しかし、それでは不十分であることがわかり、大規模な要塞基地が多数建設されることになった。基地には歩兵部隊の駐屯を目的としたものと騎兵部隊の駐屯を目的としたものがあった。

長城の最も際立った特長はその外観だった。滑らかな切石を積み重ねた石垣には鮮やかな目地が刻まれ、表面は漆喰で仕上げられていたようだ。荒涼とした緑の泥炭地帯の隆起にあわせてリボンのようにどこまでも伸びていく長城は、陽光に照らされると、何キロも彼方からでもはっきりと見分けることができた。その幻想的な光景はローマ帝国の威信を視覚的に象徴しているかのようだった。

長城の建設が完了するとすぐに、もうひとつの大事業が始まった。長城の南側に二本の芝を植えた土手、いわゆるウァルムを建設したのだ。土手の高さは約三メートル。二本の土手の真ん中には幅六メートルの平底の壕が掘られた。それぞれの土手から壕までは九メートルほど距離があり、そこは平らに整地されていた。長城の堡塁からは南のステインゲート川にむかって垂直に、ウァルムを横切る形で何本もの道路が建設された。

ハドリアヌスの長城の目的は何だったのだろう？　これは意外と難解な問題だ。北部ブリタンニア（スコットランド）の人口については、正確なことがほとんどわかっていない。しかし、軍事的な脅威になりうるほどの人口だったとは思えない。国境を固定して国境線に長城を築き守備するほうが、低地スコットランドを属州化し、統治するよりも人的、経済的に安上がりだったとは、とうてい思えない。しかも、高地スコットランドは人がまばらにしか住んでいない不毛の地だったので、経済的な価値はほとんどなかった。属州化したとすれば、何か所かに要塞を建設するだけでじゅうぶん守備は可能だったはずだ。ソルウェー海岸から北海にまで達する長大な城壁に膨大な兵力を配備するのにくらべ、費用は同等か、それ以下ですんだだろう。軍団一個分よりもやや少ない四千名も駐屯させればじゅうぶんだったろうと見積もられている。

ゲルマニアにおけるのと同様に、長城を建設することはローマが長城の向こう側の土地を放棄したことを意味しているわけではない。むしろ、その反対だ。いずれ必要とあればローマの統治を北部にも拡大するし、その際にはそこが安全なベースラインになるということだ。日常的には、旅人や商人たちが自由に長城を通過していたと考えていいだろう。長城はブリガンテス族の土地を二分する形で建設されたので、ピクト側（北側）に取り残された部族が長城の南側に行くことは許されていたはずだ。長城のおかげで人々の往来をより厳重に管理できるようになったので、関税収入が増えたことはまちがいない。しかし、それは長城の建設にかかった莫大なコストに見合うものだっただろうか？

この壮大なウァルムは存在自体が謎めいている。上部に防柵を備えていないので、防御機能はもっていない。長城の手前に一定の非居住エリアを設け、その境界線を示すために建設したとしたら、手間がかかりすぎている。それなら、フェンスのようなもっと簡便なものでも事足りただろう。おそらく、ウァルムは中央の壕の両側が通れるようになっていて、対面二車線の交通網を形成していたのだろう。ステインゲート川よりも長城に近かったから、歩兵部隊にとっても騎兵部隊にとっても使い勝手がよかったにちがいない。しかし、道路の存在を示す路面の発掘例はほとんどない。しかも、ウァルムには数か所、通行が困難な険しい地形の場所がある。いずれにせよ、長城とウァルムのあいだには補給専用道路が走っていたことがわかっている。

長城を建設することにより、皇帝は帝国をこれ以上拡張しないという意志を再度明確に示したと結論せざるをえない。首都ローマにおいて、みずからの政策を土木建設事業を通して視覚的に宣言したのと同様に。荒涼とした風景のなかに延々と横たわる白いリボンと堂々たるウァルムは政治的なメッセージであると同時に、壮大な芸術そのものだった。

第十八章　最後の別れ

帝国の各地から集結し、移動する大遠征軍——それがハドリアヌスの皇帝府だった。移動政府はブリタンニアからいったんガリアに戻り、ヒスパニアを経由して北アフリカに向かった。フロルスは一か所にじっとしていられないハドリアヌスをからかって、彼の旅程を逆さにたどった短い諷刺詩を書き送った。

ブリタンニアでは東奔西走、
ゲルマニアでは右往左往、
スキュティアでは寒さに凍える
カエサルなんて、おれにはとてもつとまらない(1)

「スキュティア」というのはドナウ川沿岸諸州を指す詩語だ。皇帝はこの詩をおおいに面白がり、ユーモアにあふれた、しかし辛辣な詩を返した。

生まれながらの大酒飲みで、
顔はあばただらけ、
南京虫だらけのベッドで寝る
フロルスなんて、おれにはとてもつとまらない

すでに見たように、フロルスは皇帝の消極的な対外政策をかねてから批判していた。同時に、「新しい属州の経営をすることは新しい属州を作ることより難しい」と彼自身が指摘してもいた。あきらかに、これはトラヤヌスに対する当てつけだ。そういう意味では、ハドリアヌスの考えと一致していた。ほかにも、二人の考えは多くの点で共通していた。女性の性質をテーマにしたフロルスの二行連句を読んだハドリアヌスは妻サビナに重ね合わせ、「わが意を得たり」と思ったにちがいない。

すべての女性の胸は有害な粘液で満たされている
唇からは甘い言葉を出すが、心臓には毒がつまっている(2)

もっとも、一貫していないのが人間というものだ。養母プロティナを愛する皇帝は女性の情の濃やかさを高く評価していた。要は、相手次第ということだ。その愛してやまない母后の訃報がイタリアから届いたのは、ちょうどそのころだった。ディオ・カッシウスがあからさまに述べているように、ハドリアヌスが「帝位を継承できたのは、彼への愛ゆえに尽力した彼女のおかげによる(3)」ものだった。

われわれの知るかぎり、二人の愛はプラトニックなものだったようだ。アウグスタ・プロティナはきわめて特異で幸福な家庭生活を送った。夫は彼女に対して性的にはまったく無関心だった。夫婦はおそらく

セックスレスの関係で、子どももいなかったが、たがいに愛し、信頼しあっていた。トラヤヌスの姉のマルキアナやその娘のマティディアなど、皇帝家の他の女性たちとの関係も良好だった。実際、生き馬の目を抜く権力闘争の中心にありながら、彼女たちはエピクロス的な生活を実践し、高い品性をたもちつつ、穏やかで、若干女子寮的なのんびりとした毎日を送っていた。

トラヤヌスが遺言を残さずに息を引き取るまえの数時間をのぞいて、プロティナが政治に口を出したことは一度もなかった。そんな彼女が夫の臨終に際しては大きな役割を果たした。たしかに、寝室の薄暗がりのなかで彼女が演出したのは、いかにも見え透いた猿芝居だったかもしれない。しかし、結果的には、それが国家に大いなる幸いをもたらしたのだった。

ハドリアヌスは彼女の死をたいへん悲しみ、ディオ・カッシウスによると、「ことのほか名誉を称えた(4)」。九日間にわたり黒衣を着用し、名誉を称える賛歌を書いた（残念ながら散逸）。同時に、神格化の手続きも進めた。そして、彼女について、「いろいろと頼まれたが、一度たりとも彼女の願いを拒否しなければならないことはなかった(5)」と述べている。つまり、彼女の願いはいつも拒否する必要のない、順当なものだったということだ。

プロティナはナルボネンシス属州の属州都、ネマウスス（今日の南仏のニーム）の出身だった。ポン・デュ・ガール（ガール橋）、水道設備の一部、驚くほど完璧な保存状態の神殿（今日ではメゾン・カレと呼ばれている）が今でも残っているが、ハドリアヌスが母后を記念し、「職人の粋を結集して」建てたバシリカは残っていない。

ハドリアヌスは若いときに虜になった狩猟の趣味をもちつづけていた。優秀なハンターになり、槍の一突きで巨大な猪をみごとに仕留めたこともあった(6)。狩りの最中に鎖骨を折ったこともあった(7)し、あるときなどは脚に大怪我を負い、危うく片脚が不自由になるところだった。
ブリタンニア前線巡察の途次、ウィンドランダに寄ったときには、狩猟が駐屯軍の生活の重要な一部になっているのを間近に見て喜んだ。ブリタンニアでは機会を見つけては遠乗りをした。それは、ガリアにおいても同様だった。狩猟といえば、ガリアで、ある悲しい出来事を経験している。ドミティア街道沿いにあるローマ都市アプタ・ユリア（今日のプロヴァンスのアプト、エクスから約四八キロのところにある）でのことだ。ハドリアヌスはこの街道をヒスパニアにむかって南下中だった（イタリアに侵攻したとき、逆方向ではあるが、ハンニバルもこの街道を通っている）。ちなみに、アプタ・ユリアの近くの山々は格好な狩場だった。このあたりでハンターたちの守護神、シルウァヌスに捧げた碑が五つも見つかっているのは偶然ではない。ちょうどこの地で、皇帝の愛馬、ボリュステネスが死んだのだ。皇帝は墓を建て、墓碑も作った。墓碑は愛馬を称える内容の短い詩で、芸術的な価値はほとんどない。推敲する時間もないま、急いで作られた詩なのだろう。

蛮族の馬、ボリュステネス
カエサルの狩猟馬は
海を越え、湿原を越え、
エトルリアの丘を越え、
いつも飛ぶように駆けた(8)

この墓はハドリアヌスが私的に建てたものだった。「エトルリア」と言うからには、トスカーナの丘陵で、吉事か凶事かはわからないが、何か強く印象に残る出来事があったのだろう。墓碑の作者は詳しくは語ってくれない。ただ、ボリュステネスは一度も猪に牙で突かれたことがないと書いているので、アプタにおける死因はそのようなことではなかったことがわかる。おそらく転んで、脚の骨を折ってしまい、安楽死させるしかなかったのではあるまいか。いずれにせよ、

運命の日に殺され、
ここで、土の下に横たわる

ハドリアヌスは動物が大好きだった。丁重に弔ってもらったのはボリュステネスだけではなかった。『ヒストリア・アウグスタ』によると、彼は自分の馬や犬をたいへん愛していた[9]ので、死ぬとかならず墓を建てた。

皇帝は悲しみに打ち沈みながらも南への旅を続け、ヒスパニア・タッラコネンシスの属州都、タッラコ（今日のタラゴナ）で一一二年の冬を越した。タッラコ、正確にはコロニア・ユリア・ウルブス・トリウンファリス・タッラコはヒスパニアにおけるローマの最も古い植民地だ。海岸沿いの城塞都市だったが、高台に建設されていたので安全な港こそ有していなかったものの、文化的な生活をするための設備はひと通り整っていた。

行き過ぎた追従のせいでドミティアヌスの寵愛を失ってから、晩年を故郷ヒスパニアで過ごした詩人のマルティアリスによると、タッラコはすばらしい町で、彼の友のリキニアヌスのような狩猟好きにはまさに誂え向きだった。

そこでは、網罠にかかった鹿や猪をたくさん仕留め
君の逞しい愛馬を駆ってずる賢い野兎を追いつめ、殺すことができる
(オスは管理人にくれてやるがよい)
垢にまみれた子どもたちにあふれた家のすぐ裏手には森がある
狩人の好む森だ。ちょっと大声で呼びかければ、
すぐに誰かがやってきて夕食をともにするだろう(10)

贅沢とは無縁の質素な田舎暮らしに、都会暮らしに疲れたローマ人たちは憧れた。といっても、それは口先だけの憧れで、実際には快適な郊外の別荘でのんびりと過ごすのが常だった。しかし、ハドリアヌスは生来、虚飾を排した生活を好み、普通の気取らない人々と交わることを望んだ。それは狩りに出かければ、かならず得られる楽しみのひとつだった。

ハドリアヌスはタッラコをよく知っていたはずだ。彼を取り立ててくれた故リキニウス・スラの故郷だったし、南部のバエティカから時間はかかっても安全な内陸ルートを通ってイタリアに行く場合、かならず旅人が立ち寄る宿場町だったからだ。

この町の見どころのひとつが町のあちこちに点在する庭園だった。ある碑文から、これらの庭園はプブリウス・ルフィウス・フラウスなる人物が自分が解放してやった四人の解放奴隷に生前贈与したものだということがわかっている。(11)庭園を贈与したのは死んだ妻の「思い出を永遠に残す」ためで、子々孫々売ってはならないという条件がついていた。だから、これらの庭園は公園として解放奴隷たちによって管理されていたと推理することができる。

ここで、皇帝は保養のための一日を過ごすことにした。『ヒストリア・アウグスタ』によると、

その家の奴隷のひとりが剣を手に彼にむかって突進してきた。しかし、ハドリアヌスはその男をいともたやすくつかみ、彼を守るために駆けつけた侍従たちに引き渡した。あとで、その男が精神に異常をきたしていることがわかると、彼は治療のため医師たちに身柄を委ねた。終始一貫、警戒している様子を微塵も見せなかった。(12)

男に政治的な意図はまったくなかった。そして、皇帝の落ち着いた慈悲深い対応は人々の賞賛の的となった。

ハドリアヌスは軍団の徴兵を行なったが、こちらのほうは彼の人気に一抹の翳りを落とすことになった。イタリア本土出身のローマ市民は軍団兵にはならないという不文律があったので若干の反発もあったが、皇帝は意に介さなかった。このことはおそらく関係がないと思われるが、ヒスパニア南部を通過中に皇帝が故郷イタリカを訪問できなかったのは興味深い。(13) イタリカにはここ数年、さまざまな公共事業を行なうために莫大な資金を投じてきた。だから、素通りするのはいかにも不自然だ。イタリカの住民たちも皇帝が来たら市格の格上げを嘆願しようと待ち構えていたので、いたく失望した。しかたなく、住民たちは嘆願書を提出した。しかし、皇帝は元老院の次の会議で議題に上げると約束するにとどめた。

皇帝の頭はもっと急を要する問題でいっぱいだった。すでにブリタンニアにいるときに、マウレタニアで再び反乱が起き、アレクサンドリアでも騒乱が頻発しているという報告を受けていた。反体制的なユダヤ人とギリシア人コミュニティのあいだの内戦を（今はローマで近衛長官の職にある）マルキウス・トゥルボが鎮圧してから、まだ四年しか経っていなかった。今回の紛争はエジプトの原住民たちの聖牛に端を発していた。

彼らが信じる宇宙起源論では、宇宙はプタハ神が夢を見て、造ったことになっていた。プタハの別の姿がオシリス、すなわち殺されてのち、死からよみがえった冥界の支配者だ。そして、この慈悲深き神、オシリスによって、死者は死後の世界に受け入れられると信じられていた。プタハの地上での化身、あるいは使者が聖牛アピスだった。聖牛は額と舌と脇腹にある特別な模様から判別された。メンフィスのプタハ神殿で世話をされていて、牝牛のハーレムを与えられ、人々の信仰を集めていた。聖牛は死ぬと、セラペウムと呼ばれる墓地《ネクロポリス》に運ばれ、歴代の聖牛たちとともに巨大な石棺の中で永遠の眠りについた。

当時は新たな聖牛アピスが選ばれたばかりで、アレクサンドリアではこの慶事を祝うための硬貨も発行された。ところが、ここで問題がもちあがった。『ヒストリア・アウグスタ』によると、いくつかのコミュニティが聖牛アピスの世話をしたいと言い出したため、あちこちで係争が勃発してしまったのだ。慌てたエジプト長官は皇帝にお出まし願いたいと訴えた。

ハドリアヌスの視察旅行の北アフリカの部分については、ほとんど記録が残っていない。ただ、マウレタニアの問題は思ったほど深刻ではなかったようだ。もし大規模な戦闘があり、皇帝がみずから介入しなければならなかったとしたら、なにかしらの記録が残っているはずだからだ。属州総督は皇帝が到着するまえに問題を解決できたのだろう。あるいは、皇帝訪問のニュース自体が反対分子に対する抑止力になった可能性もある。

アレクサンドリアに関しては、優秀な部下の存在が大きかった。スエトニウスから文書局長の職を引き継いだのは、ガリア出身の知識人、ルキウス・ユリウス・ウェスティヌスの可能性が高い(14)。一級のインテリで、帝国図書館の館長をつとめたこともあり、学術界の大御所だった。アレクサンドリアの科学・文学研究の最高峰であるムセイオンの所長をつとめたこともあった。かの有名な図書館を有するムセイオンは、プトレマイオス王朝が前三世紀に創建した由緒ある研究所だった。そういうわけでウェスティヌスはエジプトの文化や事情に精通していたから、皇帝に適切な進言をすることができた。

とりあえず、ハドリアヌスは厳しい叱責の手紙を書き送るだけにした。この手紙は驚くほどの効果があり、騒乱はたちまち終息した。ここでも、皇帝がゆっくりと、だが着実にエジプトに近づいているという事実を知っただけで、人々は冷静にならざるをえなかったにちがいない。

これらの突発的な問題が解消するやいなや、新たな、そしてもっと大きな問題が発生した。パルティアのほうが騒がしくなってきたのだ。皇帝はアフリカ諸州の巡察を見送って、すぐにアンティオキアにむけて出帆し、かの地には一二三年の六月に到着したようだ。彼の目的は、コスロエスであろうと誰であろうと、とにかくパルティアの王位にある者に会って、はやまったことをしないよう説得することだった。

町はまだ八年まえの大地震から完全には立ち直っていなかった。ハドリアヌスは文化振興のために気前よく資金を提供した(15)。道徳上あまり好ましくないダフネの庭園への愛着はあいかわらずで、未来を予知するカスタリアの泉が自分の即位を予言してくれたことに感謝の気持ちを抱いていた。彼は〝泉の祭り〟を創設し、以降毎年六月二十三日は祭日とした。また、〝泉の劇場〟や〝妖精《ニンフ》たちの聖堂〟も造らせた。記録にはないが、この折に、即位直後に畏怖の念から塞がせた泉から石を取り除かせたようだ。

パルティアとの国境に向かうまえに、ハドリアヌスは前帝トラヤヌスに奉献するために「たいへん優雅な」神殿(16)の建設を命じ、彼の名誉を称えることも忘れなかった。ローマの名誉を守るためにも、敵との交渉をうまく進めるためにも、トラヤヌスがパルティア王国を無理に征服しようとして招いた実質的な敗北を勝利にすりかえておく必要があった。

交渉の詳細については、ほとんど記録が残っていない。しかも、対立する二人の王のうちどちらが王位を占めていたのかさえわかっていない。一一七年にハドリアヌスがパルティアから軍団を引き上げたとき、彼はコスロエスを正統な王であると承認していた。すでに述べたように、新ローマ皇帝はトラヤヌスが据えた傀儡君主、コスロエスの裏切り者の息子、パルテマスパテスを退位させ、メソポタミア北西部の小王国オスロエネを見返りとして与えていた。

五年経った今、コスロエスは屈辱的な状態が続いていることに不満を抱いていたはずだ。トラヤヌスの軍事作戦で捕らえられ、そのまま人質になっている娘と玉座の返還を王は強く要求していたものと思われる。さらに、ローマ軍の攻撃により受けた甚大な損害に対する賠償まで求めていた可能性がある。ローマが近隣諸国の不満を抑えるために金を出すことは珍しくはなかった。

通常ローマとパルティアの元首会談は、両国の国境となっているユーフラテス川で行なわれた。川の中州で対面するのだ。このときも、きっとそのような形をとったことだろう。会談の成果について、『ヒストリア・アウグスタ』は曖昧で簡潔な記述しか残していない――「対パルティア戦はその時点では準備段階を越えてはいなかった。ハドリアヌスはそのことを直接会談により確認した[17]」。この記述を読むと、皇帝のほうが譲歩したと考えてまちがいないだろう。トラヤヌスが束の間獲得しただけの領土を取り返すことに、彼はまったく執着していなかった。戦争はいかなる実質的な利益ももたらさないし、自分の非拡大政策とも矛盾する。そのうえ、莫大な資金が必要だった。

硬貨を見ると、皇帝がコスロエスとの会談をどのように位置づけていたかがわかる。それまで、しばらくのあいだ、硬貨の意匠はブリタンニアの防御線巡察、ムーア人の反乱の平定、パルティアの脅威への対抗など、エクスペディティオ・アウグスティ[18]（皇帝親征）がテーマだった。そこに、ヤヌスが硬貨の意匠として登場しはじめたのだ[19]。

ヤヌスは入口と出口、往来、始まりと終わりの神だった。「天国と地獄の扉の番人だったので[20]」、二つの顔をもつ姿で描かれた。ローマのフォルムに彼に捧げた小さな聖堂がある。その扉は戦時には開かれ、帝国が平和になると閉じられた。ローマ人たちは平和とは戦場で勝って獲得するものだと考えていた。だから、硬貨に描かれている扉を閉ざしたヤヌスの聖堂は、皇帝が軍事的な成功を交渉による成功と同等かそれ以下と見なしているということを意味している。

彼が心から敬愛していた統治者、アウグストゥスがパルティアに対して同じ戦略を選んだのは偶然ではない。つまり、交渉は戦闘よりも上位の手段だという対話優先策だ。彼も前二〇年と後二年に宿敵パルティア王国と渡り合い、譲歩することなく話合いで成果を上げている。そして、ヤヌスの聖堂の扉をプロパガンダのために有効利用することを思いついた最初のプリンケプスも彼だった。アウグストゥス以前、ローマの歴史は戦争の連続だったので、ヤヌスの聖堂の扉は二回しか閉じられたことがなかった。それを、アウグストゥスは三回も閉じたのだった。

前五世紀に起きた有名な事件の舞台に立ったとき、皇帝の脳裏には歴史が鮮明によみがえった。そこは尾根にむかって伸びていく急峻な峠道だった。尾根からは、黒海とカッパドキア北部のトラペズス港（今日のトラブゾン）が見えた。ここここそが、前四〇一年のある日、疲労困憊したギリシア人傭兵部隊が曲がりくねった細く険しい高山の山道を長きにわたって行軍したすえ、やっとたどり着いた場所だった。

ギリシアの重装歩兵《ホプリテス》は当時、最強の戦士として広く認められていた。およそ一万名の重装歩兵がペルシア王国の王位を狙う人物に雇われた。彼らは簒奪者の軍勢に加わり、時の〝王の王〟〔ペルシア王のこと〕をめざして行軍した。ところが、バビロン郊外の運命を決する戦闘に勝利はしたものの、肝心の簒奪者は戦死してしまった。彼の死とともに謀反は終焉し、失職したギリシア人傭兵たちは追われる身となった。そして、ペルシア軍からの数百キロにも及ぶ敵地での逃避行を余儀なくされたのだった。将軍や指揮官たちは殺されたり捕らえられたりして、リーダーさえいなかった。そこで、隊長に選ばれたのが、経験は浅いが有能な兵士だったアテナイ人のクセノフォンだ。彼は生まれながらのリーダーだった。絶望的な状況であったにもかかわらず、ギリシア都市が散在し、ギリシア行きの船が出ている黒海沿岸まで仲間たちを生還させることに成功した。

ぼろぼろになった兵士たちが足を引きずりながら坂を上っていると、クセノフォンと後衛の兵士たちの耳に峠の上のほうから大きな叫び声が届いた。さては正面にも敵が回り込んでいるのかと、彼らは身構えた。後日、クセノフォンはこの長き退却劇を描いた文学作品を残している──自身のことは三人称で、きわめて謙虚に描いている──が、このときの様子をつぎのように記している。

しかしながら、叫び声はどんどん大きく、どんどん近くなってきた。それまで一定の早さで前進しつづけていた男たちが、先頭のほうで叫びつづけている男たちに向かって走り出した。すると、叫び声がいっそう大きくなったので、そうとう重大なことが起きているのだとわかった。そこで、クセノフォンは馬にまたがり……加勢するため、騎兵たちを引き連れて前方に駆けつけた。まもなく、兵士たちがこう叫んでいることがわかった──「海だ！　海だ！」(21)

オデュッセウスがトロイア戦争から故郷イタカに戻ったときと同じくらいに有名な帰還の場面だ。コスロエスと協定を結んだあと、東方国境の諸州を巡察中だったハドリアヌスは尊敬する先達のひとりであるクセノフォンにオマージュを捧げる時間をなんとしても見つけようと思っていた。彼はクセノフォンの勇敢で品行方正な点を高く評価していた。しかし、それほどまでに敬愛していたのは、彼が狩猟の熱烈な愛好者で、しかも、狩猟について優れた作品を書いていたからでもあった。

現地を訪れたハドリアヌスは強く心を打たれた。訪問の記念になるように、ギリシア兵士たちによって築かれた石塚[22]のかたわらに祭壇と自身の彫像を建立するよう命じた。数年後、ハドリアヌスの友人で、ハドリアヌスよりも筋金入りのクセノフォン信奉者だったアッリアヌスがカッパドキアの属州総督に任命された。総督の職務の一環として山上の現場を訪れた彼は仰天した。たしかに祭壇は建設されていたが、石積みは荒っぽく、碑文もいい加減に刻まれていた。そこで、全面的に造り直すことにして、その旨を皇帝に報告した。皇帝の彫像についてはこんな説明をしている。

ポーズはよいのですが——海のほうを指差しています——、陛下にぜんぜん似ていないし、できもよくありません。そこで、陛下の名を冠するに値する彫像を発注しました、同じポーズで。恒久的なモニュメントを建てるには、あそこはまさに格好の場所です[23]。

造り直したモニュメントはずっとすばらしいものだったにちがいない。しかし、アッリアヌスの言及する「恒久的なモニュメント」は歴史の荒波に翻弄されたようだ。祭壇も彫像も今では跡形もなく失われている。ただし、石塚だけは今でもある。残るべくして残っているということだろう。

皇帝の次なる訪問地はポントゥス・ビテュニアだった。そこは戦略的にきわめて重要な属州だった。黒海の南岸に位置し、ドナウ川沿岸諸州とユーフラテス川の前線をつなぐ主要ルートだったからだ。古代の文献によると、この地方はもともとプロポンティス〔今日のマルマラ海〕を渡ってきたトラキア人たちによって開発された。しかし、黒海沿岸には、ギリシア本土や小アジアからやってきたギリシア人たちの植民市がネックレスのように連なっていた。そのため、ギリシア文化がおおいに栄え、著名人を何人も輩出していることで知られていた。たとえば、有名な修辞家であるプルーサのディオン・クリュソストモス、軍人作家アッリアヌス、彼らよりは遅く、二世紀に生まれた歴史家のディィオ・カッシウスなどだ。

注意深い視察者にとって、調査すべき点は山ほどあった。ポントゥス・ビテュニアの政治家たちは政争に明け暮れ、腐敗しきっていた。前任者のプリニウスは手を尽くして改革しようとしたが、なにも変えることができなかった。トラヤヌスへの書簡では、いかにも皇帝が好きそうな土木建設プロジェクトについても多数言及している。たとえば、アマストリスについては、「たいへん美しい長い道[24]」の中央に蓋をしていない下水溝があるため、美観が台無しになっていると書いている。彼はトラヤヌスから、蓋をして、「毒性のある悪臭を放つ、このうえなく目障りなもの[25]」を除去する許可を取り付けることに成功した。ハドリアヌスは、改修工事がきちんと完了し、問題が解決されたかどうか確認するために、みずからその道路を見て、点検してみたいという思いを抑えることができなかった。

属州都ニコメディアとニカイアは震災で甚大な損害を受けていた[26]。皇帝は必要な修復を行なうための資金を提供し、みずから細部にわたって再建事業を指図した。

この属州にいる間に何か特別の驚くようなことが起こるとは思っていなかったから、皇帝は安心して今後の視察計画を立てた。まずはトラキアに行き、そこから北に進路をとってドナウ川沿岸諸州を訪ねる。そのあとで、働き通しだった自分自身への褒美として、ずっと楽しみにしていた心の故郷であるギリシアでの長期滞在。しかし、出発するまえに、ある邂逅が訪れた。

彼の人生を変えることになる、十代なかばの、ひとりの田舎の少年に出会ったのだ。

第十九章　ビテュニアの少年

彼の出身地はクラウディウス帝と縁の深いクラウディオポリス（今日のボル）という町だった。カッパドキア属州の肥沃な沿岸平野と内陸部を隔てる山岳地帯の高地に位置する町だ。山の斜面はモミやオーク、ブナなどの木々に覆われていた。このあたりの木材は古来より船材として使われていた。農地は少なかったが、豊かな牧草のおかげで牧畜が盛んだった。昔から、ミルクとチーズの産地として有名で、今日でもそれは変わらない。冬季には道が氷と雪で閉ざされ、交通が遮断された。

今も昔も、湖が点在し、豊かな森に恵まれた山々は猪をはじめとする野生動物の宝庫だった。格好の狩場であり、大好きな狩猟をするためにハドリアヌスもはるばる訪れたかもしれない。

クラウディオポリスはたいへん繁栄していた。そして、土地の資産家たちは町のさらなる発展のために、ときに過剰ともいえるほど開発に熱心だった。プリニウスはトラヤヌスに、彼らが「ある山麓に巨大公共浴場を、ほとんど山を切り崩すほどの勢いで建設している」(1)と、苦々しげに報告している。現場は公共浴場には不向きな危険な場所にあり、資金調達に関しても不安があった。大金をどぶに捨てるはめにならないことを祈りつつ現行プランのまま完成させるか、あるいは、これまでに費やした資金を損切りして、新たな場所にゼロから建設するか、彼は決めあぐねていた。しかし、トラヤヌスからの返事は、決定は属州総督がすべき、というそっけないものだった。
カッパドキアからの幹線道路はクラウディオポリスを通る。だから、この問題にどのような決着がつけられたのかを確かめるため、プリニウスの著作を片手にハドリアヌスは公共浴場に立ち寄ったと考えてまちがいないだろう。その少年に会った、あるいは、すくなくとも気がついたのはその折だったのだろうか。

一二三年当時、アンティノウスは十五歳になるかならないかぐらいだったはずだ。生年ははっきりしていないが、誕生日は十一月二十七日[2]だったようだ。皇帝との出会いに関する記録は残されていない。一三〇年に二人がエジプトと北アフリカをいっしょに観光したことがわかっている。それまで、少年はいっさい表舞台に出てこない。ちなみに、このときのエジプト滞在の記録が二人の親密な関係を唯一確認できるものだ。

残された多数の彫像を精査すれば、アンティノウスの容貌が想像できる。ほとんどの像は死後に製作されたもので、理想化され、愁いを帯びた表情をしている。しかし、生前に製作された初期の像は陽気で、ぽっちゃりとした丸顔のティーンエージャーの姿[3]、ほとんど子どものようなあどけない姿を留めている（古代においては、十四歳で成人式をしたが、思春期の訪れは遅く、実際に大人になるのは十四歳から十六歳のあいだだったようだ）。ある浮彫りに刻まれている一三〇年前後のアンティノウス[4]は短髪で鬚をたくわえた二十歳前後の青年の姿をしている。

ということは、四十七歳の皇帝とこのビテュニアの若者の人生の軌跡が交わったのは、皇帝がカッパドキアに滞在した折だったと考えるのが合理的だ。国家元首が路上で偶然誰かと知合いになるなどありえないので、アンティノウスはなんらかの公式行事に参加し、皇帝の目にとまったと見るべきだろう。その場所はクラウディオポリスだったかもしれないし、あるいは、属州都のニコメディアだったかもしれない。さらには、第三の可能性として、ヘラクレイアも考えられる。皇帝の名誉を称え、ヘラクレイアで新たな競技会が創設されたので、アンティノウスが競技者として参加したということもありうる。

少年の両親については、ギリシア系だったらしいということしかわかっていない。クラウディオポリスの人々は（真偽はともかく）、ペロポネソス半島のアルカディアからの移民によって自分たちの町が創建されたと信じていた。アルカディアの首都、マンティネイアの第二の始祖がアンティノエという名の女性だったというのは興味深い。なぜなら、アンティノウスはアンティノエの男性形だからだ。アンティノエは神託を授かり、ヘビに導かれて別のところにあった町を現在の場所に移したとされている。アンティノウスという名前はクラウディオポリスでは人気があったにちがいない。(5)

後年、アンティノウスはハドリアヌスの奴隷だったという説が流布したが、この説にはすこし無理がある。そのような出自の少年が皇帝の寵愛を受けたりしたら、たいへんなスキャンダルになっていただろう。これは想像以上のなにものでもないのだが、おそらくアンティノウスは、息子を公式行事に参加させられるだけの経済力はもっているが、かといってそれほど社会的に地位は高くない地元の一般家庭の出だったのではないだろうか。もし彼の家が上流階級に属する資産家で、市の行政の中枢にいたなら、なんらかの言及が残っていてしかるべきだからだ。(6)

少年の出自や社会的身分がどのようなものであれ、重大な、それも圧倒的に重大なことは、ハドリアヌスがアンティノウスに恋をしてしまったという事実だ。その恋はその後の二人の人生を鮮やかに彩ることになった。

ところで、〝恋をする〟とは、もちろん性的な意味合いを含めてだが、ローマ帝国のエリート層にとってどのようなことを意味していたのだろう？　それは、今日の感覚とはかなり異なっていた。性交はキリスト教により罪深いものとされてしまったが、当時は罪でも悪事でもなかった。古代世界の人々は基本的に、肉体的に愛し合うことは罪も害もない楽しみだと考えていた。

もちろん、性の自由にも限界はあった。喜劇作家のティトゥス・マッキウス・プラウトゥスは前三世紀につぎのような基本原則を書いている。この基本原則はその後、何世紀にもわたって生きつづけた。自由民として生まれた女性より売春婦のほうがよいと言う若き主人にむかって、ある奴隷がかけた言葉だ。

ここに来て、おおっぴらに売られているものを買っても、誰にも文句は言われません。お金さえもっていれば。公道を歩いても、誰にも文句は言われません。柵を巡らせた農園に入りさえしなければ。誰を愛しても、誰にも文句は言われません。既婚女性、未婚女性、乙女、青年、自由民の少年でさえなければ。(7)

これでは誰も愛せない。子どもが市民権を得るには両親の身元に一点の曇りがあってもならないから、ローマ市民との婚外交渉は厳しく禁じられていた。しかしながら、奴隷と外国人は、男女ともに、規制の対象外だった。

ということは、もしアンティノウスがローマ市民だったら、彼とベッドをともにしたら規則違反になる。しかし、おそらくその可能性はなかった。属州においては、ごく少数のエリートにしか市民権授与の名誉は与えられなかったからだ。

ローマの男性たちに課せられた二番目のルールは、性交時に「受動的」ではなく「能動的」でなければならない、というものだった。ペニスを誰かに挿入するぶんには問題ではないが、挿入されることは絶対に許してはならなかった。アナルセックスをしてペニスを挿入されることは相手の支配下に入ることを意味し、偽女《にせおんな》であると見なされた。

ローマ人は同性愛を特別視せず、単に数ある性的バリエーションのひとつと見なしていた。前二世紀に制定されたスカンティニウス法によって、好ましくない同性愛行為（たとえば、男性の売春など）は禁止されていたが、この法律は帝政期にはすでに形骸化していた。

ローマ人とは対照的に、ギリシア人にとって同性愛は特別な意味をもっていた。彼らが理想とする同性愛は、青年と思春期を過ぎたティーンエージャーのあいだの同性愛だ。年長の青年には、平時においては年少のパートナーの社会教育を担い、戦場においては彼を勇気づけることが期待されていた。恋人たちのあいだになんらかの性的行為はあって当然だと考えられていたが、私たちの知るかぎり、それはけっして必要不可欠な要素ではなかった。教育係の青年がいかにハンサムで魅力的であろうとも、年少のパートナーのほうからは積極的に性交渉を求めないことも少なくなかった。しかしながら、求められれば少年は応じなければならなかった。肛門に押しつけるだけにしても、直腸まで入れるにしても、合意のうえであればペニスの挿入を許すことは許容されていた。このような同性愛の効能がどこまで広い範囲で認められていたかは定かではないが、当時の人々はすくなくとも戦場において士気を高めるためには有効であると信じていた。また、婚姻が家と家のあいだの関係を深めるための有効な手段であったように、このような恋愛関係も政界の裏ネットワークの構築には欠かせないものだった。

同性愛の扱いは国によってさまざまで、貴族階級やエリート階級に限定されることも多かった。スパルタやテバイでは、若い男性間の親密な関係は軍生活の一部だった。部族の正式構成員となるための儀式に男性間の性交を含む事例が世界各地で確認されている。たとえば、クレタ島がそうだ(8)。若い男性は特定の少年を選び、少年の友たちに拉致させて、彼を手に入れる。つぎに、若者は少年に高価な贈り物をする。そして、少年の友たちとともに郊外に移動し、そこで狩りをして、お祭り騒ぎをしながら二か月間を過す。これをもって、二人はフィレトル（友人）またはパラスタテス（戦友）と呼ばれるカップルとして公認される。

アテナイのシステムについては、プラトンの対話編『饗宴』に詳説されている。〝対話〟は実在の人物たちによる架空のディベートで、ギリシア・ローマ文化においてはたいへん人気のあった文学ジャンルのひとつだ。話し手のひとり、パウサニアスはエラステス（愛する人）とエロメノス（愛される人）のあいだの恋愛はおおいに尊重すべきだと明言する。

同性愛者たちは……年端のゆかない少年たちに恋をすることはない。知性が芽生える年齢まで、言い換えるなら、顎鬚が生えはじめるころまで待つ。少年たちが適齢期になるのを待つことにより、彼らは、私の見立てに間違いがなければ、長く続く関係、一生続くパートナーシップを築くことが自分の望みであると示すのだ。(9)

時とともにエロス（情愛の熱）はフィリア（肉体関係をもたない大人の深い友情）へと昇華する。性的な関係は、それがどのようなものであろうとも、つかの間のものにすぎない。なめらかな頰に髭が生えはじめるころには終わってしまうものだ、というわけだ。

〝ギリシア愛〟の理論と実践はギリシアの自由都市国家が崩壊し、ローマ帝国に吸収されたのちも消滅せず、ハドリアヌスの時代にもまだ生き残っていた。当時を代表するギリシア系知識人で、年下の皇帝からも絶大な称賛を受けていたプルタルコスは膨大な量の対話を残した。そのなかの一編において、プロトゲネスという名の人物に同性間の恋愛について語らせている。

　真の純粋な愛は少年たちの愛だ。肉体的な欲望を含まない愛……香料入りの軟膏をべたべたと塗りたくり、微笑や流し目で誘惑するようなこともない。少年愛こそ、実直で、裏表がなく、健全で、哲学の学校やレスリングの試合や競技場《ギュムナシオン》に活気を与え……関心を引くものすべてを徳の高みに昇華させる。[10]

　こんなに都合のいい論理をどこまで鵜呑みにしていいものやら。キケロのような皮肉屋は、エロメノスの精神性にしか興味がないと言うエラステスの動機に疑問を呈している。ならば、どうして誰も不細工な若者には恋をしないのか、と。[11]

　男たちは自分のことを〝ホモセクシュアル〟だとは考えていなかった。そもそも、現代心理学が確立される以前、異性愛に唯一対立するものとしての（特に男性間の）同性愛という概念そのものも〝同性愛〟という言葉も存在していなかった。もっとも、定義がなかったからといって、そのような現象を表現する言葉がなかったかといえば、そうではない。いかにも女性的な振舞いをする同性愛者に対しては、辛辣な言葉（たとえば、キナエドゥスなど）も使われた。しかも、ローマ人たちはゲイ（ゲイという言葉は存在していなかったが）を敏感に見分けることができた。また、男性とも女性とも同衾する人々もたくさんいた。女性の同性愛のことはよくわかっていないが、上流階級では一般的なことだったようだ。マルティアリスは女友だちのことをからかってこんなことを書いている。

　レズビアンのなかのレズビアン、フィラエニスよ、セックス相手を

そなたが「私の女友だち」と呼ぶのはまったく正しい(12)

「女友だち」という言葉に「女性の友」と「女性の愛人」という二つの意味があったことがわかる。ちなみに、トラヤヌスの周辺には異性愛の男性がほとんどいなかったから、たまに異性愛者がいるとたいへん目立ったらしい。そのあたりのことを後宮の女性たちがどのように受けとめていたのかが不明なのは実に残念だ。

この時代の特異な点のひとつは、五十年近くにわたって、同性愛的傾向のきわめて強い男性が二人続けて帝国のトップの座を占めたことだ。トラヤヌスが女性と同衾したという記録はまったくない。ハドリアヌスについては、サビナが妊娠しないように気をつけていたという記述があるので、すくなくとも時々は性交があったのだろう。また、『ヒストリア・アウグスタ』には、彼が「男性と既婚女性との不倫に情熱を燃やしていた」という、棘を含んだ証言が残されている。もっとも、どの文献にもこの証言を裏付ける記述はまったく見つけることができない。皇帝の性的な傾向がどうであれ、政治にはなんら影響を及ぼさないと考えられていた。公的な事柄を決定する際に、彼らが私生活を反映させたことは一度もなかったからだ。実際、その点については誰も不満を述べていない。

しかしながら、この同性愛的傾向が文化的、社会的影響をもっていなかったとは考えにくい。直接的な影響を物語る証拠は伝わっていないが、稚児趣味の男色文学は隆盛を極めた。小アジアの肥沃なヘルモス渓谷にあるサルディスの出身のストラトンという詩人はハドリアヌスと同時代の人で、少年を愛する人《フィロパイス》として有名だった。彼は『モウサ・パイディケ(13)(少年の楽神ミューズ)』というゲイ専門のエピグラムを集めた詩集を出版したが、収められた詩の大半は彼自身が作ったものだった。愛についてのしゃれた言葉遊びには、不謹慎きわまりないことに、かわいい少年の気を引いて、手に入れようという下心があった。

ユウェナリスはローマのあちこちで見られる腐敗したゲイ・コミュニティの様子を冷静に観察している。彼は「自分がたおやかな美少年ガニュメデスの現代版であると夢見ている」[14]売春夫に同情する。彼らは長じてしまえば、大きな一物をぶら下げた、ただの「二足歩行のロバ」になりさがり、老人たちを背に乗せては脱毛して緩んだ肛門をさしだして性をひさぐしかないのだ、と。悲しいことだが、ストラトンに愛された少年たちもおそらく同様の運命をたどったのだろう。

フィロパイス傾向のある皇帝とアンティノウスの関係はいかなるものであったか？　トラヤヌス治世下の宮廷におけるハドリアヌスについての記録からは、彼が両性に対する強いリビドーをもっていたことが見てとれる。ビテュニアの少年は彼にとって、ストラトンの詩に出てくる「金色の美少年」のような、単なるおもちゃだったのかもしれない。贅沢と放蕩の限りを尽くしたと言われる[15]ハドリアヌスにとって、アンティノウスは膨大な数の〝お宝〟のうちのひとつにすぎなかったのだろうか。

あるいは、このきわめてギリシア的な皇帝は自身をエラステス、アンティノウスをエロメノスと見なし、少年に特別な感情を抱いていたのだろうか。規範に忠実なエラステスであろうとするなら、少年を敬意をもって扱い、丁寧に愛を告白し、その思いを受け入れるかどうか決めさせたはずだ。ハドリアヌスの寵愛を受けることは、当然ながらアンティノウスが成長するにつれて彼の倫理観に多大な影響を与えることになっただろう。

二人の関係が真剣なものだったという説を裏付ける強力な状況証拠は、関係が一時的なものではなかったという点だ。アンティノウスはつかの間の情事ではなかった。しかしながら、ギリシア愛の大前提は社会的に対等であることだ。権力格差は必然的に自由な選択を妨げる。理想を追求するならば、まず少年に選択の自由を与えなければならない。唯一最高の権力者に対して、いったい誰が「ノー」と言えるだろう？　かといって、アンティノウスのように低い階級の者が成人後、政治家や軍人としてどんどん出世したりしたら、ローマの政界エリートたちは心底驚き呆れ、おおいに反発したことだろう。

いちばん可能性のある仮説は、ハドリアヌスの感情は屈折していた、というものだ。アンティノウスはストラトンが詩に詠んだ〝お稚児さん〟としてハドリアヌスのもとに来たのだろう。しかし、今となっては知りようのない、なんらかの理由により、皇帝をすっかり魅了してしまった。だから、他人の目にはいつもの肉体だけの関係と見えるものを、ハドリアヌスはギリシア愛という時代錯誤的なものでもっともらしく飾りたてたのだろう。

エラステスとエロメノスのあいだの恋愛関係はフィリア（肉体関係をもたない大人の深い友情）へと成熟していくべきものだ。しかし、五年もすれば、アンティノウスの頬にも髭が生えはじめる。いよいよ情熱の夏が過ぎ、秋が訪れようというときに、二人の関係はどうなっただろう？　ハドリアヌスは誠実なまでいるだろうか？

ハドリアヌスは大視察団を率いて優雅に旅をした。随行員たちはアグメン・コミタンティウム[16]（移動する仲間たちの大集団）と呼ばれ、そのなかには官僚もいて、属州総督やローマの元老院との通信、帝国各地から大量に届く嘆願書への返信、財務管理を担当していた。近衛隊や、忠誠心の塊のようなバタウィ部隊もいれば、建築作業員、石工、建築家など、「大規模構造物の建築と内装を可能にする、ありとあらゆる種類の特殊技能者たち」もいた。彼らは「軍団式に歩兵大隊[17]」を形成していた。

もし皇帝が望んだなら、少年のひとりくらい視察団に加えることは容易だったはずだ。しかし、アンティノウスは宮廷の複雑で摩訶不思議なしきたりをまず身につける必要があった。だから、ローマの公立パエドゴギウム[18]に送り込まれた可能性が高い。パエドゴギウムは、十二歳から十八歳までの少年たちが宮廷給仕になるための技術を学ぶ寄宿学校で、ローマで遺跡が発掘されている。当時の校長の墓石[19]からは、彼がティトゥス・フラウィウス・ガニュメデスという名前だったことがわかる。美少年の代名詞であるガニュメデスという名前がついているのは、偶然にしてはできすぎだ。それはともかく、遺跡から発見された碑文に頻繁に「香油塗り（香油を塗り、マッサージをする医療行為者）」や「理髪師」についての記述があることから、少年たちが行き届いた世話を受けていたことがわかる。若くて見目麗しいだけでは宮廷給仕の仕事はつとまらないので、生徒たちは一生困らないように幅広い技術を習得しなければならなかった。卒業後は、部屋係になる者もいれば、会計、書記、近侍、執事になる者もいた。

書き方や算数などの学問のほか、生徒たちは料理や飲み物の給仕作法も学んだ。このような教育機関については、「最も忌むべき悪徳のための学校だ。必要以上にがつがつと食わせるために使うスパイスのようだ。サービス過剰もはなはだしい[20]」という批判的な意見もあった。ユウェナリスも、「空飛ぶナイフ」を振り回して踊りながら肉を切る給仕について、苦言を呈している[21]。

パエドゴギウムの小さな居室の壁に残された二百あまりの落書き[22]から、多少なりとも学校の雰囲気が想像できる。大半は卒業生が残した喜びのメッセージだ。「コリンススはパエドゴギウムを卒業する！」とか、「ナルボネンシスはパエドゴギウムを卒業する！」といったぐあいに。友人や兄弟が二人の連名で残したメッセージもある。なかには、「恋人同士」であることを明記したものもある。最も衝撃的なものは、ロバの頭部をもつ男性がはりつけられた十字架の前に跪く少年の絵だ。下には、「アレクサメノスは彼の神を礼拝する！」という侮辱的な言葉が書かれている。おそらく彼は若きキリスト教徒で、その信仰をからかわれたのだろう。

ハドリアヌスはアジアとヨーロッパを分ける細い海峡を渡り、ギリシア文化の影響を受けた多くの部族が共存するトラキア属州を視察した。それから、ふたたびプロポンティス（今日のマルマラ海）を渡り、ミュシアをまわった。ここでも、皇帝はゆっくりと歴史を振り返るために時間を作っている。前三三四年、アレクサンドロス大王が急な土手を駆け下りて流れを渡り、果敢な攻撃をしかけてペルシア王の大軍を破ったグラニコス川の戦場址を訪ねたのだ。その後、皇帝はトロイアに向かった。当時、トロイアはこれといった産業のない観光客相手の海辺の小村だった。彼以前にも、錚々たる人物が多数この地を表敬訪問していた。訪問者たちのなかには、かのアレクサンドロス大王その人もいた。トロイアに到着したハドリアヌスはギリシア戦士アイアスのものと言われている墓[23]がひどく損傷しているのに気づいた。墳墓の入口が潮風に浸食されて玄室がぽっかりと口をあけ、巨大な骨が剝き出しになっていた。膝の皿だけで子ども用の円盤ぐらいの大きさがあった。皇帝は骨を土に埋めさせた。もっとも、骨がほんとうは誰のものだったのかはわからない。動物の化石だった可能性もある。

ハドリアヌスは忙しい公務の合間をぬって狩猟にも出かけ、めざましい猟果を上げた。ミュシアの緑豊かな山岳地帯では牝熊を仕留めた。狩りの成功をおおいに喜び、熊を仕留めた場所にハドリアヌステラエ[24]（「ハドリアヌスの狩猟」の意）という名の町を造った。皇帝の暗殺未遂事件がふたたび起きたのは、この時だったようだ。もっとも、即位直後に起きた暗殺未遂事件の時と同様に、表面上は何も起こらなかったが。

当時の側近のひとりで、ハドリアヌスの友人でもあった人物がこの事件について言及している。代表的なギリシア系知識人で雄弁家のマルクス・アントニウス・ポレモンだ。皇帝より十歳ほど年下で、ポントゥス王家の出だった。帝国政府から多額の経済支援を受け、贅沢な生活をしていたから、おおっぴらにギリシア文化の普及を叫ぶことはできなかったが、スミュルナで修辞学の学校を開き、「選び抜かれた生粋のギリシア人の[25]」生徒たちを教育していた。

ギリシア語からアラビア語に不正確に翻訳された著作[26]によれば、ポレモンは「かつて、大王のお供をしてトラキアからアジアに部隊や車両とともに旅をしたことがある。そのとき、その男が混じっていた[27]」。「その男」の身元については記述がないが、ポレモンは酷評している――「彼は傲慢不遜で、政府を痛烈に批判していた。しかも、最悪だったのは、泥酔していた」。

狩りが始まるまえ、その男は仲間たちとともに現われた。全員が武装していたので、ポレモンは肝を冷やした。彼らはハドリアヌスを取り囲み、「ぶしつけにも皇帝をめざしてまっしぐらに近づいていった。皇帝に敬意を表するためではありえなかった。皇帝を傷つけ、自分を苦しめている邪悪な計画を遂行しようとしていたのである」。

そのうちに、トラブルにまったく気づかなかった皇帝は狩りに出発してしまった。おかげで皇帝に近づいて言葉を交わすきっかけを失ったポレモンと仲間たちはハドリアヌスについて、こんなことを言い合った――「皇帝とは、なんとたいへんな仕事なのだろう。みな彼がのうのうと贅沢三昧をしていると言うが、まったく的外れだ」。彼らは氏名不詳の暴漢についても噂をしはじめた。すると、いつのまにか背後に忍び寄り、聞き耳を立てていた男が言った。「おれの話をしていたな?」。ポレモンは「そうだ」と答え、面罵した。

「おまえのことを話していたとも!」私は言った。「おまえの態度には呆れたものだと話していたところだ。失礼にもほどがある。そんなやつは、さっさと出て行け! いったい、どうしてまたこんな重罪を犯そうなんて思いついたのだ? その胸にのしかかる責任の重さをどうやって耐えてこられたのやら」。それを聞くや、男は一気に感情を吐露した。自分の身内には悪魔がいる、心に芽生えた邪悪な計画はその悪魔のせいだ、と男は言い、めそめそと泣き出した――「苦しくてしかたがない、もうおれは破滅だ！」

このエピソードはたいへん興味深い。後日談がないのが残念だ。ポレモンはただ、狩りの招待客のなかにいた気に入らない人物を中傷したかっただけかもしれない。しかし、すでに見たように、狩猟は皇帝を殺すには絶好のチャンスだった。武装して皇帝の近くまで行くことが許される唯一の機会だったからだ。真相はおそらく、ハドリアヌスに対する不満が彼の治世が始まったのちにもしばらくはくすぶっていて、それがときおり陰謀へとつながることがあったが、それらの陰謀はつねに未遂に終わった、ということだろう。

皇帝の生活はみなが想像するように贅沢三昧ではない、というポレモンの指摘は的を射ていた。たとえ怠惰なプリンケプスであっても政務は多忙を極めた。ましてや、超活動的なハドリアヌスは膨大な量の仕事をこなし、自分で自分を極限に追い込んでいた。それは小アジアの視察旅行を見れば一目瞭然だ。

ローマ帝国が属州経営においてどれほど細部にまで関与していたかは、驚くばかりだ。言うまでもなく、徴税はどの時代でも最優先事項だったが、それ以外の問題については、ほとんどの皇帝はそれぞれの土地の指導的な立場にある市民たちに任せ、係争があれば仲裁者としての役割に徹した。しかし、ハドリアヌスはどのような問題にもみずから介入したという点で、ほかの皇帝たちとは一線を画していた。問題の所在を自分の目で確認することを信条としていたから、現場にひょっこり現われることも多かった。そのため、東方諸州では皇帝がわざわざやってきて、みずから問題を解決してくれたことを記念して、あちらでもこちらでもハドリアノポリスとかハドリアネなどと改名する町が大量発生した。

ストラトニカイア（今日のアナトリアのエスキヒサル）という、ある豊かな町がいい例だ。[28] この町は一一三年に皇帝を迎え、なんらかの恩恵を受けたことに感謝して、みずからハドリアノポリスと改名した。町と皇帝の親密な関係はその後何年にもわたって続いた。皇帝からの三通の書簡が残っている。それによると、皇帝はそれまでローマの国庫に収められていた後背地からの税金を町の歳入に組み入れる許可を与えた。また、裕福な不在地主は「長年放置されて土地が劣化しないように、［ストラトニカイアに所有する土地を］手入れするか、地元の人に売らなければならない」と定めた。属州総督たちにこの町に対してよく配慮するよう指示をした、とも書かれている。

激務のプレッシャーに耐えかねて、ときどき瞬間的な癇癪を起こしては、あとで後悔することもあった。エピソードが二つ伝わっている。旅行の途次（はっきりいつだったかはわかっていないが、今回の視察旅行の際の出来事だった可能性が高い）、ひとりの女性が眼前を通り過ぎる皇帝に近づいて、願い事をした。[29]「時間がない」とハドリアヌスは言った。絶望しきっていた女性は勇気を奮い起こして言い返した――「では、皇帝などやめてしまえ！」これは急所を突いた。皇帝は態度を和らげ、彼女の話に耳を傾けた。

小アジア滞在中に、彼は人口十万人超の大都市、ペルガモンを訪れた。アエリウス・ガレヌス（著名な医学者で、理論家）が書いた精神疾患に関する研究書によると、ここで、

ハドリアヌス帝はペンで侍従の目を傷つけてしまった。彼の一突きが原因で［その奴隷が］片目を失明してしまったことを知ると、彼は侍従を呼び、傷つけてしまったことに対する賠償として何なりと欲しい物を要求するように言った。被害者が無言だったので、ハドリアヌスはふたたび何でも欲しい物を求めるように言った。侍従は、何も要りませんから、目を返してください、と言った。いかなる贈り物をもってして片目を失ったことの埋め合わせができるでしょうか、と。[30]

このエピソードはほんとうにあったことだと思われる。ガレヌスの父親で、ハドリアヌスが滞在したときに現役だったペルガモン人の建築家がおそらく情報源だからだ。すくなくともこのエピソードからは、ハドリアヌスが口述筆記だけでなく、場合によってはみずからペンで羊皮紙に手紙をしたためていたことがわかる。プリンケプスは何らかの理由でかっとした拍子に、故意ではなかったにせよ、侍従を傷つけてしまったのだろう。

ハドリアヌスは訪問先ではかならず都市インフラの整備をした。水道や水路、新道の建設、あるいは旧道の修復を命じ、神殿、その他の公共施設の建設に惜しみなく資金を提供した。

彼は根っからの建築好きで、困難な建築プロジェクトがあると見過ごせない性分だった。プロポンティスの賑やかな港町、キュジコスでは、三世紀もまえに始まったゼウスの巨大神殿がいまだに完成していなかった。ハドリアヌスは「歴代の王たちが試みながら完成できなかったものを完成させる」[31]のはローマ皇帝の義務である、というプリニウスの意見に同意し、神殿の完成を指示した。高さ二〇メートルにも達する神殿の柱が大理石から丸ごと削り出された。ディオ・カッシウスは記している──「概して、建物の細部は称賛を通り越して驚嘆を招くほどのものだった」[32]。しかし、ハドリアヌスのせっかくの善意は無駄に終わってしまった。次帝の時代に、神殿は地震のため倒壊してしまったからだ。

皇帝は自分の建設チームの力量を試すにはもってこいの、もっと難しいプロジェクトにも挑戦した。長い視察旅行も終盤にさしかかったころ、皇帝はエフェソスを再訪した。エフェソスでは、「町の若者たちが劇場で皇帝を称える賛歌を歌い、皇帝も嬉しそうに、くつろいだ様子で歌声に聴き入った」[33]。様子が目に浮かぶようだ。エフェソスのあと、皇帝はロドス島に向った。島の港に船が入ったとき、古代世界の七不思議のひとつ、倒れたロドスの巨像のかたわらを通り過ぎた。ロドスの巨像というのは太陽神ヘリオスの巨大神像で、港の入口の防波堤のところに前三世紀初頭に建立されたものだ。高さは三〇メートル以上あった。自由の女神像のほぼ四分の三に相当する高さだ。レンガ造りの本体の表面に青銅の板を貼り付けたもので、高さ一五メートルの白い大理石の台の上に据えられていた。このあたりは地震が多く、巨像は建立から五十六年後に地震で倒壊してしまった。

その後、何世紀ものあいだ、像は横倒しになったまま放置されていたが、まだ一見したところ完全な姿を保っていた。見る者を圧倒する力をもち、多くの旅人が訪れる観光スポットになっていた。ハドリアヌスも旅人のひとりとしてこの地を訪れ、クレーンとロープと職人を提供して像をふたたび立たせたと、後世のビザンツ帝国の歴史家、イオアンネス・マララスが述べている。マララスの著作(34)は信憑性に欠けるところがあり、巨像再建についてもほかに言及している文献はない。彼は再建工事を記念して作られた碑文を見たと主張している。たしかに、ハドリアヌスはこの種の挑戦には目がなかったから、おそらく皇帝の命令で作業は開始されたものの、技術的にあまりにも困難だったので途中で投げ出されたのだろう。あるいは、再建工事は成功したが、またすぐに倒壊してしまったとも考えられる。いずれにせよ、工事が始まってすぐに皇帝はロドスをあとにしたはずだ。だから、地元の人々は太陽神にそのままゆっくりと寝ていてもらっても問題はないと考えたのだろう。

視察旅行のあいだ、ハドリアヌスは建設事業や経済開発のみに専念していたわけではなく、法務にも多大な関心を寄せていた。立法と司法の実態がある程度きちんとした記録に残されているのはハドリアヌス以降のことだ。これは、彼が法学の専門家、ルキウス・サルウィウス・ユリアヌスに法体系の整備を命じたことが大きい。ハドリアヌスは数世紀にわたり蓄積、増大した現行法や司法判断を整理し、『エディクトゥム・ペルペトゥム（永久告示録）』と呼ばれる単一の法律書に編集させることにした。対象は法律や条令だけではなかった。法務官や属州総督など、司法権を有する高位公職者は着任するとまず告示を発行し、自分の司法方針を示すことになっていた。そのため、告示についても膨大な量が蓄積されていた。ローマ帝国では、皇帝の判断はもちろんのこと、公認法学者たちの所見も法的効力をもっていた。これらすべてが巨大な法的集合体を形成していた。その集合体には、一貫性のない矛盾したものが多数含まれていたので、整理、改廃をする必要があったのだ。

ユリアヌスは基本的に皇帝の権威を強化する方向で作業を進めた。六世紀に出版されたユスティニアヌスの『ディゲスタ（学説彙纂）』の前文に、つぎのような説明がある。

最も慧眼なる法の整備者にして『永久告示録』の編者であるユリアヌス自身が、いかなるものであろうと不備が見つかったなら勅令によりその不備は解消されなければならない、と書き記している。そして、彼だけでなく神帝ハドリアヌスも『永久告示録』の統合令とそれに続く元老院令において、『永久告示録』に記載されていない事例は『永久告示録』の原則に従い、あるいは原則から推定・類推し、その時々の政府によって決定されなければならないと明記している。(35)

やっと東方諸州にも別れを告げる時が来た。皇帝には長いあいだずっと楽しみにしていたことがあった。アテナイ再訪だ。最後に訪れてから十年の歳月が経っていた。ここ二年ほど、彼はアテナイ市政府の高官たちと緊密に連絡をとりあい、求めに応じて市憲法の改編を支援していた。(36) しかし、彼はもっと根本的で野心的な改革に乗り出す意志を固めていた。すなわち、ギリシアをローマと対等のパートナーにして、帝国を再構築することにしたのだ。いよいよ、皇帝の船団はロドス島を発ち、エーゲ海を渡った。

第二十章　ギリシアの島々

子豚はハドリアヌスの腕から逃れようと体をくねらせ、金切り声をあげた(1)。アテナイ近郊の海辺で、ハドリアヌスは子豚を海水で洗おうと奮闘していた。洗いおわると、皇帝は子豚を抱き上げ、穀物をもたらしてくれる豊饒の女神、デメテルに犠牲として捧げた。子豚の命は自分の命の代わりだった。

供儀の次は清めの儀式だった。羊毛のカバーのかかった、背もたれのない椅子に、目隠しをした皇帝は腰かけた。唐箕《からみ》で風が送られ、燃え盛る松明が近づけられた。こうして、彼は空気と火で清められた。

ハドリアヌスは新参者《ムステス》になった。しかし、入信は秘儀に参加して初めて完全なものになる。場所はアッティカの小さな港町、エレウシスだった。入信の儀は毎秋、ボエドロミオンの月（アテナイ暦の一月）に行なわれた。皇帝はこの儀式に間に合うよう、夏の終わりにロドス島からギリシアに来たのだった。

有史前、ゼウスと仲間の神々はギリシア北部の雪に覆われたオリュンポス山に住み、たがいに反目していた。ある日、デメテル女神の美しい娘、ペルセフォネが姿を消した。ゼウスの兄である冥界の王、ハデスに誘拐されたのだ。娘がどこにいるのか見当もつかなかった母神デメテルはペルセフォネを探して世界中をさまよった。やっと娘が拉致されたことがわかったとき、神々の王ゼウスがこの誘拐を事前に了解していたことを知り、大きなショックを受けた。彼女は女神の地位を捨て、クレタの老女の姿に身をやつした。そして、エレウシスに流れつき、土地の長の息子の乳母になった。

夜な夜な、みなが寝静まると、繰り返して塗れば不死身になる軟膏をデメテルは赤ん坊に塗っては燃え盛る炉の中に横たえた。赤ん坊はもちろん火傷ひとつ負わなかった。ところが、ある夜、部屋の中を覗いた母親が赤ん坊の体に炎が触れるのを見て大きな悲鳴をあげた。

怒ったデメテルは女神の姿に戻り、自分を祀るための神殿を建てるよう命じた。その神殿で人々に特別な宗教儀式にくわえ、農業技術も伝授しよう——そう約束すると、彼女は姿を消した。そうこうするうちに、世界は深刻な飢饉に見舞われた。デメテルが種に成長することを許可しなかったからだ。神々のあいだで妥協策が講じられた。ペルセフォネは一年の三分の一を冥界で過ごし、そのあいだ自然は一時的に活動を停止するが、残りの期間は母のもとに戻り、世界は豊作になる、というものだった。

つまり、エレウシスの秘儀の根本は命あるものの死と再生だった。しかし、秘儀が千年以上にわたって人気を保ってきたのは(2)、季節の確実な循環を保証するからというよりも、人々に幸せな来世を約束してくれるからだった。デメテルの熱心な信者になることは、死後の世界における繁栄を担保するための有難い保険をかけるようなものだった。男も女も、奴隷も解放奴隷も、誰もが(ギリシア語さえ話せれば)信者になることができた。ただ、殺人罪の判決を受けた者は除外された。ローマの神々に対する無味乾燥で迷信的な信仰に辟易していた上流階級のローマ人たちも、多数エレウシスの秘儀に参加した。キケロは秘儀によって粗野なローマ人たちが少しは洗練されるのではないかと期待した。「秘儀のおかげで生命の始まりを学び、幸福に生きるだけでなく、より善き希望を抱いて死ぬための力も得ることができた(3)」、と。

信者は、自分が見たり、聞いたり、経験したことを永遠に秘密にすると誓い、誓いを破れば死をもって罰せられることになっていた。幸運にも、何人かのキリスト教の護教論者がその誓いを破って、自分が知ったこと、あるいは知っているると思っていることを明かしてくれた。ハドリアヌスが参加した儀式については、細部は想像するしかないのだが、大まかなところは判明している。

一二四年、ボエドロミオン月の十四日目、若者たちの一団がエレウシスからヒエラ（儀式に使う聖なる道具。聖具）を運んできて、アクロポリスの麓の小さな祠に安置した。通常、宗教儀式に参加する者たちは短剣を身に着けることになっていた。しかし、ハドリアヌスはそれまでの経験から武装した人間を近づかせることの危険性を痛感していたので、この年、武器の携帯は禁じられた。(4)

同月十九日、大勢の人々が行列を作って、聖道（アテナイからエレウシスまで続く二三キロの道路）を行進した。聖具は蓋つきの籠に入れ、巫女たちが運んだ。ハドリアヌスや他の新参者たちだけでなく、それ以上の数のエポプタイ（入信後、エレウシスでデメテルの秘儀にすくなくとも一回は参加したことのある古参信者）も参加した。「イアク」とか「イアケ」というリズミカルなかけ声が繰り返された。これは、おそらく、デメテルに仕える少年神イアッコスのことだろう。群集は束ねた枝を振りながら、陶酔状態で踊りつづけた。

途中、通り過ぎるムステスたちに、仮面をかぶった人々が卑猥な言葉を投げかけ、猥褻な仕草をして、からかう場面もあった。これは、娘を失い悲しみに沈むデメテルにひとりの老女が元気の出る飲料を差し出したというエピソードを再現したものだ。デメテルが拒否すると、老女はスカートをはだけて「恥部をさらけ出し、むき出しの性器を見せた」(5)。それを見た女神は「笑い転げ」、最後には飲料を飲み干した。

行列はエレウシスの一キロほど手前の地点を流れるケフィソス川にかかった新橋を渡った。(6)二年ほどまえに旧橋が洪水で流されたとき、ハドリアヌスが再建させた橋だ。新橋の立派さに、彼は満足したことだろう。現在、川自体は土砂が堆積し、水深がすっかり浅くなっているが、正確に切り出された石灰石のブロックで造った長さ五〇メートル、幅五メートルの橋は今日でも良好な状態を保っている。

やがて夕闇が迫り、星が輝きはじめた。エレウシスに到着したムステスたちは、やっと、食物を口にすることが許された。女神が飲み干したように、ハドリアヌスたちもクケオンと呼ばれる飲料を一気に飲み干した。大麦を煮たものにペニーロイヤルハッカの生葉を混ぜて作った飲み物だ。原料として使った大麦に幻覚作用をもつ麦角菌が含まれていたか、さもなければ、何らかの中毒性物質が混入されていたと考える研究者もいる。麦角菌は幻覚だけでなく、もっと深刻な症状を引き起こすことが知られている。

信者たちは二か所の柱廊玄関から、壁で囲われた大きな広場に入った。謎めいた合言葉を言って先に進むと、柱で支えた屋根付きポーチを備えた、四角い窓のない建物が出現した。それが、まるで密閉された箱のような神殿、秘儀の会場であるテレステリオンだった。暗い内部には柱が林立していた。壁ぎわの階段状のベンチに座った数千の信者たちが式を見守った。ハドリアヌスは他のムステスたちとともに案内人によって会場内に導かれた。おそらくはベールをかぶらされ、周囲のすべてを見ることは許されていなかった。


ここから先のことについては、はっきりとわかっていない。テレステリオンの中央には、細長い石造りの構造物があった。構造物の入口にはアナクトロンと呼ばれるごつごつとした自然石がおかれていた。ここで、ちらちらと瞬く松明の灯りのもと、言語に絶するおどろおどろしい儀式が行なわれたようだ。ペルセフォネの誘拐と、それに続く物語を再現したものだったと考えられている。

アナクトロンは祭壇の役割を果たしていて、その上では炎が燃え盛っていた。炎に焼かれても無事だった赤ん坊に因んで、一種の火の信仰が行なわれていたようだ。動物が殺され、焼かれた可能性もある。ここで、神官《ヒエロファント》が宣言した――「聖なるブリモ［「怒れる者」の意。デメテルの別名］は聖なる息子、ブリモスを生んだ」。

ペルセフォネの劇が終わると、神官はいったんアナクトロンの横の入口から中に入り、聖具を手にふたたび姿を現した。入口の扉がひらくと、中から眩い光が漏れた。これこそがクライマックスの啓示なのだが、それがどのようなものだったのかは、まったく見当がつかない。キリスト教の文献によると、それは「無言のうちに刈り取られた一本の麦で、アテナイ人たちはこれが偉大で完全な啓蒙だと信じていた」。

儀式関係者たちは帝国一の要人がゲストとして参加していることを強く意識していた。ハドリアヌスの案内をした女神官は敬意を表して詩を書いた。

収穫を待つ広き大地の支配者、
無数の人間たちの指揮者、
町々に、とりわけ、かの有名なアテナイに
無限の恵みをもたらしたハドリアヌス[7]。

皇帝はこの入信体験が彼にとってどのような意味をもっていたのかを語ってはいない。もしかしたら、アウグストゥスをはじめとしたローマの多くの先人たちの行動を踏襲しただけかもしれない。しかし、『ヒストリア・アウグスタ』に入信のことがわざわざ書かれている事実から察するに、単なる形式的な行事参加にすぎなかったわけではないだろう。ハドリアヌスは宗教とは何か超越的な体験であると感じ、子どものときから、魔術や占星術に強く惹かれていた。このような心理的傾向をもつ者にとって、エレウシスは強烈な霊的体験だったにちがいない。たとえば、自分が長生きできるように子豚の命を犠牲にするという体験は深く心に刻み込まれ、後年機会が訪れたときに役立つことになった。

とはいえ、エレウシスは国政上も大きな重要性をもっていた。奇妙なことに、皇帝はアレクサンドロス大王の父親、マケドニアのフィリッポス王の例に倣ったと『ヒストリア・アウグスタ』は主張する。この主張はハドリアヌスの回顧録に典拠しているにちがいない。直接的な証拠はないが、推測するに、フィリッポスも秘儀に参加したことがあったのだろう。だから、ハドリアヌスは自分と王を結びつけようとした。しかし、なにゆえに？

フィリッポスは前三三八年のかの有名なカイロネイアの戦いに勝利して、ギリシアから強引に自由を奪った人物だ。だから、卓越した先駆者として皇帝が王の名を挙げるのは実に意外な感じがする。しかし、マケドニア王が反目し合うギリシアの都市国家を強いリーダーシップでまとめあげたことはまちがいない。それを武力で行なったという事実は、王が汎ギリシア《パンヘレニック》の人であったという事実ほど重要ではない、とハドリアヌスは言いたかったのだ。ギリシアはひとつである、と王は考えていた。これは皇帝自身の考えにたいへん近かった。

ハドリアヌスにとって、国籍、階級を問わずにすべての信者を抱擁するエレウシスの秘儀は、この〝世界はひとつ〟という考え方の宗教版だった。エレウシスで、彼の死後に作製された碑が見つかっている。そこに「ハドリアヌス、神にしてパンヘレニック[8]」と書かれているのは偶然ではない。

エレウシスでも、皇帝の観察眼は健在だった。[9]地元で獲れた魚が秘儀の期間中に高値で売られ、しかも供給が需要に追いついていないことに気づいた、あるいは、そのような報告を受けた皇帝はさっそく調査を命じた。その結果、鮮魚商が直接漁師から、あるいは一次購入者から魚を買い取り、大きな利幅を上乗せして消費者に売っていることが発覚した。そこで、皇帝はこのような商行為を禁じ、適正価格で魚を売る者に対して通常の購入税を免除せよ、と命じる市当局あての公開書簡を書いた。「売り手が暴利をむさぼることを禁じる。従わなければ、罰を与える」[10]と規制したのだ。

つぎに、ハドリアヌスはサビナをともないペロポネソスへと向かった。[11]由緒ある町に立ち寄るたびに、皇帝は大盤振舞いをした。皇帝が命じたプロジェクトのなかには、実用的なものもあれば、まったく無駄なものもあった。たとえば、いまや廃墟と化したミュケナイの近くに、神々の女王ヘラの大神殿があったが、ハドリアヌスはその神殿に「クジャクはヘラの聖鳥だから、黄金と輝石でできたクジャクの置物」[12]を奉納した。

恩恵の見かえりに、町々は皇帝の名前を冠し、皇帝の彫像や皇帝に捧げた神殿をあちこちに建立した。たとえば、メガラという小さな町も皇帝から多大な恵みを受けた。レンガ造りの神殿は石造りに造り替えられ、道路は馬車がすれ違えるように拡幅された。感謝のために建てられた碑文はハドリアヌスを「創建者、立法者、恩人、そしてパトロン」[13]と、皇妃を「新デメテル」と褒め称えている。しかし、メガラは衰退から回復することができなかった。二世紀のギリシア旅行案内記の著者、パウサニアスは、「皇帝でさえメガラに繁栄をもたらすことはできなかった。ここはギリシアで唯一の皇帝の失敗例である」[14]と書いている。この記述から、皇帝の大盤振舞いには自己顕示欲の表出以上のものがあったことがわかる。それは経済振興という、もっと現実的な目的だ。

ハドリアヌスは純粋な観光目的の訪問もしている。たとえば、スパルタ。スパルタでは、少年たちが勇気の証として血が出るまで鞭打ちを耐え、観光客の喝采を浴びていた。コリントスにも行った。この町は前一四六年にローマにより徹底的に破壊されたが、その後、ユリウス・カエサルによって再建されていた。

マンティネイアには個人的な思い入れがあった。前三六二年、この町の南、四マイルほどの平原で大きな戦争があった。当時ギリシアで最も強大な都市だったテバイと都市連合軍のあいだの戦だった。卓越したカリスマ将軍、エパミノンダスに率いられたテバイ軍が勝ったが、将軍と彼のエロメノスは戦死してしまった。二人は路傍に埋葬された[15]。ヘビの意匠の家紋を彫った盾をかけた石柱が目印だった。二人の悲劇的な運命に心を打たれたハドリアヌスは二人についての詩を書き、その詩を刻んだ記念碑を墓のかたわらに建てた。残念ながら、記念碑は現存しない。

城壁都市マンティネイアは、アンティノウスの生地であるクラウディオポリスを創建したギリシア人たちの母市だと言われていた。だから、ハドリアヌスにとっては特別な意味をもっていた。この時期、少年がどこにいたのかは不明だ。二人が出会ってから、おそらくはすでに一年以上が経過していた。もしアンティノウスがローマのパエドゴギウムに送られていたとしたら、この頃までにはまちがいなく卒業し、宮廷の仕事ができるようになっていたはずだ。もしすでにともに生活しはじめていたとしたら、プリンケプスと少年は少年のルーツを探るなどして楽しい時間を過ごしたことだろう。

証拠はないのだが、マンティネイアから四八キロしか離れていないオリュンピア近郊のクセノフォンの農場を、ハドリアヌスが訪ねなかったとは考えにくい。ギリシア人の冒険家にして優秀なハンターでもあったクセノフォンはここに土地を購入すると、ペルシア人たちから命を守ってくれたことに感謝してアルテミス（ディアナにあたるギリシアの女神）のための小神殿を建立し、年一回祭事を行なっていた[16]。獲物が豊富だったから、女神もきっとこの地が気に入ったことだろう。それから何世紀も経っていたが、このあたりはなにも変わっていなかった。ハドリアヌスはアンティノウスをしばしば狩りに誘った。豊かな狩場は、若者が狩りの腕を磨くには格好の場所だった。

皇帝は一二五年三月の大演劇祭、ディオニュシア祭に間に合うようにアテナイに戻った。最初に参加したのは一一二年のことだった。今回、彼は最高責任者《アゴノテテス》として祭りに参加し、地元の人々の高い評価を得た。ディオ・カッシウスによると、「彼は地元の服を着て、みごとに役目を果たした[17]」。

滞在中、皇帝をもてなしたのはローマ化されたコスモポリタンの大富豪たちだった。ハドリアヌスが初めてアテナイを訪問したときに知り合って以来の知己だったフィロパップスもそんな大富豪のひとりだったが、彼は一一六年に他界していた。妹のバルビッラはフィロパップスのために、彼や先祖のコンマゲネ王たちの彫像で飾り立てた大規模なモニュメントをアクロポリスの近くに建立した。バルビッラの申し出を受けて、ハドリアヌスは彼女の市内の邸宅か郊外のウィッラに逗留したのかもしれない。

もうひとり、ギリシアの成功者の名前を挙げるとすれば、フルネームを書くとずいぶん長くなってしまうが、ガイウス・ユリウス・エウリュクレス・ヘルクラヌス・ルキウス・ウィッブリウス・ピウスを忘れてはならないだろう。スパルタの出身で、祖先のエウリュクレスはアクティウムの海戦をアウグストゥス側で戦い、悲しい運命の待つエジプトにむけて全速力で逃げるアントニウスとクレオパトラを猛然と追いかけたが、追跡に失敗したという経歴の持ち主だ。プルタルコスはこのアテナイ人をよく知っていて、エッセーを捧げている。タイトルは「反感を招かずに自画自賛する方法」。皮肉だろうか?

ハドリアヌスは当時二十四歳のルキウス・ウィッブリウス・ヒッパルクス・ティベリウス・クラウディウス・アッティクス・ヘロデス・マラトニオス（省略して、ヘロデス・アッティクスと呼ばれる）に好意をもっていた。彼はアテナイの貴族で、想像を絶する資産家だった。祖父はギリシア世界で最大の金持ちと言われていた。祖父も父も気前のよいパトロンで芸術や建築の振興に努め、皇帝が行なっていたアテナイの美化事業にも進んで協力していた。

もちろん、敬意にあふれた協力的な態度には下心が隠されていた。属州民が帝国に対して潜在的反感を抱いていることは、ローマ人もギリシア人も知っていた。その世紀の初頭、プリニウスはアカイア（ギリシアの属州名）の次期属州総督に、住民の対応には慎重を期す必要があると警告する手紙を書いている。

誰が相手でも、尊厳や自由は言うまでもなく、プライドも傷つけないように気をつけること……彼ら［アテナイとスパルタの人々］に今残された唯一のものである名誉と自由の名残をいささかでも侵害するようなことがあれば、彼らはそれを残酷で、無知な蛮行と見なすだろう(18)。

しかし、いかにローマの統治者たちが腰を低くしようとも、ギリシアがローマに支配されているという現実は聡明な人々の目には明らかだった。ローマ人たちを称賛し、敬愛していたプルタルコスは、そのことは役所に行けば誰でも実感するが、必要以上に卑屈になってはならないと主張した。「皇帝の意向を条例から委員会の討議、叙任権、行政権まで、すべてに反映させようとする者は、皇帝が望む以上の権力を皇帝にもたせることになる(19)」。

もっとも、ハドリアヌスは歴代の皇帝たちとちがい、あらゆる場面で皇帝権を振るいたいと望んでいた。それは、彼が尊大だったからというよりは、何にでも口を出し、重箱の隅をつつかずにはいられないという性格上の問題だった。それにしても、ギリシア人たちが抱いている反感に彼は気づいていたのだろうか？　気づかないほど愚かではなかっただろう。だが、それほど重視する必要はないと考えていたのではないだろうか。ギリシア文化に傾倒していたとはいえ、彼はネロのような単細胞ではなかった。ネロはすべての主要な都市国家に自治権を与え、かつての自由を取り戻させてやろうとしたが、その試みは失敗した。ハドリアヌスの考えは異なっていた。ギリシアを帝国から自由にするのではなく、あくまでも帝国内においてローマと対等にしてやろうと考えていた。

フィロパップスやエウリュクレスのような人物を元老院議員や政府高官に任命するのは、今に始まったことではない。しかし、皇帝はこのような人材を今まで以上に積極的に登用していこうと考えていた。そして、人事にとどまらず、それ以上のことに着手しようと考えていた。アテナイでの滞在は長期にわたり、その間、驚くほどの資金を投じて新しい施設をいくつも建設した。その意味は、工事が始まってから数年後にようやく明らかになった。彼は古くて、少なからず埃っぽい〝大学都市〟を新しいメトロポリスに作り変えようとしていた。ローマが統治の中心であることに変わりはないが、アテナイを帝国の精神的な首都にしようと考えていたのだ。

目玉プロジェクトは、アクロポリスの東南三分の一マイルのところに位置する巨大なゼウス・オリュンピオス神殿の完成だった。基礎工事は前五二〇年頃にできていて、世界の七不思議のひとつであるエフェソスのアルテミス神殿をしのぐ神殿が造られるはずだった。しかし、工事はすぐに中断してしまい、前二世紀に再開したものの、これもすぐに中断し、そのままになっていた。たいへんな費用がかかったが、ハドリアヌスはなんとか完成までこぎつけることに成功した。神殿の中には、ゼウス・オリュンピオスの巨像が安置された。神殿を囲む敷地には大理石が敷きつめられ、ギリシアの町々がこぞって奉納したハドリアヌスの彫像でうめつくされた。

ほかにも、水道、パンテオン、ギュムナシオンなど、多くの開発事業が行なわれた。なかでも、パウサニアスの目に最も意義深いものと映ったのは、「百本の柱、壁、柱廊すべてがフリュギア大理石で造られた」文化センターと図書館、および「金ピカの屋根を葺き、アラバスターを使った分館」[20]だった。

一体の彫像が残っている。式典用の甲冑に身を包んだ皇帝の公式肖像彫刻だ。アテナイとローマの関係をハドリアヌスがどのように捉えていたかを視覚的に表現している。胸板の浮彫りには、勝利の女神に戴冠してもらうアテナイの守護神、アテナ女神の姿。双子の赤ん坊、ロムルスとレムスに乳を与える牝狼（ローマの伝統的なシンボル）の上に立っている。ローマが征服者ではなく、まるで被征服者のように見える構図だ。

ハドリアヌスは自分を統一者と位置づけていた。帝国の二つの文化が融合した絵柄が彼の鎧の胸板に描かれている、という点が重要なのだ。幼い頃から、彼はギリシア的なものなら何でも夢中になり、それが彼の人格形成に大きく作用していた。しかし、同時に、共和政ローマの一徹な倫理観にも深い憧憬を抱いていた。この二つの思いを、ついに元首となり、国政レベルにおいても融合させたのだった。

ハドリアヌスがローマを発ってから四年が経っていた。戻る時が来ていた。元老院議員たちに会い、反体制分子が隠れて増殖していないかどうか確認する必要があった。ティブルの壮大なウィッラも、未完成ながら住める状態になっていただろう。それを見るのも楽しみだった。一二五年春、皇帝はアテナイを発ち、アドリア海に面した港町、デュラキウム（今日のアルバニアのドゥラス）まで北上した。

途中、ギリシア中央部と西部を視察する機会にも恵まれた。このときも、皇帝はまるで疲れを知らない観光客のように野次馬ぶりを遺憾なく発揮して、古代世界で最も有名な神託の町、デルフォイを訪問した。老齢のプルタルコスはここの上級神官をつとめていて、皇帝の彫像を寄進してもいた。もし彼がまだ生きていたとしたら、ハドリアヌスはきっと会談の機会を設けたにちがいない。それはともかく、デルフォイで皇帝は隣保同盟(21)（神託が行なわれるアポロン神殿の保護と管理を行なう目的で設立された組織）の加盟資格に関する紛争を裁定した。

いつものことだが、行く先々で、ハドリアヌスは人々が長らく解決できないでいる対立を解決し、開発プロジェクトを策定した。コロネイアは隣市ティスベとは牧草地利用権のことで、オルコメノスとは地方税問題で揉めていた。皇帝は裁定を下したが、紛争は続き、次期皇帝もこの件では頭を悩ますことになった。

ハドリアヌスは感動すると、すぐに詩を書いて、その感動を形に残すことにしていた。ボイオティア地方のテスピアイを訪れたときもそうだった。この町はアフロディテの悪戯好きの息子、性愛を象徴する美少年神エロスに捧げられていた。ここでは、四年ごとに「豪華絢爛な」[22]愛の祭典エロティディアが開催された。

　エロティディアで最も賛美されていたのは、エラステスとエロメノスのあいだの愛だったが、もちろん異性間の愛も祝福された。プルタルコスは『愛をめぐる対話』において、あるテスピアイの陽気な未亡人に関する話を実話として紹介している。彼女はハンサムな青年を誘拐させ、結婚してしまった。彼のことを狙っていた男たちは、さぞやがっかりしたことだろう。半神ヘラクレスもひとりの父親から生まれた四十九人の娘と一夜で寝たことを称えられ、神殿を建ててもらっていた。ちなみに、五十人目の娘は同衾を拒んだため、怒った半神は一生処女のまま巫女をするよう宣告した。いまだに彼女の後継者は神殿の運営にたずさわっていた。

　皇帝はテスピアイに滞在中、近くのヘリコン山に狩りに出かけた。ギリシアで最も豊かな山だとパウサニアスは書いている。山には野生のイチゴが茂り、山羊たちに甘美な実を提供していた。ここはミューズたちの故郷で、「住民たちは、ここには人の命を脅かすようなハーブや植物は一本もない、蛇さえも弱い毒しかもっていない、と言っていた」。

　有名な狩場に棲む動物たちは不運だ。皇帝は熊を仕留め、ギリシア語の短い詩とともにエロスに捧げた。彼は神に願った。

……気持ちよく、どうか
ハドリアヌスよりこの熊のいちばん美味しい部分を受け取りたまえ。
この熊を彼は馬の背からの一撃で倒した。

そのかわり、神よ、アフロディテ・ウラニアが彼に
恵みの息を吹きかけるようにしておくれ。(23)

この祈りはどのように解釈すべきか？　アンティノウスの名は出てこない。もし彼が不在だったとしたら、寂しい思いをしていた皇帝が単に愛を求める祈りを捧げたということなのか？　あるいは、もっとありそうな解釈も成り立つ。「ウラニア」は「天上の」とか「霊的な」という意味をもつ。だから、ハドリアヌスは非肉体的な愛を讃えたのだ、という解釈だ。仮に、アンティノウスがこの時期皇帝といっしょにギリシアにいたとすると、皇帝は責任あるエラステスとして、何か高潔なものの力で性的パッションを超越したいと考えていたのかもしれない。何か高潔なものというのは、「下界から、魂を真実の世界、すなわち十全純粋で裏表のない美に満たされた世界へと導いてくれる愛(24)」だ、とプルタルコスは述べている。

第二十一章　ホームとアウェー

闇が薄れ、星々が消えた頃、ばら色の指をもつ暁の女神がその美しい姿を現した。ハドリアヌスは火山灰で真っ黒になり、疲れきっていたが、エトナ山の頂上から輝く地平線を見渡したとき、心が高揚した。彼が長く危険な夜の登山を敢行したのは、この日の出を見るためだった。『ヒストリア・アウグスタ』によると──まちがいなく皇帝の自伝からの引用だろう──、暁の陽光は「まるで虹のようにさまざまな色に見えた」[1]。即位の直前にも、同じようにシリアのカシウス山に登ったが、嵐のなかの登頂となり、雷に打たれてもおかしくない状況だった。しかし、今回はさらに危険だった。なにしろ、彼が登ったのは活火山だったのだから。

エトナ山の標高は約三三〇〇メートル。登るにつれ酸素が薄くなり、みな意識が朦朧としていた。松明を頼りにクレーターまでたどり着くと、火山がさかんに活動しているのがわかった。その少しまえの一二二年、大規模な噴火が起き、山頂は完全に吹き飛ばされていた[2]。数キロ四方に火山灰や大小の噴石が降り注ぎ、近くのカターニアという町では多くの家屋が屋根を破壊されていた。

美しい太陽が昇ると、周囲の惨状が露わになった。郊外はまだ完全には復興していなかった。ヴェスヴィオ山の噴火のあとも似たような光景が広がっていたにちがいない。ハドリアヌスは噴火のニュースを聞き、幼心に恐怖を覚えると同時に、世界の終りを連想させる大惨事に心惹かれるものを感じもしたのだった。

デュラキウムから南下した皇帝船団はおそらくシュラクサイの大港に入り、そこからエトナ山をめざしたのだろう。この登山のあと、一行はシチリア西部を足早に視察してから、ローマに向かった。

皇帝の首都到着に先立ち、皇帝の安泰を祈念する公式祈禱が行なわれた。もうすぐ戻ってくる皇帝を祝福するために、硬貨も発行された。一一七年の流血の惨事はまだ人々の記憶に生々しく残っていた。しかし、彼はドミティアヌスとは違うと、今では誰もが思っていた。毅然とした態度で統治をし、つねに支配者《ドミヌス》ではなくプリンケプス、つまり平等な人々のなかの第一の市民として振舞ってきた。あれ以来、元老院議員の処刑は一度も行なわれていなかった。皇帝支持派と、ネルウァが厳しく弾圧したストア派抵抗勢力のあいだの関係も安定していた。

ハドリアヌスが視察しなければならない建築プロジェクトはたくさんあったが、なかでも最大のものであるパンテオンはすでに完成していた。パンテオンは建築史上の大傑作で、キリスト教会としてではあるが、今日まで完全な姿で残っている数少ないローマ建築のひとつだ。正面から近づくと、三列の列柱で支えられた急傾斜の三角破風《ペディメント》をもつ、ありふれた神殿に見える。しかし、青銅製の扉――十六世紀に修復されてはいるが、これもオリジナルだ――を通って中に入ると、内部は円形で、頭上に格天井の巨大ドームが広がっている。天井の中心には丸い穴があり、そこから空が見える。ドームの外側は金色に輝く薄板で葺かれている。

パンテオンには、アウグストゥスの友人で共同統治者だったアグリッパの名前が建設者として刻まれている。ハドリアヌスは自分が造らせた建物に自分の名前を刻ませない主義だった。唯一の例外は、養父母であるトラヤヌスとプロティナに捧げるために建立した神殿だ。

真に心躍る現場は郊外で皇帝の到着を待っていた。ティブルのウィッラだ。彼はしばらくそこに滞在するつもりだった。アンティノウスとは当時すでにいっしょに生活していたと考えるのが自然だ。

皇帝と楽しいひと時を過ごすために招かれた元老院議員や大使は、麓の平原から馬車で長い時間をかけて丘を登っていかなければならなかった。途中、左手には、次々と現われる庭園の向こうに、石造りの劇場と円形のウェヌス神殿が見えた。道路は、長さが二二〇メートルもある列柱テラスにそって伸びていた。この列柱テラスは無数の小部屋に分かれた長大な多層建築物で、料理人、掃除係、庭師、技師、建築労働者など、使用人たちのための宿舎になっていた。ウィッラには、奴隷、侍従、官吏、客人、あわせて二千人もの人々が同時に滞在可能だったと見積もられている。

高位の訪問者は乗り物に乗ったまま入口まで乗りつけることが許されていた。乗り物から下り、数段の階段を上がって大きなエントランスに入ると、そこにはハドリアヌスが愛してやまなかったマティディアのための小神殿があった。訪問者はまるで迷路の中を進むように、大小のホール、宴会場、列柱ポーチ、浴場、回廊つき中庭、アトリウム、屋根つき歩道、公式庭園などを通り抜け、客室へと、あるいは謁見室へと案内された。

第一印象は強烈で、人々は圧倒されずにはいられなかった。ウィッラの内外装は派手な極彩色だった。公的な用途の部屋の壁はフレスコ画と色とりどりの大理石で装飾され、床には鮮やかなモザイクが施されていた。あるプレートには「カラフルな壁のアエリウス邸[3]」と刻まれている。ハドリアヌス自身の言葉だろうか。壁龕《ニッチ》にも台座の上にも、屋内にも屋外にも、いたるところに彫像が林立していたが、当時の習慣に従って、それらの彫像もことごとく鮮やかに彩色されていた。

もうひとつ、ウィッラのいたるところにあったのは水だ。豪華な彫刻を施した噴水からほとばしり出た、あるいは流れ落ちた、あるいは吹き上げられた水は水路を流れ、長方形のプールへと集められて、静かなガラスのような佇まいを見せていた。マルティアリスはこのルス・イン・ウルベ(4)(都会のなかの田舎)を絶賛している。ローマ人たちは自然と都会的人工物の融合を好んだ。ハドリアヌスのウィッラにおいても、さり気なく自然な感じで彫像や建築物が緑のあいだに配されていた。建地と同程度の面積の土地が庭園やオープンスペースに使われていた。

『ヒストリア・アウグスタ』によると、皇帝は、

ティブルにすばらしいウィッラを建て、それぞれの区画に、たとえばリケウムやアカデミア、プリタネウムやカノポス、ポエキレ、テンペなど、属州や土地の名前をつけた。そこにないものはなく、ハデスさえも造った(5)。

思い出の地名をつけるのは、ハドリアヌスの専売特許ではなかった。ずっと以前から、裕福なローマ人たちは郊外にウィッラを建てて好きな名前をつける習慣があった。ハドリアヌスもその例に倣ったにすぎない。彼は自分のウィッラをわざと卑下して「ティブルの家」(6)と呼ぶのが好きだった。ウィッラの持ち主たちはウィッラに自分が憧れる場所の名前をつけた。たいていはギリシアの地名だった。たとえば、ハドリアヌスも自分のアカデミアを造ったが、その一世紀半まえにはキケロも彼のアカデミアを造っていた。先人たちとの違いは、その規模と目的だった。かの有名なネロの黄金宮《ドムス・アウレア》はローマの中心部に都会と田園を融合させて造った豪華な大建築だったが、それでも四〇から八〇ヘクタールしかなかった。いっぽう、ハドリアヌスのウィッラは一〇〇ヘクタール以上あった。

ウィッラのどの区画にどのような名前をつけたのかははっきりわかっていない。ハドリアヌスはギリシアの偉大な哲学者たちに縁のある名前を好んでつけた。リケウム〔ギリシア語のリュケイオン〕はアテナイの城壁外にある、アリストテレスが授業をした学校だし、アカデミア〔ギリシア語のアカデメイア〕はプラトンが授業をしたオリーブ園だ。ポエキレ〔ギリシア語のポイキレ〕はストア派の創始者であるゼノンが授業をしていた、市場の北端に位置するストア・ポイキレ（彩色柱廊）に由来する。これらの名前がつけられた建物や区画はかならずしももとの施設を再現したものではなかった。なんらかの象徴的な特徴があったのかもしれないし、あるいは適当につけられただけかもしれない。いずれにせよ、訪問者がすぐわかるように、名前の由来を示す彫像や装飾が施されていたことだろう。

カノポス運河とテッサリアのテンペ渓谷はハドリアヌスの個人的な思い出の場所だったと思われるが、今となっては確かめるすべはない。前者は数年後に命名されたもので、アンティノウスに関連しているのではないかと思われる。後者のほうは、皇帝が一貫して強い関心をもっていた魔術のメッカだ。プリタネウム〔ギリシア語のプリュタネイオン〕はアテナイ市議会の建物なので場違いな感じがするが、ハドリアヌスが執政官《アルコン》をつとめたことと何か関係があるのかもしれない。

敷地の南の一角を占めるオープンスペースの地下に掘られた無数のトンネルがハデスのメタファーだったという説に確証はないが、その可能性はじゅうぶんにある。そうとう困難な土木工事だったろう。そのようなものをわざわざ造るからには、何かしら重要な機能をもっていたはずだ。今までの検証でわかっているかぎり、トンネルは石造りの野外劇場の地下につながっているだけで、ほかに出入口はなかった。この劇場は宗教施設で、トンネルの中では信者たちが地下宗教の儀式を行なっていたのだろうと主張する研究者もいる。[7] そして、その儀式は、暗闇に突然眩い光が出現し、それにより恍惚のうちに真理に達するというエレウシスのおどろおどろしい儀式に似ていたはずだ、と。トンネルの迷路はまさしく地下世界といってもよい規模を誇っていた。

ウィッラには公的な区画とプライベートな区画があった。そこは皇帝府であると同時に、静養の場所でもあった。玄人はだしの建築家だったハドリアヌスは建築家たちとともにウィッラの設計にあたり、国事行為を行なうために必要なスペースをじゅうぶんに確保したはずだ。しかし、皇帝は公務をこなすだけでなく、ウィッラで人生の楽しみも謳歌した。彼は「音楽とフルート奏者に傾倒し、大きな宴会をひらいては、おおいに食べた」(8)。ティブルには、野外食堂、心地よい遊歩道と豊かに葉の生い茂った棚が日陰をつくるテラス、ディオニュソスやパンやシレノスなどの田園神の大理石像をあちこちに配した庭園があった。おそらく周辺には良好な狩場もあったことだろう。ドミティアヌスがパラティヌスの丘に建てたウィッラは独裁者の宮殿だった。それに比して、ティブルは社交的な市民皇帝のウィッラだった。

ハドリアヌスはプライベートを公務と公衆の目から切り離したいと考えていた。最も瞠目すべき革新的な建築物(9)は、敷地の中央に建てられた円形の建物だった。ローマのパンテオンとほぼ同じ直径の建物だ。屋根はなくなり、かなり痛んではいるが、今日でもほぼ原型を保っている。内部は壁に沿って柱廊が巡らされていた。いっぽう、外部は、建物が建っている円形の基礎の周りを濠が囲んでいた。石垣は直線と曲線を巧みに組み合わせた複雑な石組みでできていた。中には、居間と寝室のほかに、便所が二つ、小さいながらも本格的な浴室が一つあった。浴室からは直接濠に出て、泳げるようになっていた。この〝ウィッラの中のミニ・ウィッラ〟は木橋でのみ外部とつながっていた。木橋は簡単に取り外せるようになっていたから、いったん取り外してしまえば外界とは完全に隔絶された。ここは皇帝の隠れ家だった。ここでは、皇帝はひとりで、あるいはアンティノウスと二人っきりでリラックスすることができた。

建物から建てた人物の性格を安易に推測することはできない。しかし、この美しい大理石の隠れ家を見ていると、他人に対する思いやりに欠けた、暗い情念の持ち主が建てたのではないだろうかという疑念が、どうしても湧いてくる。ここには、群衆のなかにまぎれつつも、ときに豪華な隠遁所で孤独な生活を送るハドリアヌスの姿が見える。まるで、人間嫌いで有名な『アテネのタイモン』――気前がよかったので人がたくさん集まってきたが、いったん破産すると誰にも顧みられなかったので、人間不信になってしまった男の話――のようだ。もっとも、彼の場合は、どんなに大盤振舞いをしても破産する心配はなかったが。

ウィッラは皇帝の力を見せつけるために造られた巧妙な仕掛けだった。ギリシア文化圏の王宮を想起させる豪華な作りだったのも偶然ではない。ハドリアヌスはあくまでも市民皇帝《キウィリス・プリンケプス》だったから、王に匹敵する権力をもちながらも市民感覚を失うことはなかった。しかし、歴代のどのプリンケプスよりも権力を積極的に利用しながら統治した。ローマでは、皇帝は共和国の〝第一の市民〟であるという虚構がまだ生きていたから、ハドリアヌスも慣例に従い礼儀正しく腰の低い市民皇帝を演じた。しかし、実質的な統治の中枢はローマからティブルに移りつつあった。しかも、ハドリアヌスは治世の半分以上を巡察に費やした。いったんローマから離れてしまえば、元老院に相談することも、議会に臨席することも、意見を求めることも物理的に不可能だった。

もちろん、統治にあたって皇帝が単独で決断することはほとんどなかった。決定事項を発表する際には、意見を聞いた専門家の名前を開示することも多かった。どこにでも同行するアドバイザーや政府高官はアミクス（「友人」の意）と呼ばれた。皇帝の友臣だ。ハドリアヌスはしだいにアミクスを頼るようになった。アミクスのなかでも特に信頼された者はコメス（「仲間」の意。ここから伯爵《コンテ》という称号が生まれた）に任命され、一定の責任と権限を与えられた。皇帝は顧問団《コンシリウム》も活用した。コンシリウムは政策を検討・策定し、重大な事案については決定過程に参画することもあった。メンバーは固定されていず、高位の公職者が交代でつとめた。おもに法務経験をもつ元老院議員や政府の部局長クラスの騎士のなかから、皇帝が必要としたときに、それぞれの案件に関する知見が豊富な者が選任され、諮問された。

帝国の行政機構は拡大していった。しかし、規模よりも重要なことは質的な変遷だった。かつて要職を占めていた解放奴隷がしだいに騎士におきかえられていった。公職についた騎士たちは高給を得て、さらなる出世を遂げた。こうして、元老院議員でなくても統治に参画することが可能になっていった。

中央集権化の傾向は、すでに述べたように、これまでの政権においても見られたことで、別段新しいことではなかった。従来との大きな違いは、ハドリアヌスという決断力のある善意の独裁君主のもとでその傾向が一気に進行したという点だ。

女性の近親者の多くはすでに亡くなっていたが、男性の近親者は多くがまだ健在だった。馬が合う者もいれば、合わない者もいた。セルウィアヌスは三十歳も年下のパウリナ（ハドリアヌスの姉）と結婚していたが、トラヤヌスが皇帝だった当時は義弟をずいぶんと批判したものだった。その彼もすでに七十歳になり、成功者として恵まれた晩年を送っていた。

セルウィアヌスは依然として一定の影響力を保っていた。というのも、娘がグナエウス・ペダニウス・フスクス・サリナトルという人物と結婚し、ペダニウス・フスクスという男児を出産していたからだ。生まれたのは一一三年前後[11]だから、すでに十二歳ぐらいになっていたはずだ。少年はハドリアヌスの姪の息子であると同時に、ハドリアヌスを別にすればアエリウス氏唯一の男子だった。まもなく五十歳の大台に乗らんとする皇帝に子どもができるとは考えられなかった。かといって、養子をとって後継者を育てようとする様子も見られなかった。だから、ペダニウス・フスクス少年がいずれ皇帝の跡取りとなることはじゅうぶんにありえた。

セルウィアヌスよりも皇帝が親しくつきあっていたのは、元老院議員のマルクス・アンニウス・ウェルスだった。彼はたいへんな資産家で、ローマのヒスパニア・コミュニティの主要メンバーだった。バエティカの出身だったので、アエリウス氏とは親戚だった可能性もある。アエリウス氏と同様に、ウェルスもおそらくオリーブオイルの生産販売で財をなしたのだろう。二男二女、四人の子どもがいたが、全員が名家と婚姻関係を結んでいた。ウェルスはハドリアヌスに気に入られていたので、一二六年、三回目の執政官に任命された。皇帝自身が三回しか執政官になっていないので、これは異例の抜擢だった。

セルウィアヌスとウェルスは親しかった。セルウィアヌスはウェルスに奇妙な短い祝辞を送っている。[11] そのなかで、ウルススという名の男が、自分は「ガラス球ゲーム」の名手であるが「三回も執政官になったわがパトロン、ウェルスには負けてばかりいた」と述べている。かつて、セルウィアヌスはウルススという名前を名乗っていた。彼自身は執政官を二回しかしていないので、さしずめ、政争に負けたことを涙を飲んで認めた敗北宣言というところか。脆いガラス球を使ったゲームは政争のメタファーとしてはぴったりだ。

ウェルスの息子のマルクス・アンニウス・ウェルスは、ローマ市外の巨大なレンガ工場を相続した女性と結婚した。ハドリアヌスが次々と建設プロジェクトを進めたおかげで、レンガ工場はまちがいなく莫大な利益を上げていたはずだ。一二一年、夫婦に息子が生まれた。この息子もマルクスという。ややこしいことに、ウェルス家の男子は長男だけでなく全員にマルクスという名前がつけられた。それはともかく、皇帝がイタリアに戻ったとき、この子はまだやっと四歳になったばかりだった。

一二四年、法務官をつとめていた父親が死んだので、マルクスは祖父の養子になった。後年、彼は祖父のことを「思いやりのある人柄で、不機嫌なところを見たことがなかった[12]」と回想している。母親は、桁外れの資産家であったにもかかわらず、息子には質素な生き方を叩き込んだ。彼は母親のことを、信仰心に篤く、高潔で、「金持ちたちの生活習慣とは無縁のシンプルライフ[13]」を実践していた、と記している。

幼子の養育に心を砕いたのはこの祖父だけではなかった。母方の曽祖父、ルキウス・カティリウス・セウェルスも養育に積極的に関与したので、幼マルクスのもともとのマルクス・アンニウス・ウェルスという名前にはカティリウス・セウェルスという名前が付け加えられた。カティリウスはビテュニアに入植したイタリア人の子孫で、即位直後の不安定な時期に決定的な支持を表明して以来、皇帝とはひじょうに親しい関係にあった。

イタリアに戻ったハドリアヌスは、当時四歳ぐらいになっていたマルクスに会い、好感をもった。『ヒストリア・アウグスタ』によると、彼は「幼いときから、落ち着いた子ども」[14]で、皇帝はその点がいたく気に入った。時とともに、彼に対する皇帝の関心と愛情は大きくなっていった。こうして、マルクスは皇帝の目の届くところ、文字通り「ハドリアヌスの膝の上で」[15]すくすくと成長した。きっと、めったに嘘をつかない子だったのだろう、ハドリアヌスはアンニウス・ウェリッシムス（最も誠実なアンニウス）というニックネームをつけた。これはウェルス（ラテン語で「真実」の意）というコグノーメンにかけた言葉遊びだ。

六歳という異例の若さで、しかも正規の教育を開始するまえに、ハドリアヌスの特別の計らいによりマルクスは騎士として登録された。一年後、皇帝は彼をサリィのメンバーにした。サリィとは、公正聡明で理想的な古代の統治者としてハドリアヌスが敬愛していた伝説上のヌマ・ポンピリウス王により創建された神官団だ。彼らは〝マルスの跳ぶ神官たち〟とも呼ばれ、十二人の血統貴族の若者で構成されていた。古代の戦士たちが着ていた奇抜な服装をしたサリィは毎年三月に、ローマ人たちが戦場にもっていく聖なるラッパを清め、戦場でローマを守護する力をもつ『カルメン・サリアレ（サリィの歌）』を詠唱した。通常、神官団のメンバーは神官団が選ぶので、ハドリアヌスがこのような形で介入するのは異例中の異例だった。明らかな寵愛の印だ。

ハドリアヌスがマルクスを特別扱いしたのは、個人的な感情だけでなく、政治的な意味もあった。アウグストゥスがマルクス・アグリッパの二人の息子、ガイウスとルキウス・カエサルを手塩にかけて育てたことを思い起こさずにはいられない。初代皇帝は子どもたちを自分の家に住まわせ、まるでパエダゴグスのように手取り足取り、みずから養育にあたった。アウグストゥスは長期的な視点で物事を見ていた。ある程度長生きして、二人の子どもが大人になり、政界に入るのを見届けようと考えていたのだ。しかし、二人とも運に恵まれず夭逝したので、この計画は頓挫してしまった。ハドリアヌスも同じことを考えていた節がある。時間さえ許すなら、後継者を子どものときから育て上げるのは意味のあることだ。アウグストゥスは七十七歳まで生きた。それを考えれば、ハドリアヌスにはまだ四半世紀以上の時間が残されていた。時間はたっぷりあった。

皇帝はペダニウス・フスクスをあまり可愛いとは思わなかった。まったく信頼していなかったセルウィアヌスと血縁関係にあるということだけが理由ではなく、出来がよくなかったようだ。「色欲が強く、剣闘士が大好きだった[16]」と言われている。彼を後継者候補から外すことを想定し、複数の選択肢を用意しておくのは賢明なことだった。

ティブルの美しいウィッラもハドリアヌスをひと所に留めておくことはできなかった。一二七年三月二日、大視察旅行から戻ってからまだ一年半も経っていないのに、皇帝はイタリア北部の視察をするためにローマをあとにした。

視察から戻った皇帝は半島の行政システムを再編することにした。アウグストゥスは半島を十一の地区に分割した。しかし、この分割は定期的な人口調査のデータを効率的に集計するために行なわれたものだったようだ。元老院の管理下にあるとはいえ、地方政府には大きな裁量権が認められていた。ハドリアヌスはこの放任主義的なアプローチには反対だった。そこで、イタリアを四つの行政区に分け、執政官経験者をユリディキ（裁判人）に任命した。ユリディキの権限がどこまで及んでいたのかは不明だが、まるで皇帝は帝国の本丸であるイタリア半島の地位を外地の属州と同じレベルまで引き下げようとしているかのようだった。この降格と平行して、ギリシア的なものが大いに尊重されるようになった。改革は不人気で、ハドリアヌスの死後、元に戻された。

ローマに戻ったハドリアヌスは人生の重大な節目を祝った。八月十一日、即位十周年を迎えたのだ。十日にわたって祝いの競技会が催され、キルクス・マクシムスでは〝ピュリックの踊り（完全武装した甲冑姿の男性の踊り手たちによるダンス）〟が三十番も上演された。

この頃、皇帝は病気だったようだ。『ファスティ・オスティエンセス（公式行事年鑑）』には、競技会は「皇帝の健康」[17]を取り戻すために行なわれた、とある。複数の硬貨にも、「サルス・アウグスティ（皇帝の健康）」という銘が見られる。裏面には、健康を具人化した魅力的な女性が籠に入れた蛇に食べ物を与える図が描かれている。[18]医神アスクレピオスの象徴である蛇はしばしば治療目的の儀式で使われた。〝癒しの神殿〟では、横たわる患者たちのあいだを無毒の蛇が這いまわり、ヒーリング（癒し）を行なっていた。この時期に発行された別の硬貨には、一輪の花を捧げもつ希望神スペスの姿が刻まれている。[19]

病気だったという推測は『エピトメ・デ・カエサリブス』の記述によっても裏付けられる。長いあいだ、皇帝は「皮下の疾病」[20]を患い、激しい「痛みのため苦しみ、苛立った」という。もちろん、事故で負傷した可能性もある。『ヒストリア・アウグスタ』には、狩猟の際に鎖骨と肋骨を骨折したという記述がある。日付けがないので、一一七年の夏にその事故が起きたとしてもおかしくはない。しかし、総合的に考えると、わざわざ貨幣によるプロパガンダをしたからには、長期にわたる重篤な病気に罹っていたと推測するのが自然だ。

どんな病気だったのだろう。直接診察せずに歴史上の人物の診断をするのは危険だが、症状を見るかぎり連鎖状球菌に感染して起きる丹毒が疑われる。皮下組織や真皮、あるいは皮下脂肪に感染し、顔や体の先端部分に炎症を引き起こす病気だ。赤く腫れた発疹ができるが、発疹の部分は熱を帯び、皮膚が硬くなり、激しく痛む。発熱、倦怠、頭痛、嘔吐などの全身症状が現われることもある。抗生物質がなかった時代、丹毒は命にかかわる病気で、仮に死ななかったとしても再発する危険性が高かった。

翌年、十周年を無事に終え、おそらく健康も回復した皇帝はパテル・パトリアエ（国父）の称号を受け入れるべき時が来たと判断した。アウグストゥスと同様に、というよりもアウグストゥスに倣って、彼は元老院の申し出を長いあいだ辞退していた。この称号は公式な役職ではなく、なんら追加的な権限を与えるものでもなかった。それでも、パテル・パトリアエになるのはたいへんな名誉だった。元老院の申し出を自分の業績に対する褒美だと考え、聡明な皇帝は有難く申し出を受けた。四人の執政官経験者たちを死刑に処した事実がやっと過去のものになったと、ハドリアヌスは実感しはじめていた。彼らのことは、みな忘れてしまった、あるいはすくなくとも許してくれたのだ、と。

ハドリアヌスは新たな視察旅行の計画を立てた。最初の訪問地は北アフリカ諸州。北アフリカは肥沃で都市化された豊かな土地柄だったが、当時はたまたま深刻な旱魃に苦しんでいた。今までこの地を訪れたプリンケプスはいなかった。彼自身も、一二三年、突然パルティアで危機的な事態が発生したために予定していた訪問を取りやめたという経緯があった。北アフリカ訪問の旅は幸先よく始まった。『ヒストリア・アウグスタ』によると、「到着と同時に、この五年間で初めての雨が降った。それゆえ、彼はアフリカの人々にたいへん人気が高かった」[21]。

北アフリカ諸州も、いまや定番となった恩恵を与えられた。皇帝の通ったあとにはハドリアノポリスがつぎつぎと花ひらいた。カルタゴさえハドリアノポリスと改名した。水道や神殿など、大規模な建設計画が次々と発表された。ネロをはじめ、歴代皇帝が国庫を潤すために土地の接収を繰り返したので、アフリカには広大な国有地があった。これらの土地は地元の素封家に直接貸与されていた。ハドリアヌスはこれらの直接受封者が小作人たちを搾取していないか注意深く調べた。そして、周縁地や休耕地を耕作する者には税を免除するという新たな規則を導入した。そのあたりの事情を記録した碑には、「カエサルは絶えず心を砕き、人類の利益のために精力的に監視の目を光らせた」[22]という一文がある。

ハドリアヌスの統治の三本柱となる政策は彼の治世中、まるでリフレーンのように繰り返し姿を現す。まずは、帝国の国境を画定するリメスの建設。敗者を雇用し、勝者の統治を補佐させる戦後処理。そして最後に、これが最も重要なのだが、軍団の士気と能力——この二つは連動しているので、結局同じことなのだが——の維持向上。さらには、町の参事会議長とその家族、すなわち、その町の最高位の政治リーダーに自動的にローマ市民権を与えるという、いわゆるラテン権を、詳細は不明ながら、ハドリアヌスは一般参事会員にも適用することにした。

アルジェリアやチュニジアで砂漠が本格的に始まる手前の地域まで行くと、今日でも、延々と続く城壁や壕を見ることができる。ハドリアヌスのアフリカ訪問時にはすでに建設が始まっていたフォッサトゥム・アフリカエ[23]（アフリカ壕）の名残だ。フォッサトゥム・アフリカエにはブリタンニアの長城と共通する点が多数ある。建設資材はそれぞれの土地のものを活用したので、アフリカでは泥レンガが使われた。完全な形で残っている部分は最長で六〇キロ超にも及ぶ。一ローマ・マイルごとに門が造られ、門と門の中間地点には監視塔が建てられていた。ローマ帝国はフラウィウス朝とトラヤヌス帝の時代に版図を広げたが、フォッサトゥムにはその拡大事業が完了したことを明確に示す意味があった。

長城には国境の画定という役割があったが、フォッサトゥムには外部からの侵入を防ぐ役割はなかった。むしろ、主目的は北側に定住する農耕民族と南側の遊牧民との関係を調整することにあった。遊牧民は夏の牧草地と冬の牧草地のあいだを移動するので、軍団にとってはフォッサトゥムがあったほうが容易に管理することができた。ちなみに、軍団は乾期に水源を管理する任務も担っていた。

六月末、ハドリアヌスはかつてのヌミディア王国に着いた。ここは当時すでに属州化され、第三アウグスタ軍団が駐屯していた。視察団を迎えた軍団司令官のクイントゥス・ファビウス・カトゥリヌスは聡明な人物で、ハドリアヌスが多くを求める厳格な上官であることをじゅうぶんに承知していた。だから、軍団を期待しうる最高のレベルまで鍛え上げ、二基の祭壇を造って皇帝を迎えた。祭壇は〝雨男〟[24]ハドリアヌスに対する品のよいごますりだった。あざとくも、一基は「天上の雷雨を司る最高神ユピテル」に、もう一基は「豊かな雷雨を運ぶ力をもつ風神」に捧げられていた。

軍団はランバエシスの新基地に移動したばかりで、要塞建設の真っ最中だった。皇帝の訪問を記念して建てられた柱の土台に嵌め込まれた碑が、ほぼ完全な形で発見されている。そこには、皇帝が部隊にむけて行なった演説が記録されている。一語一句もらさず記されているので、速記者が同行していたのだろう。ハドリアヌス自身の言葉がそのまま残されている数少ない例のひとつだ。読んでいると、まるで肉声が聞こえてくるようだ。

目の前でみごとなデモンストレーションを行なった軍団騎馬部隊にむかって彼は言った――「軍事演習には、いわば、おのずとルールというものが存在する。それに何かを付け加えたり、省いたりすれば、演習は無意味なものになるか、あるいはやたらと困難なものになってしまう。困難になればなるほど、パフォーマンスは低下する。難易度の高い演習のなかでも、完全装備で槍を投擲するという、諸君が行なった演習は最も難しいものだ……鍛錬の賜物にほかならない[25]」。

七月一日にも、新たな要塞に記録的な速さで石壁を築いたヒスパニア歩兵大隊《コホルス》を称賛している――「壁を造るのはたいへんな作業だ。越冬用の駐屯基地で造られる標準的な壁でもそうだ。それを諸君は芝の盛土を造るのとそれほどかわらない時間で造った」

将校たちは正当に評価され、名前を挙げて称賛された。いっぽうで、批判されることもあった。名前は読み取れなくなっているが、ある騎馬隊長は名指しで叱責された――「わが軍団司令官カトゥリヌスを称賛する。……なぜなら、この演習で諸君の指揮をとったのが彼だからだ。本物の戦闘のようだった。この演習を通して諸君のレベルはおおいに向上した。ゆえに、私は諸君も称賛する。完璧なるコルネリアヌスも申し分なく任務を果たした。しかしながら、騎馬部隊のお粗末な演習には失望した。その責任者は……である。騎兵は遮蔽物から広い場所に出て敵を追う場合、慎重にも慎重を期す必要がある。自分の進路をよく把握していなかったり、必要なときに馬を制御することができなければ、隠れた罠にやすやすとはまってしまうぞ」。

一週間後、皇帝はみごとな演習をしたパンノニア補助部隊を誉めている――「いささかでも足りない点があれば、私は気づいたはずだ。もし目に付くことがあったら、私は指摘したはずだ。演習の始めから終りまで、諸君は全員私を喜ばせてくれた」。

どうして皇帝に人気があったのかがわかる。アフリカの太陽の下で、数百名の汗にまみれた男たちを前に立つハドリアヌスの姿が目に見えるようだ。演説は力に満ちていた。彼は明確な意図をもって演説をしていた。そして、物事がどうあるべきかをはっきりと示した。皇帝の称賛を得ただけで兵士たちは満足した。みな、何か気に入らないことがあれば皇帝がはっきりと言うことを知っていた。いやがうえにも緊張は高まっただろう。

平時に軍隊の戦闘能力を保つにはどうしたらいいか、ハドリアヌスは熟知していた。

第二十二章　どこに行ってしまったのだ、わが愛する人よ

ハドリアヌスは急いでいた。一二八年の夏もそろそろ終ろうとしていた。九月には、どうしても外せない予定があった。エレウシスの秘儀に再度参加するつもりだったのだ。秘儀の日が迫っていた。皇帝は〝旅する宮廷〟とともに帆を上げてローマに戻り、最低限必要な仕事をするために慌しく数週間を過ごしただけで、すぐにギリシアにむけて出帆した。

彼はすでにエポプテス（正式な信者）だった。おそらく、当時十八歳ぐらいになり、やっと髭が生えてきたアンティノウスもそうだったろう。記録は残っていないが、このギリシア旅行の際に、成熟したエラステスとこれから成熟するエロメノスとして、ギリシアの伝統にのっとった名誉ある愛人関係を公表しようと考えていたのかもしれない。

秘儀中の秘儀であるエレウシスの秘儀に参加したあとで、秘儀に参加したという重大な事実を広く知らしめるために、ハドリアヌスは六セステルティウスに相当するテトラドラクマ(1)のアジア硬貨を発行した。そこには、麦の穂を握る彼の姿が刻まれていた。銘は「ハドリアヌス、生まれ変わりし国父（P[ater] [Patriae] Ren[atus]）」となっている。麦の穂はエレウシス信者であることを表し、「生まれ変わりし」というのは霊的な意味での再生を意味している。裏面には、秘儀に初めて参加した皇帝、アウグストゥスの頭

部が描かれていた。

前五世紀、全盛期アテナイの絶対的なリーダーはペリクレスだった。長年にわたって、彼は民主的に選ばれた第一市民だった(2)。ローマで言うプリンケプスだ。同時代の人々は彼のことをオリュンピオスという、いかにもおもねったニックネームで呼んでいた。これは神々の王であるゼウスにのみ使われた呼称だ。

当時のギリシアはペルシアに侵略されて壊滅的な状態に陥り、そこからまだ復興している最中だった。ペルシアは撃退したが、今後も蛮族に対抗するためにアテナイは本土と島嶼部の都市国家からなる同盟を作り、その盟主になった。ペリクレスは同盟国をひとつにまとめあげ、一大海洋帝国を作り、そこから得た資金でアテナイを絢爛豪華な都市に生まれ変わらせた。その最高傑作がアクロポリスにそびえるアテナ女神の神殿、パルテノンだった。

ペリクレスは「ヨーロッパとアジアに位置する大小すべてのギリシア都市はアテナイにおける会議に代表を送るべしと決定した(3)」と、プルタルコスは書いている。ペルシア人たちに焼かれた神殿の再建やペルシアから解放してくれたことに対する神々へのお礼、海賊の掃討など、共通の関心事について話し合うことが目的だった。戦争には直接巻き込まれなかったので、シチリアとイタリア半島にあるギリシア植民市は召集されなかった。ところが、当時アテナイとは軍事的にライバル関係にあったスパルタが反対したので、この会議はいっこうに実現されなかった。結局、ペリクレスは実現を諦めざるをえなかった。

それから五百年後、ハドリアヌスはその途中放棄された会議を実現することにした。前回の訪問時、ハドリアヌスはデルフォイの隣保同盟に強い関心をもった。しかし、この同盟会議に参加しているギリシア都市の数が少なかったので、彼はペリクレスの計画に沿った新たな全ギリシア会議(4)を作ることにした。

五百年まえと同様に、本部は美都アテナイにおかれ、ギリシアの諸都市は会議の発足を祝うために代表団を送るよう要請された。参加する都市は文化的な意味だけでなく人種的な意味でもギリシア都市であると証明することが義務づけられた。といっても、実際には、血統的にギリシア系でなくても受け入れられた都市もあった。

この計画にはどこか時代遅れの感じが漂っていた。今日まで生き残っている断片的な史料から、ハドリアヌスがペリクレスの想定していたのとほぼ同じ地域を対象としていたことがわかる。おおまかにいって、イオニア海沿いの地域だ。今回もイタリア半島とシチリアは除外された。また、エジプト、シリア、アナトリアにあるギリシア植民市も含まれていなかった。前五世紀に異議を唱えたスパルタが今回は異議を唱えないことを確認するために、皇帝はわざわざスパルタを訪問したようだ。

昔の栄光を復活させた結果、古語も復活した。たとえば、スパルタのエフェボイ（若者たち）は町の守護女神であるアルテミス・オルティアへの献辞に突然古代ドリス方言を使うようになった。ハドリアヌスの懐古政策[5]に、堕落した人々に刺激を与え、意識を向上させることが、目的のひとつとしてあったことは明らかだ。

ペリクレスの例に倣い、ハドリアヌスはオルンピオスと名のりはじめた。これはオリュンピエイオン、すなわちオリュンピアの最高神ゼウスに捧げた巨大神殿が完成したことにも呼応していた。あっという間に、ギリシア系東方諸州において、彼はハドリアノス・セバストス・オルンピオスとか、ハドリアノス・セバストス・ゼウス・オルンピオスと呼ばれるようになった。セバストスは、ギリシア語のアウグストゥスに相当する。

全ギリシア会議は、実際、どのようなことをしていたのか――会議の運営事務、〝ローマのアゴラ〟[6]の近くに所有する神殿や施設の管理、四年毎の競技祭の運営、メンバーの資格審査などだ。ハドリアヌスは政治的な権限を無制限に付与したわけではなかった。重大な決定はすべて彼に報告し、承認を得なければならないシステムになっていた。会議の主務はむしろ文化的、宗教的なもので、エレウシスとも密接に連携していた。要するに、会議の仕事はギリシア世界の都市間の霊的、文化的なつながりを構築し、共同体意識を醸成させることだった。町の代表となって会議に出席すると、代表者にはおおいに箔がついた。代表には、通常その町のエリート——かならずしもローマ市民ではなかった——がなった。かれらは国際的な〝オールドボーイ・ネットワーク〔長年の付合いのある有力者同士が結ぶ相互援助組織〕〟を形成し、たがいの利益のために便宜を図りあった。

新たに全ギリシア会議を招集するには相当な準備期間が必要だった。一二五年に皇帝が着工を命じた建物はいずれもまだ完成していなかっただろう。しかし、すでにアテナイの未来図はかなり明確に見えていた。町は変貌を遂げつつあり、オリュンピエイオン周辺のエリアは新たに開発され、例によってハドリアノポリスと呼ばれることになった。このエリアの境界に建てられたアーチ門は今日でも見ることができる。アクロポリスのほうを向いた西側のアーキトレーブには、「ここはかつてテセウスの作りし町、アテナイである」(7)と刻まれている。テセウスはアテナイの伝説上の創建者だ。オリュンピエイオンのほうを向いた東側には、「ここはテセウスではなく、ハドリアヌスの町である」と書かれている。

これはいくらなんでも厚顔の極みと言わねばなるまい。皇帝の親ギリシア政策をどんなに歓迎していたとしても、町を乗っ取るような行為は多くのアテナイ人の神経を逆撫でしたにちがいない。しかし、じっと唇を噛んでがまんするよりなかった。

海路が再開されるのを待ち、一二九年三月、ハドリアヌスはエフェソスにむけて帆を上げた。そして、東方諸州を巡察し、行く先々で建設プロジェクトを立ち上げ、矢継ぎ早に指示・命令を出し、資金を投入した。相変わらず、無能な公職者に対しては厳しく、職務怠慢の管理官や属州総督を容赦なく罰した。『ヒストリア・アウグスタ』には、「皇帝は告発を奨励していると人々が考えるほど厳格だった(8)」という記述がある。

今回の巡察の最大の政治的目的は、パルティア帝国と国境を接する地域の属王たちを一堂に集めることだった。この〝謁見〟は、かつてペルシアの絶え間ない脅威に対抗するために結成された全ギリシア会議の再現にほかならなかった。今、ペルシアに代わって宿敵の役回りをしていたのはパルティアだった。もちろん、ハドリアヌスには戦争を始める気など毛頭なかった。むしろ、これは、ローマ帝国が侵略される心配はないということを派手な、しかし平和的な方法でアピールするためのパフォーマンスだった。

パルティア王コスロエスはまだ身内の争いの渦中にいた。今回も川中の元首会談が開かれたかどうかは不明だ。いずれにせよ、彼にはそれまでの「よき振舞い」に対して飴が与えられた。人質としてローマに十二年間も引き止められていた娘がついにパルティアに返されることになったのだ。また、皇帝は、トラヤヌスがメソポタミアを徹底的に侵略した際に没収した玉座の返還も約束した。ところが、返還が実現するまえに、コスロエスは退位させられてしまった。後継者はハドリアヌスの政治劇場で黙って端役を演じるつもりはなかった。

いっぽう、属王たちはどうだったかというと、彼らは千差万別だったが、いずれもどこまで忠誠心があるかはよくわからなかった。補助金と引き換えに和平を買うことに世論は否定的だった。しかし、皇帝自身は自分のやり方におおいに満足していた。『エピトメ・デ・カエサリブス』によると、「秘密裏に金を渡すことによって多くの王から和平を勝ちとったハドリアヌスは、戦争をしないことによって戦争で獲得しうる以上のものを手に入れた、とつねづね憚《はばか》ることなく公言していた(9)」。

遠隔地の王たちは、たとえローマに協力しなくても軍事的に報復されないことをよく知っていた。だから、時に不用意な行動で虎の尾を踏んでしまうこともあった。黒海とカスピ海に挟まれた地域（今日のグルジア）に住むイベリ族の王、ファラスメネスのケースがそうだ[10]。彼はハドリアヌスから送られてきた大会議への招待を、あろうことか拒否した。招待状とともに、象一頭、五十名規模の派遣部隊などの豪勢な贈り物を受け取っていながら、だ。ファラスメネスがお返しに金の刺繡入りの衣装を贈ったところ、憤慨したハドリアヌスは三百人の死刑囚に金色の服を着せて競技場で処刑させた。明らかに、王の贈答品に当てつけてのことだ。

皇帝の次なる訪問地はエジプトだった。ここでは長期の視察を予定していた。しかし、そのまえに寄ったユダヤで、ハドリアヌスは致命的な判断ミスをしてしまう。

七〇年にティトゥスがエルサレムを占領・劫掠して以来、ほとんど人も住まなくなってしまったユダヤ属州はまだ壊滅的な状態から立ち直れないでいた。ユダヤ人たちは地方の小さな集落で細々と生き長らえていた。ユダヤを支配していた祭司階級の名門の血筋は完全に断絶し、サンヘドリン（古代イスラエルの最高法院）は機能を停止していた。古くから続く上流階級はまるごと消滅していた。エルサレムでは、城壁は破壊されたまま修復もされず、大神殿も壊れたままだった。これはローマの伝統的なやり方だった。かつて、カルタゴも徹底的に破壊され、再建が許されるまで何年もそのまま放置された。コリントスも同様の運命に見舞われた。

トラヤヌスの治世末期に離散したユダヤ人たちが各地で蜂起したが、蜂起の波はユダヤには届かなかったようだ。属州総督となったムーア人将軍、ルシウス・クイエトゥスは任命された際に不満の芽を事前に摘み取るよう指示されていたのだろう。反乱が鎮圧されたあと、権力をふたたび掌握したハドリアヌスはユダヤ人に好意的な統治者だという評価を獲得した。それは、アレクサンドリアでユダヤ人とギリシア人が衝突したとき、どちらにも肩入れせず公平に仲裁したからだった。

皇帝がユダヤ人に対して好意的だったのは戦術的な演技で、ほんとうに好意をもっていたわけではなかったようだ。もうじゅうぶんな冷却期間をおいたので、ユダヤを普通の属州として整備する、つまりギリシア化するべき時が来たと彼は判断した。かなりの数の有力ユダヤ人たちが協力的な態度をとるだろうと見ていたからだ。そのうちの何名かはギリシア化を推進するよう皇帝をむしろ煽ってさえいたようだ。

割礼はドミティアヌスとネルウァにより法律で禁じられていた。興味深いことに、キリスト教徒も割礼には反対していた。タルソスのパウロは、それは手足を切断することと同じだと断じ、割礼を無理やり行なった者は「切り取らなければならない」、つまり去勢しなければならないと主張している。[11] ハドリアヌスも改めて禁止令を発行し、違反者を死刑に処することにした。

エルサレムで皇帝は町の再建に着手し、破壊されたヘロデ神殿の跡地にユピテル・カピトリヌス神殿を建てるよう命じた。彼は入植者も連れてきて、ローマ市民による植民地化を図ったようだ。入植者たちには、将来的には、六十年ほどまえから近くに駐屯している第十フレテンシス軍団に補充要員を供給することが期待されていた。

エルサレムがいまやローマ化され、住民はギリシア語を話し、ユダヤ民族とはいっさい関係がないことを強調するために、ハドリアヌスは町をアエリア・カピトリーナと改名した。これは、自分の氏族名とカピトリウムの丘（オリュンポスの神々の王を祀る大神殿が建っているローマの丘）に因んだ命名だった。こうして、ヤハウェは追放された。生まれ変わった町を祝して発行された硬貨には、[12] 境界の周囲をみずから耕す皇帝の姿が刻まれていた。周辺の町にもハドリアヌスの威光は及んだ。カエサレアやティベリアスではハドリアヌスの名誉を称えるために聖堂が建てられた。また、ガザではハドリアヌス祭が開催された。

ハドリアヌスにしてみれば、ユダヤ問題はこれで解決したはずだった。

皇帝はエジプト旅行をずっと楽しみにしていた。奇妙な動物の頭をもつ神々、定評ある魔術、みごとな神殿や宮殿……ここには長い歴史を誇る神秘の文明があり、いまだにたいへん独特な文化圏を形成していた。アレクサンドリアから地中海沿岸部を統治していたマケドニア系のプトレマイオス朝によっても、エジプトは部分的にしかギリシア化されていなかった。アントニウスとクレオパトラが戦いに敗れて死んでから、エジプトは皇帝直轄の属州になった。そして、首都に供給するための小麦の生産地として大きな戦略的重要性をもっていたので、厳重な警備が敷かれていた。元老院議員は訪問が禁じられていたし、歴代皇帝も、ファラオの称号を有していたにもかかわらず、この地を訪れることはほとんどなかった。王国の統治は地方長官《プラエフェクトゥス》に任されていた。エジプト長官には一貫して政治色のない騎士が任命された。なにか問題が起きないかぎり、エジプトの行政に中央が介入することはほとんどなかった。

ここでも、生まれながらの〝ギリシア文化伝道師〟であるハドリアヌスは、エジプトをギリシア・ローマ世界に引き込むために辣腕を振るおうと、意欲満々だった。そして、古くからの中核地域からかなり南下した地点に、例によってハドリアノポリスを建設しようと考えていた。

エジプト訪問には、個人的な理由もあったようだ。四世紀の教父、エピファニウスは、ハドリアヌスがハンセン病に罹っていて、主治医たちには治療ができなかったので治療法を見つけるためにエジプトに行ったと述べている(13)。一見して無理のある説だ。ハンセン病はなかなか感染しないし、栄養状態の悪い貧困層に見られる病気だから、彼がこの病気に罹っていた可能性はかぎりなく低い。エジプト訪問のまえに丹毒に罹ったという記録から誤った伝聞が生じたのかもしれない。エジプトは医療水準の高さでも定評があった。古代では医療と魔術はきわめて近しい関係にあり、ハドリアヌスはこの分野に強い関心をもっていた。もし丹毒が再発したとすると、エジプトの神官たちが作る秘薬を用いた治療法に身を委ねたとしても不思議ではない。

一三〇年八月末以前に[14]、ハドリアヌスはガザからペルシウムにむけて沿岸の街道を南下した。ペルシウムはエジプトへの進入路を警備するための城塞都市で、ナイル川流域の湿地と地中海沿岸地域の中間点に位置していた。前四八年、ローマの長きにわたった内戦の最初期に、大ポンペイウス（グナエウス・ポンペイウス・マグヌス）がエジプトに雇われた裏切り者の兵士によって船からおびきだされ、刺殺された現場が、ここペルシウムの海岸だった。ギリシアのファルサルスでユリウス・カエサルと戦い、決定的な敗北を喫したポンペイウスはファラオの協力を期待し、海路、カエサル軍から逃げてきた。しかし、ファラオの側近のひとりは「もはや死に体なり[15]」と言い、王もこれに同意した。こうして、ポンペイウスは首をはねられ、カエサルのもとに差し出された。

首のない遺体は海岸に埋葬され、小さな墓が建てられた。時とともに、砂が積もり、墓はいつしか姿を消していた。先人を偲ぶ機会をけっして逃さなかった皇帝は墓の位置を特定させ、砂を取り除かせた。そして、もちろんのこと、みずから詩を作り、墓に刻ませた。ポンペイウスの名前を冠した聖堂が帝国の津々浦々に建てられていることを述べた文章のあとに、次のような一行が刻まれている。

これだけ多くの神殿に祀られた人の墓のなんと哀れなことよ[16]。

ハドリアヌスのエジプト視察の目玉はナイル川のクルージングだった。それには川の水量が減る九月か十月まで待つ必要があった。その間、皇帝はアレクサンドリアに滞在した。この町では、見るべきものも、しなければならないことも多かった。この地のギリシア人コミュニティはローマが自分たちよりもユダヤ人に肩入れしているあいだ信じていた。ユダヤ人による反乱が鎮圧されて以降、市内にユダヤ人はほとんどいなくなっていた。反乱の際に破壊された建物の修復に資金を提供することで、〝ギリシア文化伝道師〟ハドリアヌスは完全に人気を回復することに成功した。[17]

プトレマイオスの旧宮殿は一棟の建物ではなく、多くのさまざまな建物からなる大規模な王宮だった。そこには、ムセイオンもあり、古代世界で最高の学者、知識人、作家が集っていた。ムセイオンの会員になることはたいへんな名誉で、無料で食事ができるという特典もついていた。三世紀のギリシア哲学研究家、フィロストラトゥスは「ムセイオンといえば、なんといっても、世界中から来た著名人が招かれて会食するエジプトの食卓が有名だ[18]」と書いている。

ハドリアヌスはムセイオンに強い関心を寄せていた。みずから二人の学者を推挙して会員にしている。すでに述べたように、解雇されたスエトニウスの後任として文書局長になったガリア人学者のユリウス・ウェスティヌスは、かつてムセイオンの所長をつとめた人物だった。ムセイオンの会食に臨席するのは皇帝のたっての願いだった。もっとも、彼の訪問が会食者たちに好印象を残したかどうかは疑わしい。並み居る学者たちに対していつもの神経質で高慢な態度をとり、「気をつかってつぎつぎと質問したまではよかったが、結局全部自分で答えてしまった[19]」と、『ヒストリア・アウグスタ』は批判的に述べている。

皇帝は知識人たちと険悪な関係になることが多かった。

たしかに皇帝はいともたやすく詩を書いたり、演説の草稿を書いたりすることができた。しかし、まるで自分のほうが優れた教養人であるかのように振舞い、学者たちを馬鹿にしたり、嘲ったり、辱めたりすることが多かった。次々と書籍や詩集を発表して、学者や哲学者と張り合った[20]。

皇帝は著名な哲学者や修辞家に対して嫉妬心を抱いていたので、対抗馬に肩入れし、彼らを攻撃させ、名声を失墜させようとしたと言われている。それに反発して、被害者のひとり、ミレトスのディオニュシウスは公開演説の場で挑発してきたハドリアヌスの側近に辛辣に言い放った――「金はいくらでも出せるだろうが、いかに皇帝といえども素人を雄弁家にすることはできない[21]」。

ハドリアヌスは自分の名前では作品を発表せず、文学者として名の通っていた部下の解放奴隷たちの名前を使って発表したようだ。作品のひとつに『カタカンナエ』がある。カタカンナエというのは数種の果樹を接ぎ木した木のことだから、雑多なテーマを扱った詩集だろう。アンティマコスへ捧げるオマージュだったということ以外、何もわかっていない、「きわめて謎の作品[22]」だ。そもそも、アンティマコス自身も前四〇〇年頃の正体不明の詩人で、伝説上の悲惨な出来事を語りなおすことにより愛人を失った悲しみを乗り越えようとした、と言われている。

当時最もユニークな哲学者のひとりだったアレラテのファウォリヌスは両性具有だったことで有名だ。髭も生えず、声も高かった。ハドリアヌスがファウォリヌスの言葉遣いの間違いを指摘すると、彼は素直にその指摘を受け入れた。後日、そのような弱腰な態度を友人たちに批判された彼は、「余計なことを言ってくれるな。相手は三十もの軍団を指揮する男なんだぞ。最高の学者ということにしておけばいいじゃないか[23]」、と応えた。

しかし、厳しい質問攻めで学者たちを困らせたとはいえ、高度な技術を生業とする人々に対してハドリアヌスは称賛も経済援助も惜しまなかった。治世開始直後に自由業者（哲学者、修辞家、文法家、医師など）に対して一連の免責特権を与えたが、これらの特権は二世紀後半まで効力を保ちつづけた。自分で人々の感情を害しておきながら、議論を吹っかけた相手が不快そうな顔をすると、いたく気にしたという。

ハドリアヌスはアンティノウスとの自由な時間も楽しんだ。アレクサンドリアとカノポス港をつなぐカノポス運河でしばし寛いだこともあった。このあたりには、病人が泊りがけで病の治癒を願う有名なセラピス神殿があった。しかし、むしろ、いかがわしい盛り場としてのほうが有名だった。ギリシア人の紀行作家・地理学者のストラボンはこんなことを書いている。

治療のことや、あるいは神託のことを書く作家もいるが、それよりもなによりも、祭りを楽しむためにアレクサンドリアから大挙して運河を下り、どんちゃん騒ぎをする人々のことを書くべきだろう。連日連夜、たがが外れたように笛を吹き、踊る人々を満載した船がやってきて、大賑わいだ。男も女も、まったくの無礼講である。(24)

くしくも、この運河のほとりにもエレウシスと呼ばれる小村(25)があった。といっても、秘儀を行なっていたわけではない。いたるところに貸し部屋があり、「羽目を外したい輩にはお誂え向きの目の保養」だった。〝カノポスのライフスタイル〟と言えば、破廉恥行為と同義語だった。

皇帝がここを訪問したという記録はない。しかし、ティブルのウィッラに造った水路や大きな人工洞窟《ニンファエウム》にハドリアヌスはカノポスという名前をつけている。このエジプトの保養地は彼にとって何か特別な意味をもっていたのだろう。アンティノウスとカノポスに行き、思い出に残る時間を過ごしたと考えてまちがいない。

狩りに出かける時間を無理やりにでも捻出するのが、ハドリアヌスのハドリアヌスたるゆえんだ。彼はアンティノウスとともに、エジプトの西隣の属州、キュレナイカの狩場まで足を伸ばし、ライオンを探した。パクラテス〔ギリシア風にパンクラテスとも呼ばれる〕なる人物が格調高い文体で記した英雄叙事詩のパピルスの断片が見つかっている。この時の狩りの様子を語った詩で、ハドリアヌスとアンティノウスが二人でいるところを書き記した唯一の記録でもある。

二人がいっしょに狩りをした事実は石の彫刻という形でも残っている。現在ローマのコンスタンティヌス凱旋門に嵌め込まれている八枚の巨大なトンド（円形レリーフ）は、かつてハドリアヌスの功績を称えるモニュメントを飾っていたものだ。皇帝一行がライオンなどのさまざまな動物を狩り、供儀する様子が描かれている。そのうちのすくなくとも一枚に、ビテュニアの少年を強く想起させるハンターの姿が刻まれている。もっとも、そこに描かれているのは、もはや少年ではなく、長いもみあげと薄い頬髭をたくわえた二十歳前後の短髪の若者だ。フェミニンな美少年はもう強靭で活動的な青年に成長していた。

この砂漠での狩猟は、あわや大惨事になるところだった。ハドリアヌスとアンティノウスは一頭の獰猛なライオンに遭遇した。詩人によれば、

まずハドリアヌスが真鍮の槍で獣に傷を負わせたが、
わざと急所を外して、殺さなかった。
アルゴス殺しの息子、愛するアンティノウスの
腕の確かさをしかと見定めたいと思ったからだ。(26)

怒り狂ったライオンはアンティノウスにむかって突進し、彼の馬に襲いかかった。次の瞬間、ライオンは（ここでパピルスは途切れているが、まず間違いなく）ハドリアヌスに首を突かれ、皇帝の馬の足もと

に倒れた。間一髪、重傷を負いかねない、いやそれどころか命を落としかねない危機から、エラステスがエロメノスを救った、華々しい瞬間だった。

ついに、ナイル川のクルージングに出発する準備が整った。皇帝のために用意した巨大な平底の川船以下、随行員と衛兵たちを運ぶための船団が組まれた。船団には、アレクサンドリア艦隊の戦艦も何隻か含まれていた。例によって、皇帝来訪の予告を受けた町々は何か月もまえから大量の食糧その他の必要物資の調達に大わらわだった。たとえば、オクシリュンコス[27]という町では、大麦七〇〇〇ペック〔一ペックは約九リットル〕、干し草三〇〇〇俵、子豚三七二匹、ナツメヤシの実二〇〇〇ペック弱、羊二〇〇〇匹、そして、大量のオリーブの実と油を用意した。まるでイナゴの大群のように、皇帝一行はすべてを食いつくしながら進んだ。

パクラテスは詩人であると同時に、魔術を使う神官でもあり、修行僧のような風体をしていた――「髪を剃り、白い麻布の服を着、なまりのあるギリシア語を話し、背は高く、鼻は低く、唇が厚く、脚は細かった[28]」。

彼はヘリオポリス（ギリシア語で「太陽の町」の意）という過疎の町に住んでいた。エジプト人たちはこの町をイウヌ（「柱の地」の意）と呼んでいた。太古より知の中心地として知られていたが、前三三四年にアレクサンドリアができてからはその存在理由を失っていた。一世紀当時、ここにはひと握りのギリシア秘儀の司祭しか住んでいなかった。ストラボンによると、彼らは「供儀を行ない、訪問者たちに聖なる儀式についての解説をしていた[29]」。

生来魔術に強い関心をもっていたハドリアヌスはこの町に寄り、儀式解説をほどこしてもらった。古代のパピルスによると、彼はパクラテスに相談し、「思い通りにならない人物を引きつける」ための呪文[30]を教えてもらった。「それはたちまちにして病を引き起こし、徹底的に破壊し、鮮やかな夢をもたらす」ものだった。神官はナイル川で溺れ死なせたノネズミ一匹とカブトムシ二匹、処女山羊の脂、犬のような顔をしたヒヒの糞などのさまざまな材料を混ぜ合わせ、乳鉢ですって粉状の秘薬を作った。この気味の悪い粉少々をペースト状にしたものが捧げ物として炭火の上で燃やされ、呪文が唱えられた。このような儀式はむやみに行なわず、「ほんとうに必要な」場合にのみ行なうべし、とパピルスは警告している。

パクラテスは演出にたけていた。一度も失敗したことがないと評判だった呪文をかけ、ひとりの犠牲者は二時間以内に病気になり、もうひとりの犠牲者はきっと七時間以内に死ぬだろう、と言った。ハドリアヌスは「自分が魔術の真理を完全に理解した」夢を見た。深い感銘を受け、彼は二倍の施術料を払った。

このような相談をした皇帝の目的は何だったのか？　エジプト魔術はギリシアやユダヤの呪文や魔法にエジプトの土着信仰を混ぜ合わせた、きわめてエキゾティックな混合物だった。だから、単なる好奇心から試してみただけかもしれない。あるいは、病気になってほしい、死んでほしいと胸中願わずにいられない人物が誰かいたのだろうか？　もしかしたら、「ほんとうに必要な」状況にあったのだろうか？　ある衝撃的な死亡事件が数日後に実際に起きていることから、そのような疑問をどうしても抱かずにはいられない。

ハドリアヌス、アンティノウス以下、一行はヘリオポリスから南に数マイル下ったメンフィスに到着した。メンフィスは三千年以上まえに創建されたエジプト古王国の最初の首都だ。一行はピラミッドとスフィンクスの見学をしてから、船で川をさかのぼり、ヘルモポリス（エジプト名はケメンヌ）で停泊した。ヘルモポリスは南部の上エジプトと北部の下エジプトの境目に位置する豊かな大都市で、有名なトートの聖域があった。魔術神トートは善悪を裁定し、死者を審査するラーの心臓と舌であると信じられていた。

十月二十二日、ナイル祭が祝われた。通常は、毎年起きるナイル川の氾濫がもたらす土地の肥沃化を祝う陽気な祭りなのだが、その年のナイル祭にはどこか陰鬱な雰囲気があった。二年続けて川の水位がまったく上がらないという異常事態に見舞われていたからだ。二日後にはオシリス神の命日記念祭があり、信者たちは聖歌を詠唱した。川の水位の上昇と下降に合わせて、オシリス神は毎年新たに誕生すると信じられていた。

ヘルモポリスの対岸は土手が湾曲していて、川の流れが急になっていた[31]。泥レンガで造った小屋が数軒集まったみすぼらしい集落があり、近くにはエジプトで最も有名なファラオであるラムセス大王（前一二九八～一二三五）の小神殿が建っていた。ちょうどこの神殿のあたりで、その月最後の週のある日、アンティノウスの死体が川から引き揚げられた。溺死だった。

ハドリアヌスは我を失った。『ヒストリア・アウグスタ』は、彼は「若者を悼み、女のように泣きじゃくった」[32]と批判的に書いている。天空に自分は新星を見た、アンティノウスにちがいない、とハドリアヌスは断言した。側近たちもその星は確かに新星で、肉体を離れ、天に昇ったアンティノウスの魂であると、相槌を打った。アンティノウスは神格化されるべきだと皇帝は確信した。こうして、死してアンティノウスは神として生まれ変わることになった。

ローマの慣習からすると、前代未聞のことだった。皇帝、ならびに皇帝の妻や近親者は元老院の承認を経て神格化という名誉を授かることができる。しかし、政治的にも社会的にも無名の愛人がそのような名誉を授かるなど、異例中の異例だった。この件につき、ハドリアヌスは元老院に諮りさえしなかった。「ハドリアヌスの要請を受け、ギリシア人たちが彼を神格化した」[33]からだ。具体的にどういうことなのかはよくわからない。しかし、古来より地中海東部地域では王たちが自分で自分を神であると宣言する伝統があったし、感覚的に人間と神の境界線が曖昧だった。

それに、たまたまではあるが、神格化の名誉を与えることについて、この地方には先例があった。実は、ナイル川で溺れた者は魔力を獲得すると信じられていた。パクラテスがナイル川で〝溺れ死なせた〟ノネズミとカブトムシをもってくるようにと言った時にも、正確にはナイル川で〝神格化させた〟ノネズミとカブトムシをもってくるようにと言ったのだった。それは、ナイルは溺れさせて命を奪った者に対して不滅の命を与えると、多くの人々が信じていたからだ（不滅の命を与えるといっても、ここが重要なところなのだが、自殺者は例外だった）。死体には神官しか触れることが許されず、公費で埋葬されることになっていた。ローマ支配が始まってからも、ペテシとパヘルという二人の溺死した兄弟が自分たちに捧げられた小神殿を建ててもらっていた。二世紀に建てられたイシドラという溺死した少女の墓には、父親によって詠まれた詩が刻まれている──「ああ、わが娘よ、もうこれからは嘆き悲しみ、供物をもってくることはすまい。もう神になったのだから」(34)。

というわけで、アンティノウスも神になったわけであるが、そもそもどうして彼は死んだのだろう？　正確な状況が一切わかっていないので、答えを見つけるのは難しい。ハドリアヌスは回想録で事故死だったと断言しているが、古代の文献はこれに同調しない。事件の記述が見えるのは、ディオ・カッシウス、『ヒストリア・アウグスタ』、アウレリウス・ウィクトルの三文献だ。いずれもかなり後代に書かれたもので信頼性は低い。著者の悪意が透けて見えると言う研究者もいる。三文献のうち、いちばんましなのはディオ・カッシウスで、このように述べている。

アンティノウスは……皇帝のお気に入りだったが、エジプトで死んだ。ハドリアヌスが書いているようにナイルに落ちたのか、あるいは犠牲として差し出されたのか。真実は後者である。というのも、ハドリアヌスは、すでに述べたように、つねにたいへん好奇心が強く、ありとあらゆる占いや魔術を試したからだ(35)。

アウレリウス・ウィクトルも同意見で、このように述べている。

ハドリアヌスが寿命を延ばしたいと言うと、みずから身代わりになってくれる人間がいれば、と魔術師たちは応じた。魔術師たちの記録によると、みなが断るなか、ひとりアンティノウスのみがみずからの命を差し出すと申し出た。それゆえ、前述の名誉が与えられた。この問題は未解決のままにしておくしかないだろう。とはいえ、自分本位な性格の人間の場合、年が離れた男同士の関係が成立しうるものか、はなはだ疑問ではある(36)。

『ヒストリア・アウグスタ』も同様の見解をとるが、それほど断定的なトーンではない。

この事故については複数の噂がある。彼がハドリアヌスのためにみずから命を差し出したと言う者もあれば、あるいは、彼の美しさとハドリアヌスの過剰な色欲が原因だったと言う者もある(37)。

奥歯に物が挟まったような表現で、何を言わんとしているのかはよくわからない。おそらく、アンティノウスは性交を強要する皇帝から逃れるために自殺したのだ、と言いたいのだろう。

最も有力かつ常識的な説は、ハドリアヌスが主張しているように、皇帝のお気に入りは事故で溺れたというものだ。元気いっぱいの若者は不用意にも川で泳ごうとして、予期せぬ流れに飲まれるか、あるいは水草にからまるかして溺れたのだろう。じゅうぶんに起こりうる事態で、実際にそういうこともよくあった。しかし、アンティノウスほどの要人がひとりで行動するとは考えにくく、仮に溺れたとしても助けてくれる人が近くにいたはずだ。

第二の可能性は、彼が誰にも知らせず、おそらくは夜陰に乗じて静かに入水し、自殺した、というものだ。動機は推測するに難くない。彼は二十歳になろうとしていた。もう、初めて皇帝の目をとらえた時の美少年ではなかった。ハドリアヌスが滑らかな頬のティーンエージャーにしか興味がなかったとすれば、アンティノウスは将来に確たる希望を抱くことはできなかっただろう。少年《プエル》を卒業して青年《ユウェニス》になってしまった自分に、主人にして愛人でもある皇帝がどのような価値を見出しえようか、と考えたにちがいない。

しかしながら、ハドリアヌスは守備範囲がたいへん広かったことで知られている。アウレリウス・ウィクトルは「彼が大人の男性《プベレース》を誘惑したという意地悪な噂が広がった(38)」と述べている。若いエロメノスがエラステスと肛門性交するのはかならずしも非難されることではないが、成人男性が受身の役割をさせられることは恥であると考えられていた。大人になったアンティノウスがもう皇帝とは同衾したくないと思うようになった可能性はある。このままの関係を続ければ、自分は単なる男娼とそれほど変わりないではないか、ユウェナリスの諷刺詩に出てくる年老いたジゴロ(39)のようになりはてるのだろう、と考えたとしても不思議はない。

しかし、たとえこのような怖れに根拠があったとしても――二人のうちのいっぽうが興味を失いはじめていたとか、あるいは恥ずかしいと感じるようになっていたとか――、溺死事件のあとのハドリアヌスの態度を見るかぎり、彼の愛には嘘偽りがなかったことがわかる。そのような怖れは杞憂だったのだ。つまり、たとえ何らかの理由で恋愛関係が解消したとしても、アンティノウスは皇帝の変わらぬ寵愛を信じることができたはずだ。捨てられたり、もてあそばれる心配はなかった。

今日の感覚で判断すればいかにもありえない説が書かれている文献もある。古代世界においては、誰かの身代わりとして自分を犠牲にするという発想は珍しくない。エウリピデスの有名な悲劇『アルケスティス』は寿命が尽きかけている夫、アドメトゥスの代わりにみずからの命を差し出す妻の物語だ。

身代わりとなって地下の死者たちの仲間になる人を
見つけることさえできたなら［アドメトゥスは生き延びることができた］。
彼は順番に家族全員に尋ねた、父親に、母親に。しかし、
この世を捨て、彼の代わりに死んでもよいと言う者はひとりもいなかった。
妻をのぞいて。(40)

ハドリアヌスが志願者を探したのはこのエピソードに酷似している、とアウレリウス・ウィクトルは指摘する。

一三〇年か一三一年以降のいずれかの時点で、ハドリアヌスの友人にして政府高官でもあった歴史家のアッリアヌスは、皇帝への長文書簡という体裁で黒海沿岸地域の案内記を書いた。そのなかには、山羊が数匹いるだけの無人島レウケについての記述がある。伝説によると、ギリシアの英雄アキレウスが子どもの時に住んでいた島だ。訪問者たちはアキレウスと彼の年長のエラステス、パトロクロスに願かけの供物を奉納した。ちなみに、死んだパトロクロスのためにアキレウスはトロイア攻囲戦で情け容赦ない弔い合戦を行なったが、その彼もやがて戦場で死す運命だった。アッリアヌスはこのように締めくくっている。

私はアキレウスは誰よりも偉大な英雄だったと信じている。その気高さ、美しさ、精神の強靭さゆえに。これほどまでに若くして人間界を去ったがゆえに……そして、愛する者のために死をも厭わなかった、その愛と友情ゆえに。(41)

ギリシア的な基準からすれば、ハドリアヌスとアンティノウスはおよそ理想的なカップルとは言えなかった。しかし、異なるやり方でとはいえ、愛する人のためにみずからの命を顧みなかった二人の宿命のエロメノスを、アッリアヌスはきっと結びつけて考えたかったのだろう。これは細心の注意を要する記述だった。好意的に受け取られたなら、かならずや憔悴しきった読み手の琴線に触れ、悲しみを慰めることができたはずだ。

そもそも、ハドリアヌスは当時何らかの深刻な病に罹っていた。彼もアンティノウスも、もしアンティノウスが身代わりに命を捧げるならば皇帝は健康を回復するはずだと確信していた。そういう意味では、自殺説は成り立つ。ただし、私生活上の悩みが原因ではなく、宗教的、あるいは魔術的な理由で、ということになる。

もうひとつ別の可能性があるが、正直なところ、こちらはかなり嫌悪感をそそるものだ。アンティノウスが同意していたか否かはわからないが、犠牲にするためにハドリアヌスが殺害を命じた、というものだ。エレウシスの入信儀式の際に犠牲として殺した子豚さながらに。しかし、これはきわめて異例の行動だ。ローマ人たちははるか昔の共和政期に法律で人身御供を禁じていたし、エジプト人たちにも歴史的に検証しうるかぎり人身御供の習慣はない。もっとも、魔術となると話は違うかもしれない。すくなくとも、『パクラテス・パピルス』は死を引き起こす呪文が存在していたことを示している。魔法使いたちは人を死に至らしめる力をもっていると広く信じられていた。ホラティウスは民衆心理に潜むおぞましい空想をホラー映画さながらに一編の短詩に仕立てている。(42) 首まで生き埋めにされ、餓死した少年の骨髄と肝臓を使って媚薬を作るという話だ。そのような犯罪が日常的に行なわれていたとは思えない。しかし、自分の健康を回復させるための供儀について、皇帝がパクラテスか誰かほかの大物魔術師に相談した、というのはありえる話だ。その結果、アンティノウスは好むと好まざるとにかかわらず川に投げ込まれたのかもしれない。そうだとすれば、すくなくとも、ハドリアヌスが自殺を否定したのは正しかったことになる。

いかなる結論を導き出そうと、それは想像の産物にすぎない。しかしながら、アンティノウス犠牲説を裏づける物的証拠は存在する。この時代以降に製作された二体の大理石胸像――そのうち一体はティブルで発見された――が、それだ。二体とも、若返った皇帝の姿を写し取っている。新たに発行された硬貨にも、同様に若きハドリアヌスの姿が刻まれている。(43) ナイルにおける死のおかげで魔法の効果が現われたことを記念しての意匠であったろうと思われる。皇帝は年をとり、病気だったが、それ、見よ、彼は若さを取り戻し、今度は象徴的な意味でなく文字通り生まれ変わった、これが証拠だ、というわけだ。

溺死事件から一週間もしないうちに、皇帝はヘルモポリスの対岸の、アンティノウスが水中から引き揚げられた場所に新しい町を建設することを決めた。もともとエジプト中部のどこかにハドリアノポリスを造ろうと考えていたのだが、いまや新都市の建設は死んだ恋人を記念するための一大プロジェクトに形を変えた。

町を創建した守護神の名をとりアンティノオポリスと命名されることになる、美しい新都市の設計図がただちに練り上げられた。大幅な減税措置に魅かれ、エジプト各地のギリシア都市から多くのギリシア系移民や退役軍人が集まってきた。地元の住民たちに略奪され、今日では何も残っていないが、今から三世紀まえまでは多くの建造物が往時の姿のままに残っていた。ある十八世紀の旅行者は「これは永遠の列柱都市だ(44)」と記している。アンティノオポリスは碁盤の目状に設計された都市で、二本の二重列柱のメインストリートが町の中央で交差していた。そして、交差点には新たに神になった創建者に奉納されたと推察される大神殿が建っていた。

この構造は、二本の大通りの交差点にセマと呼ばれる建物が建っていたアレクサンドリアによく似ている。セマはアレクサンドロス大王の遺体を安置した建物だ。ここで、偉大な征服者のミイラはクリスタルの棺に納められ、永眠していた。死亡現場のすぐ近くに建設した新都市にアンティノウスを埋葬しようと、当初ハドリアヌスが考えていたとしても不思議はない。しかし、仮にそうであったとしても、彼はすぐに考え直したのだろう。ティブルのウィッラに遺骨を納めるための神殿を建設するよう命じているから(45)だ。場所はウィッラの大正門脇のたいへん目立つ地点に定められた。工事はただちに開始され、急ピッチで進められた。

アンティノエイオンは塀に囲われた神域で、中には二つの小神殿が建っていた。正門側はエクセドラ（半円形の列柱）になっていて、墓はエクセドラの背後に広がるテラスのむこうにあった。神域の中心には特注のオベリスクがそびえ立っていた。今日バルベリーニ・オベリスクと呼ばれるその記念柱はローマのピンチョの丘に建っている。記念柱には、四つの碑文が刻まれている。第一の碑文は皇帝と皇妃の健康を祈念するものだが、ほかの三つの碑文はアンティノウスと、新たに生まれた神であるアンティノウス・オシリスの信仰に関するものだ。「アンティノウスはローマ皇帝の所有する庭園にある、この墓に眠る(46)」という文言が確認できる。もちろん、それはティブルのウィッラのことだ。

死してのち、アンティノウスはすばらしい栄光を享受した。アンティノウス信仰は瞬く間に広まり、人気は年を追うごとに高まった。死後に復活した神として、しばらくのあいだはイエスのライバルにもなった。いわく、「イエスに捧げた名誉にわずかばかり足りないものの、大きな名誉が捧げられた」[47]。

地中海世界の宗教の特徴のひとつに、異なる宗教の神々を同一視する、というものがある。アンティノウスはたちまちオシリスと同じ神格をもつと考えられるようになった。それは生前からある程度予想されたことではあった。というのも、どうやら彼は十月二十四日のオシリス祭当日に死んだようなのだ。もしそうであれば、これはアンティノウス、あるいはハドリアヌスが宗教的な関連性をもたせるためにわざと選んだ日付けだろう。オシリスは死者たちを裁く慈悲深い神であり、命を授ける冥界の王だった。毎年起きるナイル川の氾濫と、春になるとふたたび息吹く植物の再生を司ると考えられていた。

アンティノウスはオシリスと重ね合わされただけでなく、この世とあの世の境界の主にして、その境界を自由に行き来するヘルメス（エジプトのトート、ローマのメルクリウス）とも関係づけられた。だからこそ、溺死事件の数週間後にライオン狩りについて書いた詩のなかで、パクラテスはアンティノウスのことを「アルゴス殺しの息子」と呼んだのだ。アルゴスは多くの目をもつ怪物で、ヘルメスに殺された。ヘルメスは神々の使者であると同時に、冥界に魂を案内する霊魂導師でもあった。アテナイにおいてはディオニュソスと同化した。だから、ディオニュシア演劇祭では、アンティノウス神殿の神官には劇場の特等席が割り当てられた。生前、この新たに神になった若者は単なる一観客として観劇したはずだ。

アンティノウスをイアッコスとして描いた硬貨も見つかっている[48]。イアッコスはエレウシスの秘儀に欠かせない低神格の神だから、かつて一介の入信者としてデメテルの秘儀に参加した若者がいまや神として戻ってきたということになる。

アンティノオポリスを建設し、マンティネイアで宗教儀式を執り行なったことをのぞけば、ハドリアヌスは失った恋人を祀る信仰を広めるために格段の尽力をしたわけではなかった。しかし、皇帝に取り入りたいと思っている各地のエリート政治家たちは、アンティノウスの神殿や彫像の建立が有効な手段であることをただちに見抜いた。この時代の紀行作家パウサニアスはマンティネイアを訪れ、アンティノウスに捧げられた真新しい神殿があることに気がついた。そして、「生きている時に会ったことは一度もないが、彼の彫像や肖像画にはいたるところでお目にかかった」[49]と記述している。

それは誇張ではなかった。たちまちにして、アンティノウスは津々浦々にまで広まった。ディオ・カッシウスはハドリアヌスが「彫像、いや、単なる彫像ではなく、聖像を建立させた。世界中いたるところに」[50]と書いている。皇帝は腕のよい芸術家に見本となる彫刻を作らせたにちがいない。そのコピーが大量に作られて、広く流通したのだろう。物憂げな表情、豊かな巻き毛、広い胸、やや下に向けられた視線――それは男性美にあふれた、忘れがたい印象を与える彫像だ。

地中海世界にはアンティノウスの名を冠した寺院、祭壇、神殿、神託所、碑、競技会がつぎつぎに出現した。それぞれが彼の肖像を必要とした。こうして、二千体の彫像が製作されたと推定されている。そのうち、百十五体が現存し、今も年々新しい像が土中より発見されている。近年、ペロポネソス半島では巨大な座像が発見された。あたかも競技の勝者のように頭にリボンを巻いたアンティノウスの像だ。ティブルのウィッラもアンティノウスでいっぱいだ。すくなくとも十体の彫像が発見されている。デルフォイでは、アンティノウスの彫像に油を塗りつける儀式があるので、何世代も経つうちに、まるでアラバスターのような半透明の層ができてしまった。今日でもその儀式は続いている。特筆すべきは、イベリ族の偏屈なファラスメネス王が治める遠国でさえアンティノウス信仰の呪縛から逃れられなかったという事実だ。この国の貴族の墓からアンティノウスの顔を打ち出した精巧な銀皿が見つかっている。おそらく公的な贈り物で、受け取った墓の主が大切にしていたものなのだろう。

アンティノウス信仰は恋人だった皇帝の治世よりもはるかに長命だった。ハドリアヌスとは関係なく、彼自身が多くの信者を惹きつけた。アンティノウスをかたどった意匠は高度な芸術作品だけでなく、ランプや皿や鉢など日常的に使用する工芸品にも広く用いられた。神格化のそもそもの動機とは切り離されたところで、帝国に居住するギリシア系住民たちにとって、ビテュニアの永遠の若者は一種の護符のようなものになっていった。自身の民族的アイデンティティを守りながら、同時にローマへの忠誠も示せるという、便利な護符に。アンティノウスは地中海世界の二つの中心的な文化の融和を象徴していた。パンヘレニオン（全ギリシア会議）を具象化した理想の姿にほかならなかった。

今日でさえ、最も印象的ですぐに目に浮かぶ、古代世界を代表する顔といえば、それはアンティノウスの顔だ。ちなみに、彼は自分の名が冠された大人気のウェブサイトをもつ、数少ない古代ギリシア・ローマ人のひとりでもある。(51)

第二十三章　「やつの骨が腐らんことを！」

アンティノウスの死によって皇帝の旅が中断されることはなく、ナイル川のクルージングと観光は続けられた。一行はいわゆるテーベの〝歌うメムノン像〟の見学に訪れた。これはファラオの二体の座像のうちの一体で、地震で崩壊し、上半身が欠けてしまっていた。崩壊以降、明け方に石が朝日に温められると、「壊れた竪琴《リラ》かハープの弦の響きにそっくりだった」[1]という歌声が聞こえてくると言われていた。この不思議な現象はたまにしか起きず、最初に訪問した時には聞くことができなかった。翌日、サビナと友人のバルビッラが再訪すると、像は歌ってくれた。直後に訪れたハドリアヌスもその声を聞いた。バルビッラは石像に何編かの詩を刻ませた。そのうちの一編には、つぎのような文言が含まれている。

その時、ハドリアヌス帝はメムノンに
挨拶し、今後幾世代も残るよう石にこの碑文を刻ませ、
彼が見たこと、聞いたことのすべてを記録した。
神々が彼を愛していることは誰の目にも明らかだった。[2]

ハドリアヌスはアレクサンドリアで数か月を過ごし、悲しみを癒しつつ、アンティノオポリスの建設計画を練った。パクラテスがライオン狩りの詩を書いたのは、この頃だ。この詩には、ハドリアヌスの殺したライオンの血からバラ色のスイレンが咲き出たという噂に基づいて、今後バラ色のスイレンはアンティノエウスと名付けられるべきだという一節があった。その思いつきを喜んだ皇帝は彼をムセイオンの会員にした。

一三一年春、ハドリアヌスはエジプトをあとにし、属州のシリアとアシアを巡察した。その後、アテナイに戻って冬を越したが、これは皇帝としては三度目の訪問だった。エレウシスの秘儀にまた臨席したことはまちがいない。ただし、このたびはひとりで。今回の訪問中も慈善事業を怠らず、ある碑文には「アテナイの町とアテナイの人々に恵みをもたらす機会を私が一度たりとも逃さなかったことを知れ」[3]と、高らかに謳わせた。

春、パンヘレニオン（全ギリシア会議）の出席者たちが初めて一堂に会した。おそらくはオリュンピエイオン（ゼウス大神殿）の奉納式に合わせてのことだろう。これを機にパンヘレニア競技祭が行なわれるようになった。実際に開催されたのは一三七年のことであったが、これにより、四年に一回ずつ開催される新パンアテナイア競技祭、新オリュンピア競技祭、ハドリアニア競技祭（おそらく死後に皇帝の名誉を称えるために開催が決まったものだろう）とともに、アテナイでは毎年大規模な国際競技祭が行なわれることになった。競技祭の期間中には地中海東部の各地から大勢の旅行者たちが集まった。以降、アテナイはフェスティバル・シティとなりギリシア語圏の中心としての地位を固めることになった。

ある災難がハドリアヌスに降りかかった。といっても、これはまったくのところ自分で播いた種なのだが……。ユダヤ人たちは割礼禁止令におおいに憤慨し、エルサレムがユダヤ人を排除したギリシア都市アエリア・カピトリーナとして作り変えられたことに深くプライドを傷つけられていた。ローマ人たちはユダヤを民族浄化しようとしているのではないかと考えたからだ。また、〝神殿の山〔エルサレムのこと〕〟の維持管理費として全ユダヤ人に課されていた半シェケルの人頭税を、ローマのカピトリウムの丘に建つ最高神ユピテル神殿の維持管理費にあてるとティトゥス帝が決めてからまだ半世紀しか経っていず、彼らはそのことにも不満を抱いていた。

ユダヤ人たちは近東のセレウコス王国のアンティオコス四世エピファネスのことを思い出さずにはいられなかった。前二世紀に権勢をふるった王は多くの点でハドリアヌスを先取りしていた。アテナイのオリュンピエイオンの完成を試み――完成には至らず――、ゼウス・オリュンピオス信仰を奨励した。王都アンティオキアでは、一般の人々と気さくに交際し、きわめて市民的《キウイリス》な支配者だった。それはまさにハドリアヌスがめざす統治者の姿だった。彼はエルサレムで劫掠をほしいままにし、神殿には自分自身の彫像を建てて王に対する個人崇拝を強要した。その目的は、ハドリアヌスの目的と同様、ユダヤ人たちをギリシア化することだった。

ユダヤの指導者たちは協力する以外に道はないと判断した。大ユダヤ戦争の際にティトゥス側に寝返ったユダヤ人のヨセフスによると、ユダヤ人たちは王にこう述べた。

私たちは自分たちの国の法、そして自分たちが学んできたユダヤ的な生き方を捨て、王の法とギリシア的な生き方をしたいと思います……。ゆえに、自分たちの国に属するすべての習慣を捨て、ほかの国の風習をまねます。(4)

ところが、リーダーのひとりであるユダ・マカバイの名をとりマカバイ戦争として知られる反乱が起きた。アンティオコスの軍勢は反乱軍のゲリラ作戦に対応することができなかった。セレウコス王国自体がパルティアから攻撃を受け、対応を迫られるなか、王は突然予期せぬ死を遂げた。その結果、ユダヤ人たちは独立を勝ち取ったのだった。

ほぼ三百年後、歴史は繰り返した。ハドリアヌスもきっと読んだにちがいない『ヒストリアエ（同時代史）』にタキトゥスは書いている——アンティオコスは「必死にユダヤの迷信を根絶してギリシア文明を導入しようとしたものの、パルティアとの戦争のせいで、この卑しい人々を改良することができなかった」[5]。ユダヤの迷信を根絶してギリシア文明を導入する——まさにそれこそ、ハドリアヌスがめざしていたものだった。もし抵抗にあったとしても、今回はパルティアの横やりを心配する必要はなかった。というのも、ローマの最も危険な隣人とは協定を締結しなおしたばかりだったからだ。彼の知るかぎり、深刻な事態を招きかねない要素はひとつもなかった。

しかしながら、ユダヤ人活動家たちは秘密裏に着々と戦争の準備を進めていた。ハドリアヌスはまだエジプトにいた[6]。絶対警戒されないように、ユダヤ人たちは驚くべきトリックを使い、人目を引くことなく武装することに成功した[7]。駐屯しているローマ軍から受けた注文に対して、政府公認のユダヤ人武器製造者たちはわざと欠陥品を納入した。武器は粗悪品として返品された。彼らはその欠陥品を修理して、使えるようにしたのだ。

反乱の首謀者たちは、ローマ軍と広い戦場で戦うことがいかに無謀であるか、よく知っていた。マカバイ戦争の時のように、彼らもゲリラ戦術をとった。ディオ・カッシウスは現代のベトコンのトンネル作戦さながらの戦いぶりについて、こう記述している。

彼らは国の要衝を占拠した。そして、攻撃されたらいつでも逃げ込めるよう、また地下でこっそりと集会ができるよう、地下道を掘り、壁で補強した。地下道には、一定距離ごとに地上までの縦穴をあけ、空気と明かりが入るようにした(8)。

貯水槽、ブドウやオリーブの地下圧搾場、倉庫、カタコンベなど、既存の構造を利用した三百系統以上のトンネルが考古学者たちによって特定されている。それらには換気シャフト、水槽、食糧貯蔵庫が完備され、トンネル内の長期滞在を想定した備えがされていた。

ティトゥスにより制圧された大ユダヤ戦争の際、ユダヤ人たちは独立を守るために多大な犠牲を払った。今回も状況は困難だったが、強く自信にあふれた聡明なリーダーがいたのでユダヤ人の士気は格段に高揚していた。リーダーの名前はシモン・ベン・コシバ。手紙には〝イスラエル大公〟と署名したが、通常はバル・コホバ(星の子)の名で活動していた。これは預言者バラムによる予言にちなんだ名だ。

私は未来を見る。
そして、イスラエルの国が見える。
ひとりの王が、輝く星のごとく、その国に現われるだろう。
彗星のごとく彼はイスラエルから来るだろう(9)。

つまり、バル・コホバは自身をメシアに投影していたのだ。イスラエルを再建し、邪悪な者たちを追放し、ついには全世界を裁く指導者、〝油を注がれた者〔イスラエル王を指す〕〟に。これには一部のラビ〔ユダヤ教の宗教的指導者〕たちのお墨付きもあった。ヤッファのラビ養成学校の主任教授である有名なラビ、アキバ・ベン・ヨゼフはバル・コホバに会ったとき、「これこそメシアなり」[10]と言ったと伝えられている。バル・コホバという通り名を名乗るようにすすめたのは彼だった可能性もある。もっとも、別のラビは「あなたの頬に草が生えるまで待ったとしても、彼は［メシアは］現われない」と言って、アキバに反論したという。

反乱は一三二年に勃発した。引き金となったのは、アエリア・カピトリーナの建設に従事していた作業員の不注意によりエルサレムにあるソロモン王の墓が崩壊してしまった事件だったようだ。反乱の経緯に関する記述は残されていないが、大まかな成り行きについては、かなり正確にわかっている。第一段階はローマ軍の完敗だった。

ユダヤの属州総督、クイントゥス・ティネイウス・ルフスのもとには、軍団が二個、補助騎兵隊が十二個しかなかった。脅威を過小評価していたのだ。当初は局所的な問題に見えた反乱は瞬く間に広がった。ハドリアヌスの治世が始まってまもなくの一一六年から一一七年にかけて暴動が起きた時にユダヤ人がほぼ全滅したエジプト、キュレナイカ、キプロス以外の地域のディアスポラも蜂起した。隣接する属州のシリアとアラビアでも、おそらく戦闘が行なわれたか、あるいはすくなくとも治安が不安定になった。ディオ・カッシウスがその様子を記述している。

初め、ローマ人たちは［謀反を］深刻にとらえてはいなかった。しかし、たちまち、ユダヤ中が騒然となった。いたるところで、ユダヤ人たちは暴動を起こし、集団となり、あるいは隠れて、あるいはあからさまにローマ人たちに抵抗した。諸外国も漁夫の利を狙って謀反に同調した。この件で世界中が大騒ぎになったと言っても過言ではない。[11]

ティネイウス・ルフスはたちまち劣勢に追いこまれた。シリアの属州総督は北から援軍を送った。エジプトからも第二十二デイオタリアーナ軍団が駆けつけたが、壊滅してしまったようだ。ローマ軍の死傷兵は膨大な数にのぼった(12)。

通常、将軍たちが元老院に伝令を送る場合、報告は「貴殿と貴殿の子息らが健勝なら、それは喜ばしきことなり。われと軍団も健勝なり(13)」という決まり文句で始まる。ハドリアヌスがユダヤの戦況について報告をした際にこの導入文を省略したという事実は示唆的だ。ローマ軍は危機的な状況にあった。

皇帝はまだアテナイにいる時点で、さもなければ、おそらくはローマへの帰途についた直後に反乱のことを知ったようだ。彼はすぐに必要な措置を講じた。おそらくは損耗を補うために、水兵たちが急遽第十フレテンシス軍団に移動させられた。そして、イタリア本国で新しい部隊が編成された。本土での徴兵は長いあいだ行なわれていなかったので、これはおおいに不興を買ってしまった。

ディオ・カッシウスによると、ハドリアヌスは「最良の将軍たちを［ユダヤ人たちに対して］送った(14)」。その筆頭がブリタンニア属州総督をつとめていたセクストゥス・ユリウス・セウェルスだった。この、きわめて有能で信頼のおける問題解決のスペシャリストに、皇帝は道中援軍を拾いながらユダヤに行くよう命じた。最も遠い属州にいたセウェルスが呼ばれたということは、それだけ深刻な状態だったということだ。セウェルスは帝国の端から端まで横断しながら現地に向かった。数か月を要したはずだが、どんなに離れていようと、どんなに時間がかかろうと、メリットのほうが上回るとハドリアヌスは判断したわけだ。

セウェルスは筆頭将軍にはならず、すべての将軍が同格に扱われたことを、ディオ・カッシウスの記録は示唆している(15)。司令官がたくさんいる軍隊はめったに機能しないことを考えると、これは一見愚かな判断に思える。しかし、皇帝みずからがすくなくとも一回は軍の指揮をとったと考えれば納得がいく。そのことはエクスペディティオ・ユダイカ（ユダヤ遠征）に参加した将校と兵士の軍歴を列挙した碑文から確認することができる。エクスペディティオという単語の使用は皇帝が軍を率いていたことを意味するからだ。

ハドリアヌスのようになんでも自分でしなければ気がすまない統治者が陣頭指揮をとらなかったとしたら、むしろそのほうが不自然だ。自分の治世で最大の軍事的危機であり、同時に、それまで膨大な時間とエネルギーをかけて実施してきた独自の軍事演習システムが正しく機能するかどうかを試す、またとない機会でもあったからだ。

ユダヤは外国の影響や支配から完全に自由になった。つかの間の勝利のあいだに、バル・コホバはきわめて規律的な国家を作り上げた。彼の統治については、かなりのことが判明している。一部は硬貨からも確認できるが、ほとんどはある驚くべき発見のおかげで明らかになった。死海西岸に広がる砂漠の涸れ谷《ワジ》の洞窟で、文字の読みとれる書類と遺物が乾燥した環境のおかげで完璧な状態で見つかったのだ。

ユダヤでは、新たな暦も制定され、硬貨や書簡に新たな年号が使われるようになった。一三二年が〝イスラエル奪還第一年〟[16]とされた。宗教儀式も再開され、祭司長も新たに任命された。ある高官が祭りのために必要なものを同朋たちに求める手紙を書いている。バル・コホバの直属の部下たちが死海沿岸のオアシス、エン・ゲディの反乱軍司令官だったことは確実だ。

ソウマイオスよりバイアノスの息子、イオナテス、そしてマサバラへ挨拶申し上げる。アグリッパを遣わすので、急ぎ、〝ユダヤ人たちの幕屋祭〟の設えに使うヤシとシトロンの木をもたせてくれ。ほかには何もするな。これはギリシア語で書かれている。……［名前は失われている］が見つからず、ヘブライ語で書けなかったからだ。祭りに間に合うよう、彼［アグリッパ］をすぐに帰してほしい。ほかには何もするな。ソウマイオス。さらば。[17]

「ほかには何もするな」という文章が繰り返されている点が書き手の興奮と焦りを雄弁に物語っている。行間から、革命当初、ユダヤ人たちが楽観的だったことが伝わってくる。

イスラエル大公がみずから書いた通知も見つかっている。ずいぶんぶっきら棒な文面なのだが、ある非協力的な有力地主たちにあてたもので、彼らが所有する果樹園からの収穫と家畜を反乱軍へ供出させようとする内容だ。

シモン・バル・コシバからバアイ・アンの息子、イェホナタン、そしてシモンの息子、マサバラへ。ただちにヒッタの息子、エレアザルをここに来させたし、安息日のまえに。[18]

もしエレアザルが見つかって、出頭させられていたら、まちがいなく厳しい審問にかけられたことだろう。危険の匂いを嗅ぎとり、逃げ延びたことを祈らずにはいられない。

別の手紙からは、イェホナタンとマサバラがどうやらバル・コホバの部下ではなかったらしいことがうかがえる。バル・コホバは援軍を送るように命じている。「そして、もし援軍を送らなければ、処罰の対象となることを承知おかれたし[19]」、と。

バル・コホバは宗教的にはきわめて排他的で、キリスト教徒に対しては徹底的に厳しい態度をとった。

キリスト教の教父たちも黙ってはいなかった。この時代の著述家であるユスティノスは書いている――「今回の戦争において、メシアとしてのイエスを否定せずに自分のことを冒瀆するなら厳罰に処すべし、とユダヤ人暴徒たちの主導者、バルコケバス［バル・コホバを指す］が命じたのはキリスト教徒だけだった[20]」。ヒエロニムスはさらに踏み込んだ記述をしている――「ユダヤ人グループの主導者、バルコケバは、キリスト教徒たちが対ローマ戦に力を貸さなかったので、ありとあらゆる拷問を駆使して彼らを殺した[21]」。キリスト教徒たちはバル・コホバのことを殺人鬼、盗賊、詐欺師と見なしていた。メシアは火の息を吐くという預言[22]に合わせて、彼が「炎を吹いていると見えるように、火をつけた藁を口にくわえ、息を吐き出していた[23]」という辛辣な記述をヒエロニムスは残している。

発見されたパピルスに書かれた地名や硬貨の発見場所から判断するに、新たに建国されたユダヤの版図は限定的だったようだ。最小に見積もった領土はエルサレムの南から死海沿岸にかけて、また地中海側は海岸線にして三〇キロ弱をカバーする地域になる。死海の北岸や東岸沿いの遠隔地でも若干の反乱が勃発したようだ。しかしながら、バル・コホバは怨念の地、アエリア・カピトリーナを占拠することはできなかった。反乱軍の硬貨はユダヤ中いたるところから発見されているが、アエリア・カピトリーナからは見つかっていない。

そうこうするうちに、再編され補強されたローマ軍が戦場に戻ってきた。ヒステリックに誇張されたタルムード［ユダヤ教の律法集］の記録を信じるなら、どうやらティネイウス・ルフスは雪辱を果たしたようだ。エウセビオスは書いている。

皇帝により派遣された援軍が到着すると、［ティネイウス・ルフスは］ユダヤ人たちを攻撃し、情け

容赦ない凶暴性を発揮した。彼は数千人の男、女、子どもを殺し、戦争の掟の名のもとに、土地の人々を奴隷とした。(24)

ラビのアキバは不運にもローマ軍の手中に落ちた。生きたまま皮を剝がれたようだ。拷問に取り乱すことなく耐えたと伝えられる。彼の信じたメシアに助け出されることはなかった。

ハドリアヌスは険悪な関係にあったと言われている建築家・エンジニア、ダマスカスのアポッロドルスを招聘した。ドナウ川に石橋を架け、トラヤヌスがローマに建てた多くの建造物を設計した建築家だ。アポッロドルスは攻城機（攻囲戦用攻撃機）の専門家でもあった。この分野では古典的なテキストとされる『ポリオルケティカ』に付した書簡形式の序文において、彼に助言を求めてきた「ある皇帝」にむけて、「この問題について、問題意識を共有するに足る人間であると私のことを考えてくださったことを光栄に思います」(25)と述べている。そして、「現地の地理には詳しくないが、都市ではなく高台の上に建設された高い要塞に対して使用する攻城機の設計を依頼された」と書いている。

アポッロドルスは丘の上に造られた要塞を攻撃するのに適した機材や戦法を列挙している。そのなかには、敵が丘の上から荷車や樽のような重い物をころがしてくることを想定して設計された防御装置、頂上をめざす突撃隊を飛び道具から守るための幕、城壁の下にトンネルを掘る技術、城門を破壊する方法、突撃用梯子の使い方まで含まれる。アポッロドルスが記述している攻囲戦はユダヤでローマ軍が直面していた状況とぴたりと一致する。だから、「ある皇帝」がハドリアヌスだった可能性はきわめて高い。

ようやく現地に到着したユリウス・セウェルスはゲリラ戦が頻発する無法地帯を制圧するためには唯一の合理的な戦術をとった。かつてウェスパシアヌスがしたように、丘という丘、要衝という要衝をひとつひとつ確保しながら、遭遇するものを完全に破壊しつつ、ゆっくりと着実に進軍したのだ。

ローマ人たちは圧倒的な戦力を集結させた。作戦にどれほどの軍勢が投入されたのかを知ることは不可能だが、最も信頼に足る研究によると、完全な軍団と大規模な分隊《ウェクシラティオネス》を合わせて、のべ十二個から十三個の軍団が投入されたようだ。ちっぽけなユダヤに対してはまったくつりあわない大勢力だ。しかし、万が一にも不測の事態は避けなければならなかった。

タルムードの伝承を信じるなら、バル・コホバは果敢に応戦した。「彼は敵の投石機から発せられた砲弾を何発も膝に受けながら、それらを撃ち返し、多くの敵を殺した」[26]と言われている。反乱軍はローマ軍の投石機を手に入れ、有効活用していたわけだ。

もっとも、発見された書簡を読むと、イスラエル大公に対する人々の忠誠が揺らぎはじめていたことがわかる。書簡のうちの一通から察するに、イェホナタンとマサバラの二人組はあいかわらず非協力的だったようだ。バル・コホバは怒りも顕わに、「おまえたちは〝イスラエルの府〟の財産を使って快適に座り、食い、飲んでいる。そして、兄弟たちのことなどまったく気にもしない」[27]と書き送っている。

終戦は近づいていた。ユダヤだけでなくアラビアにいる一般のユダヤ人たちも絶望感を募らせていた。反乱の大義に賛同している者も、そうでない者も、等しく近づきつつある破滅のシナリオに巻き込まれようとしていた。裕福な者たちは金銀財宝を懐に反乱軍が築いたトンネルや地下壕に逃げ込んだ[28]。過酷な運命に抗えず死んでいく者も多かった。そのことはワディ・ムラッバやナハル・ヘヴェルの洞窟から発見された調理具や手紙類、人骨から確認することができる。

バル・コホバが最後に立てこもった砦はエルサレムの東南六マイルのところにあるベタルの小要塞だった。詳細は不明ながら、攻囲戦に関するアポッロドルスの助言は適切だったにちがいない。ある手紙の断片には、圧倒的な敗北の予感に希望を失った胸中が書かれている[29]――「……最後まで……彼らに望みはない……南にいるわが兄弟たち……剣によって命を失った」。

一三五年の十一月か十二月にベタルは陥落した。エウセビオスによると、陥落まではずいぶん時間がかかったようだ。しかし、ついには「反乱者たちも飢えと渇きにより全滅した」(30)。そして、この狂気の沙汰を引き起こした扇動者はふさわしい罰を受けた。バル・コホバの首はハドリアヌス(31)(あるいはセウェルス)のもとに届けられた。ユダヤ側の主要な要塞五十か所が占拠され、九八五の村落が壊滅状態となり、五八万人のユダヤ人が殺された、とディオ・カッシウスは記録している。あるラビの伝承はかなり誇張されているが、それによると、異教徒たち〔ローマ人を指す〕は七年間堆肥を使うことなくイスラエルの血でブドウ畑の肥料をまかなったということだ。

自由の夢が完全に潰えるまでに、ユダヤは国家として三年間存続した。ユダヤの廃墟を目にし、怒りに駆られた生き残りたちは、かつてシモン・バル・コホバ(星の子)と名乗っていた男をシモン・バル・コゼバ(嘘の子)と呼ぶようになった。

皇帝は断固としてユダヤ教を根絶やしにする決意だった。ヘブロンやガザで大量の捕虜が競りにかけられ、馬一頭の値段で売り飛ばされた。殺されるか、奴隷にされるかして、ユダヤ人は事実上ユダヤから姿を消した。わずかに残ったユダヤ人もエルサレム地区への立入りを禁じられた(32)。祖先の都を訪れ、自分の目で見ることさえ許さない、ということだ。モーセの律法を教えることも、経典やラビの注釈が書かれた巻紙を所有することも禁じられた。

アエリア・カピトリーナの建設は粛々と進められ、神の契約の箱がおいてある至聖所にはハドリアヌスの騎馬像が建立された(33)。この像は一世紀以上のちにもまだ立っていたことがわかっている。ユダヤ教の宗教施設があった場所には、次々とギリシア・ローマ信仰の神殿が建てられた。ベツレヘム街道へと続く城門のかたわらには、ユダヤ人を侮辱する目的で牝豚の大理石像が建てられ(34)、ユダヤ人がローマの力に屈した事実をいやがうえにも思い出させた。ユダヤは行政区としても消滅し、ガリラヤに統合された。そして、あらたに拡大し、浄化されたガリラヤ属州は以降シリア・パレスティナと呼ばれるようになった。パレスティナという地名が初めて使われたのがこの時だ。選ばれし民はあたかも最初から存在さえしなかったかのようだった。

ハドリアヌスは皇帝になって以来、初めてインペラトルの称号を認められた。めざましい戦勝をあげた皇帝にのみ許される称号だ。そして、中心的な働きをした三名の将軍、セウェルスとシリア・アラビア両属州総督にも、軍人として望みうる最高の栄誉である凱旋将軍顕彰《オルナメンタ・トリウンファリア》が与えられた。皇帝はなかなか称号を与えないことで知られていたので、今回、凱旋将軍顕彰を量産した事実は、帝国を揺るがした事態の深刻さを物語っている。今回の反乱を鎮圧するためには、それだけ多大な労力が要ったということだ。

ハドリアヌスにとって、この勝利はある意味で敗北でもあった。ローマの支配に対して完全な合意を取りつけ、地方のエリート層を統治システムに組み入れ、平等な人々の共通の幸福を実現するための国家に帝国を作り変えるというのが、彼の政治のめざすところだった。このようなアプローチがきわめて真摯なものであることに疑いの余地はない。しかし、結局のところ、今回の反乱はその欺瞞性を白日のもとにさらした。パクス・ロマーナを最終的に担保していたものはローマの冷厳な軍事力だった。とすれば、もし軍が敗北を喫したら、ローマの支配は何によって維持できよう？　帝国の統治システムに内在する脆弱性が顕在化した。

ラビ文学の著者たちはハドリアヌスの名を記すとき、しばしば「やつの骨が腐らんことを！」[35]という文言をつけくわえる。考えてみれば、ネロとトラヤヌスの治世末期にあれだけ反乱が頻発したのであるから、ユダヤ人たちがいずれまたローマに反抗すると想定しなかったとすれば、それはあまりにも迂闊だったと言うべきだろう。

第二十四章　もはや冗談を言うこともない

一三四年春、ハドリアヌスは東方からローマに戻った。帰途、ダキア地方の諸州を再訪したようだ。ユダヤ戦争はまだ終結していなかったが、必要な措置はすべて講じたし、配下の将軍たちには全幅の信頼をおいていた。実は、まったくもって油断も隙もない属王のファラスメネスがパルティア人たちを相手に面倒を起こし、近隣のアラン人をそそのかして、ローマの属州であるカッパドキアばかりかパルティア王国まで侵略しようとしていた。そのことでパルティア王がハドリアヌスに苦情を言ってきた。しかし、さいわいなことに、カッパドキア属州総督のアッリアヌスはたいへん有能だった。軍を巧みに展開し、侵略を阻止した。行動者であると同時に作家でもあったアッリアヌスはこれを題材に本を書いている。戦場におけるローマ軍の実態について書かれた、完本として現代まで残っている貴重な記録だ。(1)

このように若干憂慮すべき状況はあったものの、皇帝の到着《アドウェントゥス》を祝福する硬貨からは楽観的なムードが読み取れる。ある硬貨には、いっぽうの手に突き槍を握りしめ、もういっぽうの手で投げ槍を振り回すミネルウァ女神像を舳先につけたガレー船が波間を進む様子が描かれている。その下には、「フェリキタス・アウグ（皇帝の幸せ）」の銘。この時代の別の硬貨には、復讐神マルスと、勝利の女神像を握りしめたローマ女神が刻まれている。(2)

皇帝の義兄、セルウィアヌスは九十歳を超えていたが、いまだ健在だった。この年、長年切望していた三度目の正規執政官に任命された（四月には、慣例に従い、辞任して補充執政官に職を明け渡した）。これはたいへんに名誉なことだった。皇帝との関係は冷え切っていたが、皇族との結婚により上流階級に踏みとどまったことが功を奏した。数年まえに他界した妻のパウリナはハドリアヌスの姉だった。娘と娘婿についてはまったく記録が残っていない。セルウィアヌスの孫のペダニウス・フスクスは当時十代後半になっていた。祖母を通じて、彼はハドリアヌスと唯一血縁関係にある成人男性だった。皇帝がこれだけ長いあいだ養子をとろうとしなかったので、後継者は自分だと考えていたとしても不思議はない。おそらく、監督が行き届くように、皇帝側近団の一員として出仕させられていたはずだ。

すでに述べたように、執政官職を三回経験した元老院議員はほかにアンニウス・ウェルスしかいなかった。ハドリアヌスはこの忠実な旧友の孫に再会できるのを心から楽しみにしていたようだ。幼かったマルクス、目に入れても痛くない〝ウェリッシムス〟はいまや十三歳になっていた。皇帝がローマから遠ざかっていたのは六年間。ちいさな子どもにとってはそうとう長い期間だ。どのような少年に成長したのか、自分の目で確かめるのが待ち遠しかったにちがいない。

七歳で初等教育が始まると、いつも生真面目なマルクス少年はきわめて勤勉な生徒となった。母方の曽祖父、カティリウス・セウェルスは首都長官をつとめる政府要人で、多忙を極めていたが、時間を見つけては少年を熱心に教育した。マルクスは後年感謝を込めて、「学校に行かずに家で優秀な教師と勉強することを許された」(3)と語っている。二人の家隷、あるいは解放奴隷がギリシア語とラテン語の初歩を教えた。さらに専門家たちが文学や音楽（おもに声楽）、幾何学などの基礎を教えた。

道徳教育は主任教育係が担当した。どうやら彼はこの成長盛りのティーンエージャーに、立派ではあるが若干杓子定規で面白みのない価値観を骨の髄まで叩き込んだようだ。「戦車競走では、緑組や青組の横に出てはならない。剣闘試合では、［トラキア族のように剣をもつ］トラクスや［サムニウム族のように重装備の］サムニテースの応援をしてはならない。痛みに耐え、欲求を抑制せよ。自分の仕事は自分の手と頭を使ってすること。悪意のゴシップに耳を傾けてはならない」(4)と、彼は教えられた。

ハドリアヌスがイタリアに帰る一年ほどまえ、マルクスは複数の文法教師《グラマティキ》のもとで中等教育を開始した。最も影響を与えた教師は芸術担当のディオグネトゥスだった。彼は絵画だけでなく哲学の初歩も教えた。マルクスはプラトンが確立した対話形式を使って著作するまでになっていた。そして、この教師の影響で「パレットと動物の皮を張ったキャンバスだけでなく、ギリシア［哲学］にかかわるものならどんなことにでも興味をもつようになった」(5)。実際、『ヒストリア・アウグスタ』によると、マルクスはもし母親に禁じられていなければ地面に直接寝たいとさえ思っていた。

ディオグネトゥスは、もしハドリアヌスが知ったらおおいに不愉快になったであろう危険な思想も教えた。それは、「祈禱師や魔術師といった類の者の言うことを信じてはならない」(6)というものだった。

マルクスはすっかり気難しい少年になってしまったようだが、皇帝はこの点がかえって気に入った。十代の姿を模した胸像(7)からもわかるように、マルクスはなかなかの美少年だったので、それが寵愛の一因だったかもしれない。しかし、それより重要なのは、少年がきっと聡明で責任感の強い大人になるだろうとハドリアヌスが直感していたという事実だ。

皇帝の不在中も、ローマの建設プロジェクトは着々と進んでいた。壮麗なウェヌス・ローマ神殿は一三五年に奉献された。その出来栄えをハドリアヌスはたいへん誇らしく思った。ディオ・カッシウスによると、彼はアポッロドルスに感想を求めた。アポッロドルスのことでは、腹に据えかねる思い出があった。ずいぶん以前のことだが、アポッロドルスとトラヤヌスがある建設プロジェクトについて話し合っていたときに、ハドリアヌスが割って入っていっぱしのコメントをしたことがあった。建築家は、当時まだ製図術の勉強をしていたハドリアヌスをぴしゃりと叱りつけた――「さがれ。そして、製図の勉強に戻りなさい。こういうことはぜんぜんわかりもしないくせに」(8)。

今度こそアポッロドルスから賞賛の言葉を聞くことができると期待していた皇帝であったが、そうはならなかった。神殿について、建築家はこう指摘した。

高台に建てて、下の地面をえぐるべきだった。そうすれば、〝聖なる道〟との高低差ができて、もっと高さが際立って見えたことだろう……それから、「ウェヌスとローマの」像については、神殿の内室の高さに比して背が高すぎると言った。「今さら言っても仕方のないことだが、もし女神たちが立ち上がって外に行きたいと言っても、これでは外に出られない」と、彼は言った(9)。

皇帝は憤慨し、建築家を追放して、後日死刑に処したと、ディオ・カッシウスは書いている。しかし、それはありえない。女神についてのジョークは、フェイディアスが作ったオリュンピアの有名なゼウス像について何世紀も以前に言われたものだったし、ハドリアヌスがその後もアポッロドルスに仕事を発注したという証拠もある。とはいえ、私たちもよく知っている皇帝の傲慢な性格からすると、二人の会話については、さもありなんという感じがしないでもない。プロとアマチュアのあいだには、しばしば確執が生まれるものだ。しかし、もしほんとうに二人が喧嘩をしたのなら、建築家は意地の悪い指摘をした直後に殺されていただろう。

ローマはまだまるで町全体が建設現場のような状態だった。川の右岸には、皇帝が長いあいだプランを温めていた巨大な皇帝廟[10]ができあがりつつあった。廟とマルス演習場をつなぐ橋はもう完成していた。墓所自体の形はアウグストゥスのそれによく似ていた。アウグストゥスの墓所はもう満杯で、ネルウァの遺骨は無理やり押し込んだようなものだった。また、トラヤヌスの遺骨は記念柱の足もとに安置されたままだった。王朝は長期間の使用に耐えうる廟を必要としていた。廟は四角い基部の上に大きな円筒を乗せたデザインで、全体は大理石でおおわれていた。多くの彫像で飾り立てた最上部には、柱廊を巡らせた塔が建ち、その頂上には四頭立ての巨大戦車が据えられていたと考えられている。

皇帝が永眠できる場所を確保しようと考えたのには理由があった。体調が悪化していたのだ。頻繁に大量の鼻血を出すようになっていた。ローマ市内か、その近郊、おそらくはティブルのウィッラでほとんどの時間を過ごしたものと思われる。ティブルではアンティノウス神殿がまだ建設中だったから、ハドリアヌスは工事の監督もしなければならなかった。神殿の一角をなすオベリスクには、オシランティノウスからラー・ホラクテ（太陽神ラーと天国の王ホルスが融合してできた神）にあてた「[皇帝が]ラーのごとく、これから始まる豊かな新時代とともに、永久に生きんことを！」という祈りの言葉を含む文章[11]が刻まれていた。

ハドリアヌスはアンティノウスの死により自分の慢性疾患が治ると信じていた。あるいは、このきわめて自己中心的なプラシーボ（気休めの薬）のおかげで、しばらくは実際に症状が改善したかもしれない。しかし、現実はそう都合よくいくものではない。一三六年一月二十四日、皇帝が六十歳の誕生日を迎えた時にはもう、いや、きっともっと以前から、魔法が失敗だったことは明白だった。呪文は呪文でしかなく、ハドリアヌスはかつてないほど深刻な病状に陥っていた。クレタ島のディクティンナから発見された一三〇年代の遺物[12]の肖像学的研究によれば、この頃のハドリアヌスは失望の色の濃い疲れ切った顔をしていた。恋人の死はなんの役にも立ちはしなかったということだ。

皇帝の心理状態はどんどん不安定になり、苛立つことも多くなった。ストレスのせいで生来の残忍な性格が現われた、と考える人々もいた。[13] 古くからの知己や味方にも怒りをぶつけるようになった。怒りの原因ははっきりしないが、どうやらいつも理不尽な理由で怒っていたようだ。ブリタンニアの巡察にもおそらくは同行し、属州総督として長城建設の任にあたったアウルス・プラトリウス・ネポスも被害者のひとりだった。皇帝はいまや彼に対して「ひじょうな嫌悪感」[14]を抱いていたと、『ヒストリア・アウグスタ』にある。「ある時など、病気の皇帝を見舞いに行ったが、面会は許されなかった」。

なかでも、とりわけ悲しいエピソードはクイントゥス・マルキウス・トゥルボのケースだ。ハドリアヌスが軍団高級将校として初めて軍務についた第二アディウトリクス軍団の百人隊長をしていた人物だ。彼もこの頃に皇帝の寵愛を失ってしまった。トゥルボは輝かしい軍績を誇った。一一七年のユダヤ人騒乱を制圧し、ダキアでもきわだった活躍をした。皇帝に最も近しい助言者にして、心から信頼していた部下のひとりで、一二五年からは近衛長官をつとめていた。ディオ・カッシウスはつぎのように記している。


宮殿の近くで一日中過し、深夜、人々が床に就こうとしている頃にもしばしば宮殿に行った。[15]

昼間、彼が自宅にいることはなかった。病気の時でさえも。一度、ハドリアヌスはもうすこしのんびりして、平穏な生活をするよう諭した。すると、彼はウェスパシアヌスの有名な辞世の言葉を引用して、「長官は立ったまま死ぬべし」と応えた。

トゥルボは職を解かれ、別の人間に置き換えられた。[16] これまでの強い絆は壊れてしまった。

ハドリアヌスはティブルのウィッラでふたたび大量に出血し、生命の危険から脱したばかりだった。おそらく鼻血が止まらなくなったのだろう。人生の最後の瞬間が近づきつつあり、後継者を決める時が来たことを認めざるをえなかった。親戚とはいえ、セルウィアヌスは年を取りすぎていた。四半世紀まえ、トラヤヌスは自分の後継者として彼のことを念頭においたこともあった。しかし、彼の人生も終わりに近づいていた。そもそも、ハドリアヌスは彼に好感をもっていなかった。ならば、ペダニウス・フスクスはどうか？　若きペダニウスは期待に胸をふくらませ、皇帝も自分に一目おいているにちがいないと考えていたことだろう。

しかし、今となってはどのような理由があったのか知る由もないが、ハドリアヌスは彼を後継者候補から外した。そのかわり、皇帝の後継ぎとしてはこのうえなく不適格な人物を選んだ。一三六年の後半に皇帝がみなの予想に反してルキウス・ケイオニウス・コンモドゥスを養子にすると発表すると、政界は蜂の巣をつついたような騒ぎになった。コンモドゥスはルキウス・アエリウス・カエサルという名前に変えられた。以降、カエサルは普通のコグノーメンであることをやめ、次期皇帝に与えられる称号となった。

『ヒストリア・アウグスタ』(17)は「彼の唯一の取り柄はその美しさだった」(18)と断言する。快楽の好みは「恥ずべきものではなかったが、どこかはっきりしないものがあった」(18)。彼は前任者たちとはちがい、女性とのセックスを好み、枕頭にはオウィディウスの猥褻詩集『恋の歌《アモレス》』をおいていたというのだから、軽薄なだけでなく悪趣味だった。彼にとっては、マルティアリスがウェルギリウスだった。そういう意味では、ペダニウス・フスクスと大差はなかった。とはいえ、ケイオニウス・コンモドゥスは三十代後半で、政治的キャリアは申し分がなかった。その年は、皇帝に任命してもらったとはいえ、執政官をつとめた。これは政治的な実績のおかげというよりも、皇帝からの個人的恩恵だったが、ある程度有能だったのはまちがいない。

コンモドゥスはアンティノウスのまえのエロメノスだった可能性がある。といっても、アンティノウスの場合とはひとつ大きな違いがある。彼は魅力的な少年であっただけでなく、ローマ市民権をもつ名家の出身だった。伝統的なギリシア型の恋愛関係があったとしても不自然ではない。この場合、性行為はかなり抑制的に行なわれたはずだ。エラステスであった皇帝には、彼の高貴なボーイフレンドが然るべき社会生活が送れるよう教育する責務があった。そして、コンモドゥスが成人になってからは、二人の関係は深く真摯な友情《フィリア》へと発展したはずだ。この予期せぬ後継者選びには、このような背景があったものと思われる。

この二、三年後、若きマルクス・アンニウス・ウェルスが教育係のマルクス・コルネリウス・フロントと交わした恋文(24)の存在は示唆的だ。困惑したフロントはこう書いている——「私にとって、君はカロス(美しいという意味で、普通は競技の勝者に対して用いられる)と言うべきだ。エロメノスではなく」。それに対して、ウェルスは「僕はあなたの恋人だ。僕のことを遠ざけることはできない」と反論している。このやりとりには、どこかわざとらしい感じがする。しかし、たとえウェルスとフロントが戯れに恋愛ごっこをしていただけだとしても、ギリシア型の恋愛が貴族のあいだでは格段ふしだらな行為というわけではなく、ごく普通の習慣として受け入れられていたことを示している。

また、コンモドゥスが、即位直後にハドリアヌスに殺された四人の執政官のひとり、アウィディウス・ニグリヌスの継子だったということも覚えておく必要があろう。執政官処刑事件を元老院はけっして忘れていなかった。この異例中の異例ともいえる養子縁組によって、死期を迎えつつある皇帝は埋め合わせをしようとしているのだろうか、と当時の人々は考えた。

しかし、深刻な問題があった。それは、皇帝が依怙贔屓《えこひいき》をしたことやコンモドゥスにとりたてて優れた能力がないことなどではなく、健康の問題だった。新しくカエサルとなったこの人物は重い病気に罹っていた。養父よりも深刻な病気に。咳をして血を吐いたというから、結核を患っていたのだろう。皇帝に養子縁組の礼を述べるために元老院に行くことさえできないほど病状は深刻だった。

それでも、盛大な祝賀行事が開催された。病状は若干回復し、キルクス・マクシムスで競技会を主宰して、民衆（ローマ市内や近郊に住んでいる市民）や兵士たちにたっぷりと祝儀を配れるまでになった。一三七年には再度執政官に任命され、皇帝の権威を保持するために必要不可欠な護民官職権権も与えられた。後継者には軍人としての実績が必要だと考えたハドリアヌスは、上・下両パンノニア属州の属州総督として彼をドナウ地方に赴任させた。

ハドリアヌスの後継者になるという希望を打ち砕かれたペダニウス・フスクスは不満を募らせ、政権転覆を謀った(21)。二世紀に作成された皇帝の誕生時星位図（ホロスコープの記録）には、彼が六十一歳十か月の時、正確には一三七年十一月に死にかけた、とある。専門的には、「獣帯十二宮と水瓶座の月の角度が土星に対して九十度になったが、破滅は引き起こされなかった。なぜなら、このたびもそれ［土星］に対して金星がふたたび視座（人の運命を決める星の位置）に入っていたからだ(22)」、ということになる。これはペダニウスの謀反を指していると考えられている。謀反は失敗し、命を落としたのは皇帝ではなく、大甥のほうだった

ペダニウスの誕生時星位図のほうには、彼は「一流の名家の出身である。父親、母親、両方ともに名声が高かった(23)」という記録がある。星位のデータはないが、文書には、続いて次のような記述がある――「生まれながら高い期待を受け、皇帝になると考えていた彼は、悪い助言を受け、二十五歳の頃、寵を失った。皇帝に通報され、家族のうちのある老人とともに身を滅ぼした。この老人も彼と通じていると弾劾された。さらに、家族全員が彼とともに手荒く排除された」。

「ある老人」というのは、セルウィアヌスのことだ。謀略に関与していようがいまいが、ペダニウスを殺したあとに彼を生かしておくのは危険だった。老人は『ヒストリア・アウグスタ』が言うように処刑されたか、あるいは自殺に追い込まれた。[24] 彼自身のためというよりは、おそらく孫のために帝位に野心を抱いたことが問題にされたようだ。罪状を示すために、訴追人たちは些細なことを針小棒大に取り上げた。起訴状には、「公邸で奴隷たちのための宴会をひらき、寝台の脇におかれた皇帝のための椅子に座り、九十歳の老人であるにもかかわらず、［宮殿で］警備にあたっている兵士たちに頻繁に会いにいった」[25] とある。

死ぬまえに、セルウィアヌスは香を焚くための火を所望した。そして、香を焚きながら神々に訴えた──「私が何も悪事を働いていないことは、神々よ、あなたがたはよくご存じだ。ハドリアヌスのことは、死にたいと思っても死ねないようにしてほしい。これが私の唯一の祈りだ」[26]。

「ほかにも多くの人々」[27]、「多くの元老院議員」[28] が同様の誹りで、あるいは別件を理由に命を奪われたと、二つの文献に書かれている。しかし、両文献とも被害者の名前を挙げてはいない。悪意の虚偽か、若干名の公職者が処罰されたことを大げさに書いたか、あるいは単なる誤解か、いずれにせよ、この記述は間違っている可能性がある。しかし、もしこの記述が間違っていなければ、処刑理由はペダニウス事件への関与だったはずで、これは一一七年の執政官処刑事件を連想させずにはいられない事態だった。皇帝に対する元老院の怨嗟はよみがえった。

時を同じくして（あるいは、もしかしたら、その翌年かもしれない）、もうひとり、重要人物が亡くなった。皇妃サビナだ。後代の文献[29]には、「彼の妻、サビナはもはや度を越した侮辱に耐えがたくなり、みずから死を選ばされた」、とある。自殺を強要されたというのは不可能ではないにしても、とてもありそうなことには思えない。夫婦はたがいに心底嫌い合ってはいたが、皇帝はサビナが敬意をもって遇されるよう心を砕いていた。彼女も皇帝の旅行には頻繁に同行したし、皇妃としてふさわしい栄誉を余すところなく受けていた。ハドリアヌスはただちに故皇妃を神格化[30]した。オリュンポスにいる母マルキアナやプロティナのもとに行けるように。この神格化は、あるアウレウス金貨で確認できる。金貨の裏面には、飛ぶ鷲の背に腰かけた彼女の姿が刻まれている。

とはいえ、デリケートな帝位継承の真っ最中の死というのは、やや奇妙な感じがする。皇妃はまだ四十代後半か五十代前半だった。普通なら、まだ十年や二十年、いや三十年も生きられる年齢だ。もしほんとうにハドリアヌスが大殺戮をしたとしたら、サビナも犠牲者になってしまったのかもしれない。自分の死後に自分が定めた帝位継承の道筋に彼女が反対するかもしれないと、もし皇帝が疑ったとしたら、それもありうるだろう。『ヒストリア・アウグスタ』は彼が毒殺したという噂について言及している[31]が、毒殺説に関する記述はほかにはない。かつて、ブリタンニア巡察旅行中にスエトニウスが不敬罪で文書局長から更迭されるというスキャンダルがあった。サビナについては、この時以降、政治がらみの記録はない。トラヤヌスの妻、プロティナと同様に、彼女も政治には一切介入しなかった。このタイミングで他界したのは、やはり単なる運命の偶然だろう。

一三六年四月、マルクス・アンニウスは十五歳になった。すでに成年に達し、着衣も子ども用の赤い縁どりのトーガ・プラエテクスタから大人用の無地のトーガ・ウィリリスに変えていた。十代の頃のハドリアヌスと同様、名誉職である首都長官《プラエフェクトゥス・ウルビ》にも執政官から任命された。首都長官といっても、首都の行政を司る同名の役職と混同してはならない。ここでいう長官とは、貴族や皇族出身の少年が任命されるポストだ。ラテン祭の折に執政官以下すべての公職者が行列をなしてローマから数キロ離れたアルバヌス山に詣でるあいだ、彼が形式上ローマ市の責任者になる。

マルクスのことを、ハドリアヌスはいまだに目の中に入れても痛くないほどかわいがっていた。首都長官として堂々と儀式を行ない、皇帝主催の宴においても立派に振舞ったのでおおいに称讃した。彼はボクシング、レスリング、ランニング、野鳥狩りを好んだ。優秀なハンターであり、球技も得意だった。いっぽうで、勉学にもあいかわらず熱心だった。『ヒストリア・アウグスタ』によると、

> 哲学への強い関心がこれらの気晴らしからことごとく彼を遠ざけ、彼をまじめで真剣な人間にした。だからといって、まったく温かみのない性格ということではなく……厳格だが理不尽ではなく、社交的ではないが引っ込み思案でもなく、まじめだが陰鬱ではなかった。(32)

マルクスが、ケイオニウス・コンモドゥスの娘のひとり、ケイオニア・ファビアと婚約することは皇帝のたっての希望だった。コンモドゥスを養子にした真の理由がどこにあったのか、ここに手がかりを見いだしうるかもしれない。コンモドゥスの体調がきわめて悪いことを知っていたハドリアヌスは、マルクスが帝位につける年齢になるまでつなぎをしてもらうことだけを望んだのだろう。コンモドゥスには一人息子がいた。しかし、まだほんの五、六歳だったから、後継者としては問題外だった。実は、このような帝位継承には前例があった。アウグストゥスも長期的な展望に立って孫に帝位を継承させようとしたことがあったのだ。もっとも、ことは思ったとおりにはいかなかった。若きガイウス・カエサルが権力を掌握できるようになるまで、行政力に長けた将軍、ティベリウスに帝国の経営を任せようと考えたのだが、ティベリウスはそんな役回りを引き受けるつもりはなかった。そのうえ、ガイウスも弟のルキウスも夭折してしまった。

このたびも、事態は皇帝の思うようには進まなかった。当初、ハドリアヌスはコンモドゥスがこれほど

重症だとは認識していなかった。しかし、そのうちに完治の見込みがないことがわかってきたので、「ぐらぐらの壁に寄りかかって、コンモドゥスの養子縁組の祝儀として民衆や兵士たちに四億セステルティウスもばらまいてしまった」と繰り返しこぼしていたという。

コンモドゥスはドナウ地方に一年もいなかったが、指揮官としては合格点に達していた(33)。一三七年の年末にローマに戻った彼は一月一日に元老院で重要な演説をしなければならなかったが、前夜に倒れてしまった。過剰に薬を服用したため、病状はかえって悪化した。そして、大量に出血し、意識を失い、よりによって元日に死んでしまった。国家の安全を祈願する新年の儀式が行なわれるよう、皇帝は服喪を禁じた。この養子縁組は「広い反対(34)」にあっていたから、神格化など検討の余地さえなかった。

コンモドゥスの養子縁組は散々な結果に終わり、結局振り出しに戻ってしまった。皇帝は傍目にも衰弱し、痩せ衰え、水腫に苦しんでいた。早急に次なる帝位継承プランを立てる必要があった。一月二十四日、六十二歳の誕生日に、彼は病床に元老院の有力者たちを招集し、語りかけた。

友らよ、私には生まれながら子どもを作ることは許されなかったが、法により子どもをもつことは可能だ……天は私たちからルキウス［コンモドゥスを指す］を召し上げてしまった。そこで、皇帝として彼の代わりとなる人物を見つけたので、発表する。高貴で、温厚、気さくで、慎重な人物だ。無謀なことをするほど若くもなく、大事なことを見落とすほど年をとってもいない(35)。

今回こそ、ハドリアヌスの選択はほんとうに誰にも予想できないものだった。後日、彼は「コンモドゥスが生きていた時に、もう決めていた」と語っている。後継者の名前はティトゥス・アウレリウス・フルウィウス・ボイオニウス・アッリウス・アントニヌス。壮年の元老院議員で、資産もあり、申し分ない履歴の持ち主だった。幼くして両親を失って以来、祖父のティトゥス・アッリウス・アントニヌスに育てられた。プリニウスの親友にして、ネルウァともごく親しかったアッリウスはラテン語とギリシア語の名文家として知られていた。オールド・スクールの元老院議員で、「古き良き時代の尊厳をもって」[36]執政官までつとめた人物だ。

アッリウス・アントニヌスの孫を新皇帝として養子にするというのは、ハドリアヌスの立場からすると巧妙な選択だった。いまだに共和政を懐かしがる（ストア派の残党を含む）守旧派と皇帝派、この二大政治勢力の融合を象徴していたからだ。そもそも、これはネルウァが成し遂げた貴重な融合であり、アントニヌスを次期皇帝にするということはこの融合路線の継続性を保証することにほかならなかった。

アントニヌスは温和な性格で見栄えもよく、演説においても優れた能力を発揮した。ハドリアヌスからすれば、彼がハト派であることが何より大事だった。軍人としてまったく業績がないことからも、ふたたび攻撃的な軍事拡大路線に梶取りすることはないと考えられた。

皇帝はコンモドゥスの死後ただちにアントニヌスに個人的に接触した。しかし、申し出を受けるかどうか決めるのに時間をくれと、アントニヌスは懇願した。彼はアッリウスとよく似た性格の持ち主で、権力のもつ魔物的な部分に対して恐怖を感じていたのかもしれない。それに、ハドリアヌスの申し出は条件付きだった。いまや十七歳になっていたマルクス・〝ウェリッシムス〟と故コンモドゥスの幼い息子を養子にする、というのがその条件だった。結局のところ、皇帝がほんとうに帝位を譲りたいと考えていたのはマルクス・〝ウェリッシムス〟だったのだろう。しかし、この方法にはリスクもあった。彼の死後、アントニヌスが養子縁組を解消することも、マルクスが帝位を継承できる年齢に達するまえに死んでしまうこともありえたからだ。ただ、すべてが順調にいけば、あと二世代は二人の有能な善帝の手に帝国を委ねることができる。やってみる価値のある賭けだった。

じゅうぶんに考えたのち、アントニヌスは皇帝の申し出を受け入れた。彼は自分のコグノーメンを残したいと主張したので、ティトゥス・アエリウス・ハドリアヌス・アントニヌスという名前になった。マルクスはマルクス・アウレリウス・アントニヌス・アウグストゥスだ。今日、前者はアントニヌス・ピウス（ピウスは「忠義な」とか「忠実な」の意）、後者はマルクス・アウレリウスと呼ばれている。

最期が近づいていた。皇帝は悪夢にうなされることが多くなった[37]。ある時は、五十年もまえに死んだ父親に睡眠薬をねだる夢を見た。ライオンに襲われる夢を見ることもあった。リビア砂漠でアンティノウスとした最後の狩りの思い出が歪んだ形で出てきたのかもしれない。国務を遂行できる状態ではなかった[38]が、仕事を続けたがった。実際には、属州統治の命令権と護民官職権を公式に授与されたアントニヌスが行政機構の責任者として皇帝の役目を果たすようになっていた。

皇帝はいまだに「護符や魔術[39]」を信用していた。短期間ながら水腫が一時的に軽快することもあったが、すぐにまた四肢は水分でぱんぱんに膨れ上がってしまうのだった。ハドリアヌスは鬱血性心疾患[40]を患っていたようで、その症状は二年ほどまえから出ていた。すでに見たように、慢性丹毒にも悩まされていた。

正確な診断をすることは不可能ではあるが、冠状静脈の血流障害だった可能性が高い。トラヤヌスとともに鯨飲したという記録が正しく、大量飲酒の習慣があったとすれば、アルコール性心筋症により、心筋の機能が低下したか、心筋の形質異常が起きて、心不全に陥ったのだろう。つまり、酸素をじゅうぶんに含んだ血液を体の各組織に送り出すポンプ機能が低下したということだ。そのため、腎機能が低下して、塩分と水分をきちんと体外に排出できなくなってしまった。その結果、体内に通常以上の水分がとどまり、患者が立位や座位をとると、その水分が脚のほうに下がったのだろう。それで水腫の症状が出たというわけだ。

横になると一時的に楽になったが、そうすると今度は肺に水がたまって、呼吸困難に陥る危険があった。息苦しさのあまり、夜中に突然目が覚めることもあった。背もたれを高くして座ったまま寝なければならなかった可能性もある。過剰な水分は、特に夜間の頻尿を招く。また、水分が肝臓や消化器官に蓄積すると、吐き気、胃痛、食欲不振を引き起こす。

皇帝は毎日死ぬほど苦しい思いをし、とうとう速やかな死を願うようになった。毒か剣をくれと懇願したが、金銭的な報酬と刑事訴追からの免責を約束したにもかかわらず、誰も求めに応じようとはしなかった。セルウィアヌスの呪いが現実のものになってしまった。

ついに、ハドリアヌスはイアジェゲス族出身で捕虜にしたマストルを呼びにやった。マストルは長年にわたって狩猟助手をつとめた男だ。ディオ・カッシウスによると、

半分は脅し、半分は報酬を約束して、彼は無理やり男に自分を殺すことを約束させた。そして、乳首の下のあたりにインクで線を引いた。そこは、苦しまずに即死できるよう、あらかじめ主治医のヘルモゲネスに教えてもらった急所だった。(41)

事態の報告を受けたアントニヌスは衛兵と首都長官らをともないハドリアヌスのもとに急行した。そして、諦念をもって病に耐えるよう皇帝に懇願した。養子となったからには、彼が殺されるのを黙って見ていたとしたら、自分は父親殺しの犯罪人になってしまう、と。癇癪を起したハドリアヌスは密告者を殺すよう命じたが、もちろんアントニヌスは皇帝の命令が遂行されないよう命令の失効措置をとった。

彼は遺書を書き上げた[42]。そして、どこからか短剣を手に入れることに成功した。しかし、この短剣も取り上げられてしまった。医者に毒を所望するも、医者のほうが命令に従わなくてすむようにと自殺してしまった。

二人の風変りな訪問者がやってきた。二人とも目が見えないということだった。最初の訪問者は女性で、ハドリアヌスは全快する運命なので自殺を思いとどまらせよ、という夢を見たと述べた。皇帝に面会すると、女性は目が見えるようになったと言った。二番目の訪問者は老人で、ハドリアヌスが高熱で苦しんでいる時に現われた。皇帝に手を触れると、目が見えるようになり、皇帝も熱が下がった。皇帝の伝記作家、マリウス・マクシムスはこれらは他愛のない悪ふざけだったと説明している。仕組んだのは、魔法の力をなんとしても信じたいハドリアヌス自身だったと周囲の者たちは知っていた。

ときおり、小康を得て、容体が安定することもあった。最後の数か月間、そのような折に、ハドリアヌスはなんとか力を振り絞って、自伝を執筆した。まずまちがいなく、それはアントニヌスにあてた書簡という体裁だったはずだ。冒頭の数行を記したパピルス写本の断片がエジプトのファユムで見つかっている。自殺を試みたことに対する間接的謝罪と読める内容だ。ある時点から、彼は近しい者たちに監視を強め、自殺を阻止してくれるよう依頼していた。彼はこのように書いている[43]。

どうやら私は、必要としている時にはいつもそばにいてくれ、私を慰め、生きよと力づけてくれた君に対して暴言を吐いてしまったようだ。しかし、寿命が尽きるまえに、理不尽で無残なやり方で、予期せぬ時に、酒の力を借りて命を絶つようなことはしないから、安心してほしい[44]。

彼は実父に思いを馳せた――「四十歳という年齢で役職もないまま病気で死んでしまった。ということは、私はもう父の生きた歳月の半分も多くの歳月を生き、母とほとんど同じぐらいの歳月を生きてきたわけだ」。

彼は詩も書いた。肉体を離れ、未知の世界へと旅立ちつつある自分の霊魂にむけた短い呼びかけだ。想像力をかき立て、意味を重ねた半透明の美しさをたたえる佳作だ。[45] 文体は、流れるように滑らかなウェルギリウスよりも、ハドリアヌスのお気に入りのエンニウスを思わせる。

さまよえる愛しき小さな霊魂《こころ》よ、
一時《いっとき》宿りし、肉体の連れよ、
汝は、これから旅立とうとする
堅苦しく、味気も飾り気もない、
いつものようにもはや冗談を言うこともない世界へと。[46]

死期を迎えた皇帝はローマから海辺の景勝地、バイアエにある離宮に居を移した。医者の処方を無視し、なんでも好きな物を飲食した。そのため、病状は一気に悪化し、昏睡状態に陥った。意識を失う直前に、「多くの医者がひとりの皇帝を殺した」[47] と叫んだという。

一三八年七月十日、プブリウス・アエリウス・ハドリアヌスとしてこの世に生を受けた男はインペラトル・カエサル・ディウィ・トライアニ・フィリウス・トラヤヌス・ハドリアヌス・アウグストゥスとしてこの世を去った。来世での名はディウス・ハドリアヌス（ハドリアヌス神）となったが、実は、ハドリアヌスはこの称号をもう少しでもらい損ねるところだった。

第二十五章　戦争と平和

客観的な基準からするとすべての観点から有能な統治者であったにもかかわらず、ハドリアヌスは最後まで元老院と支配階級を味方につけることができなかった。生来残忍な性格で、その本来の性格を愛想のよいうわべで取り繕っていると、誰もが考えていた。しかし、反対の意見もある。それも、即位直後にハドリアヌスに殺された執政官経験者を従兄にもつディオ・カッシウス、つまり、ハドリアヌスに対して好意的である必要のまったくない人物の意見だ。皇帝は「公正と心の優しさをあわせもち、決断する際には細心の注意を払った(1)」とディオ・カッシウスは書き、冷静に総括している。

概して優れた統治を行なったにもかかわらず、ハドリアヌスは人々に憎まれていた。治世の初めと終わりに彼によって行なわれた殺人のせいである。その殺人は公正な理由もなく、邪な心で行なわれたものだった。しかしながら、彼は残忍な性格であるというにはほど遠く、たとえ誰かがぶつかってきても、かくかく不愉快なことがあったと率直に書いた手紙をその人物の故郷に送りつければじゅうぶんだと考えていた(2)。

治世最晩年、皇帝の友人にして行政官・将軍であった歴史家のアッリアヌスは、スパルタ人たちの美徳を称えるテルパンドロスの詩を引用して、たいへん好意的な評価をしている。

つぎの言葉は、いにしえのスパルタよりも、ハドリアヌスが二十年間プリンケプスとして運営してきた現政権に当てはめたほうがいい。私にはそう思える。(3)

若人らの槍が栄える時、甘き歌声の楽神ミューズと勇者たちの守護神、聖なる正義の女神も栄える。(4)

「槍」(武術)と「ミューズ」(芸術)と「聖なる正義」(5)は、まさに、ハドリアヌスが生涯追い求めた三つの柱だった。

アントニヌスはハドリアヌスの遺骨をローマに運び、「ドミティア庭園内」(6)に埋葬した。この庭園はハドリアヌスの廟のある場所だ。当時、廟はまだ完成しておらず、奉献は翌年行なわれた。おそらく、遺骨は一時的にその近くに安置されたのだろう。廟からはアントニヌスの記念碑が発見されているので、ハドリアヌスが最終的には自分と自分の後継者たちのために建設した、この大きな墓所に安置されたことが確認できる。

元老院はハドリアヌスと関係がよくなかったので神格化を渋ったが、アントニヌスが押し切った。おそらく、このためにピウス(父に忠実な)というコグノーメンがつけられたのだろう。聖別の儀式(7)はアウグストゥスの葬儀に倣った。ハドリアヌスのかわりに、戦勝将軍《トリウンファトル》の衣装をつけた蠟人形がフォルム・ロマヌムに横たえられた。そこで、すでに他界している皇帝の死への歩みが象徴的に再現された。数日間、医師たちは患者を診察し、容体を発表した。その後、ついに臨終が確認されると、アントニヌスが頌徳文を発表し、元老院議員たちを先頭に名士たちの長い行列がマルス演習場にむかって出発した。到着すると、うず高く積み重ねられ、派手な装飾が施された薪の山のてっぺんに蠟人形はおかれた。執政官たちが点火すると同時に、最上段の籠の中の鷲が解き放された。それは炎のあいだをくぐり抜け、不死の神々の仲間入りをするハドリアヌスの霊魂を象徴していた。

ハドリアヌスという人物を、さて、いったいどのように解釈したらいいのだろう？　彼と同時代の人々の見立てはきわめて辛辣だった。治世初期と末期の処刑事件の真相がどのようなものであったにせよ、彼の統治は人情味があり、公正だった。たいへん勤勉で、合理的な判断をした。芸術を愛し、洗練され、情熱にあふれた詩人だった。

しかしながら、まわりの人々にとって、そのパーソナリティは不可解だった。社交的で気さくだったが、近しい人々を簡単に更迭し、少しも悔いる様子を見せなかった。建築のような専門分野においては、独学の才能豊かなアマチュアにありがちなことだが、なんとしてもプロを言い負かそうと躍起になった。(8)キリスト教神学者テルトゥリアヌスは彼のことを「オムニウム・クリオシタトゥム・エクスプロラトル（ありとあらゆる分野に興味をもっている探究者）」と呼んだ。欠点を挙げ連ね、批判的な記述を残した歴史家もいるが、行間からはかえって称賛の思いが透けて見える。ハドリアヌスは、

風変りで、多面的で、多様で……。彼は嫉妬心や陰気な性質、快楽主義的傾向、強烈な自己顕示欲を巧みに隠した。慎み深く、気さくで、慈悲深いふりをし、同時に世間に高く評価されたいという強烈な願望を悟られないようにした。受け答えに関して言えば、軽口を言うにも悪口を言うにも、つねに

真剣で、たいへん巧みだった。韻文には韻文で、演説には演説で切り返した。相手はまるでいつも考えを先取りされているように感じた[9]。

ハドリアヌスの死後、何年も経ってから、マルクス・アウレリウスは回想録の中で自分が感謝の気持ちをもっている人々について言及している。驚いたことに、養祖父については、よそよそしい記述しか残していない。生粋のストア哲学者らしく、自分自身にあててこんなことを述べている――「落胆することはない。どうせ、まもなくこの世にはいなくなる身なのだから。ハドリアヌスやアウグストゥスでさえそうであったように[10]」。友人にして教育係だったフロントは、ハドリアヌスとアントニヌスを比較した文章を読み、マルクスがハドリアヌスに対して親近感をもっていないことを実感した。

マルスやユピテルに対する時と同じように、「彼に対しては」愛するというよりも、言うことは何でも聞いて機嫌を損ねないようにしなければと思っていた。なぜか？　なぜなら、愛には信頼とか親密さというようなものが必要だからだ。私は信頼を感じなかった。大きな畏怖を感じる人に愛情を抱くことは憚られた。対照的に、アントニヌスのことは大好きだ。愛しく思い……そして、彼からも愛されていると感じる[11]。

ハドリアヌスには、たいへん孤独なイメージがある。ティブルのウィッラの真ん中の、濠をめぐらした隠れ家は、彼が精神的に自己完結型の人間だったことを示している。おそらく、アンティノウス以外はほとんど誰にもその隠れ家に入ることを許さなかったことだろう。しかし、もし皇帝がナイルでアンティノウスを犠牲とすることに同意していたとしたら、愛さえも重要な意味をもつものではなく、まさしく他人との人間関係を必要としない――そして、さらに言うなら、自分のことしか関心をもたない――自給自足型精神の持ち主だったと言えよう。

長患いの末に死んだハドリアヌスの病床に近しい家族や友人がひとりもいなかったという事実はきわめて示唆的だ。みな、すでに他界したか、殺されたか、更迭されていた。秘書のカニニウス・ケレルは「ハドリアヌスを墓所まで見送ると、自分の墓所に向かった」[12]。この時一度しか記録に出てこないキャブリアスとディオティムス[13]が棺のかたわらで通夜をした。いずれもギリシア系の名前であることから、ハドリアヌスの家隷であったと推測される。トラヤヌスのファエディムスのように。どんなに慈悲深かろうと、統治者たる者には冷酷にならざるをえない場面がある。とはいえ、最後の日々を奴隷と解放奴隷と、ほんの少しまえまで政治上の付き合いしかなかった養子にしか看取ってもらえなかったというのは、ハドリアヌスにふさわしい最期だったと言えるかもしれない。

政治的、軍事的業績に目を転じるなら、ハドリアヌスはかなりの高得点をマークする。軍の錬成と規律を重視した姿勢は、不人気ながらもきわめて賢明な非拡大政策と車の両輪をなしていた。大きな構造改革を行なったわけではないが、本格的な戦闘がほとんど必要のなかった時代に軍の効率と士気をおおいに向上させた点は瞠目に値する。自身も経験豊富な行政官だったディオ・カッシウスは、「今日でも、当時彼が導入したメソッドは戦時規律として有効である」[14]と指摘している。

『ローマ史』の前段で、ディオ・カッシウスは理想の皇帝像について述べている。架空の討論において、アウグストゥスにむかって、発言者にこんなことを言わせているのだ――「陛下はきわめて聡明であり、すでに所有している以上のものをほしいとは願っていないので、強く平和を志向すべきです。しかしながら、いつでも戦えるよう準備だけは万全を期しておかなければなりません」。周知のように、治世の最後の最後にいたるまで、アウグストゥスは妥協を知らぬ好戦的な皇帝だった。だから、ディオ・カッシウスの描く理想の皇帝はむしろハドリアヌスにそっくりだ。この文章を書いた時、まちがいなく彼のことが脳裏にあったにちがいない。

ハドリアヌスの汎ギリシア主義《パンヘレニック》的戦略の実効性がどの程度のものであったのか判断するのは難しい。賢明にも、彼は属州のエリート層に帝国の一員として国家行政に参画するよう奨励するというローマの伝統政策を堅持・推進した。彼の治世下、かつてない人数のギリシア本土出身者がローマの元老院議員になり、西部ラテン世界の属州経営にまで進出した。それに続く数世紀間、ギリシア文化はおおいに栄えた。東部ラテン世界のギリシア人たちが帝国の中枢に入り込み、帝国を自分の国として認識していた事実は、古代末期のギリシア人が自分たちのことをロマイオイ（ローマ人）と称していたことからも見てとれる。ハドリアヌスにも少なからぬ功績を認めるべきだろう。

しかしながら、ユダヤ人たちをギリシア化する試みは彼の治世下で結果的に最悪の危機を招いてしまった。バル・コホバの反乱で、数千名のローマ人が命を落とした。ユダヤ側の犠牲者はその数倍にも及んだ。ユダヤという国そのものを消滅させたことにより、ユダヤ人たちはもはや政治的脅威とはなりえなくなった。政治的には存在さえしなくなったと言ってよい。ユダヤ問題は、ローマ帝国が結局のところ軍事力によって支えられていることを暗に思い知らせることになった。

ローマ法は一種の国際法のような役割を果たしたので、原告は現地の法律ではなくローマ法を適用するよう要求することが認められていた。これにより、人々を帝国の統治システムに組み入れることに成功した。ハドリアヌスは法務に強い関心をもっていた。彼の法的判断からは、公正が行なわれるよう、つねに客観的かつ詳細な検証をしていたことがうかがえる。法務官が出す一年の時限告示を永久告示録《エディクトゥム・ペルペトゥウム》に改正し、法律化したことは、ヨーロッパ法の発展にとって大きな一歩だった。

それまでの皇帝たちと同様に、ハドリアヌスも多くの箱物を造った。彼は文字通り建築に魅了されていた。ルネッサンス以降の建築家たちにとって、ローマのパンテオンとティブルのウィッラは刺激的なアイデアの宝庫だった。

性格上の問題があったとはいえ、ハドリアヌスは善帝だった。二人の善帝から帝国の絶頂において統治を引き継ぐという大きな幸運に恵まれた。外からの深刻な軍事的脅威にも、経済危機にも悩まされたことはなかった。彼の天才的な能力は強化・安定の局面で存分に発揮された。自分が相続した財産は絶対に食いつぶすまいと心に決め、帝国の安全を第一に考え、軍の拡大主義にブレーキをかけ、住民を帝国の理念のもとに統合し、法の支配を確立した。

後年、二世紀の有名なギリシア人雄弁家、アエリウス・アリスティデスはアントニヌス帝の面前でローマ女神像にむかって演説を行なった際、ローマの精神が成し遂げた数々の偉業を列挙したが、その多くにハドリアヌスは貢献した。

> 市民となるのに、海は障壁ではない。立ちはだかる陸地も、アジアとヨーロッパのあいだに存在するいかなる違いも。誰もが望むものを手に入れることができる。治安を乱さぬ信用のできる人間ならば、誰もよそ者ではない。世界中の人々が共有する自由な国家がひとりのすばらしい支配者、指導者のもとに造り上げられた[15]。誰もが、普通の集会に参加するように、一堂に会し、それぞれに見合う報奨を受けることができる。

ギリシア語の原文では、「国家」という言葉の部分にデモクラティアという単語が使われている。当時、デモクラティアには〝市民の権利が守られている政治体制〟という意味があった。

ハドリアヌスに対してこのように絶賛したのがギリシア人だったという事実は象徴的だ。ローマ帝国は諸民族の平等な共同体であるという考えに、標準的な保守的ローマ人はあまり親近感を抱いていなかった。ハドリアヌスがローマ人たちにどうしても好かれなかった理由は、実は、ここにあった。しかしながら、まさに倦むことなくこの路線を推し進めていくことによって、彼はローマ支配の繁栄と平和的存続を確実なものにしたのだ。

アントニヌスは基本的にハドリアヌスの政策を維持し、かつて大プリニウスが言った、「ローマの平和のはかりしれない威厳[16]」を守った。治世中に特段ドラマティックな出来事はなかったようだ。彼の治世は「歴史のない国こそ幸いなり」という格言の格好の例と言えよう。ときおり国境紛争は起きた。ブリタンニアの敵対勢力がハドリアヌスの長城の北部の、新たに建設された城塁を二十年にわたって占拠した。この事件のあと、ブリタンニアの占領が終了するまで一貫して、ローマ軍はハドリアヌスの長城に有人警備体制を敷くことになった。

しかし、そのような事件に人々はあまり関心を示さなかった。アエリウス・アリスティデスは「戦争は、もし起こったとしても、現実のものとは思えなくなっていた[17]」と述べている。皇帝がきわめて周到だったおかげで、帝国の統治は順調だったし、皇帝がわざわざ現場に出向く必要もなかった。「彼は悠々と好きなところにいて、手紙だけで世界中を統治することができた[18]」。

ハドリアヌスの帝位継承作戦は機能した。二十年以上も在位したアントニヌスが死ぬと、マルクス・アウレリウス・〝ウェリッシムス〟とルキウス・コンモドゥス（のちのウェルス、すぐに卒中で他界した）は反対にあうことなく帝位を継いだ。対外政策はふたたび好戦的になった。そして、パルティアとの戦争に勝ったあと、軍団が疫病を持ち帰ったので、帝国は荒廃し、飢饉に悩まされた。また、ドナウ川沿岸諸州から部隊を引き揚げたため、対岸から一気に部族民たちが押し寄せてきた。

マルクスの治世下、断続的に戦争が続いた。帝国北部の国境を死守せんと先頭に立って戦っている最中に、皇帝はウィンドボナ（今日のウィーン）の野営で絶命した。先人たちの例には従わず、彼は実子に帝国を託した。十八歳のコンモドゥスだ。陽光に当たるとまるで金粉を振りかけたように輝く金髪の見目麗しい若者だったが、役立たずの怠け者で、遊興に明け暮れた。そして、一九二年、側近たちが巧みに仕組んだ陰謀により暗殺されてしまった。こうして、五賢帝時代は不幸な形で幕を引いた。長老のなかには、ハドリアヌスが二代にわたる養子縁組を発表した日を思い出し、マルクスが昔のように実子へ帝位を継承させてしまったことを悔やむ者もいた。

部族民の侵攻は激しさを増すばかりだった。これ以降、ローマは防戦を強いられるようになった。果てしなく長い終りの始まりだった。

年表

西暦紀元前

七五三年	ロムルス、ローマを建国（伝説）
五〇九年	君主政が崩壊し、共和政ローマが誕生
二六四−二四一年	第一次ポエニ戦争
二三九−一六九年	叙事詩人エンニウス
二三四−一四九年	監察官カトー（大カトー）
二一八−二〇一年	第二次ポエニ戦争
一八五−一二九年	スキピオ・アエミリアヌス
一六〇−九一年	カエキリウス・メテッルス・ヌミディクス
一四六年	カルタゴ滅亡
六二年	ポンペイウス・マグヌス、東方より帰還
四九年	ユリウス・カエサルにより内戦勃発
四四年	ユリウス・カエサル、暗殺される
三一年	オクタウィアヌス、アクティウムの海戦に勝利。内乱終焉。
二七年	オクタウィアヌス、アウグストゥスとなり帝政を確立

紀元後

一四年	アウグストゥス、死す。ティベリウス、皇帝に
三七年	ティベリウス、死す。ガイウス（カリグラ）、皇帝に
四一年	ガイウス、暗殺される。クラウディウス、皇帝に
四六年頃	プブリウス・アエリウス・ハドリアヌス（ハドリアヌスの父）、生まれる
五三年九月十八日	マルクス・ウルピウス・トラヤヌス、生まれる
五四年	クラウディウス、毒殺される。ネロ、皇帝に
六〇年頃	マルクス・ウルピウス・トラヤヌス父、バエティカ属州総督に
六六年	ユダヤの反乱
六七年頃	マルクス・ウルピウス・トラヤヌス父、在シリア第十フレテンシス軍団司令官に。ウェスパシアヌスの指揮下、ユダヤ戦争を戦う
六八年六月九日	ネロ、自殺
六九年	〝四皇帝の年〟
七月初め	在東方軍団がウェスパシアヌス擁立を宣言
七〇年六月	ウェスパシアヌス、ローマ入城
九月八日	ティトゥス、エルサレムを占領
	バタウィ族の反乱、鎮圧される
七一年春	ティトゥス、東方から帰還
六月	ユダヤ戦勝凱旋
七一－七五年	占星学者と哲学者、ローマから追放される
七二年	コンマゲネ王国の属州化
	小アルメニアのカッパドキアへの編入

七三または七四年　マサダの陥落
七四年　ヒスパニアにラテン権付与
七五年頃　トラヤヌス、在シリア軍団の軍団高級将校に
ドミティア・パウリナ（ハドリアヌスの姉）、生まれる
七五年　ヘルウィディウス・プリスクスの追放
七六年一月二十四日　プブリウス・アエリウス・ハドリアヌス・アフェル（ハドリアヌス）、生まれる
七七頃–八四年　アグリコラ、ブリタンニア属州総督に
七七年頃　トラヤヌス、軍団高級将校として軍団とともにゲルマニアに移動
七八年頃　トラヤヌス、ポンペイア・プロティナと結婚
七八年　マルキアナ（トラヤヌスの姉）の夫、ガイウス・サロニヌス・マティディウス・パトルイヌス、死す。マルキアナ、トラヤヌスとプロティナのもとに身を寄せる
七九年六月二十四日　ウェスパシアヌス、死す
ティトゥス、皇帝に
八月二十四日　ヴェスヴィオ火山噴火。ポンペイとヘルクラネウム、破壊される
ローマで大火
八〇年　コロッセウム、奉献
カピトリウムの丘のユピテル神殿、火事により消失
ティトゥスの凱旋門、奉献
八一年九月十三日　ティトゥス、死す
ドミティアヌス、皇帝に
八二年十二月七日　カピトリヌスの丘のユピテル神殿、再建
八三年　対カッティ族戦に勝利し、ドミティアヌス、凱旋

八三―八四年　軍団兵士の給料、増額
八五年　ドミティアヌス、終生監察官に
八五または八六年　ハドリアヌスの父、死す。トラヤヌスとP・アキリウス・アッティアヌスが後見人に指名される
八五―八八年　ダキア戦争
八六年　カピトリーニ競技祭、始まる
八七年頃　トラヤヌス、法務官に
八九年　トラヤヌス、第七ゲミナ軍団司令官に
九〇年一月　L・アントニウス・サトゥルニヌスの謀反
トラヤヌス、サトゥルニヌスを制圧するため、第七ゲミナ軍団を率いてモグンティアクムへ
占星学者と哲学者に対して追放令
九一年　ハドリアヌス、成人し、ヒスパニアの屋敷を訪れる
トラヤヌス、正規執政官に
九三年　プリニウス、法務官に
バエビウス・マッサ、ヘレンニウス・セネキオ、ヘルウィディウス・プリスクス、アルヌレヌス・ルスティクスの裁判
九三―一二〇年　『ウィンドランダ文書群』が書かれる
九四年　ハドリアヌス、公職に就く：デケンウィル・ストリティブス・ユディカンディス（民事裁定のための十人委員会）、セウィル・トゥルマエ・エクイトゥム・ロマノルム（ローマの騎士身分の若者たちからなる六つの騎兵大隊のうちの一つの司令官）とプラエフェクトゥス・ウルビ・ラティナルム（ラテン祭首都長官）
九五年　哲学者たち、イタリアから排斥される

フラウィウス・クレメンス、死す
ハドリアヌス、在パンノニア第二アディウトリクス・ピア・フィデリス軍団の軍団高級将校に

九六年九月十八日　ドミティアヌス、暗殺される
ネルウァ、皇帝に
トラヤヌス、スエビ族を破る

十月二十五日　トラヤヌス、養子に

九八年　ハドリアヌス、在下モエシア第五マケドニカ軍団の軍団高級将校に
トラヤヌス、ネルウァの同僚執政官として二回目の正規執政官に

九九年一月二十八日　ネルウァ、死す
ハドリアヌス、ネルウァの訃報をコロニア・アグリッピネンシスにいるトラヤヌスに届ける
トラヤヌス、皇帝に

二月　トラヤヌス、ドナウ前線を視察

春　ハドリアヌス、在上ゲルマニア第二十二プリミゲニアエ・ピアエ・フィデリス軍団の軍団高級将校に
タキトゥス『アグリコラ』、『ゲルマニア』
トラヤヌス、ローマ入城

秋　トラヤヌス、三回目の正規執政官に

一〇〇年　アリメンタ制度が始まる
小プリニウス『頌詞』

九月　ハドリアヌス、ウィビア・サビナと結婚

一〇〇年頃

一〇一年　トラヤヌス、四回目の正規執政官に

三月二十五日　ハドリアヌス、財務官に
一〇二年　マティディア、宮殿に居を移す
十二月　トラヤヌス、第一次ダキア戦争に出発
　ハドリアヌス、護民官に
一〇三年　トラヤヌス、ローマに帰還、ダキクスの名を認められる
　トラヤヌス、ダキア戦勝凱旋
　トラヤヌス、五回目の正規執政官に
　キルクス・マクシムスの再建
一〇四年頃　ブリタンニアからの撤退
一〇五年　ハドリアヌス、法務官に
六月四日　トラヤヌス、第二次ダキア戦争に出発
　ダキア属州創設
一〇五年以降　マルキアナ（トラヤヌスの姉）、アウグスタに
一〇六年　ハドリアヌス、在下ゲルマニア第一ミネルウァ・ピア・フィデリス軍団司令官に
七月初旬　サルミゼゲトゥサ陥落
九－十月　デケバルス、死す
一〇六－一一一年　アラビア属州創設
一〇七年　ハドリアヌス、ダキア戦勝を祝うため初めて競技祭の開催責任者に
　ハドリアヌス、法務官経験者として下パンノニア皇帝属州総督に
一〇七－一〇八年　アダムクリッシのモニュメントをマルス・ウルトル神に奉献
一〇八年　ハドリアヌス、一回目の補充執政官に
一〇八年頃　タキトゥス『同時代史』

一〇九頃―一一一年　プリニウス、ポントゥス・ビテュニアの属州総督に
一一〇年頃　ルキニウス・スラ、死す
一一二年一月　トラヤヌス、六回目の正規執政官に。トラヤヌスのフォルム、奉献
一一二―一一三年　ハドリアヌス、アテナイでアルコンに
　マルキアナ（トラヤヌスの姉）、死す。神格化
一一三年　トラヤヌス記念柱、完成
十月二十七日　トラヤヌス、ローマからパルティア戦争に出発
一一四年一月七日　トラヤヌス、アンティオキア入城
　トラヤヌス、パルタマシリスを退位させる
夏　トラヤヌスの名にオプティムス（最高の者）の称号が加えられる
　アルメニア、メソポタミア、アッシリアが属州に
一一五年　クテシフォン、占領
十二月十三日　トラヤヌス、アンティオキア地震で死にかける
一一五―一一七年　ディアスポラのユダヤ人たちの反乱
一一六年　東方各地でローマに対する反乱が勃発
一一七年　ハドリアヌス、シリア属州総督に
　トラヤヌス、ローマにむけて海路出発
七月　トラヤヌス、死す
八月九日以前
八月十一日　ハドリアヌス、皇帝に
一一八年　ハドリアヌス、二回目の執政官
　四人の執政官経験者の処刑
七月九日　ハドリアヌス、ローマ入城

一一七年　トラヤヌスが創設した新属州をアルメニア以外すべて放棄
一一八頃―一二八年　パンテオンの再建
一一九年　ハドリアヌス、三回目の執政官に
　マティディア、死す
一二〇年　ハドリアヌス、カンパニアに逗留
　アントニヌス、執政官に
一二〇年頃　タキトゥス『年代記』
一二一―一二五年　ハドリアヌス、初めての属州巡察
一二一年　ハドリアヌス、ガリア、上ゲルマニア、ラエティア、ノリクムを訪れる
一二一―一二二年　プロティナ、死す
一二二年　ハドリアヌス、下ゲルマニア、ブリタンニア（ハドリアヌスの長城を建設させた）、ガリア、ヒスパニア（タッラコ）を訪れる
　ムーア人の二回目の反乱
一二三年　ハドリアヌス、マウレタニア（?）、アフリカ（?）、リビア、キュレネ、クレタ、シリア、ユーフラテス（メリテネ）、ポントゥス、ビテュニアを訪れる
　おそらくアンティノウスと出会う
　アシアを訪れる
一二四年　ハドリアヌス、トラキア、アシア、アテナイとエレウシス、アカイアを訪れる
一二五年　ハドリアヌス、アカイア、シチリアを訪れ、ローマに帰還
一二六年頃　プルタルコス、死す
一二七年頃　イタリアを四つの行政区に分け、執政官経験者たちに統治させる
一二八年　ハドリアヌス、アフリカを訪れ、ローマに戻り、アテナイを訪れる

一二九年　ハドリアヌス、アシア、パンフィリア、フリュギア、ピシディア、キリキア、シリア、コンマゲネ（サモサタ）、カッパドキア、ポントゥス、シリア（アンティオキア）を訪れる
一三〇年　ハドリアヌス、ユダヤ（エルサレムにかえてアエリア・カピトリーナを建設）、アラビア、エジプト（ナイル・クルージング、アンティノウスの溺死、アレクサンドリア）を訪れる
十月三十日　アンティノオポリス、創建
一三一年　ハドリアヌス、シリア、アシア、アテナイを訪れる
一三一―一三二年　パンヘレニオン、始まる
一三一―一三二年　アテナイのゼウス・オリュンピオス神殿、完成
一三二―一三三年　バル・コホバに率いられたユダヤ人の反乱
一三一―一三七年　アッリアヌス、カッパドキア属州総督に
一三二年　ハドリアヌス、ローマ滞在
一三四年　ハドリアヌス、シリア、ユダヤ、エジプト（?）、シリア（アンティオキア）を訪れる
一三四年　ハドリアヌス、ローマ滞在
一三五年　ウェヌスとローマの神殿、奉献
一三六年　ハドリアヌス、L・ケイオニウス・コンモドゥスを養子に
一三六年　ルキウス・ユリウス・セルウィアヌスとペダニウス・フスクス、死す
一三六または一三七年初頭　サビナ、死す
一三八年二月二十五日　ハドリアヌス、T・アウレリウス・フルウィウス・アントニヌスを養子に。アントニヌスは共同皇帝の役割を果たす
七月十日　ハドリアヌス、死す
一三九年　ハドリアヌス廟、奉献
一四〇年　マルクス・アウレリウス、一回目の執政官に

一六一年　アントニヌス、死す
マルクス・アウレリウス、皇帝に
一八〇年　マルクス・アウレリウス、死す。息子のコンモドゥスが皇帝に

謝辞

辛抱強く楽観主義的精神をもって惜しみない助力をしてくれた編集者のウィル・マーフィー、ランダム・ハウスのコートニー・ターコに深く感謝する。いつものように、わがエージェントのクリストファー・シンクレア・スティーヴンソンはつねに賢明なアドバイスを提供してくれ、私を正しい方向に導いてくれた。

ありがたいことに、オースティン・カレッジ（テキサス大学）のロバート・ケープ教授は原稿を読み、貴重な意見を寄せ、また、誤りを指摘してくれた。患者が目の前にいないにもかかわらず、ピーター・チャプマン医師と心臓外科が専門のフィリップ・ヘイワード医師はひじょうに貴重な病状分析を提供してくれた。言うまでもなく、ハドリアヌスの病状に関する推測については、すべて私が責任を負うものである。社団法人ピエレッチ地域保護協会の責任者、アレッサンドロ・ラポルタ氏はティブルのハドリアヌスのウィッラを案内してくれ、最新の考古学的成果を教えてくれた。心から感謝する。

今に始まったことではないが、多くの書籍を日常的に必要とするイギリス在住の物書きにとって、ロンドン図書館はなくてはならない存在だ。

ピーター・グリーン氏が翻訳したユウェナリスの『十六編の諷刺詩』からの引用を許可してくれたペンギン・ブックスにもたいへん感謝している。

ハドリアヌスの「魅力」――解説にかえて

南川高志

イギリス、ケンブリッジ大学でローマ史を教える友人から、旅先で書かれた絵葉書をもらったことがある。シチリア旅行中に送ってくれたもので、「君の好きなハドリアヌスも登ったエトナ山に行ってきたよ」と書かれていた。古代末期に書かれたハドリアヌスの伝記には、確かにハドリアヌスが日の出を見るためエトナ山に登ったと書かれている（『ヒストリア・アウグスタ』（邦訳名　ローマ皇帝群像）の「ハドリアヌスの生涯」第一三章）。しかし、「君の好きな」とはどういうことだろうか。確かに私はハドリアヌスに関する研究論文を書いており（「憎まれた賢帝ハドリアヌス」、『史林』第七一巻六号、一九八八年所収）、この絵葉書をくれた友にその論文抜刷を渡したことがあったが、日本語の論文であるから彼が読めたのは註の欧文文献名と短い英文要旨だけのはずで、そこにはもちろん、私がハドリアヌスを「好き」と判断できるようなことは書いていない。日本の学者がわざわざ長い研究論文を書いて論じているのだから、きっと好きに違いないと思ったのだろうか。それとも、ハドリアヌスには他のローマ皇帝にはない多くの特徴、「魅力」があるからだろうか。

私はとくにハドリアヌスを「好き」というわけではない。しかし、私に限らずローマ史を専門とする歴史研究者にとって、ハドリアヌスが是非とも研究したい気になる、魅力ある皇帝であることは確かだ。その理由はいくつもあろうが、とくに重要と思われる二点を説明しよう。まず、ハドリアヌスの統治者としての変化が実に興味深い。彼は、即位時の権力基盤の脆弱さを克服し、しだいに強大な権力保持者へと成長、晩年には絶対的な力を持つまでに至った。このような統治権力の変化の過程がハドリアヌスほど鮮明にわかる皇帝は他にいないのである。即位当初は同郷のアッティアヌスなどの支えなしでは政権を樹立できるかどうかも怪しかったハドリアヌスが、徐々に権力基盤を固め、やがてはかつての支えであった同郷の人々を政権から排除するまでに絶対的な権力者となった。しかし、その過程で、ローマ国家の支配階層である元老院議員の血が流されるという、「五賢帝時代」の平和なイメージにそぐわぬことが起こり、ハドリアヌスは憎まれることになる。

ローマ人の国家の歴史は、共和政の開始から西ローマ帝国の消滅まで約一千年の長さがあるが、その社会は一貫して、元老院議員階層が指導する「貴族政」的な性格を保持し、政治の仕組みもそれに対応していた。最初血統貴族から構成されていた元老院は、時代とともにその構成員の性格を変えつつも、常に国家の基軸として機能した。皇帝の統治が始まってのち、元老院は機関としての直接的な役割が減じるも、所属する議員たちの皇帝政治への参加を通じて、引き続き帝国統治に関わった。皇帝統治の実践者は元老院議員たちであり、皇帝の評価も元老院議員が下した。後世の皇帝の記憶もまた、歴史書執筆を通じて元老院議員かそれに近い人々が形成したといってよい。

ローマの「五賢帝」と呼ばれる統治者たちは、その前後の皇帝たちと異なり、元老院と協調したといわれる。正確には、元老院に集う政治支配層を自己の政権にうまく組み込んだというべきであろう。ところが、ハドリアヌスは違った。近い親族であったにもかかわらず先帝トラヤヌスから格別の配慮を受けなかったこともあって、彼は即位時に政治支配層を取り込むことに苦労した。その過程で、四人の執政官経験のある有力元老院議員が処刑されるという事件が起こってしまう。ハドリアヌス自身がこの事件にどのくらい関わったかはっきりしないが、皇帝ゆえその責任を負うこととなり、暗いイメージを刻み込むことになった。しかし、ハドリアヌスはその後力を発揮して、元老院の人々を自己の権力基盤へ組み込んでゆく。即位時の支えであったヒスパニア系の人々から自立し、広範な人材に支えられた権力を形成していった。そして、誰もが従う絶対的な統治者にまで成長したが、晩年に自己を見失ったかのごとき措置をおこなう。エルサレムの改造と後継者の選定である。エルサレム改造措置に反抗するユダヤ人の反乱は繁栄する帝国を揺るがす大事件となって、ハドリアヌスは鎮圧にひどく苦労した。後継者の選定では、大方の予想に反してイタリア貴族を養子としたが、早くに死なれ急遽アントニヌス（後のピウス帝）を後継者とすることになった。この過程で、親族であるヒスパニア系大物元老院議員とその孫を死に追いやった。この事件は、治世最初の四元老院議員処刑事件を思い出させて、ハドリアヌスのイメージをいっそう悪くした。その死に際して、後継者アントニヌス帝がうまく振る舞わなかったら、ハドリアヌスは善帝として神格化されず、「記憶の抹消」の措置を受けていたかもしれない。もしそうなっていたら、ハドリアヌスの像が壊され碑文に刻まれた名が削られたばかりでなく、ローマ市のパンテオンやサンタンジェロ城、アテネ市のゼウス・オリュンピオス神殿や図書館など、ハドリアヌスの建設にかかるものはすべて、古代のうちに消滅したかもしれない。ハドリアヌスはおそらく神経細やかで周囲に配慮のできる性格だったと推測するが、脆弱であった治世初年と絶対的な権力を持った晩年は、元老院やその所属者を統御できなかったか、そうしなかった。こうしたハドリアヌスの治世は、ローマ皇帝とはその本質においてどのような存在であったかを観察するため、実に魅力的な素材なのである。

ハドリアヌスに歴史研究者が注目するもうひとつの魅力は、その独自の対外政策である。一般に説明されるところでは、ハドリアヌスはローマ帝国の対外政策を征服戦争から防衛戦争に切り替え、帝国領を広く旅して属州を巡察し、内政の充実を図った。ハドリアヌスは平和主義者というわけである。確かに、ハドリアヌスが西アジアの征服地を放棄したことは間違いないであろう。しかし、ハドリアヌスを転機としてローマが防衛戦争に転じたという解釈は適切ではない。そもそもローマ人には「防衛戦争」なる観念は存在しなかった。また、「国境」も現代のそれと同じように考えることはできない。ローマ人にとって、征服して支配下に入れる土地は無限に広がっており、イタリアの外の帝国領は、何らかの理由で直接支配下に入れて属州として統治している部分と、その外側に延々と広がっている部分から成っていたのであって、いわゆる国境はこの両者の境目にある「地帯」(C・R・ホイタッカーの表現)に過ぎない。非常に曖昧な存在で、今日のような固定された線とみるべきではない。また、ハドリアヌスの後、マルクス・アウレリウス帝、セプティミウス・セウェルス帝、そして三世紀、四世紀の皇帝たちもこの「地帯」を前へ進めようとしている。ローマ国家は常に好戦的であった。このように、ハドリアヌスの措置の意義を見誤るべきではないのであるが、それにしても、即位前に軍事経歴を重ねた武断派皇帝といってよいハドリアヌスが、なぜ征服戦争を控えて属州巡察に力を入れたのだろうか。そこが興味深いのである。私のみるところ、ハドリアヌスは戦争による属州拡大という形よりも、もっと深い影響力のある帝国の「実力」の行使を選んだのではなかろうか。例えば、ケンブリッジ大学のクリストファー・ケリーが指摘するように、ハドリアヌスはアテナイに様々な援助を与えたが、建物や像を建てたり行事に参加したりすることを通じて、アテナイの過去、輝かしい古典期以来の歴史に介入し、ローマ帝国の支配に合致するようにギリシアの歴史を書き換えようとした。血を流さない侵略、「征服戦争」をしたわけである(クリストファー・ケリー『ローマ帝国』藤井崇訳、岩波書店、二〇一〇年)。

ハドリアヌスに関する古代の記録(史料)は少ない。歴史研究者はディオ・カッシウスの史書や『ヒストリア・アウグスタ』所収の伝記などの文献だけでなく、碑文や貨幣などを駆使しているが、政治過程の再構成だけでも多くの空白部分が残る。そこを蓋然性のある推測でどのように埋めて歴史像を構築するか、頭を悩ますところである。しかし、作家からすれば、自由に推測して古代帝国の「真実」を描き出すことのできる格好の素材でもある。実際、歴史の専門研究者の著作ではない「ハドリアヌスもの」がたくさん発表されている。中でも秀逸な作品は、女流作家マルグリット・ユルスナールの『ハドリアヌス帝の回想』(多田智満子訳　白水社、一九六四年)である。ハドリアヌス自身に語らせるという手法の効果もあって、歴史の中に人と時代の「真実」を読み取ろうとする著者の試みの魅力は今も新鮮である。

本書の著者アントニー・エヴァリットは現在イギリスの大学で客員教授を務めているが、歴史の専門研究者ではなく、ジャーナリストで、イギリスの文化局の事務局長を務めたこともある人物である。すでにキケロとアウグストゥスの伝記を刊行して広く読まれている、実績のある作家でもある。しかし、作家といっても、本書は歴史小説ではなく、歴史の専門研究者の書いた伝記作品とそう違わない体裁をとっている。著者は、歴史研究者には史料の制約でそれ以上は表現できないというところまで書き及び、人物と時代を活写しており、本書は読み物としてたいへん面白い作品となっている。しかも、単にハドリアヌスの生涯を描くだけでなく、ハドリアヌスの成長の過程の記述ではローマの教育を、ハドリアヌスがラテン祭典の役職に就いた時にはローマの祝祭を、サビナとの結婚を書くときにはローマの結婚について、というような具合に、各所で解説を入れてローマ社会を紹介している。即位前のハドリアヌスにも多くのページを割いているのはそのためである。本書を読めば、ハドリアヌスだけでなく、ローマ社会についても多くを知ることができよう。ヤマザキマリさんの漫画『テルマエ・ロマエ』を読んでハドリアヌスの時代やローマ社会に関心を持った方には、もっと詳しくローマ世界をイメージするのに大いに役立つだろう。

本書の面白さはその軽妙な語り口にもあると私は思う。ローマ史の専門研究者も、研究成果を広く発信するために本書から学ばねばならないと感じる。もっとも、同じハドリアヌスを描いても、歴史研究者には史料の吟味や学説の独創性を示す作業に加えて、歴史的意義を論じ、歴史認識を提示する仕事があるので、著者エヴァリットと同じような軽やかさを求めることは容易でないだろうが。なお、ハドリアヌスの生涯とその時代に関する専門家の見解をごく簡潔にまとめた最近の刊行物として、クセジュ文庫所収のレモン・シュヴァリエ／レミ・ポワニョ著『ハドリアヌス帝』（北野徹訳、白水社、二〇一〇年）がある。本書と併せて読まれると、ハドリアヌスという皇帝のもつ「魅力」をより深く理解できるだろう。いや、その「魔力」であなたはハドリアヌスを「好き」になるかもしれない。

（京都大学大学院文学研究科教授）

訳者あとがき

アントニー・エヴァリットは本書、*Hadrian and The Triumph of Rome* を執筆するまえに、すでに *Cicero A Turbulent Life*（邦題『キケロ　もうひとつのローマ史』二〇〇六年、白水社刊）と *The First Emperor Caesar Augustus and The Triumph of Rome*（初代皇帝カエサル・アウグストゥスとローマの勝利）（白水社より刊行予定）を出版しています。ですから、本書は著者自身が「まえがき」で書いているように、彼の古代ローマ史三部作の最終巻にあたります。

執筆の目的は古代ローマの最盛期、つまりキケロやユリウス・カエサルが活躍した共和政期から五賢帝時代までの歴史を述べることにありました。ですから、主人公として選ばれたキケロとアウグストゥスとハドリアヌスの生涯だけでなく、周辺人物や時代背景、社会情勢などにも広く目を配った作品になっています。とりわけ、本書は三部作の最終巻ということから、過去の歴史に言及することも多く、アウグストゥスの名もハドリアヌスが敬愛するリーダーとしてたびたび登場します。

しかしながら、先行する二作品を読んでいなくても本書が単独でじゅうぶんに楽しめる作品であることは言うまでもありません。ハドリアヌスが生きた時代が長いローマの歴史の流れのなかでどのような位置を占めているのかが、おのずとわかるようになっています。また、彼がとった判断のひとつひとつが歴史的に見てどのような意味があったのかについても、丁寧に解説されています。特に、彼の統治を貫く防衛的非拡大主義については、単純に平和主義のレッテルを貼ることなく、著者は丹念に事実を積み重ねていきます。読み進めれば、ハドリアヌスの判断が当時の現実を冷静に分析したうえで下されたものであったことがよく理解できます。トラヤヌスの最晩年に拡大しすぎた領土のあちらこちらで騒乱が勃発したときにハドリアヌスという聡明な統治者があとを継いだことは、ローマにとって幸いでした。

ハドリアヌスにかぎらず、古代ローマの政治家たちの話を読むときにいつも感じるのは、国家を運営することの難しさと、その難しさをなんとか知恵を絞って克服しようとする人間の営みの尊さです。統治とは何であるか、どのようにあるべきか、という問題を学ぶには、古代ローマは最も優れた教科書のひとつだと言ってもいいでしょう。

ローマのように政治的に成熟した社会における独裁は政治的に未成熟な社会における独裁とはまったくちがいます。専横は許されず、統治者には細心の梶取りが求められます。本書でもたびたび強調されているように、皇帝はプリンケプス（第一の市民）であり、なんでも思い通りにできる独裁者からは程遠いものでした。一筋縄ではいかない元老院をなだめたりすかしたりする皇帝の姿は、現代の多くの先進国の元首たちの姿に重なります。ですから、制約の多い状況のなかでも自分の考えを貫いたハドリアヌスの生き方からは、現代にも通じるヒントがたくさん見つけられるのではないでしょうか。現実を冷静に分析する力と、分析に基づいて的確な判断をする力、そして、その判断を実行に移す力。いずれが欠けていても、巨大な国家を運営していくことはできません。本書には、それらの力を兼ねそなえた優秀な統治者としてのハドリアヌスがあますところなく描かれています。

とはいえ、けっして完全無欠な人格者だったわけではなく、人間としての弱さや多くの矛盾を抱えた、そうとう扱いの難しい人物だったようです。スピリチュアルにはまったり、美少年に恋したりと、ずいぶんと人間臭い面もありました。著者も言っているように、ほんとうに不思議な人物で、研究者にとってもかなり興味をそそる研究対象のようです。

ところで、固有名詞についてですが、ラテン語のｖは「ヴ」ではなく「ウ」と発音します。固有名詞ではありませんが、Villaも本書では「ウィッラ」となっています。耳慣れた「ヴィッラ」と訳したほうが違和感はないのですが、当時の発音に忠実にしたほうがよいと判断しました。

さて、本書を執筆したアントニー・エヴァリットはイギリスのアーツカウンシルの事務局長をつとめたあと、ジャーナリストを経て、現在はノッティンガム・トレント大学で客員教授として教鞭をとっています。著者の専門は歴史ではありませんが、内容を考えて、尊敬する京都大学大学院文学研究科の南川高志先生に数々の貴重なご指摘を頂戴しました。先生のご教示がなければどうなっていただろう、と思うと冷や汗が出ます。この場を借りて厚くお礼申し上げます。

もうひとり、白水社編集部の糟谷泰子氏にも心よりお礼申し上げます。四〇〇ページ以上の長い原稿を丁寧に読みこんで、数え切れないほどのアドバイスをくださいました。根気強い編集者と仕事のできる幸せを今回ほど実感したことはありません。

二〇一一年　夏

草皆　伸子

訳者略歴
一九八五年　東京外国語大学卒業
一九八九－一九九五　ナポリ東洋大学講師
アントニオ・タブッキ『ダマセーノ・モンテイロの失われた首』、アレッサンドロ・バリッコ『海の上のピアニスト』、ヴァレリオ・マッシモ・マンフレディ『アクロポリス――友に語るアテナイの歴史』（以上、白水社）ほか翻訳多数

ハドリアヌス――ローマの栄光と衰退

二〇一一年九月三〇日　印刷
二〇一一年一〇月二〇日　発行

著者　アントニー・エヴァリット
訳者 ©　草《くさ》皆《かい》伸《のぶ》子《こ》
発行者　及川直志
印刷所　株式会社三秀舎
発行所　株式会社白水社
東京都千代田区神田小川町三の二四
電話　営業部〇三（三二九一）七八一一
　　　編集部〇三（三二九一）七八二一
振替　〇〇一九〇-五-三三二二八
郵便番号　一〇一-〇〇五二
http://www.hakusuisha.co.jp
乱丁・落丁本は、送料小社負担にてお取り替えいたします。

松岳社 株式会社 青木製本所

ISBN978-4-560-08165-5
Printed in Japan

索引

人名は原則として、プラエノーメン（個人名）ではなくノーメン・ゲンティリウス（氏族名）ないしコグノーメンの順とする。ただし皇帝および慣用名がある人物をのぞく。

登場回数のきわめて多い「ハドリアヌス（帝）」は取り上げていない。

か行

さ行

た行

な行

は行

や行

ら行

引用典拠と注記

文献略語表

Acts　*Acts of the Apostles*　『使徒言行録』
Ael Arist Rom　Aelius Aristides, *Ad Romam* (*To Rome*)　アエリウス・アリスティデス『ローマ頌詩』
Alexander　P. J. Alexander, "*Letters and Speeches of the Emperor Hadrian*"　P・J・アレクサンダー『ハドリアヌス帝の手紙と演説』
Amm Marc　Ammianus Marcellinus, *Res Gestae* (*History of Rome*)　アンミアヌス・マルケリヌス『ローマ史』
Anth Pal　*Palatine Anthology*　『パラティナ詩華集』
App Civ War　Appian, *Civil Wars*　アッピアノス『内乱記』
App Iberica　Appian, *Wars in Spain*　アッピアノス『イベリカ』
App Pun　Appian, *Wars with Carthage*　アッピアノス『カルタゴとの戦争』
Apul Apol　Apuleius, *Apologia*　アプレイウス『アポロギア(弁明)』
Apul Met　Apuleius, *Metamorphoses*　〔アプレイウス『黄金のろば(上・下)』呉茂一訳、岩波文庫、1956-57年〕
Arafat　K. W. Arafat, *Pausanias's Greece*　K・W・アラファト『パウサニアスのギリシア』
Arr Alan　Arrian, *Order of Battle with Array*　アッリアノス『アラニ人に対する布陣』
Arrian Alex　Arrian, *Campaigns of Alexander*　〔アッリアノス『アレクサンドロス大王東征記　付インド誌(上・下)』大牟田章訳、岩波文庫、2001年〕
Arrian Parth　Arrian, *Parthica*　アッリアノス『パルティア誌』
Arrian Peri　Arrian, *Periplus Ponti Euxini*　アッリアノス『黒海周航記』
Arrian Tact　Arrian, *Ars Tactica*　アッリアノス『戦術論』
Aul Gell　Aulus Gellius, *Noctes Atticae*　アウルス・ゲリウス『アッティカの夜々』
Aur Vic　Aurelius Victor, *De Caesaribus*　アウレリウス・ウィクトル『皇帝史』
Bennett　Julian Bennett, *Trajan: Optimus Princeps*　ジュリアン・ベネット『トラヤヌス：オプティムス・プリンケプス』
Birley　Anthony Birley, *Hadrian, the Restless Emperor*　アントニー・バーレイ『ハドリアヌス、休みを知らない皇帝』
Birley Vind　Anthony Birley, *Garrison Life at Vindolanda*　アントニー・バーレイ『ウィンドランダの駐屯生活』

BMC III　H. Mattingly, *Coins of the Roman Empire in the British Museum*, vol. 3　H・マッティングリー『大英博物館のローマ帝政期硬貨』第3巻

Bowman　Alan K. Bowman, *Life and Letters on the Roman Frontier*　アラン・ボーマン『ローマ国境における生活と手紙』

Brunt　P. A. Brunt, *Roman Imperial Themes*　P・A・ブラント『ローマ帝国随想』

Burkert　Walter Burkert, *Greek Religion*　ヴァルター・ブルケルト『ギリシアの宗教』

CAH　*Cambridge Ancient History*, vol. XI　『ケンブリッジ古代史・第11巻』

Camp　J. M. Camp, *The Archaeology of Athens*　J・M・キャンプ『アテナイの考古学』

CCAG　*Catalogus Codicum Astrologorum Graecorum*　『ギリシア占星術写本目録』

Char　Charisius, *Ars Grammatica*　カリシウス『文法論』

Cic Att　Cicero, *Epistulae ad Atticum* (*Letters to Atticus*)　〔キケロー「アッティクス宛書簡集 I 」根本和子・川崎義和、キケロー選集13『書簡 I 』所収、岩波書店、2000年；「アッティクス宛書簡集II」高橋英海・大芝芳弘訳、キケロー選集14『書簡集II』所収、岩波書店、2001年〕

Cic Fam　Cicero, *Epistulae ad familiares (Letters to His Friends)*　〔キケロー「縁者・友人宛書簡集 I 」高橋宏幸・五之治昌比呂・大西英文訳、キケロー選集15『書簡集III』所収、岩波書店、2002年；「縁者・友人宛書簡集II』大西英文・兼利琢也訳、キケロー選集16『書簡集IV』所収、岩波書店、2002年〕

Cic Leg　Cicero, *Leges* (*Laws*)　〔キケロー「法律について」岡道男訳、キケロー選集8『哲学 I 』所収、岩波書店、1999年〕

Cic Tusc　Cicero, *Tusculanae Quaestiones* (*Tusculan Disputations*)　〔キケロー『トゥスクルム荘対談集」木村健治・岩谷智訳、キケロー選集12『哲学V』所収、岩波書店、2002年〕

CIL　*Corpus Inscriptionum Latinarum*　『ラテン金石文全集』

Clem　Clement of Alexandria, *Proteptious*　アレクサンドリアのクレメンス『ギリシア人へのすすめ』

Col　Keith Hopkins and Mary Beard, *The Colosseum* (*Wonders of the World*)　キース・ホプキンス、メアリー・ビアード『コロッセウム(世界の不思議)』

Colum　Columella, *De re rustica* (*On Farming*)　コルメッラ『農業論』

Digest　*Digesta* (Justinian I)　ユスティニアヌス一世『学説彙纂』

Dio　Dio Cassius, *Roman History*　ディオ・カッシウス『ローマ史』

Dio Chrys　Dio Chrysostom, *Oratio* (*Discourse*) 21　ディオン・クリュソストモス『オラティオ・21』

Diod　Diodorus Siculus *Bibliotheke* (*Library*)　シケリアのディオドロス『歴史叢書』

Dio Laer Epicuru　Diogenes Laertius, *Lives and Opinions of Eminent Philosophers: Epicurus*　〔ディオゲネス・ラエルティオス「エピクロス」加来彰俊訳『ギリシ

ア哲学者列伝(下)』所収、岩波文庫、1994年〕

Eck Werner Eck, "The Bar Kokhba Revolt: The Roman Point of View" ヴェルナー・エック『バル・コホバの反乱;ローマの視点』

Ennius Ennius, *Annales* (*Annals*) エンニウス『年代記』

Ep de Caes *Epitome de Caesaribus* (*Summary of the Caesars*) 『エピトーメ・デ・カエサリブス』

Epict Epictetus, *Discourses* エピクテトス『論文集』

Epiph Epiphanius, *Weights and Measures* エピファニウス『度量衡』

Eur Alc Euripides, *Alcestis* 〔エウリピデス「アルケスティス」松平千秋訳『ギリシア悲劇全集5』所収、岩波書店、1990年〕

Euseb Ch Hist Eusebius, *Church History* 〔エウセビオス『教会史(上・下)』秦剛平訳、講談社学術文庫、2010年〕

Eutropius Eutropius, *Historiae romanae breviarium* エウトロピウス『ローマ史概略』

FIRA *Fontes Iuris Romani Antejustiniani* 『ユスティニアヌス帝以前の法源』

Florus Ep Florus, *Epitome* フロルス『エピトーメ』

Fronto Ad L Ver Fronto, *Ad Lucium Verum* (*to Lucius Verus*) フロント『ルキウス・ウェルスへ』

Fronto Ad M Caes Fronto, *Ad Marcum Caesarem* (*To Marcus Caesar*) フロント『マルクス・カエサルへ』

Fronto de bell Parth Fronto, *De bello Parthico* (*On War with Parthia*) フロント『パルティア戦記』

Fronto de fer Als Fronto, *Deferiis Alsiensibus* フロント『デ・フェリイス・アルシエンシブス』

Fronto Princ Hist Fronto, *Principia Historiae* フロント『プリンキピア・ヒストリアエ』

Galimberti Alessandro Galimberti, *Adriano e l'ideologia del principato* アレッサンドロ・ガリンベルティ『ハドリアヌスと君主制のイデオロギー』

Gibbon Edward Gibbon, *History of the Decline and Fall of the Roman Empire* 〔エドワード・ギボン『ローマ帝国衰亡史(全10巻)』中野好夫訳、ちくま学芸文庫、1995-96年〕

Goldsworthy Adrian Goldsworthy, *In the Name of Rome* エイドリアン・ゴールズワーシー『ローマの名のもとに』

Gray William D Gray, "New Lrght from Egypt on the Early Reign of Hadrian" ウィリアム・G・グレイ『ハドリアヌス治世初期におけるエジプトからの新しい光』

Greek Horo *Hephaestio of Thebes* 『テーバイのヘファエスティオ』

Green Peter Green, *Juvenal: The Sixteen Satires* ピーター・グリーン『ユウェナリス:十六篇の諷刺詩』

Gyn Soranus, *Gynaecologia* ソラヌス『ギュナエコロギア』

HA Ant *Historia Augusta, Antoninus Pius* 〔ユリウス・カピトリヌス「アントニヌス・ピウスの生涯」南川高志訳『ローマ皇帝群像(ヒストリア・アウグスタ) 1』所収、西洋古典叢書、京都大学学術出版会、2004年〕

HA Ael *Historia Augusta, Aelius Caesar* 〔アエリウス・スパルティアヌス「アエリウスの生涯」南川高志訳『ローマ皇帝群像(ヒストリア・アウグスタ) 1』所収、西洋古典叢書、京都大学学術出版会、2004年〕

HA Hadr *Historia Augusta, Hadrian* 〔アエリウス・スパルティアヌス「ハドリアヌスの生涯」南川高志訳『ローマ皇帝群像(ヒストリア・アウグスタ) 1』所収、西洋古典叢書、京都大学学術出版会、2004年〕

HA Marc *Historia Augusta, Marcus Aurelius* 〔ユリウス・カピトリヌス「哲学者マルクス・アウレリウスの生涯」南川高志訳『ローマ皇帝群像(ヒストリア・アウグスタ) 1』所収、西洋古典叢書、京都大学学術出版会、2004年〕

HA Ver *Historia Augusta, Aelius Verus* 〔ユリウス・カピトリヌス「ウェルスの生涯」南川高志訳『ローマ皇帝群像(ヒストリア・アウグスタ) 1』所収、西洋古典叢書、京都大学学術出版会、2004年〕

Herodian Herodian, *History of the Empire After Marcus* ヘロディアヌス『マルクス後の帝国の歴史』

Homer Il Homer, *Iliad* 〔ホメロス『イリアス(上・下)』松平千秋訳、岩波文庫、1992年〕

Hor Ep Horace, *Epistulae* (*Letters*) 〔ホラティウス「書簡詩」鈴木一郎訳、『ホラティウス全集』所収、玉川大学出版部、2001年〕

Hor Epo Horace, *Epodes* 〔ホラティウス「エポドン」鈴木一郎訳、『ホラティウス全集』所収、玉川大学出版部、2001年〕

Hor Ser Horace, *Sermones* (*Satires*) 〔ホラティウス「風刺詩」鈴木一郎訳、『ホラティウス全集』所収、玉川大学出版部、2001年〕

IG *Inscriptiones Graecae* 『ギリシア金石文』

ILS *Inscriptiones Latinae Selectae* 『ラテン金石選集』

Jer Chron Jerome, *Chronicle* ヒエロニムス『年代記』

Jer Contra Ruf Jerome, *Contra Rufinum* (*Against Rufinus*) ヒエロニムス『ルフィヌスへの駁論』

Jer de vir ill Jerome, *De viris illustribus* (*Of Famaus Men*) ヒエロニムス『著名者列伝』

Jer In Esaiam Jerome, *In Esaiam* (*Commentary on Isaiah*) ヒエロニムス『イザヤ書注解』

Johnson Paul Johnson, *A History of the Jews* 〔ポール・ジョンソン『ユダヤ人の歴史(上・下)』石田友雄監修、阿川尚之・池田潤・山田恵子訳、徳間書店、1999年〕

Jones Brian W. Jones, *The Emperor Domitian* ブライアン・W・ジョーンズ『ドミティアヌス帝』

Jos AJ Josephus, *Jewish Antiquities* 〔フラウィウス・ヨセフス『ユダヤ古代誌(全

5巻)』秦剛平訳、ちくま学芸文庫、1999-2000年〕
Jos BJ　Josephus, *Jewish War*　〔フラウィウス・ヨセフス『ユダヤ戦記(全3巻)』秦剛平訳、ちくま学芸文庫、2002年〕
JRS　*Journal of Roman Studies*　『ローマ学ジャーナル』
Julian Caes　Julian, *The Caesars*　ユリアヌス『皇帝伝』
Justin Apol App　Justin, *Apologia Appendix*　ユスティノス『弁明補遺』
Justin First Apol　Justin. *First Apologia*　〔ユスティノス「第一弁明」柴田有三・小田敏雄訳、『キリスト教教父著作集1』所収、教文館、1992年〕
Juv　Juvenal, *Saturae* (*Satires*)　〔ユウェナリス『サトゥラェ　諷刺詩』藤井昇訳、日中出版、1995年〕
Lambert　Royston Lambert, *Beloved and God*　ロイストン・ランバート『寵童と神』
Levine　Lee I. Levine, *Jerusalem: Portrait of the City in the Second Temple Period*　リー・I・レヴァイン『エルサレム：第二神殿期の町のポートレート』
Livy　Livy, *Ab Urbe Condita* (*History of Rome*)　〔リウィウス『ローマ建国以来の歴史(全3巻)』岩谷智訳、西洋古典叢書、京都大学学術出版会、2008年-〕
Lucian Philospeud　Lucian, *Lover of Lies*　ルキアノス『嘘を好む人たち』
Lucr de Rerum Nat　Lucretius, *De rerum natura* (*On the Nature of Things*)　ルクレティウス『事物の本性について』
MacDonald　William L. MacDonald and John A. Pinto, *Hadrian's Villa and Its Legacy*　ウィリアム・L・マクドナルド、ジョン・A・ピント『ハドリアヌスのヴィッラとその遺産』
Macr　Macrobius, *Saturnalia*　マクロビウス『サトゥルナリア』
Malalas　John Malalas, *Chronographia*　マララス『年代記』
Marc Aur　Marcus Aurelius, *To Himself* (*Meditations*)　〔マルクス・アウレーリウス『自省録(改版)』神谷美恵子訳、岩波文庫、2007年〕
Mart　Martial, *Epigrammata* (*Epigrams*)　〔『マールティアーリスのエピグランマタ(上・下)』藤井昇訳、慶應義塾大学言語文化研究所、1973-78年〕
Mart Lib de Spect　Martial, *Liber de Spectaculis* (*Show Book*)　マルティアリス『リベル・デ・スペクタクリス』
MLP　*Minor Latin Poets*, Loeb Classical Library　『マイナー・ラテン・ポエッツ』ローブ・クラシカル・ライブラリー
Mommsen　Theodor Mommsen, *A Histoty of Rome Under the Emperors*　テオドール・モムゼン『帝政期ローマの歴史』
Naor　Mordecai Naor, *City of Hope*　モーデカイ・ノール『希望の都市』
Oliver　J. H. Oliver, *Greek Constitutions of Early Roman Emperors from Inscriptions and Papyri*　J・H・オリヴァー『碑とパピルスから見る初期のローマ皇帝たちのギリシア性』
Opper　Thorsten Opper, *Hadrian — Empire and Conflict*　トーステン・オッパー『ハ

ドリアヌス――帝国と対立』

Paus　Pausanias, *Description of Greece*　〔パウサニアス『ギリシア案内記(上・下)』馬場恵二訳、岩波文庫、1991-92年〕

Petr　Petronius, *Satyricon*　〔ペトロニウス『サテュリコン』国原吉之助訳、岩波文庫、1991年〕

Phil　Saint Paul, *Letter to the Philippians*　聖パウロ『フィリピの信徒への手紙』

Philo Apoll　Philostratus, *Life of Apollonius of Tyana*　〔フィロストラトゥス『テュアナのアポロニオス伝(全2巻)』秦剛平訳、西洋古典叢書、京都大学学術出版会、2010年-〕

Philo Her　Philostratus, *Heroicus*　〔ピロストラトス(フィロストラトゥス)『英雄が語るトロイア戦争』内田次信訳、平凡社ライブラリー、2008年〕

Philo v. Soph　Philostratus, *Lives of the Sophists*　〔フィロストラトゥス「ソフィスト列伝」戸塚七郎・金子佳司訳『哲学者・ソフィスト列伝』所収、西洋古典叢書、京都大学学術出版会、2001年〕

Pindar Dith　Pindar, *Dithyrambs*　ピンダロス『ディテュランボス』

Plato Symp　Plato, *Symposium*　〔プラトン『饗宴』朴一功訳、西洋古典叢書、京都大学学術出版会、2007年〕

Plaut Curc　Plautus, *Curculio*　プラウトゥス『クルクリオ』

Pliny Ep　Pliny the Younger, *Epistulae* (*Correspondence*)　〔プリニウス『書簡集――ローマ帝国一貴紳の生活と信条』国原吉之助訳、講談社学術文庫、1999年〕

Pliny NH　Pliny the Elder, *Naturalis Historia* (*Natural Histoty*)　〔『プリニウスの博物誌』中野定雄ほか訳、雄山閣出版、1986年〕

Pliny Pan　Pliny the Younger, *Panegyricus*　小プリニウス『頌詞』

Plut Crass　Plutarch, *Life of Crassus*　〔プルタルコス「クラッスス」村川堅太郎編、『プルタルコス　英雄伝(下)』所収、ちくま学芸文庫、1996年〕

Plut Mor　Plutarch, *Moralia* (*Essays*)　〔プルタルコス『モラリア(全14巻)』瀬口昌久ほか訳、西洋古典叢書、京都大学学術出版会、2007年-〕

Plut Per　Plutarch, *Life of Pericles*　〔プルタルコス「ペリクレス」柳沼重剛訳、『英雄伝2』所収、西洋古典叢書、京都大学学術出版会、2007年〕

Plut Pomp　Plutarch, *Life of Pompey the Great*　〔プルタルコス「ポンペイウス」村川堅太郎訳、『プルタルコス　英雄伝(下)』所収、ちくま学芸文庫、1996年〕

Pol Physio　Polemon, *De Physiognomia*　ポレモン『デ・フィシオグノミア』

POxy　*Oxyrhyncus Papyri*　『オクシュリュンコス・パピルス』

Quint　Quintilian, *Institutio Oratoria*　〔クインティリアヌス『弁論家の教育』森谷宇一ほか訳、西洋古典叢書、京都大学学術出版会、2005年-〕

RIC　H. Mattingly and E. A. Sydenham, *The Roman Imperial Coinage*　H・マッティングリー、E・A・シデナム『ローマ帝政期の硬貨鋳造』

Rossi　Lino Rossi, *Trajan's Column and the Dacian Wars*　リノ・ロッシ『トラヤヌス記念柱とダキア戦争』

Script Phys Vet *Scriptores Physiognomoniae Veteres* 『スクリプトレス・フィシオグノモニアエ・ウェテレス』

Sen Contr Seneca, *Controversiae* (大)セネカ『論争問題』

Sen Ep Seneca, *Epistulae* (*Correspondence*) 〔セネカ『倫理書簡集1』高橋宏幸訳『セネカ哲学全集5』所収、岩波書店、2005年;「倫理書簡集2」大芝芳弘訳『セネカ哲学全集6』所収、岩波書店、2006年〕

Shakespeare, A & C Shakespeare, *Antony and Cleopatra* 〔シェイクスピア『アントニーとクレオパトラ』小田島雄志訳、白水Uブックス、1983年〕

Sherk Robert K. Sherk, ed., *The Roman Empire:Augustus to Hadrian* ロバート・K・シャーク編『ローマ帝国:アウグストゥスからハドリアヌスまで』

Smallwood E. Mary Smallwood, *Documents Illustrating the Principates of Nerva. Trajan and Hadrian* E・メアリー・スモールウッド『ネルウァ、トラヤヌス、ハドリアヌスの君主制についての資料』

Speidel M. P. Speidel, *Riding for Caesar* M・P・シュパイデル『カエサルの騎馬隊』

Stat Silv Statius, *Silvae* スタティウス『シルウァエ』

Strabo Strabo, *Geographica* 〔ストラボン『ギリシア・ローマ世界地誌』飯尾都人訳、竜渓書舎、1994年〕

Suet Aug Suetonius, *Augustus* 〔スエトニウス「アウグストゥス」国原吉之助訳『ローマ皇帝伝(上)』所収、岩波文庫、1985年〕

Suet Cal Suetonius, *Caligula* 〔スエトニウス「カリグラ」国原吉之助訳『ローマ皇帝伝(上)』所収、岩波文庫、1985年〕

Suet Dom Suetonius, *Domitian* 〔スエトニウス「ドミティアヌス」国原吉之助訳『ローマ皇帝伝(下)』所収、岩波文庫、1986年〕

Suet Nero Suetonius, *Nero* 〔スエトニウス「ネロ」国原吉之助訳『ローマ皇帝伝(下)』所収、岩波文庫、1986年〕

Suet Vesp Suetonius, *Vespasian* 〔スエトニウス「ウェスパシアヌス」国原吉之助訳『ローマ皇帝伝(下)』所収、岩波文庫、1986年〕

Syb *Sybilline Oracles* 『シビュラの託宣』

Syme Tac Ronald Syme, *Tacitus* ロナルド・サイム『タキトゥス』

Syncellus Chron Syncellus, *Chronographia* シンケルス『クロノグラフィア』

Tac Agric Tacitus, *Agricola* タキトゥス『アグリコラ』

Tac Ann Tacitus, *Annals* 〔タキトゥス『年代記(上・下)』国原吉之助訳、岩波文庫、1993年〕

Tac His Tacitus, *Historiae* (*Histories*) 〔タキトゥス『同時代史』国原吉之助訳、岩波文庫、1996年〕

Tert Apol Tertullian, *Apologeticum* (*Apology*) 〔テルトゥリアヌス「護教論」鈴木一郎訳『キリスト教教父著作集14』所収、教文館、1987年〕

Thuc Thucydides, *History of the Peloponnesian War* 〔トゥキュディデス『戦史(上・

中・下)』久保正彰訳、岩波文庫、1966-67年〕
Veg Vegetius, *De re militari* (*On Military Affairs*) ウェゲティウス『軍事論』
Virg Aen Virgil, *Aeneid* 〔ウェルギリウス『アエネーイス』岡道男・高橋宏幸訳、西洋古典叢書、京都大学学術出版会、2001年〕
Xen Anab Xenophon, *Anabasis* (*The Persian Expedition*) 〔クセノフォン『アナバシス――敵中横断6000キロ』松平千秋訳、岩波文庫、1993年〕
Xen Hunt Xenophon, *Hunting with Dogs* クセノフォン『犬を使った狩猟について』
Yadin Bar-K Yigael Yadin, *Bar-Kokhba* 〔イガエル・ヤディン『バル・コホバ――第二ユダヤ叛乱の伝説的英雄の発掘』小川英雄訳、山本書店、1979年〕
Yoma *Babylonian Talmud Yoma* 『バビロニア・タルムード:ヨマー』

まえがき

(1) Gibbon, p. 36.
(2) Ibid., p. 37.
(3) Mommsen, p. 340.

序章

(1) HA Hadr 26 5.

第1章 西からの侵入者

(1) HA Hadr 1 3.
(2) Strabo 3 1 2.
(3) Ibid., 3 2 4.
(4) 次の段落まで、Syme Tac, p. 603.
(5) CAH, p. 222.
(6) Gyn 2 19.
(7) 彼女についての碑文はCIL 14 3721.
(8) Stat Silv 1 3 35-37.
(9) 引用2箇所ともQuint 1 2 7-9.
(10) Eutropius 8 5 2は、トラヤヌスの享年は63歳だったと書いている。ということは53年に生まれたことになる。享年は文献により異なるが、現代のほとんどの研究者はエウトロピウス説をとっている。
(11) 長身で堂々たる体格だったというトラヤヌスの外見については、石像およびPliny Pan 4 7.
(12) Pliny Pan 81 1.
(13) ベネットをはじめとする一部の伝記作家はトラヤヌスがバイセクシュアルだったと書いているが、完全なホモセクシュアルだった可能性も否定で

きない。もっとも、古代ローマでは、バイセクシュアルとホモセクシュアルの境界線はあいまいだったようだ。

第２章　危険な世界

（1）　HA Ver 2 5 には、スカウルスは「ハドリアヌスのグラマティクス」だったと書かれている。この表現が単に「ハドリアヌスの時代のグラマティクス」だったという意味だという説もあるが、文脈から考えると彼の個人教師だったと解釈するのが妥当だろう。

（2）　Char 13 271.

（3）　Hor Ser 1 6 82-84. ホラティウスは前一世紀の作家だが、帝政期のほうが子どもたちの安全が向上していたとは、とうてい言えない。

（4）　Juv 7 237-41.

（5）　Op. cit. 1 15.

（6）　Sen Contr 1 Praef 11.

（7）　Sen Contr 1 Praef 9.

（8）　Pliny Ep 2 18 1.『書簡集』からのこの引用と次の引用は二世紀初頭のものだが、ハドリアヌスが若かったときにも勉学に対する姿勢は同様だったと考えていいだろう。

（9）『ヒストリア・アウグスタ』には、ハドリアヌスの父親の死についての記述に続き、「そして、彼はギリシア学の勉強にのめりこんだ」とある。「そして」という接続詞から、父親の死とギリシア好きになったことが関連していると想像することができる。

（10）　Galimberti, pp. 21-22の説得力のある推論から。

（11）　Hor Ep 2 1 156-57.

（12）　Green, p. 316.

（13）　Sherk 168, p. 217.

（14）　皇帝のホロスコープを得ることが重大な反逆とされた件は、Ulpian, *De Officio Proconsulis* 7.〔ウルピアヌス『デ・オフィキオ・プロコンスリス』〕

（15）　Ennius 467.

（16）　Pliny NH 8 11.

（17）　この年の後半にヒスパニアの屋敷を訪問している。家督を継いだばかりの新当主が故郷を訪ねるのは自然なことだから、そのまえに成人の儀をすませたと思われる。

（18）　Birley 19.　HA Hadr 2 1に「戻った」とあるのは言葉のあやで、「古くからの荘園に戻った」といっても、ハドリアヌスが以前にも行ったことがあるという意味ではないだろう、とバーレイは主張している。行ったことがあったかもしれないが、かならずしも文字通りに受け取らなくてもいいだろう、と。

（19）　*L'année epigraphique*, Paris 1888ff., 1958.〔『ラネ・エピグラフィク』〕の碑文を参照。

(20)　以下の狩猟についての記述はXen Huntとアッリアノスの『狩猟論』を参考にした。
(21)　Pliny Ep 9 12 1.
(22)　Ibid 10 40 2.

第３章　希望あふれる若き紳士

(1)　Quint 1 p. 10.
(2)　Birley, p. 27.
(3)　Greek Horo pp. 79-80.
(4)　Martial 7 47 2.
(5)　Sherk 173 A.
(6)　Sherk 173 B to Z.
(7)　Sen Ep 41 7.
(8)　FIRA 1 43 Col 11 lines 2-4.
(9)　Lambert, p. 26.
(10)　Tac Agric 30 4-5.

第４章　帝国の危機

(1)　Suet Nero 57 1.
(2)　Dio Chrys 21 *On Beauty* 10.〔『美について』〕
(3)　Ibid., 22 3.
(4)　Sherk 71.
(5)　Plut Mor *Delays of God's Vengeance* 567F.
(6)　CAH, pp. 813-14.
(7)　Tac His 5 2-8.
(8)　Jos AJ 12 5 1.
(9)　Mishnah Sota 49B.
(10)　Johnson, pp. 112, 133.
(11)　Levine, p. 342.
(12)　Jos BJ 5 6 223 . 町と神殿の描写は Jos BJ 5 136-8 247.
(13)　Jos BJ 6 282.
(14)　Jos BJ 3 31 289-306.
(15)　Suet Nero 49 1.
(16)　Goldsworthy, p. 337.
(17)　Naor, p. 55.
(18)　Sherk 83 (ILS 264).
(19)　Yoma 9b.

第5章　新王朝

（1）　Dio 65 14 5.
（2）　Epict 1 1 31-32.
（3）　アッリアノスの*The Discourses of Epictetus*〔『エピクテトス論文集』〕から。
（4）　Shakespear A & C 4 15 92.
（5）　Pliny Ep 3 166.
（6）　Epict 1 2 19-21.
（7）　Suet Vesp 23 4.
（8）　二通りの説がある。Suet Vesp 24とDio 66 17 1-3.
（9）　Dio 66 17 1.
（10）　Dio 66 23 5.
（11）　Pliny Ep 6 20 17.
（12）　Suet Dom 3 1.
（13）　Stat Silv 5 2 102.
（14）　コルネリアの裁判と処刑についてはPliny Ep 4 11 ほか随所に。
（15）　この点についてはすべての文献が一致しているので、反論する理由はない。
（16）　Dio 67 6 3.
（17）　Ep de Caes 11 7.
（18）　Dio 67 6 1.
（19）　Juv 4 111-12.
（20）　Jones, p. 74.
（21）　Dio 67 4.
（22）　Dio 67 7 2.
（23）　Suet Dom 21.
（24）　トラヤヌスの経歴についてはBennett, pp. 43-45に従った。

第6章　ローマでの生活

（1）　Pliny Ep 4 16.
（2）　執政官のC・アンティウス・A・ユリウス・クアドラトゥスについては、Birley, p. 30に説得力のある考察がある。
（3）　Hor Ep 2 1 182-213.
（4）　Suet Cal 36, 55, 57.
（5）　Suet Nero 16, 26.
（6）　Pliny Ep 7 24.
（7）　以下の段落も含め、Apul Met 10 29-35.
（8）　Mart Lib de Spect 6（5）.
（9）　Sherk 167（CIL 6 1000 48; ILS 5287）.
（10）　Sherk 168（CIL 11 4314; ILS 5299）.

（11） Dio 62 17 4.
（12） Cic Fam 7 1 3.
（13） Col pp. 91-94.
（14） Juv 6 106-10.
（15） Pliny NH 8 6.
（16） Mart Lib de Spect 14.
（17） Juv 10 78-81.
（18） HA Hadr 19 8によると、ハドリアヌスは在位中にしばしば剣闘試合を見物した。おそらく若いときに剣闘を見るのが好きになったのだろう。
（19） Pliny Ep 7 33.
（20） Plut Mor *Curiosity* 522d.〔『モラリア：好奇心』〕
（21） Pliny Ep 3 11 3.
（22） Epict 4 13 5.

第7章　フラウィウス朝の没落

（1） 73　Pliny NH 21 20 and 83: おそらく、*Valeriana celtica*と呼ばれる高山植物のこと。俗称はスパイク。
（2） Pliny Pan 15 2.
（3） 軍隊の給料については、Speidel 随所と表7。
（4） HA Hadr 17 8.
（5） Pliny Pan 15 5.
（6） Birley, p. 32. Syme, p. 91に反対意見あり。
（7） Dio 67 14 1-2.
（8） Suet Dom 15 1.
（9） Ibid., 15 1.
（10） ネルウァの容貌についてはJulian Caes 311Aと硬貨、嘔吐についてはDio 68 1 3、飲酒についてはAur Vic 13 10.
（11） Mart 8 70 7-8.
（12） Suet Dom 1 1.
（13） Phil Apoll 8 25 1. 全般的に信頼性の低いフィロストラトゥスであるが、ここでは信用に足る記述をしているようだ。

第8章　皇帝の息子

（1） BMC III p. 3 16.
（2） Ibid., p. 21 115.
（3） Ibid., p. 4, 25ff.
（4） Tac Agric 2 3, 3 1.
（5） Pliny Ep 9 13.
（6） Pliny Ep 9 13 16.

(7) Ibid., 4 22 5.
(8) Ibid., 4 22 4-5.
(9) Dio 68 3 1.
(10) Dio 68 3 3-4, Ep de Caes 12 7-8.
(11) もし私の説がまちがっていて、トラヤヌスが上下ゲルマニアのどちらかの総督をしていたとしたら、勝利を手中にしたのは彼以外の誰かだったということになる。ただ、そうだとすると、Pliny Pan 7-8 2 の記述は辻褄の合わないものになってしまう。彼は、パンノニアの勝利は「常勝の統治者[すなわち、トラヤヌス]の出現」を示すものだった、と書いている。もしこれがトラヤヌスが戦って得た勝利でなかったとするなら、この記述は意味を失ってしまう。
(12) Dio 68 3 4.
(13) Homer Il 1 42.
(14) トラヤヌスの移動については、Bennett, pp. 44-50に従った。
(15) Pliny Pan 8 5.
(16) Ibid., 5 6.
(17) Tac Agric 44 5.
(18) Pliny Pan 7 6.
(19) Ep de Caes 12 3.
(20) Birley, p. 37. 一例しか確認されていない。
(21) 後年、ハドリアヌスがリメス重視の方針を形成していったことから、この時にひじょうに強い印象を受けたと推測される。
(22) HA Hadr 2 6.
(23) ラテン語は "*odium in eum movit*" ("he stirred anger against him").
(24) Pliny NH 31 17.
(25) コロニア・アグリッピネンシスへの競走についてはHA Hadr 2 6.

第9章　オプティムス・プリンケプス（至高の皇帝）

(1) Virg Aen 6 808-12.
(2) トラヤヌスがプロティナと結婚したのが78年で、彼女はローマのほとんどの少女たちと同様に婚姻時に13歳から15歳のあいだだったというBennett, p. 24に従う。
(3) Dio 68 5 1.
(4) Dio 68 5 2.
(5) Pliny Pan 67 8.
(6) Tac Agric 39 1.
(7) Dio Chrys 12 16-20.
(8) Dio 68 5 5.
(9) Pliny Pan 34 3-4.
(10) Ibid., 34 5.

(11)　Pliny Ep 3 18 4.
(12)　Ibid., 18 8.
(13)　Plin Pan 2 3-4.
(14)　HA Hadr 3 1.
(15)　Birley, p. 46.
(16)　Dio 69 1 2.
(17)　これは想像の域を出ないが、ハドリアヌスの生涯に関する記録はことごとく彼がそのような性的傾向をもっていたことを示している。
(18)　Aul Gell 10 10.
(19)　Opper, p. 204.
(20)　BBC *Panorama* interview with Diana Princess of Wales, November 21, 1995.〔『パノラマ：ウェールズ大公妃ダイアナへのインタビュー』〕

第10章　ドナウの彼方

(1)　Smallwood II 1 24-37.
(2)　*L'Année Épigraphique* 1973, 473.〔『ラネ・エピグラフィク』〕
(3)　JRS 63 (1973) pp. 80-81.
(4)　Dio 68 32 4-5.
(5)　Smallwood 378.
(6)　以下の段落におけるトラヤヌス記念柱の浮彫りの解釈については、Rossi, pp.130-212.に負う。
(7)　Pliny Ep 3 17 1-3. この手紙が第一次ダキア戦争中にセルウィアヌスにあてて書かれた可能性は、百パーセントとは言えないが、かなり高い。
(8)　慣例に従えば、彼らは執政官として、少なくとも就任時には、ローマに滞在したはずだ。トラヤヌスとともにいた可能性も否定できないが、ここではBennett, p. 93に従う。
(9)　Smallwood 109.「軍功による叙勲」はハドリアヌスが財務官になり、さらにはダキア遠征中にコメスになったことと関連している。
(10)　Rossi, pp. 79-80.
(11)　次の引用も含め、HA Hadr 3 2-3.
(12)　Ibid., 3 3.
(13)　Birley, p. 47.『ヒストリア・アウグスタ』には、法務官のあとで105年に護民官に就任したとするなど、年次に混乱が見られる。法務官に就任したのは護民官のあとのことだ。
(14)　HA Hadr 3 5.
(15)　Birley, p. 48.
(16)　Dio 68 9 3.
(17)　BMC III 191, 236, and 242.
(18)　Dio 68 9 5-6.

(19)　HA Hadr 14 8.
(20)　Pliny Ep 7 9 9.
(21)　Juv 1 79.
(22)　Lucr de Rerum Nat 1 139.
(23)　Pliny Ep 4 3 3. Homer *Iliad* 1 249も参照。
(24)　Apul Apol 11.
(25)　Pliny Ep 10 14.
(26)　どの文献にも明記されていないが、都市部担当の法務官しか競技会を主催できないので、この推測にまちがいはないだろう。『ヒストリア・アウグスタ』の記述が混乱しているため法務官になった年が正確にわからないが、ここはBirley, p. 47に同意する。
(27)　Dio 68 11 3.
(28)　Birley, p. 50ff.の説が現実的だと思われる。
(29)　Arrian Alex 7 26.
(30)　結局、(後述するように)おそらく最期の数時間をのぞいて、トラヤヌスはアレクサンドロスの足跡をたどることだけを考えていたのだろう。
(31)　HA Hadr 4 8. このエピソードがほんとうにあったとすれば、文脈からトラヤヌスの最晩年のことだということがわかる。自分が殺されたり重傷を負った場合にはあとを引き継ぐようにと、近くにいた将軍のプリスクスをトラヤヌスが指名していることから、ダキア戦争中の出来事だった可能性が高い。
(32)　ロンギヌスの話はDio 68 12 1-5.
(33)　Ibid., 68 12 5.
(34)　Ibid., 68 14 4-5.
(35)　Sherk 118 (Joannes Lydus De Mag 2 28). リュドゥスの数字は現実的ではないが、これは換算上の誤りであり、容易に修正し合理的な数字を割り出すことができる。
(36)　Sherk117. 写真はRossi, p. 228.
(37)　HA Hadr 3 6.

第11章　雌伏の時代

(1)　HA Hadr 3 9.
(2)　Ibid., 3 9.
(3)　Ep de Caes 42 21.
(4)　HA Hadr 3 9.
(5)　HA Hadr 3 10.
(6)　Dio 68 15 4-6.
(7)　Pliny Ep 4 30.
(8)　HA Hadr 3 10.

(9) Epit de Caes 13 6.

(10) 「三十軍団」というのは、トラヤヌスがおそらくはダキア戦争中に新たに二軍団を創設したあとの数字。

(11) Eutropius 8 4.

(12) 次の引用も含め、Dio 68 7 3.

(13) Digest 1 4 1Pr.

(14) Acts 25 11.

(15) Digest 48 19 5.

(16) Smallwood 98.

(17) Arrnn Marc 27 3 7.

(18) Pliny Ep 10 66など。

(19) 現在はパルマ国立考古学博物館に収蔵されている。

(20) CIL 1455 and 11.1147.

(21) CAH, vol. XI, p. 115は選考基準が貧困度だったという説に異議を唱えている。属州のローマ市民は数も少なく、有力な地方エリートだったが、イタリアではみながローマ市民だったから困窮市民も多かった。アリメンタ制度がそのような困窮市民の子たちを対象としなかったとしたら、どのような意味があっただろう？ Epit de Caes 12 4 は、選ばれた子どもたちはたいへん貧しく、大きな支援を必要としていたと述べている。

(22) Bennett, p. 83.

(23) Pliny Ep 9 37.

(24) RIC 11 278 no. 470.

(25) HA Hadr 3 11.

(26) Pliny Ep 10 115.

(27) Ibid., 10 113.

(28) Ibid., 10 96.

(29) Ibid., 10 97.

第12章　東方からの呼び声

(1) Pliny Ep 8 24 2.

(2) Pindar Dith 76 (46).

(3) ハドリアヌスがアルコンになったのが112年であることに基づいた推定。アテナイの年度は夏に始まり、夏に終わるので、111/112年度だった可能性もあるし、112/113年度だった可能性もある。しかし、パンアテナイ祭が行なわれたのが112年であることから、ハドリアヌスがアテナイに滞在したのは112/113年度だったと考えるのが妥当だろう。

(4) HA Hadr 16 10.

(5) この楽しい推測については、Birley, pp. 60-61.

(6) Epict 1 3 2.

（7） Ibid., 1 9 7.
（8） Ibid., 1 25 15-16.
（9） Ibid., 3 7 30-33.
（10） アテナイ憲法(55)には、アルコンは選挙後すぐに職務につかなければならないと明記してある。アテナイ人は保守的だったから、1世紀になってもこの旧来のしきたりを守っていたものと思われる。
（11） ラテン語の原文はEuphranorasとなっているが、Euphranorを指していると思われる。
（12） Ep de Caes 14 2.
（13） ハドリアヌスの容貌については、HA Hadr 26 1-2を参照のこと。彫像に見られる特徴も参考にした。
（14） Dio 69 2 6^2.
（15） Script Phys Vet 2 51f（Adamantius）.
（16） Suet Aug 79 2.
（17） Martial 12 59 4-5.
（18） Cic Att 1 16 11.
（19） HA Hadr 26 1.
（20） Epict 1 16 9.
（21） Ibid., 1 16 14.
（22） Birley, p. 61.
（23） Smallwood 44a.
（24） Plut Crass 24 2.
（25） Arrian Parth frag. 33.
（26） Dio 68 17 1.
（27） BMC III p. 108 531; p. 106 525; p. 101 500; p. 112 569ff.
（28） HA Hadr 4 1.
（29） Dio 69 1.
（30） Malalas 11 3-4.
（31） Dio 68 17 2-3.
（32） Ibid.
（33） ハドリアヌスの任務について詳細はわかっていない。しかし、パルティア遠征のための軍備を調える仕事が含まれていたことは想像に難くない。
（34） この時期のハドリアヌスの所在と行動についてはよくわかっていない。Malalas（11 3-4）には、まずアテナイを訪れ、それから東方に旅行する皇帝に同行したと書いてある。しかし、Dio（69 1）と HA（Hadr 4 1）を読むと、おそらく準備を任され、トラヤヌスよりも先にシリアに入ったようだ。
（35） Amm Marc 22 12 8. この記述には日付がないが、117年にハドリアヌスが短期間シリア総督をしていたときのことだと考えられる。
（36） Arrian Parth frag. 36.

（37） Anth Pal 6 332.

第13章　任務完了

（1） HA Hadr 4 2.

（2） アッティアヌスがトラヤヌスのプロフェクティオ（親征）に同行しているあいだ、同僚長官のセルウィウス・スルピキウス・シミリスがローマに残った。

（3） Martial 9 103.

（4） Dio 69 18 1.

（5） HA Hadr 4 3.

（6） Dio 68 16 2.

（7） Bennett, p. 192.

（8） Dio 68 21 1.

（9） Ibid., 68 18 1.

（10） Arrian Parth frags. 38-40.

（11） Dio 68 19 2-20 3.

（12） BMC III 103, 106.

（13） アルメニアとパルティアでの軍事作戦については、史料に乏しく時間的な経緯がはっきりしない。ディオ・カッシウスは114年と115年の戦闘を同一のものとしているようだが、ここではメソポタミアの軍事作戦を115年とするベネットの説に従う。それによると、アンティオキア地震は115年末か116年初頭、クテシフォンを占領したのは116年ということになる。

（14） Dio 68 21 3.

（15） Ibid., 68 23 1-2.

（16） 『ファスティ・オスティエンセス（公式行事年鑑）』参照。 Smallwood 23.

（17） Malalas 11 275 3-8は信頼性が低いかもしれない。Birley, p. 71で、正規執政官のペドは十二月のずっとまえに補充執政官に職を譲っているから地震は115年の1月に起きた、という説を述べている。しかし、マララスの記述を文字通り受けとる必要はない。その年に自分の名前がつけられる正規執政官であったペドを辞任後も「執政官」と呼ぶことはありうるからだ.

（18） Dio 68 24 6.

（19） Ibid., 68 26 1.

（20） Ibid., 68 26 4[2].

（21） BMC III 606など。

（22） Fronto Princ Hist 16.

（23） ローマ帝国のアッシリア属州の場所については議論がある。南部のクテシフォンが占領される前の年に、歴史的にアッシリアと呼ばれていた地域が間違ってメソポタミアという名前にされた。そして、当時メソポタミアはユーフラテス川とティグリス川の北部に広がる地域を指す地名として定着してい

たが、そのメソポタミアのほうが後年アッシリアと呼ばれるようになった、という可能性が考えられる。ストラボンは今日メソポタミアと呼ばれている地域がアッシリアだと思っていたようだ。近年、アッシリアはティグリスの東岸沿いにあったとする学説も発表されている。

(24) Arrian Parth frag. 67.
(29) Ibid.
(26) Dio 68 29 1.
(27) Ibid., 68 29 2.
(28) Ibid., 68 32 1-2.
(29) Sherk 129 E.
(30) Ibid., F.
(31) Euseb Ch Hist 4 2 5.
(32) Dio 68 30 3.
(33) BMC III p. 223 no. 1045.
(34) Malalas 11 274 11-13.

第14章　四人の執政官経験者たち

(1) Dio 69 1 1. この部分には日付が入っていないが、文脈からこの時のことであることがわかる。
(2) Sherk 128.
(3) Aur Vic 14 9, 10.
(4) HA Hadr 4 5.
(5) Dio 68 33 2.
(6) Bennett, p. 201.
(7) Dio 68 33 2.
(8) Ibid., 69 17 3. 抜粋のひとつが誤ってハドリアヌスのものとして伝えられている。
(9) Ibid., 69 1 3.
(10) BMC III, p. 124とGalimberti, p. 19は臨終に際して虚偽の養子縁組をしたという話が真実ではなく、トラヤヌスは死へのカウントダウンが始まるずっとまえの117年にハドリアヌスを養子にしていたとし、この硬貨がその証拠であると主張している。しかし、当時の作家がいくらハドリアヌスに反感を抱いていたとはいえ、みなが嘘だとわかるような話をでっちあげたりはしないだろう。また、ディオ・カッシウスが書いている自分の父親の話も真実味を帯びている。ただ、この硬貨の問題はどうもすっきりしないので、納得のいく解を求めて研究を深めたい。
(11) Aur Vic 13 21.
(12) Dio 69 2 1; and HA Hadr 14 3. ディオ・カッシウスは夢の話としているが、『ヒストリア・アウグスタ』にははっきりと現実の話だと書いてある。これは

別々の出来事ではなく、ひとつのエピソードの異なるバージョンだろう。
(13) Smallwood 176.
(14) HA Hadr 6 1-2.
(15) BMC III, p. 236 1.
(16) Ibid., p. 245, 48 and 49.
(17) Ibid.,p. 278 312.
(18) Ibid., p. 246.
(19) Ibid., p. 124.
(20) HA Hadr 5 5.
(21) Dio 69 2 4.
(22) 海路を選んだというのは私の個人的な想像で、一行がアンティオキアまで陸路を行った可能性もある。その場合、一週間以上もかけて悪路を進むきわめて困難な旅になったはずだ。
(23) Oliver, pp. 154-56.
(24) Amm Marc 22 12 8.
(25) HA Hadr 5 2.
(26) App Civ War pref. 7.
(27) Tac Ann 1 11.
(28) HA Hadr 5 l.
(29) Ibid., 5 3. ひじょうに簡潔なラテン語の原文を解釈すると、こうなる。
(30) 一部の現代の研究者はハドリアヌスがほんとうにインペリウム・シネ・フィネ(限りのない帝国)の拡大主義を放棄したのだろうか、と疑問に思っている。しかし、ハドリアヌスやその後継者たちの行動を見、また広大な帝国を統治する実際上の難しさを考えるとハドリアヌスが戦略変更をしたことはまちがいないと思われる。そこまでの確信をもっていない Opper, chapter 2, と、CAH chapter 8 のたいへん優れた考察も参照のこと。
(31) Florus Ep 1 8.
(32) POxy 3781.
(33) Gray, pp. 25-28 に従う。
(34) Brunt, p. 335 に詳しい説明がある。
(35) Marc Aur 8 25.
(36) この部分は『パウロとアントニヌスの言行録』と呼ばれるパピルスの断片に基づいている。この文献は民族主義的な性格をもち、半分はフィクションなのだが、そのようなフィクションが生まれた背景を想像することは可能だ。描かれているエピソードはおそらくこの時、エジプトにおいて起きたものだろう。もちろん、後日、別の場所で起きた可能性は否定できない。ユダヤ人による反乱が終わったあとの混乱が長引いていることにローマは無関心だった。
(37) HA Hadr 5 8.
(38) Syb 5 65-69. 引用はギリシア語の六歩格詩で書かれた『シビュラの託宣』

からとったもの。前2世紀から6世紀にかけて作られた詩には、何世紀ものあいだに大幅な修正、加筆がなされている。本物の『シビュラの託宣』は共和政期のローマが所有していたが、前83年に火事により消失した。伝存するテキストは、ローマ帝国に対するユダヤ教徒やキリスト教徒の敵意を色濃く反映している

(39) この部分は推測ではあるが、かなり確度は高い。サルミゼゲトゥサで発見された碑文からニグリヌスがダキア総督だったことはわかっている(Smallwood 192)が、それがいつだったのかは不明。この問題については、Birley, p. 86を参照のこと。

(40) Birley, p. 86はこのように推測している。もちろん、黒海沿岸にはローマの属王国が多数あったので、寄贈したのは誰かほかの属王だった可能性もある。

(41) 次の引用も含めて、Fronto Princ Hist 10.

(42) マルクス・アウレリウスの共同皇帝、ルキウス・ウェルスのこと。Galimberti, p. 99.

(43) Pliny Ep 5 13 6.

(44) Dio 69 2 5.

(45) HA Hadr 7 1.

(46) Dio 69 2 5.

(47) Aur Vic 13 5-6.

(48) Speidel pp. 47-48. ダキアの祭壇がケルトの神々に捧げられていることから「ゲルマニア生まれ」であることがわかる。身辺警護には通常ゲルマニア系の兵士たちがあたった。

(49) Smallwood 192 and 332.

(50) Tac Ann 16 16.

第15章　ローマへの道

(1) Tac Germ 29 2.

(2) Smallwood 336 1-5 (エヴァリット訳).

(3) Ibid., 7, 11.

(4) Dio 69 22 2.

(5) Ibid., 69 2 6.

(6) HA Hadr 7 4.

(7) BMC III p. 271 no. 252.

(8) HA Hadr 9 3.

(9) Suet Aug 32 2.

(10) Smallwood 64a.

(11) ダービシャー(イギリス)のチャッツワース館　収蔵番号A 59。

(12) Smallwood 64b.

(13) HA Hadr 7 5.

（14） Ibid., 6 5.
（15） BMC III p. 402 nos. 1125, 1126, and 1127.
（16） Juv 10 78-81.
（17） Smallwood 11 6, February 26 p. 20.
（18） 便宜上ここで言及したが、この要請がいつなされたものかは不明。
（19） BMC III p. 395 no. 1094.
（20） Suet Aug 7 1.
（21） Ibid., 53 3.
（22） HA Hadr 9 7-8.
（23） Dio 69 6 1-2.
（24） p.140参照。
（25） Florus Ep 1 2.
（26） Aur Vic 14 2-3; 原文はingenuarum artium。直訳すれば「自由な芸術」であるが、ここでは「美術」と訳した。
（27） Green, p. 164.
（28） BMC III p. 281 no. 332.
（29） HA Hadr 19 5.
（30） Smallwood II 7 4-9（p. 23）.
（31） Ibid., 114 4（p. 56）.
（32） Juv 7 1-4, 17, 20-21.
（33） Juv 3 4.
（34） Ibid., 3 191.
（35） Ibid., 192-97.
（36） Ibid., 232, 236-38.
（37） Ibid., 282-88.
（38） Ibid., 301.
（39） Ibid., 64-65.
（40） Ibid., 302-5.
（41） Opper, pp. 110-25.
（42） Strabo 5 4 3.
（43） Tac Ann 4 57 and 58.
（44） HA Hadr 9 6.
（45） CIL X 4574, 6652, and ILS 843.
（46） Strabo 5 4 7.
（47） HA Hadr 19 1.
（48） Petr 48.

第16章　旅人

（1） Dio 69 10 1.

（2） HA Hadr 10 1.
（3） BMC III p. 350f, 521f.
（4） HA Hadr 10 2 には、ハドリアヌスがスキピオ・アエミリアヌスとメテルスに対して深い尊敬の念を抱いていたとある。この情報はマリウス・マクシムス経由で伝わったハドリアヌスの消失した自伝から来ているはずだ。この二人の将軍の話をハドリアヌスは若いときに知ったにちがいない。
（5） App Pun 132.
（6） Homer *Iliad* 6 448-449.
（7） App Iberica 85.
（8） Sen Ep 21 10.
（9） Dio Laer Eprcurus 10 22.
（10） Oliver, pp. 174ff.; Smallwood 442.
（11） Smallwood 442.
（12） Ibid.
（13） HA Hadr 10 3.
（14） Veg 1 8.
（15） Arr Tact 32 3.
（16） HA Hadr 10 2.
（17） Ibid., Io 5.
（18） Dio 69 9 2.
（19） HA Hadr 10 4.
（20） Ibid., 10 6.
（21） Digest 49 16 6-7, and 48 3 12.
（22） Smallwood 333.
（23） HA Hadr 12 6.
（24） Ael Arist Rom 82.

第 17 章　辺境

（1） Birley Vind p. 50.
（2） Bowman p. 103, TVII 164.
（3） Bowman, p. 135.
（4） Ibid., p. 129.
（5） Birley Vind p. 76.
（6） Bowman, pp. 141-42.
（7） Birley Vind p. 76.
（8） Smallwood 347.
（9） Justin Apol App.
（10） Ibid.
（11） Ibid.

(12)　TVII 154(Bowman, pp. 101-2参照).
(13)　HA Hadr 11 2.
(14)　Birley Vind p. 97.
(15)　Fronto Ad L Ver 19.
(16)　TVII 344(Bowman, pp. 146-47参照、ただし翻訳が異なっているので注意). この手紙が属州総督あてだった可能性もあるが、「陛下」という単語が使用されている(ここでは引用されていない)ことからハドリアヌスにあてて書かれたことが推測される。
(17)　この逸話はHA Hadr 11 6-7より。
(18)　HA Hadr 11 3. 原文のiniussu eiusは「彼の同意なしに」という意味だが、最近の校訂にはin usu eiusとするものもある。これは「彼女とのかかわりで」という意味で、その前に出てくるapud、すなわち「〜がいるところで」と重複するような気がするので、ここでは前者をとる。
(19)　Epit de Caes 14 8.
(20)　HA Hadr 11 2.
(21)　Sherk 141. 118年と119年、ハドリアヌスは執政官だった。

第18章　最後の別れ

(1)　HA Hadr 16 3-4. これは *ego nolo Caesar esse /ambulare per Britannos / [latitare per Germanos] / Scythicas pati pruinas* と *ego nolo Florus esse / ambulare per tabernas / latitare per popinas / culices pati rotundos.* を訳したものだ。最初の詩の三行目が抜けているが、皇帝の詩と即位以降の旅程から「ゲルマニアでは右往左往」という内容を補うことが可能。
(2)　MLP Florus 3. ラテン語の原文は : *Mulier intra pectus omnis celat virus pestilens; /dulce de labris loquuntur, corde vivunt noxio.*
(3)　Dio 69 10 3.
(4)　Ibid.
(5)　Ibid., 3^2.
(6)　Ibid.
(7)　Ibid., 69 10 2.
(8)　MLP Hadr 4. 次の引用も含む。ラテン語の原文は：*Borysthenes Alanus, / Caesareus veredus, / per aequor et paludes / et tumulos Etruscos / volare qui solebat /... die sua peremptus / hic situs est in agro.* アラン人はイラン系遊牧民族。ボリュステネスはアラン人によって飼養されていた。
(9)　HA Hadr 20 13.
(10)　Mart 1 49 23-30.
(11)　Sherk 180, CIL II 4332.
(12)　HA Hadr 12 5.
(13)　Dio 69 10 1.

（14） ウェスティヌスがハドリアヌスの文書局長になったことはわかっているが、スエトニウスの後任だったかどうかは不明。
（15） Birley, p. 153. Malalas 278f.
（16） Birley p. 153, Suda sv Jovianus.
（17） HA Hadr 12 8.
（18） BMC III p. 425 no. 1259ff., pp. 434-35 no. 1312ff.
（19） Ibid., p. 254 no. 100, p. 437 no. 1335.
（20） Macr 1 9 13.
（21） Xen Anab 4 7.
（22） Diod 14 29 4.
（23） Arrian Peri 1 3-4.
（24） Pliny Ep 10 98 1.
（25） Ibid.
（26） Syncellus Chron p. 659 7-8.

第19章　ビテュニアの少年

（1） Pliny Ep 39 5-6.
（2） Smallwood 165, line 5.
（3） 胸像はミュンヘン彫刻館収蔵番号ＧＬ286、頭部像は大英博物館収蔵番号1900。若いときの肖像は死後に彫られた可能性あり。あるいは若いときのものを模刻したものかもしれない。死後に彫られたものであったとしても、アンティノウスの同時代人たちの抱いていたイメージに合致しているはずだ。
（4） ローマのトンドとコンスタンティヌス凱旋門。
（5） Paus 8 8 4-5. アンティノウスの死後、マンティネイアではアンティノウス信仰が確立した。だから、たとえ誤解があったにしても、関連があったことはまちがいない。
（6） Jer de vir ill 22.
（7） Plaut Curc 33-38.
（8） Strabo 10 4 21.
（9） Plato Symp 181 D.
（10） Plut Mor 751a.
（11） Cic Tusc 4 33 70.
（12） Mart 7 70.
（13） Book 12, Anth Pal.
（14） Juv 9 46-47.
（15） Aur Vic 14 7.
（16） Ep de Caes 14 4 5.
（17） Ibid.
（18） パエドゴギウムの所在地をパラティヌスの丘とするのが従来の学説で、

私もこれに従う。しかし、カエリウスの丘とする説もある。どちらの丘にも二つの独立した類似の施設か関連施設があったのだろう。パエドゴギウムについては、Clarence A. Forbes, "Supplementary Paper: The Education and Training of Slaves in Antiquity〔『古代における奴隷の教育と訓練』〕," *American Philological Association* 86（1955）, 321-60; また、Lambert, pp. 61-63も参考にした。

（19） ILS 1831.「われらがカエサルの少年奴隷たちのパエドゴグス」の未亡人はウルピア・ヘルピスという名だ。この名前はトラヤヌスから自由を与えられたことを示唆している。だから、ガニュメデスはトラヤヌスの即位以降、おそらくハドリアヌスの治世中に死んだのだろう。

（20） Colum 1 praef. 5.

（21） Juv 5 121-22.

（22） パエドゴギウムは長期間存続した。これらの落書きは１世紀から３世紀のあいだに書かれたものだ。

（23） Philo Her 1 2; 同時期に墓の修理が二回必要になったということでなければ、Paus 1 35 3の記述はハドリアヌスの訪問を扱ったものにちがいない。

（24） HA Hadr 20 13.

（25） Philo v. Soph 1 25 3.

（26） ポレモン『デ・フィシオグノミア』のこと。

（27） Pol Physio（ed. G. Hoffmann, in R. Forster, *Scriptores Physiognomici* I, pp. 138ff.）; 以下の引用も同じ。 Birley, pp. 164-66も参照。

（28） Oliver, pp. 201-4.

（29） Dio 69 6 3.

（30） Galen, *The Diseases of the Mind*, 4.〔ガレノス『精神の病』〕

（31） Pliny Ep 10 41 5.

（32） Dio 70 4 2.

（33） Smallwood 72b.

（34） Malalas, p. 279.

（35） Digest Constitution "Tanta ..." 18.

（36） Jer Chron 280-81.

第20章　ギリシアの島々

（1） 秘儀に関しては、おもにBurkertに負う。とりわけpp. 285-90が参考になった。儀式でどのようなことが行なわれたかについては多くの説があるが、ここでは保守的な考え方をとった。儀式の前半は小秘儀と呼ばれ、この段階で入信者たちは浄化される。通常は3月に行なわれるが、3月以外に行なわれることもある。皇帝が入信するときには、特別な配慮がなされたにちがいない。ハドリアヌスは前回のアテナイ訪問時には入信しなかったようだ。

（2） 伝説では秘儀は前1500年に始まったことになっている。その人気は長いこと続いた。ピーター・レヴィは「エレウシスでは1801年の時点でも、デメテ

ルは信仰されていた。唯一残っていた、キスタ(古代ギリシアの聖器箱)を運ぶ2トンもあるデメテル像がケンブリッジのE・D・クラーク教授によって内廊から盗まれたとき、訪問者たちは恐怖におののいた。一頭の牡牛が駆け込んできて何度も像に体当たりし、咆哮をあげながら走り去った。人々はクラークの船が難破するだろうと予言した。船はビーチー岬沖で難破したが、像は現在ケンブリッジにある」と書いている Paus vol. 1, book 1, note 231.

(3) Cic Leg 2 14 36.

(4) HA Hadr 13 2.

(5) Clem 2 176-77.

(6) Jer Chron 280-81.

(7) Smallwood 71a.

(8) IG $2^{2\,2958}$.

(9) エレウシス訪問中に皇帝は魚が適正販売されていないことに気がついた、と想像できるが、これはあくまでも想像だ。

(10) Oliver, pp. 193-95.

(11) Birley, pp. 177-182.

(12) Paus 2 17 6.

(13) IG VII 70-72, 3491.

(14) Paus 1 36 3.

(15) Ibid., 8 11 7-8.

(16) Xen Anab 5 3 9-10.

(17) Dio 69 16 1.

(18) Pliny Ep 8 24.

(19) Plut Mor 814-15.

(20) Paus 1 18 9.

(21) CIG 1713.

(22) Plut Mor 748-49.

(23) IG 7 1828.

(24) Plut Mor 764-65.

第21章　ホームとアウェー

(1) HA Hadr 13 3.

(2) M. Coltelli, P. Del Carlo, and L. Vezzoli, "Discovery of a Plinian basaltic eruption of Roman age at Etna Volcano, Italy〔『古代ローマ期イタリア・エトナ火山のプリニウス型玄武岩性噴火の発見』〕," *Geology* 26 (1998), 1095-98.

(3) CIL 14 3911.

(4) *Mart* 12 57 21.

(5) HA Hadr 26 5.

(6) Oliver, p. 74 bis.

(7) MacDonald, pp. 162ff.

(8) Fronto de fer Als 4.

(9) ハドリアヌスはシュラクサイのディオニュシウス一世の、運河で隔絶された宮殿とヘロディオン(ヘロデ大王の円形要塞宮殿)に影響を受けたのかもしれない。

(10) ディオ・カッシウスの記述だと、これより6歳若くなる。ある古代のホロスコープによると113年生まれ。このホロスコープはほぼ同時代のものなので(死の直後、まだ彼の存在が記憶に新しかったときに出版されたようだ)、こちらのほうが正確だと思われる。

(11) ILS 5173. ある碑に刻まれていたおかげで生き残ることができた。*Zeitschrift für Papyrologie und Epigraphik* 60 (1985) 159ff. にエドワード・チャンプリンのすばらしい考察がある

(12) Marc Aur 1 1.

(13) Ibid., 13.

(14) HA Marc 2 1.

(15) Ibid., 4 1.

(16) CCAG 8, 2 p. 85, 18 to p. 86, 12.

(17) Smallwood 24 16.

(18) BMC III 476 etc.

(19) Ibid., 486.

(20) Ep de Caes 14 9.

(21) HA Hadr 22 14.

(22) Smallwood 464, col. II 4-5.

(23) Birley, pp. 209-10参照。

(24) CIL 8 2609-10.

(25) 以下の引用も含め、Sherk 148.

第22章　どこに行ってしまったのだ、わが愛する人よ

(1) BMC III p. 395.

(2) Thuc 1 139.

(3) Plut Per 17.

(4) ハドリアヌスのパンヘレニオン(全ギリシア会議)については、A.J. Spawforth and Susan Walker "The World of the Panhellenion: I. Athens and Eleusis," *The Journal of Roman Studies* 75 (1985)を参照のこと。

(5) Arafat, p. 30.

(6) 場所については議論がある。ここではCamp, p. 203に従う。

(7) IG 11² 518 5.

(8) HA Hadr 13 10.

(9) Epit de Caes 14 10.

（10） HA Hadr 13 9, 17 11-12 and 21 13.
（11） Phil 3 2-3.
（12） Birley, p. 233.
（13） Epiph 14.
（14） ハドリアヌスのアドウェントゥスを祝うアレクサンドリア硬貨は130年8月28日が最終日である治世14年目に発行された。Birley, p. 237.
（15） Plut Pomp 77 4.
（16） App Civil War 2 86.
（17） Jer Chron 197.
（18） Phil v. Soph 1 22 3.
（19） HA Hadr 20 2.
（20） HA Hadr 15 10-11.
（21） Dio 69 3 5.
（22） HA Hadr 16 2.
（23） Ibid., 15 13.
（24） Strabo 17 1 17.
（25） Ibid., 17 16.
（26） MS Gr Class d 113（P）, Bodleian Library, Oxford.
（27） Birley, p. 246.
（28） Lucian Philospeud 34f.
（29） Strabo 17 1 29.
（30） Betz, pp. 82ff.
（31） この記述についてはLanrbert, p. 127参照。
（32） HA Hadr 14 5.
（33） Ibid.
（34） Laszlo Kakosy, "The Nile, Euthenia, and the Nymphs〔『ナイル、エウテニア、そしてニュムペーたち』〕," *Journal of Egyptian Archaeology* 68（1982）, 295.
（35） Dio 69 11 2.
（36） Aur Vic 14 9-10.
（37） HA Hadr 14 6.
（38） Aur Vic 14 8.
（39） p. 333参照。
（40） Eur Alc 13-18.
（41） Arrian Peri 23 4.
（42） Hor Epo 5.
（43） BMC III p. 318, no. 603. 裏面にはトラヤヌスとプロティナの頭部像が刻まれているため、養子縁組の正当性をアピールするものだとする解釈もある。
（44） Lambert, p. 198.
（45） ティブルのアンティノエイオンについては、『アメリカ考古学ジャーナ

ル』第3号1（2007年1月）に発表されたザッカリア・マリ、セルジョ・スガランブロ『ハドリアヌスのウィッラのアンティノエイオン：解釈と建築学的再構築』に負う。レンガに刻印された日付から、建設工事が130年の直後に始まったことがわかる。現場の発掘は1998年に始まった。

（46） Ibid., p. 99.

（47） Origen 3 36.

（48） Opper p. 190.

（49） Paus 8 9 7.

（50） Dio 69 11 4.

（51） 本書執筆時でhttp://antinous.wai-lung.com/, http://www.antinopolis.org/, http://www.sacredantinous.com/〔ゲイ・アダルト系〕など。

第23章 「やつの骨が腐らんことを！」

（1） Paus 1 42 3.

（2） Bernand *Les inscriptions grecques et latines du Colosse de Memnon.*〔『メムノンの巨像に関するギリシア語とラテン語の銘』〕

（3） Smallwood 445.

（4） Jos AJ 12 5 1.

（5） Tac His 5 8.

（6） Dio 69 12 2.

（7） Ibid.

（8） Ibid 69 12 3.

（9） Numbers 24 17.〔「民数記」〕

（10） Midrash Rabbah *Lamentations* 2 2-4.〔『ミドラシュ・ラバ：哀歌』〕

（11） Dio 69 13 1-2.

（12） Fronto de bell Parth 2.

（13） Dio 69 14 3.

（14） Ibid., 13 2.

（15） ローマ側の反応についてはEckに従った。

（16） Sherk 151 Eなど。

（17） Ibid., 151 C.

（18） Yadin Bar-K, p. 128.

（19） Ibid., p. 126.

（20） Justin First Apol 31 5-6.

（21） Jer Chron p. 283.

（22） Ezra 13 9-11.〔『エズラ記』〕

（23） Jer Contra Ruf.

（24） Euseb Ch Hist 4 6 1.

（25） Birley, p. 273を参照。

(26)　Midrash Rabbah *Lamentations* 2 4.〔『ミドラシュ・ラバ：哀歌』〕
(27)　Yadin Bar-K, p. 133.
(28)　Jer In Esaiam 2 12 17.
(29)　Yadin Bar-K, p. 139.
(30)　Euseb Ch Hist 4 6 3.
(31)　Midrash Rabbah *Lamentations* 2 2-4.〔『ミドラシュ・ラバ：哀歌』〕
(32)　Euseb Ch Hist 4 6 4.
(33)　Jer In Esaiam 1 2 9.
(34)　Jer Chron p. 283.
(35)　Midrash Rabbah *Genesis* 78 1.〔『ミドラシュ・ラバ：創世記』〕など。

第24章　もはや冗談を言うこともない

(1)　Arr Alan.
(2)　BMC III p. 325f, p. 329.
(3)　Marc Aur 1 4.
(4)　Ibid., 1 5.
(5)　Ibid., 1 6.
(6)　Ibid.
(7)　ローマ・カピトリーノ美術館、収蔵番号MC279。
(8)　Dio 69 4 2. 原文は正確には「おまえのヒョウタンを描く仕事に戻りなさい」。ヒョウタンは当時さかんに造られていた丸屋根のことを指す。
(9)　Ibid., 4 4-5.
(10)　Opper, pp. 208f以下に詳しい説明あり。
(11)　H. Meyer, *Der Obelisk des Antinoos: Eine kommentierte Edition*〔『アンティノウスのオベリスクについて』〕, Munich, 1994.
(12)　胸像はクレタ島ハニア考古学博物館に収蔵されている。口絵写真参照。
(13)　Dio 69 18 3.
(14)　HA Hadr 23 4.
(15)　Dio 18 1-2.
(16)　ペダニウス・フスクスの陰謀に巻き込まれた可能性あり。次注参照。
(17)　HA Ael 5 3 and 9.『ヒストリア・アウグスタ：アエリウス・カエサル』はかなりの部分がフィクションだが、この段落にある引用は信憑性が高い。
(18)　HA Hadr 23 10.
(19)　HA Ael 5 3.
(20)　Fronto, *On Love*〔『愛について』〕, 5; Marc Aur to Fronto 1〔『マルクス・アウレリウスからフロントへの書簡』〕, Epist Graecae 7〔『ギリシア書簡集』〕.
(21)　ペダニウスが政権転覆をはかったのは養子縁組が公表されるまえだった可能性もある。『ヒストリア・アウグスタ』にはそのように記されている。
(22)　CCAG No. L 76, 90-91.

(23) Sherk 159.
(24) HA Hadr 23 8.
(25) Ibid., 8-9.
(26) Dio 69 17 2.
(27) HA Hadr 23.
(28) Eprt de Caes 14 9.
(29) Ibid., 14 8.
(30) Smallwood 145 b.
(31) HA Hadr 23 9.
(32) HA Marc 4 9-10.
(33) HA Ael 3 6.
(34) HA Hadr 23 11.
(35) Dio 69 20 2.
(36) Pliny Ep 4 3 1.
(37) HA Hadr 26 10.
(38) Ibid., 24 11.
(39) Dio 69 22 1.
(40) ハドリアヌスの何体かの胸像に確認できる耳たぶに刻まれた斜めのしわは心臓病に罹っていることを示唆しているという意見(たとえばOpper pp. 57-59)に、フィリップ・ヘイワードによると、現代の心臓病専門医たちは同意しない(謝辞を参照のこと)。
(41) Dio 69 22 2.
(42) HA Hadr 24 12-13.
(43) Ep de Caes 14 12.
(44) Smallwood 123.
(45) ハドリアヌスの詩の三行目と四行目はエンニウスの "*pallida leto, nubila tenebris loca.*(黒雲におおわれし、死の蒼白)" という地下世界を髣髴とさせる。
(46) HA Hadr 25 9.
(47) Dio 69 22 4.

第25章 戦争と平和

(1) Smallwood 454b 7-8.
(2) Dio 69 23 2.
(3) Arr Tact 44 3.
(4) T. Bergk Terpander, *Poetae Lyrici Graeci*, 4th ed., Leipzig, iii 12 frag 6. 〔『テルパンドロス　ギリシア抒情詩』〕
(5) この雅趣あふれる考察については、Alexander, p. 175に負う。
(6) HA Ant 5 1. HA Hadr 27 3には「アントニヌスが[ハドリアヌスのために]プテオリに墓代わりの神殿を建てた」という記述があるので、『ヒストリア・アウ

グスタ』には惑わされる。ローマに完成間近の廟があるのに、どうして新たな建物を建造する必要があったのか？　おそらく、ハドリアヌスに敬意を表すための神殿を建てたのだろう。

（7） Opper, pp. 209-10; アウグストゥスの神格化については、Suet Aug 100; コンモドゥス後のふたりの皇帝、ペルティナクスとセプティミウス・セウェルスについては、Dio 75 4-5 と Herodian 4 2.

（8） Tert Apol 5.

（9） Ep de Caes 14 6.

（10） Marc Aur 8 5.

（11） Fronto ad M Caes 2 1.

（12） Marc Aur 8 25.

（13） Ibid., 8 37.

（14） Dio 69 9 4.

（15） Ael Arist Rom 59-60.

（16） Pliny NH 27 3.

（17） Ael Arist Rom 70.

（18） Ibid., 33.

参考文献

＊本文中に引用のあるものの邦訳については、「引用典拠と注記」の文献略語表を参照。
なお、英語を母語とする読者を対象にした記述は、著者の了承を得て割愛した。

古代の歴史書

ハドリアヌスの伝記作家にとって最も厄介な問題は、主要文献が多くの欠陥を含んでいるということだ。

その際たるものが *Historia Augusta*。本来のタイトルは『さまざまな書き手によって書かれた神帝ハドリアヌスからヌメリアヌスまでのさまざまな皇帝と独裁者の生涯』というもので、六人の著者の名前が記されている。多くの点が、四世紀初頭、ディオクレティアヌスの退位からコンスタンティウスの死までのあいだに書かれたことを示唆している。しかし、この年代推定に矛盾する記述やアナクロニズムも見られる。

この謎を解いたのは19世紀のドイツの研究者だった。彼は、作者は実はひとりで、四世紀初頭という従来の推定よりも1世紀近くのちに書かれたものであると断定した。

『ヒストリア・アウグスタ』の不可解な点は作者問題にとどまらない。歴史的事実と空想を混ぜたり、偽文献を引用したりと、テキスト自体が虚偽に満ちている。幸いなことに、巻頭を飾るハドリアヌスの生涯についての部分にはあまり虚偽の記述は見られないが、彼の養子であるアエリウス・カエサルについての短い文章や、ほかの多くの人物についての記述はこの根源的な問題を抱えている。

『ヒストリア・アウグスタ』の作者が誰で、執筆時に何を考えていたのか、これは永遠に知ることはできないだろう。もしかしたら、仲間うちで楽しむために悪戯で書いたのかもしれない。

ハドリアヌスの生涯についての記述にはあまり空想が含まれてはいないが、歴史書としての質は低い。スエトニウスの *De vita Caesarum* の文体を模して書かれているが、不器用なつぎはぎで、書き方も単調だ。出来事の順番や日付を整理するのが難しい箇所もあり、それぞれの事件についての記述も曖昧で短い。

これらの問題に目をつむれば、『ヒストリア・アウグスタ』には、基本的に他の文献の記述と一致し、しばしば裏づけとなる多くの有用な情報が含まれている。

対照的に、ディオ・カッシウスの *Historia Romana* は退屈ではあるが正確な著作だ。2世紀から3世紀にかけて活躍したローマ帝国の代表的な政治家で、かつては執政官や属州総督も経験したことのあるディオは、トロイア陥落後、

ラティウムに上陸したトロイア王子アエネアスから229年までのローマの歴史を80巻の著作に記した。彼の場合の問題は、ハドリアヌスの時代に起きたすべての事件の記述を含め、著作の大部分が断片でしか伝わっていないことだ。11世紀の修道士ヨハネス・クシリフィヌスによる要約もあるが、あまり正確ではない。

4世紀に書かれたふたつの著作（ひとつはアエリウス・ウィクトル作とされるもの、もうひとつは作者不明）は皇帝たちの短い伝記だ。短いと言っても、それなりの分量があり、注意深く扱えば役に立つ。とりわけキリスト教やユダヤ教にかかわることについては、ヒエロニムスやエウセビオスなどのキリスト教作家の著作から断片的な情報を得ることができる。

陰に隠れて見えないが、ふたつの失われた著作が大部分の伝存する文献を支えている。最晩年の数か月のあいだに書かれたハドリアヌスの自伝と、マリウス・マクシムスがスエトニウスを引き継いで書いた *Caesares* だ。マクシムスはディオ・カッシウスと同様にセウェルス朝の有力元老院議員で、執筆時期は3世紀初頭。歴史家としての資質については議論があるが、多作で、ディオ・カッシウスにも『ヒストリア・アウグスタ』にも影響を与えたとされている。

ハドリアヌスの同時代の作家たちのほとんどは彼について特段の記述を残していない。しかし、彼が生きた時代の背景については多くを教えてくれる。彼は幼少期と十代をフラウィウス朝期に過ごしたから、この部分はスエトニウスの『皇帝伝』のウェスパシアヌス、ティトゥス、ドミティアヌスの巻でカバーできる。ストア派抵抗勢力とかかわりがあった穏健思想の元老院議員、小プリニウスの書簡は評価不可能なほど貴重なもので、ネルウァとトラヤヌスが、疎遠になっていたローマの支配階級との協調をいかにして築くに至ったかを教えてくれる。この協調をハドリアヌスは皇帝として保証はしたが、同時に締めつけも強化したのだった。

偉大な歴史家、タキトゥスによる *Historiae* はネロの失脚と“四皇帝の年”からドミティアヌスの死までの時代を扱っている。唯一残ったのが最初の4巻と5巻の一部だったというのは不幸中の幸いだった。というのも、前1世紀の内戦以降、ローマが直面した最大の危機である“四皇帝の年”についての記述が含まれているからだ。この事件はその後長きにわたって帝国の政治家たちを苦しめつづけ、支配階級の人々はこのような不幸を二度と繰り返さないよう心を砕いた。タキトゥスの *Agricola* はドミティアヌスについて知るにはきわめて有用だ。*Germania* と合わせ読めば、北ヨーロッパの部族民に対するローマの姿勢が理解できる。アウグストゥスの死後のユリウス・クラウディウス朝期をカバーする *Annales* には、後代の出来事をほのめかす記述もときおり見られる。

さまざまな分野の専門家の著作も当時の様子を教えてくれる。たとえば、偉大な伝記作家・随筆家のプルタルコス。ハドリアヌスの友人にして、軍人でもあり行政官でもあったアッリアノス。彼は狩猟や軍事やエピクテトスの哲学について著述したが、いずれのテーマも皇帝が好んだものだ。ドミティアヌスへ

のごますりを感じさせる詩人たち、マルティアリスとスタティウス。ローマの堕落を辛辣に批判したユウェナリス。攻城機についての参考書を書いた工学技師・建築家のアポッロドルス。自分が読んだり聞いたりした話のなかから、ためになる話やおもしろい話を記録したアウルス・ゲッリウス。Βίοι σοφιστών（ソフィスト列伝）を書いたフィロストラトゥス。同性愛エロス文学の韻文家、ストラトン。三人の雄弁家——ディオ・クリュソストモス、病身のアエリウス・アリスティデス、そして芝居がかったポレモン。史上初のガイドブック、Ελλάδος περιήγησις（ギリシア案内記）の著者、パウサニアス。魔術的リアリズムのストーリーテラー、アプレイウス。小プリニウスの書簡はローマの上流階級の価値観を描き出している。ハドリアヌスと政府の中枢を担う彼の仲間たちはこの価値観から生まれ出たのだった。マルクス・アウレリウスの Τὰ εἰς ἑαυτόν（自省録）からは、ハドリアヌスが最終的に自分の帝位継承者として選び出した人物がどのような少年だったのかがわかる。マルクスの師であるフロントはハドリアヌスの同時代の評価についてひとつの見識を提供してくれる。ストラボンの Γεωγραφικά（ギリシア・ローマ世界地誌）はアウグストゥスの時代に書かれたものであるが、地理情報の宝庫だ。

主要文献（紙の史料）が深刻な欠陥を抱えているとしても、1 世紀末から 2 世紀初頭までのローマ世界の全景を教えてくれる、たいへん貴重な紙以外の史料が存在する。歴史学者や考古学者たちの多大な努力のおかげで、遺跡から碑やパピルスや硬貨など、大量の遺物が発見されているのだ。ほとんど無尽蔵の鉱脈と言っても過言ではない。これらの遺物は当時の読み手たちに直接語りかけるものであり、文献史料の多くに充満する反ハドリアヌスのバイアスがあまりかかっていない。皇帝の重要な書簡、決定、演説は公益のために石に刻まれた。しばしば一言一句変えることなく。プロパガンダのためには決定的に重要なメディアだった硬貨は皇帝が人々に訴えたかった（そして、もちろん、最大限に都合のよい解釈をした）メッセージを伝えてくれる。

おそらく、もっともエキサイティングな発見はユダヤの洞窟から発見された文書群だろう。ローマに対するバル・コホバの反乱に参加したユダヤ人兵士たちによって書かれたものだ。ハドリアヌスがアンティノウスの溺死の直前に相談したエジプト人神官による呪文を記したパピルスも忘れてはならない。

重要な史料を完全に網羅しているというわけではないが、以下の三つのきわめて価値の高いコレクションには多くの史料が集められている。ハロルド・マッティングリーによる権威ある *Coins of the Roman Empire in the British Museum,* volume 3、J・H・オリヴァーによる *Greek Constitutions of Early Roman Emperors from Inscriptions and Papyri*、E・メアリー・スモールウッドによる主要文献 *Documents Illustrating the Principates of Nerva, Trajan, Hadrian*（ラテン語とギリシア語のみ）だ。

古代の主流作家の多くは、ギリシア語かラテン語の原文と英訳がローブ・クラシカル・ライブラリーのリスト（マサチューセッツ州ケンブリッジ、ハー

バード大学出版）に載っている。ハドリアヌスのラテン語の詩はローブ・クラシカル・ライブラリーの *Minor Latin Poets*, volume 2 に含まれている。私が知るかぎり、彼が書いたとされるギリシア語の詩は収録されていない。

若干の文献には、この本の執筆時に存在していて、精度の高い情報を提供しているインターネット上のホームページのアドレスも添えてある。

ローブ・クラシカル・ライブラリーから出版されていない作品については、以下を参考にしてほしい（可能な場合は英訳してある）。

Aelius Aristides, P. *Complete Works*, trans. Charles A. Behr (Leiden: Britl, 1981-86)

Apollodorus. *Poliorcetica*, see *Siegecraft*, trans. Dennis F. Sullivan (Cambridge, Mass.: Harvard University Press, 2000)

Apuleius. *The Apologia and Florida of Apuleius of Madaura*, trans. H. E. Butler (Dodo Press, 2008)

Arrian. *Circumnavigation of the Black Sea*, trans. Aidan Liddle (Bristol Classical Press, 2003)

——. *Arrian's Anabasis of Alexander and Indica*, ed. E. J. Chinnock (London: George Bell and Son, 1893)

——. *The Greek Historians. The Complete and Unabridged Historical Works of Herodotus, Thucydides. Xenophon and Arrian* (New York: Random House, 1942)

——. *Indica*. See http://www.und.ac.za/und/classics/india /arrian.htm

——. *Ars Tactica*, trans. Ann Hyland, in *Training the Roman Cavalry from Arrian's Ars Tactica* (Alan Sutton: Dover, N.H., 1993)

——. *Order of Battle with Array*. See http://members.tripod.com /~S_van_Dorst/Ancient_Warfare/Rome/Sources/ektaxis.html

——. *Parthica in Arrianus, Flavius: Scripta: Vol. II. Scripta minora et fragmenta*, A. G. Roos and Gerhard Wirth (eds.), *Biblioteca scriptorum graecorum et romanorum teubneriana* (Leipzig: Teubner, 2002)

Arrian and Xenophon. *Xenophon and Arrian on Hunting*, trans. A. A. Phillips and M. M. Willcock (Warminster, UK: Aris and Phillips, 1999)

Aurelius Victor. *De Caesaribus*, trans. H. W. Bird (Liverpool: Liverpool University Press. 1994)

Charisius, *Ars Grammatica*, ed. K. Barwick. See http://kaali.linguist.jussieu.fr/CGL/text.jsp

Epiphanius. *Weights and Measures*, See http://www.tertullian.org/fathers/epiphanius_weights_03_text.htm

Epitome de Caesaribus, trans. Thomas M. Banchich. See http://www.roman-emperors.org/epitome.htm

Eusebius. *Church History*. See http://www.ccel.org/ccel/schaff/npnf201.iii.vi.html

Eutropius. *Historiae romanae breviarium*. See http://www.thelatinlibrary.com/eutropius.html; Adamantius, *Physiognomica*, ed. J. G. Franzius (Altenburg:Scriptores Physiognomiae Veteres, 1780)

Galen. *The Diseases of the Mind*, 4; translation from T. Wiedemann. *Greek and Roman Slavery* (London: Croom Helm, 1981)

Hephaestio of Thebes. *Hephaestionis Thebani Apotelesmaticorum libri tres*, ed. D. Pingree (Leipzig: Teubner, 1973)

Jerome. *Chronicle*. See http://www.tertullian.org/fathers/jerome_chronicle_oo_eintro.htm

——. *Contra Rufinum*. See http://www.ccel.org/ccel/schaff/npnf203.vi.xii.html

——. *De viris illustribus*. See http://www.fourthcentury.com/index.php/jerome-famous-men

Justin. See http://www.earlychristianwritings.com/justin,html

Justinian. *Corpus Iuris Civilis* (including the *Digest*). See http://web.upmf-grenoble.fr/Haiti/Cours/Ak/

Macrobius. *Saturnalia*, trans. Peter Vaughan Davies (New York: Columbia University Press, 1969)

The Chronicle of John Malalas: A Transtation, by Elizabeth Jeffreys, Michael Jeffreys. Roger Scott, et al. *Byzantina Australiensia* 4 (Melbourne: Australian Association for Byzantine Studies. 1986)

Philostratus. *Heroicus*. See http://zeus.chsdc.org/chs/heroes_test#phil_her_front_b3

Polemon. *De Physiognomia*, trans. (from Arabic into Latin) G. Hoffmann (Leipzig: 1893)

Sententiae Hadriani. See N. Lewis, *Greek. Roman and Byzantine Studies* 32 (1991), 267-80

Sibylline Oracles/Books. See http://thedcl.org/heretics/misc/terrymil /thesibora/thesibora.html

Soranus' Gynaecology, trans. Owsei Temkin, et al. (Baltimore: Johns Hopkins University Press, 1956)

Strato. *Puerilities: Erotic Epigrams of the Greek Anthology* (Princeton: Yale University Press, 2001)

Syncellus, Georgius. *Chronographia*. Corpus Scriptorum Historiae Byzantinae, ed. B. G. Niebuhr et al., vol. I (Bonn, 1829)

Talmud. See text links at http://en.wikipedia.org/wiki/Talmud

Vegetius. *Epitoma rei militaris (Military Institutions of the Romans)*, trans. John Clark (Whitefish, Mont.: Kessinger Publishing, 2007)

現代の研究書

現代の研究書のなかで、私が最も頼ったのはアントニー・バーレイの *Hadrian, the Restless Emperor* だ。学術的な情報の宝庫で、ハドリアヌスについて知られている、あるいは想像されていることがすべて集められている。とりわけ、些細な手がかりの検証と鋭い考察によってハドリアヌスの旅の行程を明確にしたことは特筆に価する。

古典世界全般に興味のある読者には、後掲の文献のなかから以下のものをおすすめする。ボールスドンによる *Life and Leisure in Ancient Rome*、ボーマンによる *Life and Letters on the Roman Frontier —— Vindolanda and Its People*、コノリーのイラストによるすばらしい古代世界の再現 *The Ancient City: Life in Classical Athens and Rome*、ゴールズワーシーによる *In the Name of Rome: The Men Who Won the Roman Empire*、ホプキンスとビアードによる修正的な *The Colosseum*、ポール・ジョンソンによる *A History of the Jews*、ロイストン・ランバートによる（若干大仰な）*Beloved and God*、ソルステン・オッパーによるカタログ *Hadrian —— Empire and Conflict*、そして、もちろんのこと、マルグリット・ユルスナールによる *Mémoires d'Hadrien*。

関係書をすべて知りたければ、*Cambridge Ancient History*, volume II, *The High Empire* を参照してほしい。以下は役に立つと思われる研究書と論文の一覧。

Adembri. Benedetta. *Hadrian's Villa* (Rome: Ministero per I Beni e le Attività Culturali, Soprintendenza Archeologica per il Lazio. Electa 2000)

Alexander, P. J. "Letters and Speeches of the Emperor Hadrian," *Harvard Studies in Classical Philology* 49, 1938

Alon, G. *The Jews in Their Land in the Talmudic Age II* (Harvard University Press, 1984)

Antinous: The Face of the Antique, exhibition catalogue (Leeds, UK: Henry Moore Institute, 2006)

Arafat, K. W. *Pausanias's Greece, Ancient Artists and Roman Rulers* (Cambridge, UK: Cambridge University Press, 1996)

Balsdon, J.P.V.D. *Life and Leisure in Ancient Rome* (London: The Bodley Head, 1969)

Beard, Mary, John North, and Simon Price. *Religions of Rome*, vol. I: *A History* (Cambridge, UK: Cambridge University Press, 1998)

Benario, H. W. *A Commentary on the Vita Hadriani in the* Historia Augusta (The Scholars Press, 1980)

Bennett. Julian. *Trajan: Optimus Princeps*, 2nd ed. (London: Routledge, 2001)

Bernand, A., and E. Bernand. *Les Inscriptions grecques et latines du Colosse de Memnon* (Archeolog Caire, 1960)

Betz, H. D. *The Greek Magical Papyri in Translation*, 2nd ed. (University of Chicago

Press, 1992)
Birley, Anthony. *Garrison Life at Vindolanda-A Band of Brothers* (Stroud, UK: Tempus, 2002)
——. *Hadrian, the Restless Emperor* (London and New York: Routledge, 1997)
——. *Marcus Aurelius: A Biography* (London: Batsford, 1987)
Boatwright, Mary T. *Hadrian and the Cities of the Roman Empire* (Princeton, N.J.: Princeton University Press, 2000)
——. *Hadrian and the City of Rome* (Princeton, N.J.: Princeton University Press, 1987)
Bowerstock, G. W. *Greek Sophists in the Roman Empire* (Oxford: Oxford University Press, 1969)
Bowmran, Alan K. *Life and Letters on the Raman Frontier-Vindolanda and Its People*, 3rd ed. (London: British Museum Press, 2003)
Brunt. P. A. *Roman Imperial Themes* (Oxford: Clarendon Press, 1990)
Burkert. Walter. *Greek Religion* (Cambridge, Mass.: Harvard University Press, 1985)
Cambridge Ancient History, vol. II: *The High Empire* (Cambridge, UK: Cambridge University Press, 2005)
Camp, J. M. *The Archaeology of Athens* (New Haven: Yale University Press, 2004)
Cantarelli, L. *Gli scritti latini di Adriano imperatore, Studi e documenti di storia e diritto* 19 (1898), 113-70
Castle, E. B. *Ancient Education and Today* (Harmondsworth, UK: Penguin Books. 1961)
Catalogus Codicum Astrologorum Graecorum. 12 vols. (Bruxelles: Lamertin, 1898-1953)
Claridge, A. "Hadrian's Column of Trajan," *Journal of Roman Archaeology* 6, 1993
Clarke, John R. *Looking at Lovemaking: Constructions of Sexuality in Roman Art 100 BC-AD 250* (University of California Press, 2001)
Coarelli, Filippo. *Rome and Environs* (Berkeley, Los Angeles, and London: University of California Press, 2008)
Collingwood, R. G., and R. P. Wright. *Roman Inscriptions of Britain I: Inscriptions on Stone* (Oxford: Clarendon Press, 1965)
Connolly, Peter, and Hazel Dodge. *The Ancient City: Life in Classical Athens and Rome* (Oxford: Oxford University Press, 1998)
Connor, W. R. *The Acts of the Pagan Martyrs/Acta Alexandrinorum (Greek Texts and Commentaries)* (Ayer Co. Publications, New Hampshire)
Corpus Inscriptionum Latinarum (Berlin: Berlin-Brandenburg Academy of Sciences and Humanities, 1893-2003)
Corpus Papyrorum Judaicorum I-III. V. A. Techerikover and A. Fuks, eds. (London and Cambridge, Mass.: 1957-64)
Duncan-Jones, R. P. *Structure and Scale in the Roman Economy* (Cambridge, UK: Cambridge University Press: 1990)

Dupont, Florence. *Daily Life in Ancient Rome* (Oxford: Blackwell, 1992)
Eck, Werner. "The Bar Kokhba Revolt: The Roman Point of View." *Journal of Roman Studies* 89 (1999)
Encyclopedia Judaica Cecil Roth, ed. (New York: Macmillan 1972)
Epigrammata Graeca. Georg Kaibel, ed. (Berlin: 1888)
Fontes iuris romani antejustiniani in usum scholarum [FIRA]. S. Riccobono et al., eds. (Florence: S.A.G. Barbèra, 1941-64)
Fuks, Alexander. "Aspects of the Jewish Revolt in A.D. 115-117." *The Journal of Roman Studies* 51, parts 1 and 2 (1961), 98-104
Gibbon, Edward. *History of the Decline and Fall of the Roman Empire* (London: Folio Society, 1983)
Goldsworthy, Adrian. *In the Name of Rome: The Men Who Won the Roman Empire* (London: Orion, 2003)
Gray, Wilbam D. "New Light from Egypt on the Early Reign of Hadrian."
The American Jourual of Semitic Languages and Literatures 40:1 (Oct. 1923)
Green, Peter. *From Alexander to Actium* (London: Thames and Hudson, 1990)
Hoff, Michael C., and Susan I. Rotroff. *The Romanization of Athens: Proceedings of an International Conference held at Lincoln, Nebraska (April 1996)*. Oxbow Monograph 94 (Oxford: Oxbow Books, 1997)
Hopkins. Keith, and Mary Beard. *The Colosseum* (London: Profile Books, 2005)
Inscriptiones Graecae (Berlin-Brandenburgische Akademie der Wissenschaften, 1893ff)
Inscriptiones Graecae ad res Romanas pertinentes (Paris , 1906-27)
Inscriptiones Latinae Selectae. H. Dessau, ed. (Berlin, 1892-1916)
Johnson, Paul. *A History of the Jews* (London: Wedenfeld and Nicolson, 1987)
Jones, Brian W. *The Emperor Domitian* (London: Routledge, 1993)
Jones, C. P. *Plutarch and Rome* (Oxford: Oxford University Press, 1972)
——. *The Roman World of Dio Chrysostom* (Cambridge, Mass.: Harvard University Press, 1978)
Jones, David. *The Bankers of Puteoli: Finance, Trade ard Industry in the Roman World* (Stroud, UK: Tempus, 2006)
Keppie. Lawrence. *The Making of the Roman Army from Republic to Empire* (London: Routledge, 1984)
Lambert, Royston. *Beloved and God: The Story of Hadrian and Antinous* (New York: Viking Books. 1984)
Lanrberton, Robert. *Plutarch* (New Haven: Yale University Press, 2001)
Lepper. F. A. *Trajan's Parthian War and Arrian's Parthica* (Chicago: Ares, 1985)
Levine, Lee I. *Jerusalem: Portrait of the City in the Second Temple Period* (Philadelphia: Jewish Publication Society of America, 2002)
Lewis, N. *The Documents from the Bar Kokhba Period in the Cave Letters, Greek Papyri*

(Jerusalem: 1989)
MacDonald, William L., and John A. Pinto. *Hadrian's Villa and Its Legacy* (New Haven: Yale University Press, 1995)
Mantel, H. "The Causes of the Bar Kochba Revolt." *Jewish Quarterly Review* 58 (1967)
Mari, Zaccaria, and Sergio Sgalambro. "The Antinoeion of Hadrian's Villa: Interpretation and Architectural Reconstruction." *American Journal of Archaeology* 3: I (Jan. 2007)
Mattingly, H. *Coins of the Roman Empire in the British Museum III: Nerva to Hadrian* (London: British Museum, 1936)
Mattingly, H., and E. A. Sydenham. *The Roman Imperial Coinage I-III London [1923-30]* (London: Spink and Son, 1968)
Mommsen, Theodor. *A History of Rome Under the Emperors,* German ed. trans. Demandt, Barbara and Alexxander, ed., Krojze, Clare (London: Routledge, 1976)〔モムゼン『ローマの歴史(1-4)』長谷川博隆訳、名古屋大学出版会、2005-07年〕
Naor, Mordecai. *City of Hope* (Chemed Books, 1996)
Oliver, J. H. *Greek Constitutions of Early Roman Emperors from Inscriptions and Papyri* (Philadelphia: American Philosophical Society, 1989)
Opper, Thorsten. *Hadrian —— Empire and Conflict,* exhibition catalogue (London: British Museum, 2008)
Panegyrici Latini. R.A.B. Mynors, ed. (Oxford: Oxford University Press, 1964)
Petrakis, N. L. "Diagonal Earlobe Creases, Type A Behavior and the Death of Emperor Hadrian." *Western Journal of Medicine* 132.1 (January 1980), 87-91
Platner, Samuel Ball (as completed and revised by Thomas Ashby). *A Topographical Dictionary of Ancient Rome* (Oxford: Oxford University Press, 1929)
Rawson, Beryl. *Children and Childhood in Roman Italy* (Oxford: Oxford University Press, 2003)
Richardson, L., Jr. *A New Topographical Dictionary of Ancient Rome* (Baltimore: Johns Hopkins University Press, 1992)
Rossi, Lino. *Trajan's Column and the Dacian Wars* (Ithaca, N.Y.: Cornell University Press, 1971)
Schäfer, P. "Hadrian's Policy in Judaea and the Bar Kokhba Revolt: A Reassessment," in P. R. Davies and R. T. White (eds.). *A Tribute to G. Vermes, Journal for the Study of the Old Testament* Supp. Ser. 100 (1990), 281-303
Schürer, E . *History of the Jewish People in the Age of Jesus Christ* (175BC-AD135), vol. I, rev. ed., G. Vermes and F. Millar (Edinburgh: T and T Clark, 1973)
Sherk, Robert K., ed. *The Roman Empire: Augustus to Hadrian* (Cambridge, UK: Cambridge University Press, 1988)
Smallwood, E. Mary. *Documents Illustrating the Principates of Nerva, Trajan and Hadrian* (Cambridge: Cambridge University Press, 1966)

——. *Jews Under Roman Rule* (Leiden: Brill, 1976)

Spawforth, A. J., and Susan Walker. "The World of the Panhellenion: II. Three Dorian Cities." *The Journal of Roman Studies* 76 (1986), 88-105

Speidel M.P. "Swimming the Danube Under Hadrian's eyes. A Feat of the Emperor's Batavi Horse Guard." *Ancient Society* 22 (1991), 277-82

——. *Riding for Caesar: The Roman Emperors' Horse Guard* (London: Routledge, 1994)

——. "Roman Army Pay Scales." *The Journal of Roman Studies* 82 (1992)

Stambaugh, John E. *The Ancient Roman City* (Baltimore and London: Johns Hopkins University Press, 1988)

Strack, P. L. *Untersuchungen zur römische Reichsprägung des zweiten Jahrhunderts II. Die Reichsprägung zur Zeit des Hadrian* (Stuttgart: 1933)

Swain, S. *Hellenism and Empire. Language, Classicism and Power in the Greek World AD* (Oxford: Clarendon Press, 1996)

Syme, Ronald. "The Career of Arrian." *Harvard Studies in Classical Philology* 86 (1982), 181-211

——. "Fictional History Old and New: Hadrian." *Roman Papers* VI (1991)

——. *Tacitus* (Oxford: Oxford University Press, 1958)

——. "The Wrong Marcius Turbo." *Journal of Roman Studies* 52, parts 1 and 2 (1962)

Toynbee, J. M. C. *The Hadrianic School: A Chapter in the History of Greek Art* (Cambridge: Cambridge University Press, 1934)

Williams, Craig A. *Roman Homosexuality: Ideologies of Masculinity in Classical Antiquity* (Oxford: Oxford University Press, 1999)

Winter, J. G. "In the Service of Rome: Letters from the Michigan Collection of Papyri." *Classical Philology* 22:3 (July 1927)

Yadin, Yigael. Bar-Kokhba: *The Re-discovery of the Legendary Hero of the Last Jewish Revolt Against Imperial Rome* (London; Weidenfeld and Nicolson, 1971)

Yourcenar, Marguerite. *Memoirs of Hadrian,* trans. Grace Frick (London: Secker and Warburg, 1955)〔マルグリット・ユルスナール『ハドリアヌス帝の回想』多田智満子訳、白水社、2008年〕